HISTOIRE D'UNE PETITE VILLE

Qui n'a pas d'Histoire

LA CHATRE AVANT LA RÉVOLUTION

XVIIIᵉ Siècle

PAR

Claude-Charles DUGUET

LA CHATRE

Imprimerie et Librairie Louis **MONTU**

1896

A mon ami le Docteur Chabenat

Je n'en connais aucun qui aime plus que lui

notre vieux pays de La Châtre

PRÉFACE

Les faits les plus communs, étant les plus généraux, sont en somme les plus importants.

Si ce principe est en opposition déclarée avec l'amour stérile de la rareté et de l'exception qu'ont les collectionneurs et les dilettantes, il n'empêche nullement la vénération pour les vrais grands hommes, observateurs et exprimeurs de choses ou conducteurs d'hommes dans le bon chemin. — Plus j'y pense, à ce principe, plus je le trouve philosophique et démocratique, au bon sens des deux mots. Il a, depuis que je l'ai compris, profondément changé ma manière d'entendre les choses, aussi bien dans la physique que dans l'histoire; et je crois fort que c'est à Comte que je le dois, car, aux écoles où j'ai passé, on n'a point encore songé aux notions de cette espèce.

C'est dans cette disposition d'esprit que j'ai donné la première et plus grande place à la *Physionomie générale* c'est-à-dire aux conditions matérielles de l'existence et aux mœurs, renvoyant à la deuxième partie de l'ouvrage la question très importante sans doute, mais à mon sens beaucoup moins importante des lois et coutumes écrites de *l'Ancien Régime.* — La première partie traite donc de la vie commune, vie de tout le monde et de tous les jours, et des faits accidentels qui frappent le grand public; c'est la partie concrète et vivante de cette description, dans laquelle les rues sont bordées de maisons et les maisons habitées par des individus, bourgeois, marchands, artisans, vignerons et quelque peu de noblesse.

La troisième partie de cette étude se rapporte plus spécialement au règne de Louis XVI ; son titre antithétique, —*Apanage et Administration provinciale* — a été placé comme enseigne des extraordinaires contradictions qui ont précédé la chute finale de la monarchie traditionnelle. Elle contient en particulier d'intéressants détails sur ce premier essai d'Assemblée Provinciale qui a servi de modèle à nos Conseils Généraux. — L'histoire complète de l'*Administration municipale* de La Châtre aura sa place dans la seconde partie.

En écrivant en tête de ce livre : *Histoire d'une petite ville qui n'a pas d'histoire*, j'ai voulu dire seulement que nul haut fait n'avait attiré l'attention de l'histoire générale sur notre bonne petite vieille cité de La Châtre.

C'est une représentation qu'on a voulu donner, une description de ce qu'était La Châtre avant la Révolution, pareille à celle que donnent des pays étrangers les voyageurs et les géographes; le temps y remplaçant l'espace. —On a essayé de montrer telles qu'elles étaient les relations sociales, la vie collective dans une petite ville du XVIIIe siècle perdue au cœur du royaume dans le fin fond d'une province; et quelle province ! Celle-là même qui fut choisie, pour mettre à l'essai la nouvelle Administration, comme étant la plus pauvre et deshéritée.

L'auteur s'abstiendra le plus souvent d'émettre son opinion personnelle, traitant ainsi le lecteur en homme capable de juger lui-même des choses une fois qu'il les connaît. Les longs commentaires sont inutiles; les faits suffiront. Il exposera tous ceux qui sont à sa connaissance, sans exclusion systématique ayant toujours pour but, avoué ou inconscient, de prouver une thèse, d'amener à une conclusion déterminée. — Les documents ont été respectés — n'en déplaise aux maîtres d'orthographe — jusque dans leurs mots et leur style, cités textuellement toutes les fois qu'ils se comprennent facilement, qu'ils ne sont pas trop encombrants ou qu'il nous a paru nécessaire.

Mais tous les faits pour écrits ou imprimés qu'ils sont ne doivent pas être crus sur parole ainsi que sont les dogmes. La *critique historique* doit les rapprocher et comparer, les discuter quand ils ne sont pas d'accord, et soumettre, avec toutes pièces à l'appui, son jugement à l'appréciation du lecteur.— Et puis, ces documents innombrables il a fallu les mettre en œuvre, les grouper et finalement les classer sous des titres et sous-titres : c'est là le travail propre de l'auteur; et il n'a eu dans cette ordonnance d'autre intention que de faire revivre aux gens de son pays un peu de la vieille vie de leurs arrières-concitoyens.

On peut le revivre sans préjugé ce passé que les uns admirent, que d'autres abhorrent, que beaucoup ne connaissent que de réputation; on peut l'observer sans passion, le regarder sans crainte, il est mort, bien mort et ne reviendra plus. — L'opinion radicale voudrait le rayer de notre savoir, couper la racine de l'histoire et dater la France de la Révolution; mais ce passé existe et nous en descendons malgré qu'elle en ait. On reconnaitra même, à la *Physionomie générale*, que depuis ces temps le fond individuel qui est le principal a beaucoup moins changé que les formes sociales qui sont l'accessoire. — Les raisonnements dont nous sommes si fiers sont parfois, sans qu'on s'en doute, des instruments à servir les intérêts et sentiments personnels. — Combien sont pris encore à la simplicité des principes et déductions, qui laissent de côté la multitude des circonstances de temps et de lieu, inévitables dans le milieu réel.—Pourtant, on commence à reconnaître qu'une question ne saurait être comprise sans l'étude de son histoire, qu'il n'est pas de meilleur guide à s'orienter dans le présent et vers l'avenir que la filiation des évènements, ce que la philosophie contemporaine appelle *dynamique sociale*. L'évolution historique montre le progrès sous son vrai jour, comme n'étant qu'une répartition plus uniforme et plus égale des biens et des maux, un ordre fondamental se développant progressivement et devenant de plus en plus juste. Elle montre la nécessité d'un gouvernement de plus en plus fort, à fur et mesure que les relations sociales deviennent plus nombreuses et plus compliquées, pour maintenir l'ordre et la solidarité, pour faire respecter la liberté et l'initiative individuelles. — L'idée moderne de justice ne serait pas complète si, à côté de la commisération pour les faibles, elle n'appréciait le rôle nécessaire des forts ; si elle n'enveloppait à la fois les devoirs et les droits, les capitaux et le travail. Qui donc porterait remède à la misère, à la maladie, à l'imprévoyance des uns, sinon la santé, l'épargne et la prévoyance des autres. L'envie se pare trop souvent du beau nom de justice.

La civilisation ne fait guère plus de sauts que la nature ; le développement normal de la société est aussi régulier que la pousse d'une plante ; mais la vie sociale a aussi ses maladies, aigues et chroniques : guerre et misère. Quant aux sauts et sursauts accidentels que les impatients et les imposteurs voudraient qu'elle fît, ils sont presque toujours accompagnés de culbutes, de réactions en sens contraire et de retours en arrière ; au moins dans tout ce qui touche aux habitudes séculaires profondément enracinées dans les mœurs, dans l'organisation spontanée de la société. Et c'est bien là-dessus que comptent quelques uns des troubleurs systématiques et exciteurs d'appétits, qui ne craignent pas de pêcher dans l'eau sale, espérant faire sortir le bien de l'excès du mal ; mais c'est un jeu dangereux et peu honorable. — A la vérité les lois écrites plus ou moins artificielles, conventionnelles ou decrètées par le plus fort (autorité d'un dictateur ou majorité des suffrages) peuvent faire des sauts et pirouettes ; mais étant toujours abstraites, elles ne peuvent être réellement appréciées qu'à l'application. En fait, la Révolution a été surtout législative ; et quand elle a voulu s'attaquer aux mœurs générales, elle a presque toujours fini par échouer.

Cependant on ne peut nier que certains sentiments ont été profondément changés. — Avoir déjà des privilèges était autrefois une raison d'en obtenir d'autres. Qui donc aujourd'hui se flatterait de ne pas payer l'impôt et d'en rejeter tout le poids sur les plus pauvres ? C'est un changement cela, c'est une idée du devoir dont la généralisation au moins est toute moderne ; les *Philosophes* ont bien contribué à la développer. — La recherche du bien être comme nous l'entendons, de l'hygiène et du confortable ne date guère que du dernier siècle. La science et l'industrie mises à la mode par les *Encyclopédistes*, et l'accumulation des *capitaux* les ont rendus possibles, et ont ainsi donné aux affaires terrestres une prépondérance sur le ciel que ne pouvait même prévoir le XVIIe siècle. — C'est surtout au cours du XVIIIe que la *propriété foncière réelle* s'est de plus en plus substituée à la *noblesse héréditaire ou personnelle*, et que le *travail* qui permet l'épargne et la libre acquisition a été progressivement relevé et tacitement anobli. — Le *pouvoir central* a bien des fois aidé à ce progrès, volontairement ou sans s'en rendre compte. L'*agiotage* aussi eût sa part à ce nivellement. Les *Économistes* de leur côté ont rendu de grands services en travaillant à la liberté du commerce intérieur.

Les *voies et moyens de communication*, condition indispensable de tout progrès matériel et intellectuel, notre contrée en est tout particulièrement redevable à la nouvelle Administration provinciale qui a, d'ailleurs, bien d'autres titres à notre reconnaissance.

Quant à l'inégalité des personnes, l'inégalité non pas devant la loi mais devant le monde, l'inégalité de tous les jours, elle n'a pas cessé d'exister, elle se montre assez dans les relations, la manière de se parler, de se saluer... La position a remplacé la classe ; et il paraît bien que la hautaine arrogance des nouvellement parvenus est encore plus pénible aux gens du peuple et aux marchands que les allures de l'ancienne noblesse, laquelle pesait principalement aux gros bourgeois.

L'arbitraire provenant surtout du manque d'uniformité et de précision des lois, des impôts encore plus vexatoires que lourds, des entraves de toutes sortes à la liberté du commerce, la conservation indéfinie de titulaires dont les fonctions n'existaient plus, les privilèges les plus choquants regardés comme parfaitement justes et équitables, des besoins d'argent obligeant le roi à recourir à tous les moyens, à vendre toutes les charges et à manquer souvent à sa parole, l'exemple d'immoralité donné publiquement par le roi, la haute noblesse et le haut clergé : voilà ce que les histoires générales nous apprennent sur l'état de la France au XVIIIe siècle. — Les petits détails de l'histoire locale compléteront cette appréciation classique.

Certes, les ombres ne manquent point au tableau : pourtant il serait presque aussi ridicule de croire que tout était, dans le passé, beaucoup plus mal qu'à présent, que de prétendre qu'il n'y eut depuis aucun progrès. Il ne faut pas oublier que les grands hommes de la Révolution étaient nés et avaient été élevés sous l'ancien régime. — D'autre part on reconnaitra, nous ne cesserons de le répéter, que les améliorations ont porté bien plus sur les formes légales et constitutionnelles que sur le caractère des individus.

L'homme ne peut s'améliorer que par l'effort sur soi-même et par l'imitation : *Effort sur soi-même* répété et systématiquement cultivé, à la condition toutefois de n'aller point jusqu'à tuer le naturel.—*Imitation* surtout inconsciente des parents par les enfants, des camarades influents et en général des meneurs par les menés. — La morale verbale ne suffit pas : d'autant que, dans la vie publique aussi bien que dans la vie domestique, les mots qui font du mal se retiennent plus que ceux qui pourraient faire du bien ; ce qu'il faut c'est l'exemple, le bon exemple de tous les jours. Seuls les parents sont capables d'apprendre à leurs enfants la bienveillance, la résignation, la bonne humeur, l'amour et le respect des parents et des grands parents, la délicatesse et l'honneur ; et cela sans presque rien dire. — A cette tâche, les instituteurs sont impuissants. Les petits, les simples les primitifs apprécient beaucoup plus la pratique que le conseil, les habitudes que les opinions. Si les hommes faits jugeaient de même, ils verraient combien d'actes sont en contradiction avec les paroles, même quand ces paroles sont dites de bonne foi. — Le bulletin de vote, l'école et la presse développent le sentiment des droits égoïstes bien plus que celui des devoirs altruistes ; on commence à s'en apercevoir. — Le *Moi* hypertrophié tire de plus en plus à lui la couverture fraternelle

---

Les documents qui ont servi à la composition du présent ouvrage ont été puisés aux sources suivantes :

Archives municipales de La Châtre. Registres des délibérations de l'hôtel-de-ville depuis 1750.

Archives municipales de La Châtre. Actes de baptêmes, mariages et enterrements depuis 1610.

Archives du Greffe du Tribunal de La Châtre.

Actes des Notaires de La Châtre.

Archives du Département de l'Indre. Inventaire sommaire imprimé.

Titres de propriété et papiers de familles. En particulier ceux de M. Gaudeffroy provenant de son arrière grand'père Peron de Laforest.

La Ville elle-même et les souvenirs des vieux habitants.

Les plans de la ville de 1790 (?), de 1808 et le cadastre. La carte de Cassini.

Les recherches inédites de M. Hyp. Baucheron de Boisvignault contenant quelques renseignements personnels (1850).

L'essai sur la ville de La Châtre ou Manuscrit des Chanoines (1770 ?).

Les Esquisses pittoresques de l'Indre de De La Tremblais.

Les Histoires du Berry de La Thaumassière (1689) de Raynal (1847) et celle de Pallet (1783) qui contient des renseignements détaillés sur l'Administration provinciale de 1778.

Les Histoires de Sainte-Sévère et de Châteaumeillant de M. Emile Chenon.

Les Histoires de Vaudouan, en particulier celle de M. de Poli.

Les ouvrages de M. Albert Babeau sur l'ancienne France.

Les écrivains du XVIIIe siècle; la Dîme Royale de Vauban.

Les histoires générales de la France et du Droit français. — Le Recueil des anciennes lois françaises.

Les ouvrages et dictionnaires d'Architecture, Ameublement et Habillement.

LA CHATRE AVANT LA RÉVOLUTION

(*XVIIIe Siècle*)

1re Partie — PHYSIONOMIE GÉNÉRALE.

2e Partie — L'ANCIEN RÉGIME.

3e Partie — APANAGE et ADMINISTRATION PROVINCIALE

LA CHATRE AVANT LA RÉVOLUTION

XVIIIᵉ SIÈCLE

Première Partie — PHYSIONOMIE GÉNÉRALE

I.

LA VILLE ET LES FAUBOURGS

LA BOUE

Quand on disait *la ville*, au XVIIIᵉ siècle, on entendait la partie comprise dans *l'enceinte des gros murs*. On distinguait, en tous cas, la ville des *faux-bourgs* et les faux-bourgs de la *paroisse* ; d'autant qu'une partie du faux-bourg St-Germain au quartier des Capucins était de la paroisse de Montgivray : ainsi l'indique, entre autres, un acte notarié de 1712 « honneste demoiselle Agathe Delavau, demeurant au fauxbourg St-Germain de la ville de La Châtre, en la partie dépendant de la paroisse de Mongivray. » (1)

---

(1) Tous les faits rapportés dans cette description, soit littéralement soit autrement, et dont la source n'est pas indiquée, ont été puisés *de première main* dans les registres des Délibérations de l'Hôtel de Ville ou dans les actes des Notaires de La Châtre. Les mots et l'orthographe de ces manuscrits ont été conservés, autant que possible.

Nous adressons nos remerciements à toutes les personnes qui ont bien voulu nous communiquer des documents ou faciliter nos recherches.

Les *fossés* avaient été vendus à des particuliers par la Baronnie ; ils étaient occupés par des jardins, des maisons, et en partie comblés ; mais *les gros murs de ville* existaient toujours, plus ou moins dégradés, ébréchés par le temps et les hommes. Ces vieux restes des anciennes fortifications ne servaient plus que de murs d'octroi. A l'occasion du nouvel impôt établi en 1758 par Louis XV, sous le nom de *don gratuit*, et qui fit tant de bruit et de mal à La Châtre, les habitants adressant au roi des remontrances parlent des difficultés de lever les nouveaux droits, la ville étant sans barrières et délimitée par les gros murs qui présentent plusieurs entrées par leurs brèches. — La municipalité elle-même avait bien contribué à cet ébrèchement.

Le *tombereau* public, quand il y en avait un, ne ramassait les boues rien que dans l'enceinte des gros murs ; en 1754, le cahier des charges porte que l'adjudicataire doit passer deux fois la semaine dans toutes rues où son tombereau peut entrer et enlever les boues et immondices qui se trouvent au-dedans de l'enceinte de la ville. — Dans le procès-verbal de l'assemblée municipale du 9 novembre 1764, nous lisons : Depuis environ deux ans, *la police* a été totalement négligée ; le bail du tombereau n'a pas été renouvelé depuis avril 1763. Vu la grande quantité de boue qu'occasionnent deux marchés par semaine, il est nécessaire d'obliger les habitans à rassembler les boues et immondices en un seul tas le long du mur de leur maison... Le tombereau devra tous les lundy et jeudy enlever les boues des rues, fausses-rues, places, carrefours, et tous les fumiers et immondices qui se trouvent dans l'enceinte et en-dedans des gros murs, sauf ce qui provient des lieux privés ou commodités et des décombrements de bâtiments que le tombereau n'est pas chargé d'enlever et au sujet des quels *le juge de police* avisera....

La *police*, c'était, en général, ce que nous appelons l'administration ; M. *le prevost* (nous dirions aujourd'hui le président du tribunal) était en même temps *juge, officier* ou *lieutenant de police* ; c'est lui qui rendait les ordonnances de police ; les officiers municipaux, *échevins* ou *maire*, étaient seulement chargés de les solliciter et de les faire exécuter. — Les attributions des divers pouvoirs publics, sans règle uniforme, n'étaient pas toujours bien définies sous l'Ancien Régime, et les conflits n'étaient pas rares ; on en verra par la suite plus d'un exemple. — Et de plus, les réglements n'étaient pas toujours observés : « Les ordonnances rendues par le prevost de la Prevosté royale de la Chastre, Lieutenant de police, portant déffence d'avoir aucuns cochons dans la ville, sont totalement négligées. Les rues sont pleines de ces animaux qui causent une infection insupportable par les chaleurs ; les sergens et valets de ville saisiront ceux qu'ils trouveront ou les feront enlever, ainsi que les charrettes qui encombrent la voie publique » (3 juillet 1761). Et ce n'était pas seulement dans les fauxbourgs et quartiers retirés qu'on élevait des cochons : sur la grand'place elle-même, dans la maison aujourd'hui à M. Rouet, le tanneur Perichot avait fait construire une étable à porcs en 1765. — M. Peron de Laforest, procureur syndic en l'hôtel-de-ville, eut beau se fâcher, ses conclusions approuvées par le corps municipal n'eurent pas plus d'effet que les ordonnances de son intime ennemi M. le prevost Bernard. Prendre des arrêtés est bien, mais les faire exécuter est autre chose. L'habitude est comme une grosse masse, difficile à remuer ; encore avait-elle plus de poids et d'inertie dans le passé qu'à présent. Et puis dans les petites villes où les questions de personnes tiennent tant de place, la police est dure à faire en tout temps ; on s'y connaît trop.

Les rues, les places, à peu près les mêmes qu'aujourd'hui, un peu moins larges seulement et plus tortueuses, étaient abominablement sales. Un pavé en *têtes de chat,* de meulière caverneuse, pointu, inégal, irrégulier, pareil à de grosses dents gâtées toutes creuses et *guerlôdes,* (1) avec le ruisseau au milieu. De trottoirs il n'y en avait point ; et la politesse commandait alors de laisser aux dames ou aux personnes de qualités *le haut du pavé,* c'est-à-dire la partie la plus rapprochée des maisons la quelle était plus élevée que le milieu de la rue en forme de gouttière où les eaux coulaient et stagnaient.

> « Bedout se hazarda jusqu'à conduire sa maîtresse chés elle ; mais il prit toujours le haut du pavé, ce qu'il ne faisait pas pourtant par incivilité ny par ambition, mais par ignorance, qui estoit bien pardonnable à un homme qui faisoit son apprentissage d'escuyer... »
> (Furetière. — Le Roman bourgeois).

On n'avait pas en ce temps-là de caoutchoucs à garantir les chaussures ; on mettait des galoches ou des claques, espèce de double-souliers ; ce n'était pas un luxe inutile.

____

(1) *Guerlôdes* se dit en Bas Berry d'une chose creuse, comme un grelot qu'on prononce *guerlot,* ayant la forme d'un grelot entier ou cassé.

Le terrain sur lequel est bâtie La Châtre et qui s'abaisse progressivement des hauteurs de Belleplace et des Oiseaux vers la vallée de Montgivray, repose, à faible profondeur, sur une couche de rochers mêlés d'argile qui rend le sous-sol imperméable et en fait une véritable ligne d'eau. La ville, assainie aujourd'hui par une multitude de puits perdus qui percent cette couche de terre glaise, est encore bien boueuse et malpropre ; c'était bien pis autrefois. L'eau sourdait des jardins, des maisons, dans les rues de l'Abbaye et de la Barre au faux-bourg Notre-Dame. La rue des Religieuses au faux-bourg Saint-Jacques (route de Guéret), où se tinrent un temps les foires aux bœufs, était tellement bourbeuse et impraticable que les marchands de bestiaux n'y voulaient plus venir. — La rue qui passait entre le cimetière et l'hôtel-Dieu (rue du Palais de Justice) n'était qu'un long cloaque. — En juillet 1784, une source parut dans la cave de M. Lecamus près la porte St-Jacques, et si abondante malgré les chaleurs et une longue sècheresse, qu'on songea un instant à conduire ses eaux « sur la place qui est devant l'hôtel de ville et le collège » et à utiliser la pente de la rue St-Jacques pour en faire une fontaine jaillissante. — Sans doute la source a tari, car le projet n'a point été mis à exécution.

La moindre pluie rendait l'église paroissiale inabordable, avant que la ville et les riverains aient pris le parti de paver le long des murs de cet édifice et aux environs, pour faciliter l'écoulement des eaux (1759). — La place du marché avait été, depuis longtemps sans doute, desséchée au moyen de puits et de tuyaux de drainage, qui seraient complètement ignorés si le hasard n'en avait fait découvrir quelques-uns.

D'autre part, le comblement des fossés avait fort dérangé le régime des eaux. Dans le but de remédier à cet inconvénient une petite cuvette en manière d'égout, avait été aménagée le long des fossés. Cet égout, revêtu et couvert en divers endroits par les particuliers qui firent construire au-dessus de lui, bouché dans d'autres, traverse la grand'rue à l'emplacement même de la porte Saint-Jacques ; il est voûté à la façon des égouts modernes et se trouve immédiatement au-dessous du macadam. — C'est là ce fameux souterrain aperçu, il y a une vingtaine d'années, pendant la pose des tuyaux d'eau et de gaz, et aujourd'hui (1894) dans la tranchée du nouvel égout, ce souterrain que l'imagination populaire toujours ardente à l'extraordinaire et aux ténèbres suivait déjà jusqu'à la Prison.

En 1763, on se dispose à refaire le pavé de la rue et fauxbourg St-Germain « mais c'est en vain qu'on le fera si les eaux qui ruissellent de différents côtés dans cette rue ne prennent leur cours par écart, comme autrefois, par un des fossés de la ville qui les recevait à la gauche de la porte St-Germain et les conduisait par le même fossé dans une fosse appelée *le gouffre* qui a été comblé par des particuliers, et de là dans un ruisseau appelé *le ruisseau Mardron*, lequel a sa sortie par un conduit qui est au bas de ladite rue près les Capucins ; desquels fossés et conduits plusieurs particuliers se seraient emparés et qui, se trouvant comblés depuis quelques années, occasionnent un torrent d'eau qui coule dans cette rue avec tant d'impétuosité et de force qu'il n'y a point de pavé qui y résiste. » (1) Les Présidens Trésoriers Généraux de France au Bureau des finances de Bourges qui estoient « grands voiërs, juges ordinaires de la grande et petite voierie » ayant reçu requeste à ce sujet, répondirent en ces termes, après l'exposé des considérans : « A ces causes il nous plait ordonner que lesdits fossés et conduits seroient ouverts comme autrefois — permettre aux maire et échevins de les faire ouvrir, entretenir et nettoyer — enjoindre aux particuliers qui s'en seroient emparés de les souffrir sous les peines qu'il nous plairoit imposer. — Et, tout considéré, permettons aux maire et echevins faire faire le pavé de ladite rue St-Germain et dépendances... » (1)

Il fallait compter avec l'inerte opposition des habitans et actuels possesseurs des conduits et acqueducs, desquels ils s'étaient emparés en vertu de cette maxime : Ceci n'est à personne en particulier donc c'est à moi ; car il semble que prendre à la communauté ne soit point un vol qualifié. C'est ainsi que des propriétaires voisins des portes St-Jacques et Notre-Dame, suivant la même morale, tentèrent de s'emparer de l'emplacement de ces tours, à la faveur des troubles de la Révolution, ne voyant dans cette prise de possession qu'un arrondissement tout naturel de leur propriété. — Pour en revenir aux égouts, il est fort probable que, les changements de municipalité aidant, on tint peu de compte des ordres supérieurs ; en effet. quinze ans plus tard, en 1777 et 79, nous entendons encore les mêmes plaintes : « L'eau a fait dans le pavé

---

(1) Papiers de famille de M. Gaudeffroy, provenant de son arrière grand'père Peron de Laforest.

de la rue St-Germain et autres des ravins considérables qu'il convient de faire remplir par du gros sable pour solider le pavé que l'on rétablit actuellement, en exécution des ordres du Bureau des finances, aux dépens des propriétaires des maisons et *héritages* qui bordent ladite rue. Les habitans disent que la dégradation de ce pavé est particulièrement occasionnée par le sieur Moreau qui a fait boucher le conduit ou canal qui passait à côté de la cour de sa maison et qui conduisait les eaux dans les anciens fossés de cette ville. Il faut contraindre le sieur Moreau à rouvrir ledit canal et remettre les choses en même état qu'elles étoient avant son anticipation. » — C'étaient des plaintes et des réparations continuelles.

* *

Il y avait autrefois une petite ruelle allant de la grand'place à la rue St-Jacques et qui passait, j'ai quelques raisons de le croire, à travers la cour et le magasin actuels de M. Deroche. C'était une rue fort étroite à la vérité, mais enfin une vraie rue qu'il convient ne pas confondre avec les gouttières laissées entre les longs pans des maisons sans mur mitoyen, comme « la rouette à Raboisson » par exemple où se faufilaient les gamins de mon temps. — Ladite ruelle fut fermée en 1765, et sa fermeture est relatée dans un procès-verbal fort suggestif. En voici un extrait :

« Sur la requête présentée à Nos Seigneurs les Trésoriers de France au Bureau des finances de Bourges par Marie Chabenat veuve de M' Jean Cuinat, Elu en l'élection de la Châtre, et Louis Baucheron greffier en ladite élection, aux fins de faire fermer la ruelle qui est entre leurs deux maisons où ils demeurent, laquelle ruelle conduit par un bout à la place publique et de l'autre en la rue St-Jacques, attendu qu'elle n'est d'aucune utilité, et qu'elle ne fait qu'incommoder par les mauvaises odeurs. Divers habitans ayant été appelés à l'hôtel-de-ville pour donner leur avis : Gilbert Auclair a dit que n'ayant point de commodités dans la maison qu'il habite, la ruelle dont il est question lui est nécessaire pour lui en servir. Luneau charpentier, De Baudre, Auvity et Raveau vignerons et Sylvain Chauveton tanneur ont dit que cette ruelle ne servait à rien et n'était bonne qu'à y mettre des ordures. — Le corps de ville déclara que ladite ruelle serait fermée aux deux extrémités aux frais et dépends de ladite veuve Cuinat et du sieur Baucheron, sans que cela puisse leur attribuer aucuns droits de propriété du terrain de ladite ruelle et de façon que le public n'en souffre aucune incommodité. »

(Cette dernière réserve sans doute pour ne rien changer aux habitudes du sieur Auclair ci-dessus nommé).

On inscrivait tout alors dans les cahiers de Délibérations municipales. Deux ans plus tard (1767) nous y trouvons une autre « requeste de Messire Charbonnier curé de cette paroisse, également adressée au Bureau des finances de Bourges et approuvée par le corps de ville, tendant à faire clore et murer (aux frais des propriétaires voisins) un petit terrain d'environ huit pieds carrés près le presbytère qui sert de réduit à tous les polissons de la ville, ce qui occasionne une incommodité et une infection insupportables. » — Les rouettes de l'église n'ont guère changé depuis le siècle dernier.

*
* *

La paroisse de La Châtre comprenait 25 hameaux :

Les grandes Bordes, les petites Bordes, les Chabrillons, les Oiseaux, Belle-Place, Lolière, le Croué, la Maladrerie, les Ajoncs, les Fosses-à-Bijots, Bourdeaux, les Chenevières, les Prez-Burat, les Paturaux, les Mortaix, le Chêne, les Bijots, les Vavres, Enverjon, la Renardière. le Moulin-Bureau, le Moulin-Chapitre, le Moulin-Adoré. (Réponse au questionnaire adressé au Curé en 1788.)

Les fauxbourgs contiennent environ 400 maisons, la ville 340. (Essai 1770).

Dans une adresse au roi à l'occasion de la convocation des Etats-Généraux et de la députation de la ville, M. le Maire Defougères dit que *la ville* de La Châtre (faubourgs compris) est composée d'environ *1200 feux* et que la population excède *5,000 habitants* (25 fév.1789) — Il y a exagération, bien certainement, dans le but d'obtenir une délégation plus nombreuse aux élections.

On trouve aux archives de la Mairie, dans un des registres des Mariages et Baptêmes de la paroisse de La Châtre, un Edit du Roi concernant ceux qui ne font pas profession de Religion Catholique, auquel est annexé un questionnaire « concernant les connaissances relatives à l'administration de la justice. » Parmi les réponses du Curé nous lisons :

La *paroisse* de La Châtre est composée de *mille feux* dont plus de 300 de misérables.

Deux ans plus tard, M. le curé Chicot certifie qu'il est de sa parfaite connaissance qu'il y a dans la *ville et paroisse* de La Châtre trois mille communians, et qu'il est de notoriété publique que le nombre des autres personnes excède celui de mille, ce qui porte la population (*de la paroisse*) à *4000 âmes* au moins. — (Délib. mun. du 17 janvier 1790).

Il n'y avait pas de statistique exacte. — Depuis longtemps cependant le grand Vauban avait montré les avantages qu'il y aurait à connaître le dénombrement des habitants de chaque province. — Dans son admirable *Dîme Royale*, il réclame avec insistance des revues annuelles, des recensements, et propose au roi Louis XIV d'en charger les Seigneurs des paroisses ou autres Gentilshommes, et à leur défaut les meilleurs Bourgeois ; un par cinquante feux. Et, dit-il,

> « comme cela ne laissera pas de leur donner des soins qui les détourneront de leurs affaires pour quelque temps, on pourra, au lieu de gages ou appointements, leur donner une poule tous les ans par ménage ou six sous au choix du payeur.......... Il faudrait aussi joindre quelques honneurs à ces emplois, comme la qualité de *Monsieur* et le chapeau à la main quand les gens de leur cinquantaine leur parleront, un banc distingué à l'église et le rang à la procession ou à l'offerte après les Seigneurs et Gentilshommes des lieux. » (1707)

II.

VOIES ET MOYENS DE COMMUNICATION

LA POSTE

Les trois ponts actuels existent depuis longtemps : pont aulay — pont des cabignats — pont du lion d'argent; ce dernier était au XVIII° siècle assez différent de ce qu'il est aujourd'hui.

La première grande route, celle de Châteauroux, n'a été construite que de 1775 à 80; les autres sont bien plus récentes. — Avant, il n'y avait que des chemins, chemins de traverse et grands chemins et quels chemins ! — Au moyen-âge ils étaient entretenus par les seigneurs et les bordiers ; au XVIII° siècle ils n'étaient pas entretenus du tout; on ne les réparait qu'accidentellement lorsqu'ils étaient devenus tout à fait impraticables. En 1761, par exemple, « pour le rétablissement du chemin tendant du fauxbourg des Religieuses au Magny, du chemin qui va de la ville au fauxbourg Venauze (rue Venôse) et d'autres, le corps de ville charge le Maire de se pourvoir devant Mgr l'Intendant (le Préfet) pour avoir un ordre de *corvée*, auquel rétablissement seraient employés les habitans de la ville et des paroisses circonvoisines à portée des chemins. » — Il est assez difficile de savoir au juste comment se pratiquait *la corvée*, car il n'y avait aucune règle précise et uniforme; c'était une sorte de prestation en nature, dont beaucoup d'habitants des villes étaient exempts ; uniquement réglée par la coutume, elle retombait à peu près complètement sur les gens de campagne. — La corvée était surtout odieuse, lorsqu'on obligeait le corvéable à se transporter très loin et à quitter les champs à l'époque des grands travaux. Elle était souvent adoucie par des distributions de pain et de vin, comme on fit en 1759 lors du rétablissement du chemin des Mortais.

En 1769, le grand chemin tendant de La Châtre à Châteaumeillant se trouvant impraticable, les propriétaires riverains ayant des vignes auxquelles ce chemin est nécessaire proposent à la municipalité de contribuer pour les deux tiers de ce qu'il en pourra coûter pour le rendre praticable et les vignerons façonnant lesdites vignes pour l'autre tiers. Bien entendu que les matériaux nécessaires seront rendus conduits sur place par corvée et qu'à cet effet les paroisses qui ont intérêt audit rétablissement seront commandées et tenues de satisfaire aux ordres de Mgr l'Intendant. Lesdits riverains contribueront pour cette fois seulement aux frais de rétablissement en ce qui concerne l'encaissement et le nivellement à prendre depuis le pont du Lion d'argent jusqu'au chemin qui tend du domaine du Chêne au bourg de Latz.

Il y avait bien en France de belles routes bien droites, bien pavées et bordées d'arbres reliant Paris aux grandes villes et passant par les villages privilégiés : de vraies promenades, disait Mme de Sevigné ; mais les chemins, les rues et les abords des petites villes faisaient avec elles un rude contraste.

En 1780 il n'y avait en tout le royaume que neuf mille lieues de routes ; la plupart ouvertes depuis 1750 étaient l'ouvrage du célèbre directeur des ponts-et-chaussées Trudaine. — Le Berry était bien mal partagé, car, formant la quarantième partie du territoire, il n'avait que 92 lieues de routes. — Les environs de La Châtre plus mal partagés encore n'en avaient point du tout ; on s'y tenait pour satisfait lorsque la largeur des chemins permettait de tourner les ornières.

Les nouvelles *routes* avaient permis à Turgot de créer en 1775 les *diligences*, voitures publiques desservies par des chevaux de poste et qui remplacèrent les lourds *coches*, sortes de chariots couverts, non suspendus. — On mettait 14 jours pour aller, par le coche, de Paris à Bordeaux ; la diligence, appelée *turgotine*, ne mit plus que cinq jours et demi. Mais nous étions bien loin de ces moyens de communication et de transport ; à La Châtre on voyageait à pied ou à cheval généralement au pas, ou en charrette à bœufs.

Il semble bien d'après les phrases suivantes qu'en notre contrée les voitures à chevaux étaient, non pas rares, mais absolument inusitées au milieu du siècle dernier : « Le droit de 8 sols par charroir de bois ou de foin, écrit-on en 1758 à propos du fameux Don Gratuit, est exorbitant, vu la médiocrité des charroirs amenés par de très mauvais chemins par des bœufs, *les chevaux n'étant point en usage pour les voitures* » ; et comme le tarif arrêté au Conseil du roy mettait à 10 sols la voiture de foin attelée de trois chevaux, à 7 sols 6 deniers et à 5 sols la voiture à deux ou à un cheval, les habitants remontraient que ce tarif leur était inapplicable

parce qu'à La Châtre « *il n'est point de voitures à chevaux.* » —
En 1782 « pour faire un pont de bois sur la rivière qui passe au pont
de la Justice, pour y faire passer *les gens de pied et cavaliers* en
cas de débordement des eaux, plusieurs citoyens ont fait des offres
de quelques écus chacun, mais ces offres ne suffisent pas, la ville
accorde cent livres sur ses deniers patrimoniaux. » — D'autre part,
je trouve cette formule dans un acte de vente de 1774 : « droit de
passage à bœuf et charrette, à pied et à cheval. » — A la vérité, il
est question de *cheval de trait* à propos de la corvée de l'atelier de
Nohant en 1780, mais à cette époque la route de Châteauroux était
faite en grande partie. Dans l'état des animaux propres à la corvée
fourni en 1777 à M. de Saint-André, sous-ingénieur, par Blanchet,
syndic de la paroisse de Mongivray, il n'est aucunement question de
chevaux.

Tout le monde, en ce temps-là, montait à cheval, hommes et
femmes, bourgeois et ecclésiastiques, et l'on offrait au passant la
croupe de sa monture comme aujourd'hui une place dans sa voiture.
— Le locataire de l'auberge de Vaudevant qui appartenait au Chapitre
de La Châtre, devait loger en l'écurie les chevaux de ceux des
chanoines qui allaient à certains jours à la chapelle (1775). — Le
jour de la proclamation de la paix qui mit fin à la *Guerre de Sept Ans*
et qui semblait la fin des accablantes impositions royales, « de la
paix qu'il a plu à Dieu accorder à la France », le Maire réunit, avec
les Echevins et autres officiers municipaux, les officiers de la Milice
bourgeoise et leur dit : « Samedy à quatre heures après midy, *nous
monterons à cheval* pour la publication de la paix dans tous les lieux
et endroits accoutumez de cette ville. » Il ne dit pas : ceux qui ont
des chevaux... il dit : nous monterons. Tous les honnêtes gens
montent à cheval.

Pour compléter le tableau, je citerai tout au long une note de
l'abbé Caillaud aux premières pages de sa Notice sur le **Précieux
Sang de Neuvy-Saint-Sépulcre** :

« Mgr de La Rochefoucault fit la visite de toutes les paroisses, de
toutes les chapelles, de tous les chapitres de son diocèse qui était
alors bien plus vaste qu'aujourd'hui ; visite très difficile à cette
époque où il n'y avait pas une seule route dans le Berry, à l'exception
des voies romaines qui étaient aussi impraticables que les chemins
de traverse. Aussi voyageait-il à cheval. — M. l'abbé Cuisinier,
ancien chanoine de Lignières, mort en 1845 à l'âge de cent un an et
six mois, racontait que dans son enfance (vers 1755 par conséquent)
il avait vu Mgr de La Rochefoucault venant de l'Abbaye des Pierres

et se rendant à Chezal-Benoit, arriver à Lignières avec douze vicaires généraux, archidiacres, promoteur, greffier et autres officiers ordinaires, tous à cheval. Il ajoutait que le Cardinal logeait habituellement dans les monastères, et comme il était fort riche (300,000 livres de rente) il se faisait ordinairement précéder de trois fourgons qui transportaient une grande partie de ce qui lui était nécessaire pour n'être pas trop à charge aux religieux. » (1) — C'est bien certainement dans le même équipage que le tout puissant Cardinal vint à La Châtre le 5 mai 1751.

**
*

Il existait une voiture à cheval cependant, du moins je le crois, — sans parler de la bourrique du tombereau public —celle du *Messager de Bourges* qui apportait et emportait une fois par semaine les lettres et paquets. — « La route de Bourges, dit M. Hyp. Baucheron dans ses Recherches, la seule qui existait alors, était construite avec d'énormes blocs de rochers ; elle était fort cahoteuse. Mais au moins pouvait-on s'en tirer l'hiver. »

En 1779, les habitants de La Châtre prient M. l'Intendant de leur communiquer le tarif des droits du Messager de Bourges et d'ordonner que ledit Messager sera tenu de s'y conformer et de ne plus les soumettre, comme il le fait, à des droits arbitraires. — Ce Messager était le seul ; dans les cas urgents on envoyait un messager spécial : en 1767, par exemple, on paye 6 livres au Messager qui a été à Châteauroux retirer les pièces concernant les instances contre Messieurs du Chapitre, et 6 livres à celui qui a été porter les pièces à l'Intendant de Bourges et qui les a rapportées.

« Depuis longtemps, la majeure partie des habitans, dit en 1778 M. le Maire Villain Desroulets, notamment les personnes d'affaires, les marchands et autres à correspondances privées, désirent avec empressement un second ordinaire par semaine au Bureau de Poste de cette ville, n'en ayant qu'un par la voie du Messager de Bourges

---

(1) L'abbé Caillaud, vicaire général, ajoute : « aussitôt après la visite, le secrétaire rédigeait le procès-verbal dont on délivrait copie aux intéressés. — L'archevêché en conservait les minutes. Pour sauver ce qui en reste j'ai obtenu de S. E. le Cardinal Du Pont qu'on le fit relier..... Elles forment un volume in-folio de 635 pages aux Archives de l'Archevêché de Bourges. »

Le Cardinal de La Rochefoucault est mort en 1757, à l'âge de 56 ans.

qui n'arrive ici que le vendredy au soir et en repart le samedy matin, ce qui ne laisse pas le temps de satisfaire aux réponses pressantes... Pour la satisfaction publique, nous avons fait à l'Administration des Postes générales à Paris la demande *d'un second ordinaire par Châteauroux* qui nous a été accordé à condition que la communauté de La Châtre (la commune) enverra prendre ce second ordinaire au Bureau de Châteauroux par un *piéton*, qu'elle payera ce *piéton*, et qu'elle fera homologuer par M. l'Intendant la délibération qu'elle arrêtera dans une assemblée convoquée à cet effet.... (comme on fait aujourd'hui approuver certaines délibérations municipales par le Préfet.) Pour faire ce service, on accepte la personne de Blaize Auboyer aubergiste qui ira ou enverra tous les lundy de chaque semaine porter au Bureau de poste de Châteauroux le paquet qui lui sera livré au Bureau de La Châtre et rapportera celui de Châteauroux.... »

La route de Châteauroux faite, le sieur Auboyer dit Pérament, aubergiste de *la Tête-Noire*, organise le premier service *de voiture pour Châteauroux*, une fois par semaine, tous les lundy, et continue à recevoir de la ville cent livres par an et à jouir de certaines exemptions « en qualité de piéton » à la condition d'arriver au Bureau de poste de La Châtre tous les mardi soir à 5 heures en hiver et à 4 heures en été, à peine de punition ou perte de salaire à chaque contravention.

En 1785, Auboyer ayant déclaré qu'il ne peut continuer le service pour 100 livres, le privilège de porter et rapporter, toutes les semaines « en qualité de piéton », les lettres et paquets de la poste de La Châtre à Châteauroux, est accordé à François Dailly dit Picard, homme fidèle et solvable, qui offre de s'en charger pour la même somme.

Il n'y avait pas de facteur, et la distribution des lettres se faisait comme elle pouvait : chacun venait voir au Bureau de poste, le jour du courrier, s'il y avait quelque chose pour lui. Ou bien le sieur Jean Desfousses de la Charpaigne, qui a été si longtemps directeur de la poste de La Châtre, (il l'était en 1755 et en 1778), disait au premier venu : Si vous rencontrez Un Tel, vous lui direz qu'il y a une lettre pour lui. — On pouvait envoyer de l'argent par la poste, mais il en coutait très cher.

Les fermiers généraux des *Diligences et Messageries royales* avaient proposé aux officiers municipaux de La Châtre, dans le but d'établir une correspondance régulière avec cette ville, « de choisir et avouer un Messager » à qui l'on puisse confier sûrement tout ce qui est destiné à son arrondissement et qui serait reconnu comme correspondant de la ferme des Messageries. — Mais la municipalité, tout en recommandant le sieur Auboyer, déclare qu'elle n'entend répondre d'aucun évènement, ni envers le public, ni envers les fermiers des Diligences et Messageries.

Le service public des Messageries de Châteauroux à La Châtre né tarda pas à être organisé, c'est ce qui résulte de la note suivante :

En 1788 « Dailly, messager piéton, avait autrefois la faculté de conduire une voiture et des paquets dont le produit l'indemnisait ; mais, depuis l'établissement d'une *Messagerie publique pour Châteauroux*, il est uniquement réduit à son salaire de 38 sous par semaine ; il demande une augmentation. Ses gages sont portés de 100 à 150 livres. »

« En 1750 la ville de Châteauroux payait 30 livres et celle d'Argenton autant à un Messager qui portait les dépêches d'une de ces localités à l'autre, dit le docteur Fauconneau-Dufresne dans son Histoire de Châteauroux. — En 1788, le courrier de Paris à Toulouse ne passait à Châteauroux qu'une fois par semaine ; en 1803 il y passait trois fois (les lundi, jeudi et samedi).

C'était *la malle*, lourde voiture à deux roues, arrondie par le haut et recouverte de cuir noir. Elle était conduite par trois chevaux, deux de front, l'un d'eux monté par un postillon, le troisième en arbalète. Il y avait en avant une sorte de cabriolet pour le courrier, lequel pouvait recevoir près de lui un voyageur. »

escarpe

fossé

contrescarpe

rue S. Jacques (rue nationale)

rue des fossés S. Jacques

gros mur

escarpe

égout

égout

20p

8p

11p

12p

50p

2

2

Faubourg S. Jacques

(rue nationale)

Fossé

Cimetière (rue et place du palais de justice)

les tournelles S. Jacques

Échelle de 1 m/m pour 1 pied

III.

LES PORTES ET LES GROS MURS DE VILLE

On entrait dans la ville par *trois grands portaux* (St-Germain, St-Jacques et Notre-Dame) et par plusieurs fausses portes, sans compter les ouvertures que certains particuliers avaient fait percer dans les gros murs.

Le portail St-Germain était à cheval sur notre grande rue actuelle, immédiatement au-dessous des rues d'Olmor et Bellaire ; il séparait la rue St-Germain de la rue du faubourg St-Germain. — Le *portail St-Jacques* était à l'autre bout de la grande rue, séparant la rue St-Jacques du faubourg du même nom. L'une des tours de la porte St-Jacques existe encore à moitié, de la cave au grenier de la maison Jouhanneau, entre la rue des Fossés-St-Jacques et la place du Palais-de-Justice ; l'autre tournelle se devine à l'arrondi de la cour et de la cave qui sont en face (maison Roland, Lamoureux sabotier). — Tout droit en l'enfilade de la rue des Fossés-St-Jacques, se trouvent l'emplacement et quelques restes du *portail Notre-Dame* (maisons Mayet et Boulanger), par lequel on allait de la ville au faubourg Notre-Dame, à la rue de la Barre et au lieu de l'Abbaye.

Ces portes monumentales étaient formées de deux Tours ou Tournelles (nos grand'mères disaient *les étournelles*), flanquant un Pavillon qu'on désignait quelquefois sous le nom assez mal appliqué de Donjon. Dans ce corps de bâtiment était percée une ouverture voutée de 7 à 8 pieds de large pour le passage des charrettes ou cavaliers et probablement une autre plus petite à l'usage des piétons. Tours et Pavillon couvertes de toits fort aigus. — L'une des tours était, au moins à certaines portes, plus petite que l'autre et servait de cage d'escalier : « L'escalier de pierre du portail ou tournel St-Germain s'est écroulé dans l'hiver de 1754, et a été remplacé par un escalier de bois dans le bas de *la petite tour* à droite en descendant au faux-bourg. Il y avait une petite guérite appuyée audit escalier. »

Les murs mis à découvert dans la tranchée de l'égout en cours de construction (1894), joints aux restes des tours, m'ont permis de faire une restitution de la porte St-Jacques dont le plan au moins est certainement très approché de la réalité. — Le mur *d'escarpe* de 4 pieds d'épaisseur en haut, à parement de pierre de taille, et un autre mur parallèle et à 10 pieds en avant du premier, servaient de supports au *pont-levis.*Le *pont dormant* reposait à ses extrémités sur ce second mur et sur le bord de la *contrescarpe*, soutenu en son milieu par une murette de deux pieds en moellons. — Ces ponts avaient naturellement été supprimés lors du comblement des fossés.

Les portails sont parfois désignés dans les actes sous le nom de *pont* ; *le pont St-Germain* m'a fort intrigué la première fois que je l'ai rencontré, dans cette phrase : « prudent homme pierre Noël maistre chirurgien afferme — en 1741 — une maison de demeure couverte à thuile située proche le pont St-Germain dedans la rue qui va dudit pont à la rivière d'inde. » Dans un même acte de 1775 la rue d'Olmor est désignée « rue tendant du couvent des Carmes au portail St-Germain » et « rue qui va des Carmes au pont St-Germain.» — En 1768, la ville vend « des bois placés sous le pont de Notre-Dame » et il est dit quelques lignes plus loin « les bois qui sont placés sous la voûte du portail Notre-Dame. » Il ne s'agit donc pas des ponts levis, lesquels n'existaient plus depuis longtemps, mais des portaux eux-mêmes sous lesquels les rues passaient comme sous un pont. — D'ailleurs, l'auteur de l'*Essai* qui écrivait vers 1770 dit : « Il y avait autrefois des ponts-levis devant chacune des trois portes. »

Les grands battants qui fermaient les portes en l'ancien temps, n'étaient plus au XVIIIᵉ siècle d'aucune utilité ; ils tombaient en lambeaux : en 1761 il ne reste plus au portail Notre-Dame qu'une seule porte dont on vole les clous, qui ne tiennent plus. La ville la fait démolir, vend les clous et ferrements et avec l'argent de la vente fait curer les deux puits publics qui en ont grand besoin.

Ces vieilles et volumineuses constructions projetaient leur ombre sur les maisons du voisinage, cachaient le soleil et entretenaient alentour une humide atmosphère de moississure. — La circulation en était fort gênée, car une voiture passait tout juste sous la poterne ; des accidents arrivaient ; un enfant, une femme y furent écrasés contre le mur.

Elles étaient habitées en grande partie, non pas seulement par les rats, les voleurs et les oiseaux de nuit, ou par quelque mendiant philosophe, comme aiment à représenter les Romantiques, mais par de tranquilles et prosaïques locataires : en 1771, la ville passe à Jacques Abrioux un bail des tournelles St-Germain au même prix que payait précédemment Raveau boulanger, avec autorisation de faire une ouverture à la tournelle qui est du côté du jardin de M. Selleron pour y pratiquer une boutique. — En 1777, le sieur François Blanchard perruquier est autorisé d'ouvrir boutique dans la partie de la tour du portail Notre-Dame qu'il tient de ferme, en dedans et au dessous dudit portail ; à condition qu'il appuiera bien le haut de ladite ouverture par poutre ou voûte et qu'il la fera bien fermer de volets. — En 1776 « la ville fait assigner le sieur Baucheron du Magny qui a abattu de son autorité les *parapets* du portail St-Jacques. »

*
* *

Les simples *portes* n'étaient que des passages pratiqués à travers les ancien remparts : telle était, entre autres, *la porte St-Pierre* située proche la prison et qui donnait sur le fauxbourg Vénose.

Les citations suivantes prouvent suffisamment que, ce qu'on entendait au XVIII° siècle par *porte Saint-Antoine* n'était autre chose que nos Grands-Escaliers : Vente en 1772 d'une maison couverte à thuile proche la fontaine de cette ville joustant par le dessus *le chemin qui tend de la porte St-Anthoine au Molin de la fontaine.* — En 1742, Sylvain Chabenat cabaretier afferme à Charles Moussard maistre tailleur une maison de demeure au *Chastel vieu...* situé sur la rue qui va à la porte St-Antoine. — J'ai trouvé une fois « l'Uisset de Saint-Antoine » dans un acte de 1748 (Deligny notaire).

On a parlé bien souvent de la *porte de Lusset*, depuis que La Tremblais l'a écrit *l'Husset* dans les Esquisses, remarquant que ce nom n'était autre que le vieux mot *huis* porte ou son diminutif *huisset*. M. H. Baucheron dans ses Recherches dit à ce sujet : « La porte de *l'huisset* ouvrait au bas de la rue qui aujourd'hui porte ce nom, sur la rue de l'Indre au point où la rue St-Roch y vient déboucher. Cette porte existait encore en 1750-60, et lorsqu'on l'eut fermée en élevant le terrain pour y bâtir, on dût ouvrir ou rendre praticable la rue St-Roch qui la remplace. » — J'ignore où M. Baucheron a pris ces renseignements, je ne sais si ce qu'il dit est authentique ou si c'est seulement ainsi qu'il a compris les choses, je préfère m'en tenir aux documents qui, d'ailleurs, ne manquent pas sur cette question. Ce nom de Lusset se trouve si souvent dans les actes et les délibérations municipales, que j'ai la conviction qu'il s'applique, non seulement à une, mais à deux portes ainsi qu'au quartier compris entre elles.

On l'applique même parfois, à tort et à travers, comme dans cet acte de 1774 où il est parlé « d'un terrain jouxtant au levant le rempart appelé Lhuisset de cette ville, au midy le chemin tendant de la place plantée d'arbres (la petite place) au pont au legs et au couchant la rue tendant du portail Nostre-Dame aux prisons. » — Dans une pièce assez ancienne des Archives de l'Indre, il est question des « cens et rentes dues à la Baronnie de La Chastre sur diverses maisons situées dans *la rue où l'on va du chasteau au Grand Huisset.* » La qualification de *Grand Huisset* indique qu'il y avait plusieurs huissets; et je ne puis croire qu'il vienne à l'idée d'aucune personne d'attribuer le nom de grand au petit portillon en escalier dont il est question ci-dessus. — Il faut bien se représenter qu'une porte ou un huisset, en cette espèce, n'est point une barrière mais une ouverture, un passage plus ou moins long donnant accès dans l'enceinte de la ville. Le Grand-Escalier, dont le bas aussi bien que le haut est appelé *porte St-Antoine*, en est une preuve suffisante. Toute rue, tout passage traversant les Gros-Murs de ville était une porte ou un huisset. Or, le haut de l'ancien fossé ou rue St-Roch, entre la Tête-Noire et la maison Caillaud et qui était autrefois « entre les jardins des sieurs Laurent et Giraut », est dans ce cas; c'était donc une porte, et cette porte avait un nom. Ce nom c'était *Lusset* ou plus spécialement *le Grand Huisset*, je crois qu'il n'y a pas à en douter et que c'est bien à lui qu'aboutit « la rue par où l'on va du Chasteau au Grand Huisset »; la rue actuelle des Pavillons, passant à la porte St-Antoine n'aurait probablement pas été désignée par cette appellation.

A la vérité, quand on trouve « la rue allant de Lusset à la fontaine, — la rue allant de Lusset aux Chambons », il y a bien de quoi persuader que l'usset en question est au carrefour St-Roch. Cependant lorsqu'on a lu un grand nombre d'actes de ce temps et qu'on a vu combien longuement et tortueusement les notaires allaient chercher les aboutissants des rues, on est beaucoup moins affirmatif, et l'on avoue que L'usset pourrait aussi bien être dans le haut que dans le bas de la rue St-Roch — que « le chemin de luisset aux Chambons » déclaré impraticable en 1761, pourrait bien être le même que « le chemin qui conduit de la place publique au pontaulait » sur lequel est la maison que le sieur Auboyer, marchand tanneur, fait construire « au lieu de Lusset, et qui jouxte d'autre part le jardin du sieur Laurent ». En 1751, la ville paye « 65 toises de pavé fait entre la place publique (la grand'place) et la *porte de l'huisset* et entre les jardins des sieurs Laurent et Giraut. » C'est de la rue qui longe la petite place qu'il est question et de son prolongement au fossé Saint-Roch ; à mon sens, il n'y a pas à s'y méprendre. En tout cas, ce n'est pas de la *rue de Lussay* ; cette rue n'ayant été formée et pavée qu'en l'année 1788, après que divers particuliers eurent fait bâtir sur « la place vulgairement appelée de Lussay. »

Je me suis arrêté sur ce sujet parce qu'il intéresse tout spécialement les personnes de La Châtre qui s'occupent de vieilles choses, et qu'il a été fort embrouillé par la confusion de ces ouvertures relativement modernes avec les très anciennes portes de la première enceinte qui se trouvaient dans leur voisinage.

*
* *

Les *Gros-Murs de Ville* allaient en droite ligne du portail Notre Dame au portail St-Jacques, et de là au portail St-Germain par trois côtés du polygone ayant deux sommets à la tournelle du couchant (derrière la statue de G. Sand) et à la *Tour Madame* ou tour *Dauphin* sur la base de laquelle s'élève aujourd'hui le pavillon des Dominicaines. — Les murs s'étendaient ensuite de la porte St-Germain à la Prison en longeant la rue Bellaire jusqu'au carrefour Tourtelat, puis soutenant la haute terrasse (maison Trumeau) qui domine les *jardins de la ville.* — De la porte St-Pierre ils allaient, bordant la rivière d'Indre et le fossé St-Roch, aux portes St-Antoine et de Lusset ; et fermaient l'enceinte par un dernier côté longeant d'abord la rue de l'Abbaye, prolongement du fossé St-Roch, et tranchant enfin, pour atteindre le portail Notre-Dame, dans les héritages de ce quartier ; la dénivellation des fossés y est encore très apparente.

On y trouve même encore, entre le jardin de Mᵐᵉ Argant et la cour d'une maison voisine, un grand pan de ce mur d'enceinte d'une douzaine de mètres de long, sur 3 à 4 mètres de hauteur, avec environ 3 pieds d'épaisseur en haut et 5 au ras du sol, et un reste de contrefort. Il est à remarquer que le *fruit du mur*, (l'inclinaison), est presque tout du côté de la ville ; tandis que la face extérieure est verticale.

Des Gros Murs, des anciens fossés et de quelques ouvertures particulières, il est souvent question dans les actes de vente : en 1650 on vend « une maison couverte à thuile et rebardeau assize et scituée en la rue de Tourtoulat » désignée un peu plus loin « une rouette allant du pavé aux grosses murailles de ceste ville ». En 1779

on dit « la rue qui va du puys du pavé au mur de ville ». (1) — Dans
le même temps, M. le Maire Villain des Roullets, qui demeure proche
le portail Notre-Dame, a un jardin dans ce quartier « derrière les
gros murs de ville ». — Je trouve en 1741 un partage « entre Jean
Chalumeau Maistre drapier et Saturnin Lombois Maistre sellier, de
maison et jardin situés dans les anciens fossés St-Germain proche
les gros murs, jouxtant par le costé lesdits Gros murs et la tour
appelée Tour doffaint (Dauphin), par le bas le jardin des sieurs
Religieux Carmes, par le haut le jardin de François Chabenat et le
passage qui va de la porte St-Germain audit jardin. » Dans d'autres
actes de la même année il est parlé « des fossés dont jouissent les
Reverends Pères Carmes » et de l'achat fait par Jean Chalumeau du
« droit d'entrée par *la porte* qui est dedans les gros murs de ville
du costé de la rue qui descend des Carmes au portail St-Germain. »

Déjà, au commencement du XVIII⁰ siècle, du temps que le sieur
Guillaume Pataud du Portail était maire, il y eut procès entre la
ville et les Carmes « au sujet *d'une petite porte* située dans la partie
du mur de ville qui va de ladite ville au Couvent ».(Archives de l'Indre).

*
* *

Les ennemis personnels de l'échevin Peron de la Forest, dans les
plaintes qu'ils portèrent au pied du trône, lui reprochaient d'avoir,
en 1759, fait démolir *les murs de ville*, de son autorité privée; sur
quoy le Bureau des Finances de Bourges avait envoyé à La Châtre
un Commissaire pour prendre connaissance « d'un tel attentat. »
— C'était la vérité que les échevins avaient sans permission « pris
des pierres aux murs dégradés de la ville » pour réparer à moindre
frais les casernes. Ils continuaient, pour faire paver plusieurs
rues, d'en prendre en suivant les murs et arrivaient ainsi proche une
vieille tour (probablement celle qui est derrière la statue de G. Sand)
« proche une vieille tour et la partie du mur de ville servant de
clôture au jardin du sieur C. controleur au Grenier à sel.
Ledit C. (c'est Péron qui parle) qui méditait de s'emparer de cette
vieille tour et du mur, pour empêcher de les démolir envoya
son fils à Bourges. Telle est la véritable raison du transport du sieur

---

(1) **Papiers de Madame Delestang.**

Thabaut Commissaire du Bureau des Finances. Celui-ci en arrivant à La Châtre exhiba aux Echevins de sa Commission et leur demanda de quel droit ils avaient fait démolir le mur de ville et quel emploi ils avaient fait des pierres. Satisfait de leurs réponses, il les mena avec lui faire la visite de tous les murs et constata leur état dans un procès-verbal. » (1)

Ces Gros murs n'étaient bon à rien, depuis longtemps ; ils s'en allaient par pièces et morceaux ; mais l'Ancien Régime les conservait, comme il conservait tant de choses inutiles. — Il fallait à les renverser tout à fait le coup d'épaule de la Révolution.

(1) Papiers de famille de M Gaudeffroy.

IV.

L'EGLISE ET LA PRISON

L'église Saint-Germain était à peu près ce qu'elle est aujourd'hui ; sauf le *clocher* qui avait « une haute *flèche* faite en vis pour donner moins de prise au vent » et qui avait « 80 pieds d'hauteur au-dessus du chapeau dans lequel sont les cloches », si l'on en croit l'auteur de l'*Essai*. Mais il convient ne point accorder trop de confiance aux nombres donnés par cet historien, qui attribue 80 pieds à la tour, laquelle n'a pas seulement 21 mètres.

Ce clocher, en bois, avait été construit dix ans seulement avant la Révolution, sur le plan donné en 1772 par deux maîtres charpentiers et entrepreneurs d'ouvrage de Bourges. — La ville eut de grandes difficultés et divers procès avec l'adjudicataire, un sieur Forgeon de la paroisse d'Aigurande, au sujet de la réception des bois de charpente, qui encombrèrent la grand'place pendant près de six ans. — Deux années durant, de 1777 à 79, les cloches restèrent muettes. — Enfin, le clocher était à peu près terminé, les cloches remises en place à la fin de 79. Le 22 août 1782, le tonnerre tombé sur la flèche, y avait fait des dégats, qui nécessitèrent quelques réparations. — Dix ans plus tard cette flèche fut rasée.

Au cours de la reconstruction de 1777, Jean Chatelain, maître charpentier, fait une remarque qui nous renseigne sur les habitants de ce quartier, à savoir « que la tour quarrée du clocher veut estre élevée du costé des maisons des sieurs Baucheron de Boisvignault, Peron de Laforest et Dorguin, de sept pouces pour estre à son niveau aux autres costés. »

La ville était naturellement chargée de l'*Horloge* publique : pendant près de vingt ans c'est le sieur Huguenot semy-prebendé du chapitre qui est chargé « de la gouverner » et qui reçoit pour ce 30 livres par an. Puis ce fut le sieur Trossin, seul horloger de La Châtre, et dont nous voyons encore le nom sur de vieilles pendules à poids. — En 1733, l'horloge avait subi, avec l'autorisation de Mgr l'Intendant, une grande réparation qui couta cent livres.

La sonnerie était très belle. — A l'occasion de la refonte de la cloche de St-Vincent (1781), les officiers municipaux proposent, sous le bon plaisir de MM. du chapitre, de faire frapper le marteau de *l'horloge* sur la grosse cloche; les heures seraient ainsi entendues de tous les habitants. Le timbre de l'horloge serait refondu et on en ferait une cloche, laquelle servirait avec les deux autres petites cloches à sonner les offices ordinaires et « les enterremens des gens du commun ». Les trois autres cloches sonneraient les jours de fête et de solennité. — Il y avait donc six cloches, trois grosses et trois petites.— «A ces dépenses seraient employés les deniers d'épargne de la *fabrique*, lesdites cloches ayant contribué à les produire en grande partie par la taxe que l'on paye pour le son d'icelle aux enterremens.» Comme on le voit, l'Ancien Régime avait sa petite logique.

La place Maget ne fut nivelée qu'en 1779, lorsque furent abattus les quatre grands ormeaux qui projetaient leurs branches sur le toit du bas-côté, gâtaient la couverture et assombrissaient beaucoup la paroisse.

L'église, à la fois *collégiale* et *paroissiale*, se composait de deux parties aussi distinctes administrativement que matériellement :

Le chœur, espèce de sous-cathédrale, siège particulier du *collège des chanoines*, *chapitre* sans évêque.

La *Nef*, siège particulier de la *paroisse*, desservie par le *curé*.

Sans parler des *chapelles* collatérales, fondées par des particuliers, appartenant aux héritiers des fondateurs ou acquéreurs, et desservies par des *vicaires bénéficiers*, généralement chanoines.

L'autel actuel de la Vierge était alors *l'autel de la Paroisse*, au fond du bas-côté dans lequel se trouvaient le banc des chantres de la paroisse et le banc des officiers municipaux.

Le *Haut-Chœur*, c'est-à-dire *Messieurs les Vénérables Prieur et Chanoines* occupaient les stalles les plus élevées; le *Bas-Chœur* composé de l'organiste, du bedeau, des quatre enfants de chœur et des deux chantres du chapitre, remplissaient les basses stalles. — Les jours de *Te Deum*, processions générales et autres solennités, les fonctionnaires ou comme on disait *les officiers*, ainsi que les Maire et Echevins avaient leurs places au Chœur.

Les Chanoines du chapitre de Saint-Germain, au nombre de douze sans compter le Prieur, n'étaient pas tous prêtres; il y avait parmi eux des diacres et sous-diacres. — Chaque année le chapitre nommait un chanoine *syndic* pour les affaires temporelles. Le Prieur était élu à vie par le collège des chanoines. — Le Chapitre était *décimateur* et *curé primitif*, c'est-à-dire qu'il avait les *dîmes* ou impôts en nature sur beaucoup de vignes et autres héritages, plus un très grand nombre de petites rentes foncières et quelques propriétés, avec une partie des revenus de l'église. L'ensemble de ces revenus était divisé en un certain nombre de *prébendes* attachées aux divers canonicats et à certaines œuvres. — Huit chanoines avaient chacun une prébende entière, quatre autres n'étaient que demy-chanoines ou semy-prébendés. — Le *curé desservant* la paroisse était réduit à *la portion congrue*, pension annuelle que lui payait le Chapitre et qui avait été fixée, à fur et mesure de la baisse de l'argent, à 120 livres sous Charles IX, 300 livres sous Louis XIII, 500 livres en 1768 et 700 livres en 1786 (1). Il s'en plaignait fort.

L'entretien du Chœur était tout entier à la charge du Chapitre ; la Nef et le Clocher étaient pour les deux tiers à la charge de la ville, l'autre tiers au Chapitre. — Les habitans logeaient le curé ; la Cure ou maison curiale était au sud de la nef dans les rouettes de l'église (elle appartient encore à la ville). Les Chanoines, tous séculiers, logeaient en ville. — Il y avait cependant une maison qu'on appelait le *Chapitre*, vraisemblablement la demeure du Prieur. — C'est la partie vieille de la maison de M. Arthur Dorguin ; la partie neuve, qui touche la place Maget, rebatie vers 1789, appartenait en 1775 à la femme de M. Baucheron-Duplaix, procureur du roy de la Prévosté et Subdélégué. Celui-ci, en effet, dans un acte de Louis Baucheron notaire, reconnait, au nom et comme époux et dirigeant les droits et actions de dame Jeanne Souperon son épouse, être propriétaire d'une maison jouxtant : du levant *la maison et jardin de Messieurs du Chapitre* — du midy la rue tendant de la porte de la paroisse à la rue qui conduit au grenier à sel (à la rue de Paradis) — du couchant la rue qui conduit de la même porte à la prison — et du septentrion la maison de la dame veuve Thabaud de la Terrée (maison du général Beaufort). — Sur laquelle maison est due à MM. les vénérables prieur, chanoines et chapitre une rente de 11 livres et un denier de cens, et une autre rente de 13 livres et un denier de cens, lods et ventes portant, suivant qu'il appert d'actes de 1614 (Pajot notaire), 1628, etc.......

---

(1) Albert Babeau. — La Ville et le Village sous l'Ancien Régime.

Le Château était devenu *la Prison* ou les *prisons royales ;* on le trouve ainsi désigné dans de nombreux actes du XVIII' siècle. Cette transformation date au moins de la réunion du Duché de Châteauroux au Domaine royal (1736), et peut-être de bien plus loin, car je trouve déjà en 1721 « une maison scise rue de la givery au-dessous des prisons de cette ville ».— Elle a certainement amené des changements considérables dans la voirie du quartier, mais je n'ai, jusqu'à ce moment, aucun renseignement authentique à ce sujet. J'observerai seulement que les maisons qui occupent la rue à gauche en descendant à la prison, depuis la maison Trumeau jusqu'aux murs de ville, sont séparés du jardin qui est derrière elles par une ruelle, laquelle communiquait autrefois avec la rue de la prison par un passage sur l'emplacement duquel est aujourd'hui la cuisine de ladite maison Trumeau. — Cette maison, citée quelquefois sous le nom de maison Rochoux-Daubert, était en 1774 désignée ainsi qu'il suit :

Maison Moreau-Blanchard, située au quartier du Chateau-Vieux, consistant en trois corps de logis, cour et jardin, le tout se tenant et jouxtant à main gauche la rue tendant du Pavé au Chateau-Vieux (rue Bellefonds), la rue tendant du Grenier à sel à la Prison, la maison des héritiers Chalumeau et les Gros Murs de ville.

Je citerai encore, au sujet de ce quartier, l'extrait suivant d'une délibération municipale de 1784 : « On se plaint que les voituriers entrepreneurs de cette ville déposent journellement des décombres et immondices sur le nouveau chemin fait depuis la Prison jusques à la rue de Venose pour aller au pont des Capucins, ce qui commence à le rendre impraticable et empêche l'écoulement des eaux dans la direction qu'on leur avait donnée. »

Il est plusieurs fois question dans les anciens actes de notaires, de la *vigne du Château*, qui n'est autre chose, je crois, que ce qu'on appelle aujourd'hui *les jardins de la ville* :

En 1759, Germain Desfousses, contrôleur des actes des Notaires, afferme à Claude Jubert, jardinier, un grand jardin appelé *la vigne du Chateau*, située le long des Gros Murs et dans les Fossés de cette ville, et dont partie est encore plantée en vigne du côté de la maison de Jacques Carion. Il est question dans cet acte (Villain notaire, 6 décembre 1759) d'un canal et réservoir dans ledit enclos et de l'égout de la ville.

Il existe encore en cet endroit un vieux resté des Fossés, qu'on appelle aujourd'hui *les Fosses de la Ville,* au point où se réunissaient le très ancien fossé de la rue Tourtelat avec le fossé de la nouvelle enceinte du XV⁰ siècle qui se rend à la porte St-Germain en longeant la rue Bellaire. — Quant à l'égout, il a été supprimé et les eaux s'écoulent où et comme elles peuvent. — Lorsque la rue Vincent fut ouverte (vers 1860) et que de nouvelles maisons furent construites dans ce quartier, la cave d'une maison de la rue Tourtellat fut subitement inondée ; l'eau venant par un puits percé dans cette cave et qui était jusque là ignoré. La propriétaire, Madame Delestang, a été obligé d'installer une pompe, et de pomper chaque jour, depuis cette époque, pour empêcher ce puits de déborder.

Le Domaine de La Châtre avait un *Colombier* ; son existence est attestée par l'acte suivant de 1774 :

« Vente d'un terrain, en friche et inculte de mémoire d'homme, de la contenance d'une boisselée à semer cheneveu, scis près les *Prisons et Colombier* de La Chastre ; joutant d'une part la rue qui descend desdites prisons au pont des Cabignats, d'autre part le chemin de la Fontaine au portail St-Germain. — Aux charges de souffrir faire au *Colombier* cy-dessus les réparations toutes fois et quantes, sans aucuns troubles ny empêchemens et ce avec toutes facilités et commodités convenables. — En outre 8 sols de cens et rente dus à *la seigneurie de La Chastre* (le seigneur de La Châtre, depuis 1736, c'était le Roi).

Ledit terrain mouvant et appartenant audit vendeur au moyen du bail à cens et rente qui lui a été fait, sous le bon plaisir de Sa Majesté, son Conseil et le Bureau des Finances de Bourges, par le *Directeur des Domaines* du Duché de Châteauroux en 1773..... La vente actuelle, faite, outre ces charges, moyennant la somme de 12 livres que ledit acquéreur a payé comptant, en espèces ayant cours et à la vue des notaires. — Ledit acquéreur s'oblige de plus à payer à la décharge des vendeurs, *au fermier de la Seigneurie de La Chastre*, deux années de cens et rente échus à la St-Michel dernière..... »

Le terrain en question n'ayant que deux jouxtes, paraît être le triangle ayant sa base sur la prison et pour côtés la rue Venôse et la rue qui descend à la Font. — C'est dans ce triangle qu'était *le Colombier seigneurial*. — Il est désigné dans un acte notulaire de 1715 « le Colombier de Son Altesse Serenissime Mgr le Prince » (le prince de Condé).

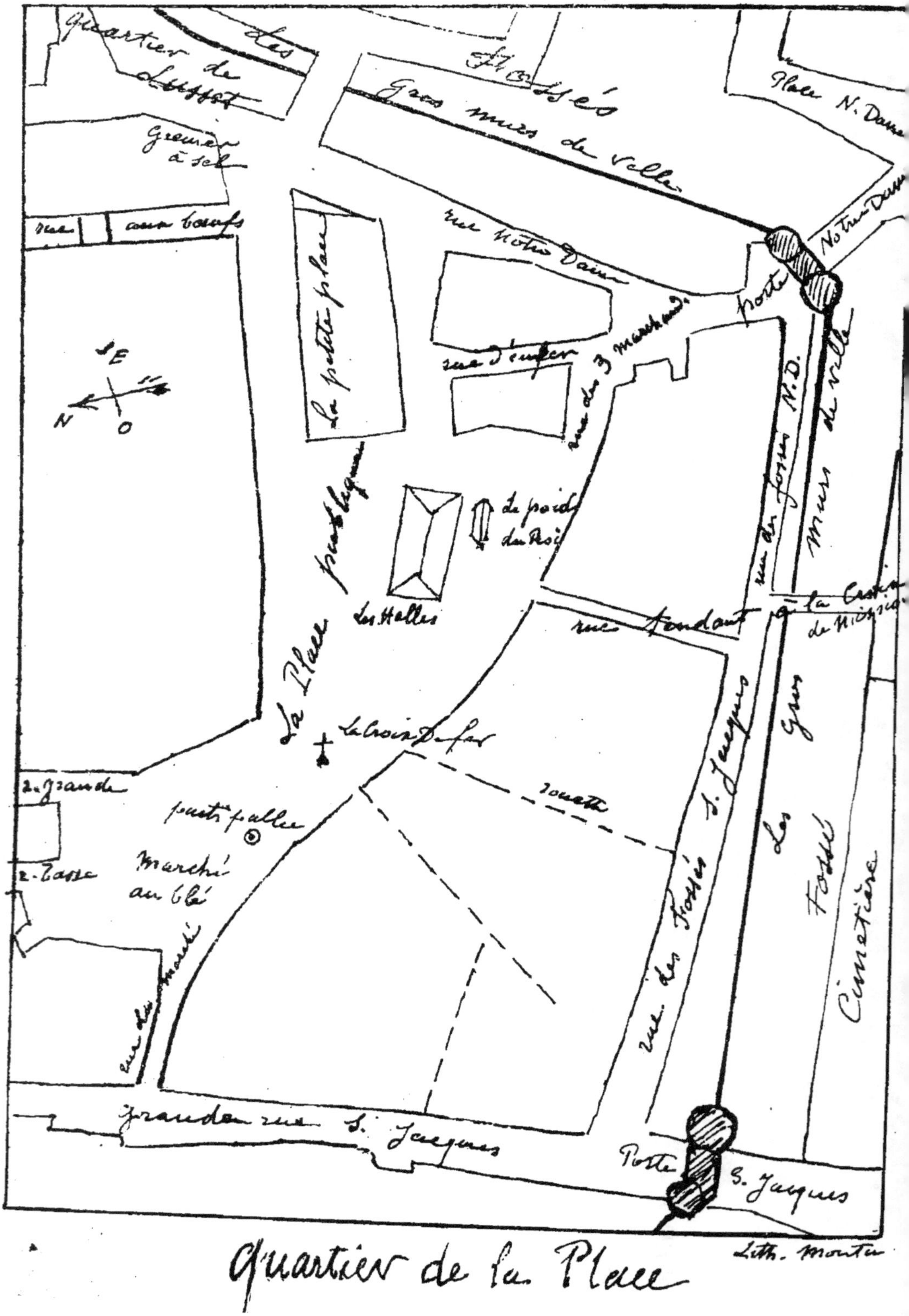

Quartier de l'Hôpital

Grenier à sel

rue ... cour bœufs

Les Fossés

Gros murs de ville

Place N. Dame

rue Notre Dame

La petite place

rue d'enfer

rue des 3 marchands

Porte Notre Dame

rue au four N.D.

murs de ville

SE — N — O

Le poids du Roi

Les Halles

rue fondant à la Croix de Mission

La Place publique

La Croix de fer

rouette

2. grande

petite place

2. basse

marché au blé

rue du moulin

rue des Fossés S. Jacques

Les Gros Fossés

Cimetière

grande rue S. Jacques

Porte S. Jacques

Quartier de la Place

Lith. Monter

V.

LA PLACE

La *Place du Marché (place publique* ou *grand place)* et la place du *Pavé* avaient chacune un puits, auquel on venait puiser avec une corde. Il est plusieurs fois question, dans les délibérations municipales, de réparations à faire à ces *deux puits publics*, les seuls qui existaient alors. En 1767, on parla de mettre des *tours* au deux puits. — Environ le même temps, un enfant tomba dans le puits du Pavé et s'y noya.

Les *faisans-mal* jettaient des immondices dans ces puits publics ; on s'en plaignait, sans parvenir à les en empêcher. Nous trouvons en 1771 une requête des habitants « tendant à ce que le puits de la place publique soit rendu praticable, à ce qu'il y soit placé deux *tours* en fer, et à faire clore ledit puits de six portes en fer ouvrant et fermant à clef. Les remontrans offrent d'entretenir la corde pour le puisage. »

En 1778, les puits de la place et du pavé ne servent presque plus. Pour y puiser il faut chaque fois passer la corde dans la *poulie* suspendue, et il y a danger à le faire pour les personnes qui ne sont pas grandes et fortes. C'est ce qui fait qu'il ne sont plus puisés. D'autre part, les bassins se sont remplis d'immondices qui ont corrompu l'eau. Cependant, ces puits serviraient beaucoup aux riverains et pourraient être d'une grande utilité en cas d'incendie (il n'y avait alors ni pompes ni pompiers). Le Maire, M. Villain Desroulets proposa d'établir deux *tours à cric* aux puits de la Place et du Pavé, lesquels donneraient la facilité d'y puiser à toutes personnes, même aux faibles ; il montre à l'assemblée des habitants un petit modèle en plomb qu'il a fait faire, moyennant 6 livres, par le serrurier Boucheron. Le corps de ville décide que ces tours seront construits et les puits curés et nettoyés.

La Place n'était pas nivelée comme elle l'est aujourd'hui ; elle l'était cependant et, comme nous l'avons déjà dit, on y avait fait de bons travaux d'assainissement. — En 1784, une ordonnance ayant été rendue par MM. les Officiers de police de refaire le pavé partout où est besoin, le Maire, M. Desfougères, « observe qu'une partie du pavé ayant besoin d'être réparé, il serait intéressant d'y employer du *pavé d'échantillon* pour servir de modèle aux habitans et les engager à employer cette méthode qui serait d'autant plus utile et commode, que tous les pavés de la ville sont pointus, raboteux et inégaux, et que, pour cette raison, il est très difficile de les tenir propres, surtout en hiver. »

La grand place fut un temps plantée de plusieurs rangées d'arbres ; tous morts et secs en 1766, on les enlève, à l'exception d'un seul le deuxième du rang qui est devant la maison du sieur Selleron de Courtillet, lequel restera sur pied.

Au milieu de la Place, entre l'angle saillant des maisons Pillot et Tayon et la maison Rohart, s'élevait « une très belle *croix de pierre* magnifiquement travaillée et entourée de grilles de fer de cinq à six pieds de haut » à peu de distance du puits « très large et très profond dont le couronnement est un chef-d'œuvre » dit l'auteur de l'Essai. — Cette croix fut réparée en 1768 et la ville paya les frais de sa bénédiction.

*
* *

Il y avait vers le haut de la Place, vis-à-vis la ruelle qui conduisait à la rue des fossés St-Jacques et au Cimetière (rue actuelle des Bouchers), une *Halle* ou boucherie couverte. C'était un toit presqu'aussi bas que les tuileries, qui existait encore il y a quelque cinquante ans ; les vieux de notre temps l'ont bien connue. — Sur le plan de 1808, elle est représentée avec, à côté d'elle, un petit bâtiment qu'on appelait *le Poids du roy.*

Avant 1768, il y avait aussi, sur l'emplacement de la Petite Place actuelle, un autre halle « *la petite Halle* appelée vulgairement *Les Etaux*, servant les jours de foires et marchés aux marchands forains » (Délibération du 24 mars 1764). Il faut lire avec beaucoup d'attention les textes, les rapprocher et en bien peser tous les termes, si l'on veut éviter la confusion entre ces deux halles, d'autant que « *Les Ètaux* », contrairement à l'usage verbal ordinaire, servaient *à étaler* toutes autres marchandises que la viande ; on disait plutôt *les bancs* des bouchers, mais on leur appliquait aussi le nom *d'étal.*

Depuis les anciens temps des Déols, seigneurs de La Châtre, le Chapitre avait « le droit d'édifier des bancs et des échoppes, et de percevoir des taxes sur les marchandises exposées. » (Esquisses).Les chanoines conservèrent jusqu'à la Révolution la propriété de la Boucherie, comme l'atteste le bail suivant passé en 1774 devant M" Baucheron et Chabenat notaires royaux :

Furent présents, messieurs les Vénérables Prieur, Chanoines et Chapitre de l'Eglise collégiale et séculière de St-Germain cejourd'hui assemblés aux personnes de Guillaume Pirrot prieur, Jacques Dorguin, Charles-Claude Selleron syndic, Etienne Basset et Pierre Louis Pinon, tous chanoines capitulans, faisant tant pour eux que pour les autres chanoines absents — donnent à titre de ferme pour 9 années..... aux ci-dessous nommés tous *marchands bouchers demeurant au faux-bourg Notre-Dame*, 23 places de bancs de la Boucherie qui est sur la Place publique et qui appartiennent aux Chanoines et dépendent de leur église et chapitre, moyennant 177 livres et 21 langues de cochon, savoir :

A François Périchot les deux places qui sont entre le premier et le second carreau à gauche en entrant sous ladite boucherie du côté de la place publique, moyennant 28 livres en deniers et 2 langues de cochon — les places suivantes à Jean Doré, à Françoise Chauvet veuve Doré, à Jacques Boucheron..,..

A Jean Boucheron la première place après, joignant celle du *Domaine de La Châtre* et qui est à main droite en entrant sous ladite Boucherie du côté de la place du marché pour 14 livres en deniers et une langue de cochon, à Etienne Doré, à la veuve Moreau et à son fils.... et enfin à Marguerite Chauvet veuve Philippe Mathieu les six places suivantes pour 38 livres en deniers et 6 langues de cochon bonnes et recevables, payables en deux termes chaque année. .

Desquelles lesdits Bouchers jouiront en bons pères de famille sans rien gâter ni détériorer desdits *bancs* et sans être tenus aux réparations de *la Halle* sous laquelle sont lesdites places de bancs à moins qu'elles n'arrivent par leur faute ; ils seront tenus de fournir des *bancs* pour couper et exposer leurs marchandises.

Est convenu que Jean Doré et la veuve Mathieu n'entreront en jouissance des places dont jouit Abrioux qu'au mois d'octobre, fin de la jouissance dudit Abrioux.

(Dus à Chabenat notaire soussigné 14 sous par place de banc).

Il n'y avait pas d'abattoir municipal, les bouchers avaient chez eux, rue de la Barre, des « maisons servant de *tueries* ».

D'après le bail ci-dessus, il y avait à la Halle 24 places de bancs 12 de chaque côté ; 23 appartenaient au Chapitre et une au *Domaine*, après avoir appartenu à la *Seigneurie de La Châtre*. C'est cette place dont il est question dans la phrase suivante : « Le Maréchal d'Aumont (qui fût un temps seigneur de La Châtre) s'empara des Etaux et du *premier banc* de la boucherie. Celui-là seul qui a ce banc de ferme peut vendre de la viande tous les jours de la semaine, les autres ne le peuvent que le samedy ». (Essai.)

Il y avait bien d'autres droits, plus ennuyeux que lourds, levés de temps immémorial sur les Marchands de la Place. L'auteur de l'Essai rapporte que les seigneurs de Sarzay et de la Tour-Gazeau prenaient la première pièce dans chaque charroir de poterie, que le Chapitre levait un denier les jours de marché et deux les jours de foire sur tout ce qu'on y vendait. Ces droits, comme la plupart des droits seigneuriaux, étaient affermés à forfait par les propriétaires à quelque bourgeois ou marchand qui parfois les sous-louait . — Dans un acte de Louis Baucheron notaire, je trouve encore un singulier droit de la seigneurie de Briantes sur le marché de La Châtre :

« En 1774, Plaut, fermier de la seigneurie de Briantes, demeurant à La Châtre, sous-ferme aux Chatiron père et fils, charpentiers demeurant aussi à La Châtre, moyennant 14 livres par an, un droit dépendant de la Terre et Seigneurie de Briantes appelé *droit de l'Aide*, (1) qui consiste à faire payer tous les jours de marché en cette ville par chaque boulanger exposant et vendant pain sur la place publique 2 deniers, et chaque jour de foire tenant en cette ville 4 deniers — plus à exiger de chaque marchand étalant et vendant marchandise et denrée sur ladite place, chaque jour de foire une maille (un demi-denier) — lesquels *droits d'aide* seront levés et perçus comme ils ont coutume de l'être par les préposés du seigneur de Briantes (le marquis de Villaines depuis 1740) conformément aux titres et possessions qu'il en a sans que le fermier puisse rien innover. »

Ce *droit de l'aide* donnait de plus au fermier ou sous-fermier « le droit d'exiger et faire payer les jours *d'assemblées* tenantes tant au bourg de Briantes qu'au lieu de Vaudouan, sçavoir : par chaque boulanger un pain du poids et espèce qu'ils vendront et un

---

(1) Je crois intéressant de rapprocher de ce nom de *l'aide,* le péage appelé *Leyde* dont parle l'archiviste Leymarie dans sa très intéressante Histoire du Limousin (1846).

carolu (monnaie de billon frappée sous Charles VIII — *Carolus* — et qui valait environ dix deniers) — par chaque cabaretier vendant vin une pinte de vin et un carolu — et par chaque marchand étalant marchandises et denrées un carolu. » — Ce sont ces droits dont a voulu parler M. de Poli, et que vient lever à Vaudouan en 1665 Sylvaine de Lombost femme de René de La Chastre, Sgr de Breuillebaud et de Briantes, « assistée de la nommée Dumay et autres, ses domestiques, au préjudice des déffences faites au Sgr de Briantes et publiées à son de trompe audit lieu de N.-D. de Vaudouan. » Messieurs du Chapitre, et en particulier M° Germain Dorguin desservant de la Chapelle, avaient obtenu sentence de l'Election défendant de lever des droits sur les boulangers, cabaretiers et merciers (marchands) qui exposent leurs marchandises en vente proche la chapelle de Vaudouan. Mais lesdits droits seigneuriaux furent reconnus en 1669 par sentence du baillage d'Issoudun.

*
* *

Je trouve en 1773 une requête des officiers municipaux à M. le Lieutenant de Police de cette ville (le Juge Prevost) à l'effet d'obtenir de luy une ordonnance portant que les *boisseaux et mesures* de bled seront faits et marqués suivant et conformément à l'ancien usage. — Il est surtout question, en cette espèce, aux délibérations de l'Hôtel-de-Ville, des poids et balances publiques, « *le poids du roy* qui sert à pezer les laines et autres marchandises qui se débitent en cette ville. » — En 1754, le sieur Desfousses *fermier de la baronnie (ou domaine)* de cette ville demande qu'il soit marqué une place commode à faire construire un bâtiment pour y placer le *Poids du Roy*. Sur quoy les habitans estiment et sont d'avis qu'il soit pris deux bancs des étaux du costé de la Croix, et deux pieds au-delà des bancs du même costé, et en largeur deux pieds et demi, à la condition qu'il ne sera perçu par le fermier que 4 sols par cent pesant de laine ou autre marchandise appartenant aux habitans de cette ville et 5 sols pour les étrangers. — Deux années plus tard, l'adjudicataire des réparations du *Domaine* de cette ville prétend faire placer le *Poids du Roy* sur la Place, en un certain endroit renfermé de barrières. L'ingénieur et directeur des réparations du Domaine dit que le *Poids du Roy* doit être placé où était l'*ancien Auditoire* (le tribunal) ; cependant il le fera placer en un lieu plus commode si la Ville lui en indique un. Le corps de ville maintient

qu'il serait bièn à sa place au bout des *Etaux* du costé de la Croix.
— En 1764 les habitants de la Place demandent en même temps que la translation des *Etaux* forains de la petite Halle à l'extrémité de la grand place (là où se mettent encore aujourd'hui les marchands forains), le transport du *poids du roy* dans un endroit moins incommode. — Mais de tels changements ne se pouvaient faire sans autorisations supérieures et grandes formalités. Enfin parut *l'arrêt du Conseil d'Etat du Roy* du 6 octobre 1767, enregistré le 24 juillet 1768 aux délibérations municipales. Il est ainsi conçu :

« Sur la requête présentée au Roy en son conseil par les Maire et Echevins de la ville de La Chastre Généralité de Bourges contenant qu'en conséquence d'une ordonnance du sieur Intendant et Commissaire départi en ladite Généralité, il a été procédé au devis estimatif de plusieurs réparations à faire aux différents édifices de la ville vu et approuvé dudit sieur Intendant ainsi qu'il résulte d'une autre ordonnance du 2 juin 1767. — Dans ces réparations il est question de décorations et embellissement au sujet du rétablissement d'une promenade située au milieu de la ville et qui avoisine la place publique où se tiennent les marchés, laquelle place est occupée en partie par une Halle servant ordinairement aux marchands forains : Il serait à propos de transporter cette Halle ainsi que *le Poids du Roy* dans un autre endroit, attendu que ladite Halle gêne dans l'endroit où elle est, et occupe le terrain le plus éminent et le plus gracieux de la ville — laquelle Halle l'on souhaiteroit transporter à l'une des extrémités de ladite Place ; l'emplacement de ladite Halle devant servir de Promenade et être planté d'arbres tilleuls. — Ce changement est tellement à propos et si fort du gout des habitants qu'il n'en coutera rien à *Sa Majesté à qui appartient la ville qui dépend de son Domaine* non plus qu'à la ville même, les frais de ce transport devant se faire par plusieurs habitants qui ont consigné entre les mains du Receveur de la ville le montant de ce qu'il en pourra couter, marché fait avec l'ouvrier entrepreneur d'ouvrages. Dans le cas où Sa Majesté jugerait à propos d'approuver ce projet qui ne peut nuire à personne et qui flatte toute la ville, requereroient à ces causes les suppliants qu'il plût à Sa Majesté approuver le changement en question....

Vu ladite requête signée Porcher de Villecher faisant fonction de Maire et Périgois premier Echevin, ensemble l'avis du sieur Dupré de St-Maur Intendant et commissaire départi, ouï le rapport du sieur de Laverdy conseiller ordinaire et au Conseil royal controleur Général des finances, le Roy en son Conseil a permis et permet aux Officiers municipaux de ladite ville de La Chastre de transporter et d'établir à une des extrémités de la place publique la Halle et le Poids du Roy qui gênent l'exécution de différents embellissements projetés.......... — Cet arrêt a été notifié au sieur Duplomb fermier de la ville. Et une requête présentée à Messieurs les Officiers de la Prevosté aux fins d'ordonner que les denrées qui se vendent et débitent sur la place publique soient déplacées relativement audit arrêt. »

La nouvelle *Petite Place*, était sur un terre-plein assez élevé, lequel avait servi autrefois de *Marché aux Bœufs* comme l'indiquent suffisamment le nom de *rue aux bœufs* et une pièce assez ancienne des Archives de l'Indre où je relève les termes suivants : « .... sur le marché aux bœufs où (à l'endroit où) l'on vend le pain jouxte la rue par laquelle on va dudit marché à la grand église ». — D'après ce qui a été ci-dessus rapporté, cette place était, dans la première moitié du siècle dernier, occupée en partie par une *Petite Halle*. Elle fut, en 1768, transformée en promenade publique, nivelée, sablée, plantée d'arbres et revêtue de lisses, lattes et charpentes pour soutenir les terres, avec deux escaliers ou perrons pour monter sur ladite terrasse.

Ces travaux, joints à des pavages et autres réparations assez considérables pour l'époque, attirèrent à La Châtre deux entrepreneurs de la Marche les « nommés Bargat et Fournioux.... entrepreneurs d'ouvrages de la paroisse de Malval » dont on trouvera souvent les noms, par la suite, dans les adjudications et expertises publiques à côté de ceux de Simonnet et Grillon maîtres menuisiers, Chatelain maître charpentier, Guillemain et Mesmain maîtres couvreurs, et Desrieux maître maçon.

VI.

QUARTIER DE L'HOTEL-DE-VILLE

La physionomie de ce quartier a bien changé depuis la démolition de la *Chapelle Saint-Jean*. — Cette chapelle était sans contredit le plus vieux monument de notre ville, car elle est déjà mentionnée dans une bulle pontificale de l'an 1235 ; en ce temps là elle était « hors les murs » de la première enceinte, laquelle s'arrêtait au fossé devenu *rue Basse-du-Mouet*. — *Les Carmes* ou Religieux de N.-D. du Mont-Carmel, arrivés à La Châtre en 1350, avaient installé leur église et couvent à l'ouest de la Chapelle St-Jean. — Deux cents ans plus tard, la Communauté des habitans acheta deux maisons dans ce voisinage pour servir de *Collège*, d'*Hôtel-de-Ville* et plus tard d'*Auditoire* (salle d'audience des juges). — Et les choses restèrent ainsi jusqu'en 1785, année de la démolition de la Chapelle St-Jean et au départ des Carmes qui eut lieu en 1790.

Comme on a fait diverses suppositions au sujet de l'emplacement de cette Chapelle, de l'Hôtel-de-Ville et du Collège, je vais rapporter un certain nombre de documents authentiques qui ne laisseront, je l'espère, aucun doute dans l'esprit du lecteur.

Et d'abord, il est dit expressement en plusieurs procès-verbaux que la Chapelle St-Jean était sur l'emplacement même de la place actuelle de la Mairie, laquelle a pour cette raison d'ailleurs pris et gardé le nom populaire de *Place St-Jean*. Nous lisons, par exemple, dans la Délibération du 6 février 1786 : « La vaste et inutile Chapelle St-Jean est démolie et les matériaux enlevés. Son emplacement est destiné à faire une place de l'Hôtel-de-Ville. Il est nécessaire de combler les cavités laissées dans les profondeurs de cet ancien édifice, et mettre de niveau tout cet emplacement actuellement impraticable aussi bien que les passages qui l'entourent pour aller à l'Hôtel-de-Ville et à l'église des Carmes. »

On trouve dans le procès-verbal du 29 septembre 1784, des renseignements très précis sur les dimensions de cet édifice, et aussi sur sa position :

Fossés

Gros murs de Ville

Couvent et Eglise des Carmes

Chapelle de N. D. de Pitié

Entrée de l'Eglise

Clocher

rue D'Olmor

M^on Artinat

place des Carmes

N
E

Chapelle Saint Jean

Hotel de Ville

rue saint Jacques

Collège

rue saint germain

palais de Jare

rue basse du Mouet

rue grande

échèle de 1 milliem. p. 1 mètre

Lithog. L. Montu

Quartier de l'hotel de Ville

« La Chapelle St-Jean est située rue St-Jacques au-devant
de la communauté des Carmes. — Elle occupe un terrain
de 62 pieds de long sur 27 de large ; ses murs ont 36
pieds d'élévation jusqu'au quarré ; elle avance dans la
rue de 22 pieds du côté de la porte St-Jacques. — Elle
obscurcit considérablement les maisons qui l'environnent,
du nombre desquelles sont le Collège, l'Hôtel-de-Ville et
l'Auditoire. — La rue est si étroite, et si gênée par cette
Chapelle qu'il serait indispensable de la démolir en tout
ou en partie pour faciliter le passage de la grande route
qui va s'ouvrir incessamment pour Guéret en Marche, qui
doit communiquer avec celles de Bourges et de Châteauroux
et, par cette raison, traverser dans toute leur longueur
le fauxbourg des Religieuses (ou fauxbourg St-Jacques),
la rue St-Jacques, la rue St-Germain et le fauxbourg des
Capucins (ou fauxbourg St Germain). »
(On sait que cette route n'a été faite que beaucoup plus tard.)

C'est précisément la Chapelle St-Jean qui divisait la grande rue en
ces deux parties : rue St-Jacques et rue St-Germain. — La Chapelle
était rue St-Jacques, le Collège était rue St-Germain au coin de la
place ; l'acte d'adjudication qui se trouve au registre des délibérations
(17 juillet 1791) donne exactement sa position :

La vente et adjudication comprend les bâtiments qui servent
de *Collège* et dont jouit le sieur Neboux principal, avec
la cour et autres aisances qui en dépendent, ensemble
(avec) le bâtiment qui servoit d'*Hôtel-de-Ville* et
d'*Auditoire* ; le tout situé sur la place dite des Carmes
(ou place St-Jean), jouxtant : au levant la rue St-Germain
— au midy ladite place des Carmes — au couchant la
maison d'Etienne Rotinat menuisier (Papeterie Lureau) —
et au nord la maison du sieur Pierre Maillaut (maison
Ducy-Fauchier).

En 1791, la Chapelle St-Jean n'existait plus, la place était ce qu'elle
est aujourd'hui ; seulement au lieu de la façade actuelle de la Mairie
était le pignon de l'Eglise des Carmes.

Les bâtiments du Collège et de l'Hôtel-de-Ville ne sont autres que
la maison Pallier : le Collège au coin de la place, ayant son entrée
près ou sur la rue St-Germain, était sur l'emplacement aujourd'hui
occupé par le Café de la Ville ; l'Hôtel-de-Ville était sur la place
dans le bâtiment à côté. — Ces bâtiments furent achetés en 1791 par

le sieur Chicot, lequel les revendit à J.-B. Guillard, comme l'atteste.t plusieurs pièces de procédure de 1806 (1) relatives à « deux corps de bâtiments situés sur la *place des piques* (place de l'Hôtel-de-Ville), l'une appelé le bâtiment neuf, occupé par le sieur Yvernault marchand cafetier, et l'autre, appelé la vieille maison, dont est propriétaire le sieur J.-B. Guillard, comme les ayant acquis du sieur J.-B. Chicot Laurent marchand. » — Ces bâtiments sont aujourd'hui à M. Pallier après avoir appartenu au sieur Brejaud-Yvernault.

Voici maintenant un extrait de l'acte d'achat de ces mêmes bâtiments, parchemin en caractères gothiques, daté de 1540, que j'ai remis aux Archives de la Mairie dont il avait été longtemps égaré :

..... vente, par ces presentes, les manans et habitans de la ville de la chastre absens, aux procureur, gouverneur et receveur des deniers commungs... acceptant pour eux, deux fetz de maisons couvertes à thuiles contigux lun a lautre avec la court.....

... qui jouxtent dune part la maison et jardin des Myard et la maison de Nicolas Péarron — jouxte la grant rue allant du portal St-Germain au portail Saint-Jacques — et jouxte la chapelle de Monsgr Saint-Jehan, une rue allant de la grant rue a leglise et couvent des Carmes entre deux ...

Ce qui veut dire (cette manière de s'exprimer est habituelle) qu'*il y avait une rue entre ces bâtiments et la Chapelle St-Jean.* — Ainsi, la Chapelle St-Jean était sur la place actuelle de la Mairie, et il y avait entre elle et l'ancien Hôtel-de-Ville une rue, plus ou moins large, par laquelle on allait de la grand rue aux Carmes.

Si l'on remarque enfin que notre place de la Mairie n'est pas carrée — que l'un des côtés (celui du Café de la Ville) est parallèle aux grands murs de l'église des Carmes et perpendiculaire à la rue d'Olmor — que l'autre côté (maison Ludre) un peu oblique au précédent est à peu près orienté de l'occident à l'orient : on aura quelque raison de croire que cette direction n'est pas fortuite, et qu'elle n'est autre que celle de la Chapelle St-Jean elle-même, laquelle,

---

(1) Papiers de famille de Louis Yvernault.

comme toutes les très vieilles églises, était sans doute sensiblement orientée.

D'après toutes ces considérations nous avons restitué la position de cette antique Chapelle et fait un plan du quartier en nous aidant du cadastre et du plan de la ville de 1808. — On comprendra très bien d'après ce plan que l'intervalle entre la Chapelle St-Jean, l'Hôtel-de-Ville et les Carmes ait reçu et le nom de *rue* et le nom de *place*, comme la place du Pavé que je trouve désignée en 1721 « la *rue* vulgairement appelée *le Pavé* ». On écrivait « la place des Carmes » (1741) — « la place qui est au-devant de l'Hôtel-de-Ville » (1754) ; c'est sur cette place « balayée deux fois par mois par l'adjudicataire du tombereau public » que se faisaient les prises d'armes de la Milice Bourgeoise. C'était le centre de la vie civile, de la communauté des habitants, de *la Commune* comme on finit par dire même dans les actes officiels.

On verra aussi sur ce plan que les tombes de pierres récemment découvertes (1) étaient tout juste à l'angle sud-oriental de la Chapelle.

Voici enfin un dernier document sur ce quartier, dans lequel la maison qui fait le coin de la place de la Mairie et de la rue d'Olmor est très clairement désignée ; c'est le contrat de mariage de Rotinat avec Marie Bigaut couturière, passé en l'an 1775 pardevant Mᵉ Louis Baucheron notaire royal et apostolique, et dans le quel : Sylvain Rotinat menuzier et sous son autorité Françoise Chauvet sa femme assurent à leur fils la propriété de la maison à eux appartenant et qu'ils occupent près l'Eglise des Carmes, et qui jouxte l'Hôtel de Ville, la maison du sieur Maillaut, la rue tendant de la Chapelle St-Jean à l'entrée de la cour de l'Eglise des Carmes, et la rue tendant de ladite cour de l'Eglise des Carmes au portail St-Germain (rue d'Olmor).

*
* *

Il est souvent question, aux Délibérations, vers 1767-68 , de réparations aux murs et à l'intérieur de *l'Hôtel-de-Ville* : on renforce l'escalier par lequel on monte à *l'Auditoire* et qui est placé à l'une des extrémités de l'Hôtel-de-Ville. On refait un plafond au solivage et un blanc en bourre dans l'Auditoire à la place du gros mur qui

---

(1) Voir les numéros de l'*Echo de l'Indre* des 4 mai et 1ᵉʳ juin 1894

régnait sur la poutre du milieu de l'Hôtel-de-Ville. — Toutes ces réparations rendaient l'Hôtel-de-Ville inhabitable ; et c'est pourquoi le Corps de Ville se réunit assez longtemps en la maison de demeure du sieur Desfousses receveur-syndic (receveur municipal). — On achète un poële pour l'Hôtel-de-Ville, une table convenable couverte de peau passée en huile avec deux tiroirs fermant chacun d'une clef différente. On paye à Germain Blondeau tourneur 7 livres 14 sols pour avoir fait et fourni six chaises à l'Hôtel-de-Ville. — On vend les *vieils vitrages* (petites vitres en losanges plombés, comme celles des églises), une vieille table, les vieux fauteuils et les vieux *barreaux* qui séparaient *le parquet* de la chambre de l'Hôtel-de-Ville, ou, comme on disait quelque fois : la *Chambre de Ville*.

Pour comprendre la disposition de l'Hôtel-de-Ville, nous n'avons qu'à écouter M. le Subdélégué (sous-préfet) Baucheron, et à le suivre par la pensée : « Sur les bruits qui couroient et sur ce que je sçavois des brigues qui se tramoient, dit-il dans un Mémoire de 1760, (1) je fus curieux de me trouver à cette assemblée. Je n'entray point dans *le Parquet de l'Hôtel-de-Ville*, je restay confondu avec le reste des curieux qui n'ont point de voix et qui veulent seulement sçavoir le résultat d'une délibération. » — On voit bien l'Hôtel-de-Ville divisé en deux parties : *la chambre* commune et *le parquet* (enclos ou petit parc) où se plaçaient les officiers municipaux et le corps de ville ; chambre et parquet séparés l'une de l'autre par *le barreau* ou *la barre* comme dans les anciens tribunaux ou auditoires.

C'est dans cette salle de l'Hôtel-de-Ville qu'une troupe de comédiens arrivés à La Châtre en may 1777 demande à jouer : mais l'assemblée générale, où, comme on disait, *le general des habitans*, ne voulut point autoriser les Maire et Echevins à prêter ladite salle.

**

★[★]★

L'*Eglise des Carmes* (théâtre et mairie) était comprise entre deux pignons semblables, percés chacun d'une grande ogive surmontée d'une rose. L'un d'eux, au couchant, est à peu près intact ; l'autre, qui formait le chevet droit, et donnait sur la place de l'Hôtel-de-Ville, a été démoli lors de la construction de la façade actuelle de la

---

(1) Papiers de famille de M. Gaudeffroy.

Mairie. — La grande porte par où les gens entraient à l'église était au fond d'une petite cour dont il a été ci-dessus parlé ; c'est aujourd'hui l'entrée du théâtre. Son architecture ogivale est tout à fait du même style que celle des chapelles latérales de la paroisse ; style du XIV* siècle qui correspond bien à la date de la fondation des Carmes (1375. Bulle de Grégoire XI).

A l'intérieur, la nef communiquait par deux grandes ouvertures en plein cintre avec la magnifique *Chapelle de N.-D. de pitié*, dont on voit encore les crédences joliment sculptées dans le magasin aux pompes, et sous le toit, au-dessus d'un plafond barbare, les innombrables caissons à fresque de la voûte en berceau, lesquels pourraient encore former à eux seuls une belle galerie de tableaux. — Des ouvertures analogues donnaient accès, dans plusieurs chapelles du côté du sud qui était en communication directe avec le Couvent.

Il existe encore dans le grenier de l'Hôtel-de-Ville, la moitié de la tour carrée en pierre de taille qui supportait le clocher, lequel fut abattu pendant la Révolution.

Le plan d'ensemble du *Couvent* est indiqué sur le plan de la ville exécuté en 1808. — A ce sujet, je trouve d'ailleurs dans l'*Histoire de ma vie* de G. Sand, une curieuse note de Madame Robin-Duvernet écrite en 1847 et qui commence ainsi : « Près de l'*Eglise des Carmes* (actuellement le théâtre et la mairie) s'élevait, au milieu du *jardin des Carmes*, le logement de ces religieux, bâtiment vaste et grandiose détruit entièrement en 1816...» Quelques lignes plus loin elle parle du « refectoire des Carmes, pièce vaste, carrée, sous solives, et percée de fenêtres donnant sur le jardin avec porte d'entrée à grand cintre .... un ancien escalier conduisait aux dortoirs .... A côté du refectoire s'étendait l'immense cuisine des Carmes... »

Ces dortoirs, ces grandes salles servaient non seulement aux moines mais à leurs pensionnaires, gens qui venaient prendre leur retraite en ce Couvent et y apportaient leurs biens.

Il y avait longtemps que les Carmes étaient devenus, de *mendiants*, propriétaires et décimateurs ; ils s'intitulaient au XVIII* siècle « *les R. P. Carmes réformés du Couvent de Notre-Dame du Mont-Carmel* de la ville de La Chastre en Berry ». — Ils jouissaient du pré situé au-dessous de leur jardin, dans les anciens fossés, et qui s'étendait jusqu'à la tour Dauphin (pavillon des Dominicaines). Ils avaient, soit en ville, soit aux environs, un grand nombre de dîmes à Montlevic, Etaillé, Thevé, les Clous, Tranzault,

Lys-St-Georges, Neuvy, etc., des propriétés telles que le domaine de Theveau, des rentes et arrentements. — Ces donations provenaient généralement de personnes demandant à être inhumées en l'Eglise des Carmes, avec un très grand nombre de messes à dire sur leur tombe.

On trouve aux Archives de l'Indre, et à l'étude Béguin (ancienne étude Deligny) de nombreux renseignements sur ce sujet. En voici encore quelques-uns :

Les Carmes annoncent que les bancs qu'ils ont placés pour la commodité du public, dans la *Chapelle St-Roch* et de *N.-D. de Bon Secours* nouvellement bâties (je ne sais à quelle date), dans la *Chapelle de N.-D. de Pitié* et ailleurs, sont communs à tout le monde et aux premiers qui peuvent s'y placer. Défense est faite aux particuliers, de quelque qualité qu'ils soient, de s'y approprier aucune place, par aucune séparation et sous quel prétexte que ce soit.

Une bulle du Pape Paul V accordait aux personnes qui prennent le *scapulaire* une indulgence plénière le jour de leur entrée dans la *Confrérie de N.-D. du Mont-Carmel.* — Un bref d'Innocent XI accorde d'autres indulgences aux membres de l'un et l'autre sexe de la *Confrérie des Agonisans* établie dans le *Monastère du Mont-Carmel de La Châtre.*

Lorsqu'un malade était à l'agonie, rapporte M. Leymarie dans son Histoire du Limousin, un homme parcourait les rues en sonnant une cloche et criant : « Vous qui êtes de la *Confrérie des Agonisans,* priez pour l'âme d'un tel ou d'une telle qui est à l'agonie de la mort ! » — Nous avons tout lieu de penser que les choses se passaient de même à La Châtre, où il y avait une *Confrérie des Agonisans,* et où les sonneries sont encore en usage : « on *sonne les jointes* », autrement dit le glas funèbre, pour annoncer la mort d'un habitant de la paroisse ; le prêtre « *qui porte le Bon Dieu* » au malade est précédé d'un enfant de chœur qui agite de temps en temps une sonnette ; on sonne pour annoncer le spectacle. — Et, puisque les comédiens ont remplacé les Carmes, qui sait si la cloche qu'on sonne par les rues les soirs de représentation n'est pas la vieille cloche des agonisans ?

Tout ce qui précède avait paru dans l'*Echo de l'Indre*, la reconstitution du quartier reportée sur pierre, lorsque j'appris l'existence d'un plan authentique aux Archives Départementales.

Ce « Plan figuré de l'esglise des reuerends Pères Carmes de la ville de la chastre », porte la date de 1750, représente une partie de ladite église et indique la position de la Chapelle St-Jean. — J'ai eu la satisfaction de constater que cette Chapelle St-Jean était bien exactement à la place où je l'avais mise, telle que je l'avais comprise d'après les indications des divers actes de vente et d'achat.

Le chœur de l'église des Carmes était bien aussi du côté de la place et non du côté du jardin comme le croient quelques personnes. — Je ferai ici la remarque, que j'ai oublié de faire tout en l'ayant indiquée sur le plan, que le chevet droit et le maître autel étaient en avant de la façade de la mairie, de toute la largeur de la rue d'Olmor.

L'entrée de l'Eglise, publique à certains jours, était bien l'entrée du théâtre. Le vieux plan des Archives, montre le bénitier à droite de cette porte, sous un *vestibule* extérieur qui communiquait avec la cour. Cette cour « expectative ou courroir » était fermée par une porte monumentale en plein cintre, très ornementée. Elle se trouvait à la place de la grille actuelle.

L'entrée du Couvent était de l'autre côté, en avant de la grille du jardin de la mairie. C'était une porte en plein cintre de moyenne grandeur, qui donnait accès dans les cloîtres.

Ces cloîtres communiquaient à l'Eglise par un corridor ; lequel tombait près de la grille de bois qui séparait la Nef du Chœur ou sanctuaire. Il conduisait aussi au clocher et à la sacristie, laquelle occupait l'emplacement de nos Bureaux de Police et de la salle de musique.

A la place de la Justice de Paix se trouvaient la petite *Chapelle St-Roch*, laquelle joutait le couloir, et la *Chapelle Notre-Dame de Bon-Secours*, qui était en face la *Chapelle de N.-D. de Pitié* et qui fut bénie en 1714.

On voit encore sur le plan, de chaque côté du chœur, un double rang de 8 stalles chacun, et au milieu « le pulpitre ».

Le jardin du café de la ville faisait partie du jardin des Carmes.

VI.

QUARTIER DU CIMETIÈRE

LES FOIRES

En sortant de la ville par la porte St-Jacques, on trouvait le *Cimetière* à gauche. Il longeait le bord externe du fossé jusqu'à hauteur de notre rue des Bouchers ou environ. C'était une terrasse fort élevée qui occupait la Place et l'emplacement du Palais-de-Justice, et qui, encore en 1847, touchait la maison Jouhanneau et montait jusqu'à l'appui de la fenêtre du premier étage. Les morts y reposaient à l'ombre fraîche des noyers. — Au levant la terrasse avait moins d'élévation, et c'est de ce côté qu'était la porte d'entrée du Cimetière. Les convois d'enterrements y venaient sans doute de l'église paroissiale par le portail Notre-Dame, en passant près de la *Croix de Mission*, laquelle s'élevait entre le carrefour Notre-Dame et le Cimetière. — Je crois que le marché aux cochons se tenait déjà en cet endroit.

Le Cimetière était bordé au nord par le fossé et les gros murs de ville — au couchant par la rue du faubourg St-Jacques tendant de la porte à la *Croix des Religieuses*, et au midy par une rue encaissée espèce de long cloaque qui le séparait de l'*Hôtel-Dieu*, « rue tendant de la *Croix Blanche* au logis où pend pour enseigne l'image de Notre-Dame ». (1714)

Le Cimetière était là au moins depuis la fin du XIVe siècle, car je trouve aux Archives l'autorisation donnée en 1389 de construire la chapelle du cimetière de la paroisse. Il y resta jusqu'au départ des Capucins qui eut lieu en 1784 ; alors il fut transféré, non pas immédiatement où il se trouve aujourd'hui, mais le long du chemin de Montipouret, près des grandes portes de l'enclos qui furent construites à cette époque. — Les bâtiments et dépendances du Couvent passèrent en même temps à l'Hôtel-Dieu, mais un long procès avec les Capucins retarda jusqu'en 92 la translation des malades à l'hospice actuel.

Les habitants de La Châtre se rappellent encore le vieux pignon noir de la Chapelle de l'Hôtel-Dieu, avec sa rose, son ogive, les fenêtres à moulures, les portes en accolade, et l'étroite terrasse de cinq à six pieds de haut qui régnait le long de cette lugubre demeure. — Les bâtiments et dépendances de l'Hôtel-Dieu comprenaient la boulangerie Brisse, l'auberge du Lion-d'Or, et la maison Dédolin, avec, par derrière, un grand jardin, un champ et une sortie sur la rue des Religieuses. — A la place de la maison Dédolin était *la grande cour* de l'Hôtel-Dieu, où l'on entrait de la rue par un portail et par une petite porte. Au fond de cette cour était un bâtiment appelé *La Classe*, qui se composait d'une grande chambre, une grange et une étable à porcs.

Le Lion-d'Or n'a été construit qu'en 1866, après la démolition du grand bâtiment qui occupait la place de l'auberge actuelle, y compris la cour et l'écurie, et un grand terrassement qui a baissé le sol d'environ un mètre et demi. — Dans ce corps de bâtiment et le voisin se trouvaient : *la Chapelle* — la salle où se tenaient les *Bureaux* c'est-à-dire les séances du conseil d'administration — les deux salles pavées des pauvres malades, salle des hommes et salle des femmes, contenant chacune 4 lits, séparées de la cuisine par un « colidor » carrelé qui donnait dans la grande cour — le logement des deux sœurs et de la domestique — un four et boulangerie — des commodités — greniers au-dessus des chambres et des salles de malades — un puits couvert d'une charpente — deux petites cours, et un corridor conduisant de la grande cour au parterre. (1)

L'Hôtel-Dieu, au milieu du siècle dernier, jouxtait au couchant les maisons Gazonneau (auberge Pirot, maréchalerie, Comptoir populaire), au levant la maison Letellier, le jardin Cuinat. — Il avait sortie par le passage couvert de la maison actuelle du sieur Allorent dit Marquet. J'ai devant les yeux le procès-verbal par lequel fut autorisée la couverture de ce passage, qui a donné lieu, par la suite, à tant de querelles et de procès. Il est daté du 26 juillet 1759 et est ainsi conçu :

« Le *bureau* de l'Hôtel-Dieu assemblé en icelle dans les personnes de maître François Peron sieur de la Forest, Hyacinthe Selleron sieur des Forges, échevins de cette ville de La Châtre, Messire

---

(1) Archives de l'hospice de La Châtre. — Vente aux enchères de l'ancien Hôtel-Dieu, novembre 1807 et mars 1808. — Réparations à diverses époques.

François Tourniolle prêtre curé de cette paroisse, Messire Jean Moreau *chapelain dudit Hôtel-Dieu*, maître Jean Baucheron avocat en parlement, conseiller du roi et son procureur en la prevosté royale de cette ville, et Jean Pasquet sieur Devillebertaux *administrateur dudit Hôtel-Dieu..... ....* sont intervenus Denis Gazonneau drapier et Sylvain Robert tanneur.... ...... lesquelles parties ayant délibéré sur l'entreprise encommencée par ledit Robert de la construction d'un bâtiment élevé entre les deux maisons qui lui appartiennent, entre lesquelles est un cul-de-sac servant de passage pour aller et venir au terrain qui appartient audit Hôtel-Dieu dans le carrouer au-dessus et dans un champ arrenté par ledit Hôtel-Dieu audit Gazonneau, comme aussi pour entrer dans le jardin et parterre dudit Hôtel-Dieu.......... » (1) — Il existe encore aujourd'hui dans ce carrouer une maisonnette qui date bien de quatre cents ans à en juger par la décoration de sa porte et de sa fenêtre.

Parmi le mobilier de l'Hôtel-Dieu, je trouve 8 lits — 8 couvertures — 8 robes de chambre — 8 chaises qu'on rempaille, et 6 neuves qu'on achète, en 1785, à 18 sols la pièce. — En 1773, les couettes étant hors d'état de servir, on propose de les remplacer par des matelas. — Des bassinoires — un bassin de lit à l'usage des malades — une fontaine avec cuvette — une chaudière à lessive — un rotissoir et des chenets — une pendule.

Cet hôpital était souvent si encombré que pour y faire entrer un pauvre on en renvoyait un autre, auquel on accordait un petit secours. — Comme il n'y avait que 8 lits, on peut être convaincu que les malades couchaient plusieurs dans le même lit ; sinon six ou huit comme dans les hôpitaux de Paris où il n'était pas rare de voir sous la même couverture des morts et des mourants, au moins deux ou quatre — deux au pied, deux à la tête — comme à l'hospice d'Issoudun. (2) — Les morts n'y avaient pour tout ensevelissement que des serpillères.

L'administrateur de l'Hôtel-Dieu était nommé par la ville, tout les deux ans. Les soins étaient donnés aux malades par une *Sœur de charité* aidée d'une domestique ; une autre sœur y faisait *la classe* aux petits enfants. — On les rencontrait par les rues, à certaines époques,

---

(1) Papiers de M. Brisse et de Madame Lemerle.
(2) D' Jugand. Histoire de l'Hôtel-Dieu d'Issoudun.

faisant *la quête des chandelles* (1) ; et, les jours d'enterrements, on apercevait leurs cornettes entre les meneaux de la fenêtre qui donnait sur le Cimetière. — On y vit longtemps la sœur Incarnation Chicot qui trépassa en l'an 1772 et fut remplacée en sa qualité de *supérieure* par la sœur Anne Autourde, laquelle, présida, vingt ans plus tard, à la translation des malades aux Capucins.

Au rapport que fit en 1783, le prieur du Chapitre, M. Parnajon, la rue de l'Hôtel-Dieu était si mauvaise que, pour l'éviter, on passait par le Cimetière, lequel servait aussi, bien souvent, de pâturage aux bestiaux. On en usait comme d'un communal. « Les riverains y étendaient le linge et faisaient sécher les lessives, ce qui est une profanation. — Comme il est dans l'enceinte même des habitations, au midy de la ville, ajoute Messire Parnajon, ses vapeurs infectent la salubrité de l'air ce qui occasionne bien des maladies, à ce que l'on dit. » Cette réserve indique suffisamment que M. le Prieur (qui fut longtemps aussi Chapelain de l'Hôtel-Dieu), quoique partisan de la translation, ne croyait guère à ces maladies causées par les émanations du Cimetière. De fait, on n'a pas remarqué que la mortalité ait été diminuée par ce transfert. — Bien certainement il y avait des odeurs ; mais, en ces temps de saleté universelle les nez étaient fortement blasés — Et d'ailleurs, avant les ordonnances de 1776-77, n'enterrait-on pas dans l'intérieur des églises ? Presque toutes les personnes ayant de l'aisance — on le voit bien dans les testaments — demandaient à être enterrées soit dans la nef de la Paroisse ou dans leurs chapelles particulières, soit en l'église des Carmes ou des Capucins. dans les églises de Montgivray ou du Magny..... soit même dans la toute petite chapelle, qu'on appelait au XVIᵉ siècle *Chapelle St-Berthommier*, ou *Bertholomier* (Barthélemy), et qui était dans le grand Cimetière St-Jacques à côté du *Lampier*, haute colonne de pierre surmontée d'une lanterne ou brulait le fanal des morts.

*
* *

La route de Guéret n'existait pas ; le chemin du Magny, Chassignolles et Crevant prolongeait la *rue des Religieuses* qui allait du carrouer de la Croix-Blanche à la maison de St-Julien (hôtel du Bœuf couronné). — Comme la rue Croix-Cauvin ou chemin de Neuvy et la rue de

---

(1) Archives de l'hospice de La Châtre.

l'Hôtel-Dieu, c'était un abominable chemin creux, non pavé, bordé de deux levées de terre sur lesquelles passaient les gens de pied,(1) le type de ce que les paysans appellent un chemin *sordaire*. (2)

Le *Monastère de la Visitation Sainte-Marie* occupait tout l'angle compris entre la rue des Religieuses et le chemin de Neuvy, jusqu'à la maison qu'on appelait encore il n'y a pas longtemps *La Chapelle*, et dont le pignon fait face à la cour de l'école des filles. De cette Chapelle — dont il reste encore quelques peintures dans le grenier et qui a été rognée lors de la construction de la grande route d'Argenton — les hautes murailles de clôture du Couvent s'étendaient d'un côté à la vieille maison Darchy de Lantier, bordant le chemin ; de l'autre, le long des vignes, jusqu'à un petit sentier qui séparait le monastère du vignoble des *Maladries* lequel passait où est aujourd'hui le bureau d'octroi de la route de Guéret.— L'enclos comprenait ainsi toutes les maisons Darchy, Bargat, Rondier, Tortat, Daiguzon et Pajot, avec leurs jardins et dépendances.

Il y avait dans cet enclos plusieurs chapelles, sans compter celle du chemin de Neuvy ; deux sont indiquées, au midi, dans les actes de vente et partage de 1792 (1) ; l'une d'elles existe encore au fond du jardin de M. Rubigni-Pajot. Je trouve dans un marché passé pour la construction d'un mur, en 1759, « *la Chapelle de l'esclavage* », mais je ne sais à laquelle ce nom s'applique. — La maison Tortat était alors *l'Eglise* des dames de la Visitation; église vraisemblablement ouverte au public. On voit encore dans le grenier la fausse voûte de lambris de bois peint de la nef. — A côté se trouvait *la Chapelle de St-François* patron des Visitandines, la sacristie, les chambres des Sœurs Tourières, et le chenil.

Les Cloîtres du monastère sont aujourd'hui en grande partie noyés dans les murs des maisons Bargat et Darchy, où se trouvent aussi un grand et très beau puits, et, dans les combles, un grand nombre de petites chambres et cellules.

---

(1) Papiers de M. le Président Rondier.
(2) *Sordaire*, en roman « *sordei* », du latin *sordes* ordures. — Nos paysans emploient très souvent cet adjectif berrichon. « *Un chemin ben sordaire* » est un chemin très mauvais, plein d'ornières. — Qui n'a entendu des vieilles bonnes femmes crier après leur âne ou leur enfant : « *Est-i sordaire, Est-i sordaire !!!* » avec cet accent de désespoir qu'elles ont si souvent qu'on dirait que c'est pour elles un plaisir de geindre et de se lamenter.

Les communs, granges, pressoir, logement du jardinier, bâtiment de la volaille, etc., étaient presque tous vers le haut de l'enclos, du côté du midi, et l'on y entrait par un grand portail donnant sur le chemin de Guéret.

Le Couvent de la Visitation était aussi un pensionnat de jeunes filles ; la plupart de nos arrières-grand-mères y furent élevées. — On trouvera sur ce sujet, divers renseignements supplémentaires au Chapitre de l'Instruction publique.

*
* *

Je trouve dans un acte de vente de 1721 « ... dix journaux de vigne noire au clotz *des Maladrys* jouxtant le grand chemin de cette ville à Neuvy, et d'autre part le mur de closture du Monastère de la Visitation. » — Le nom de *Maladries* ou de la *Maladerie* vient de l'ancienne *Ladrerie* dont il ne restait depuis longtemps que la *Chapelle St-Lazare* ou St-Ladre et quelques biens « érigés, en 1618, en prieuré dont le bénéficier avait séance avec les vicaires du chapitre et qui était tenu d'acquiter une messe tous les vendredis dans ladite chapelle. » (Essai).

Les Religieuses de la Visitation étaient venues en 1640 de Nevers à La Châtre où elles restèrent jusqu'à la Révolution. Elles avaient acheté, dès leur arrivée, l'auberge Saint-Jacques à Louis Chobenat marchand tanneur, pour la transformer en couvent. — Il y a toujours eu des hôtelleries au voisinage des portes de ville ; au siècle dernier il y en avait au moins deux au fauxbourg St-Jacques : l'*auberge de la Croix-Blanche* où elle est encore, au carrouer du chemin de Neuvy et du chemin tendant de la *Croix-Blanche* à la *Croix-Luchon* et au *Pré-Burat* ; et l'*auberge St-Louis* ou comme on écrivait « le *logis* ou pend l'image de St-Louis », qui devint plus tard l'auberge de la Boule-d'Or, sur l'emplacement de la maison que j'occupe et dont j'ai posé la première pierre vers 1857. Elle appartenait au sieur Dupuy en 1715, et plus tard aux Grangé qui la louèrent en 1770 à la ville pour y loger la Maréchaussée. — L'auberge de la Croix-Blanche, à cette époque, appartenait et était tenué par le sieur Cyr Muntin chirurgien.

En 1748 le sieur de la Goutte était « hoste » de l'auberge Notre-Dame, où fut placée, après la Révolution, la statue qui y est encore et qui, auparavant, ornait et patronait le pavillon « des étournelles

Notre-Dame ». — Un peu plus haut, rue de la Barre, au fond d'une cour, le sieur Coqu tenait l'*auberge des Trois-Rois* qui appartenait en partie au docteur Aumeur, « le logis où pend pour enseigne l'image des Troys Roys ».

Il y avait aussi une *auberge St-Jacques* dans l'intérieur de la ville, et qui était, je crois, à la place de la maison Baucheron-Boisvignault, rue des Fossés-St-Jacques, joutant la maison de Sylvain Robert située au coin de la grand'rue.

*
* *

Les trois grandes foires qui se tenaient « la vigile de Pasques fleuries, le jour de Saint-Bertholomier et la vigile des Roys » et dont parle déjà Chaumeau en 1566, n'existaient plus au milieu du siècle dernier. Depuis quand avaient-elles cessé de se tenir, je n'en sais rien ; j'apprends seulement leur rétablissement par le procès-verbal de la délibération municipale du 24 février 1751 :

A cette date, les sieurs Germain Pataud de la Couture et Jacques Selleron de Laleuf, *gouverneurs échevins* de cette ville (faisant fonction de maire) convoquent *le général des habitants* (l'assemblée générale) tant par le son du tambour à tous les carrefours que par le son de la grosse cloche en la manière accoutumée, les notables par billets du greffier de l'Hôtel - de - Ville ; les *syndics* des paroisses de Chateaumeillant, Vic-Exemplet, St-Julien et St-Martin de Thevé, Sainte-Sévère, Nerez, St-Chartier, St-Denis-de-Jouhet, Crevant, Neuvy et Cluis-Dessus, (les *syndics* représentaient les habitants des paroisses qui n'avaient pas de corps municipal), ont été avertis de se trouver le 24 février 1751 à deux heures à l'Hôtel de-Ville de La Chastre : pour s'assembler, délibérer et entendre lecture de la lettre de M. le *Subdélégué* de cette ville (subdélégué de l'Intendant de Bourges, une manière de Sous-Préfet), à l'effet de savoir *si les foires* seront rétablies tant dans cette ville qu'aux environs.

En général les questions étaient posées à l'assemblée qui répondait par acclamation ; cette fois, par extraordinaire, les opinants donnent leur avis, chacun à son tour, en signant dans une colonne ou dans l'autre. Il y a pour le rétablissement des foires une grande majorité ; on trouve seulement dans la colonne des opposants les noms de Porcher de Lissaunay président au grenier à sel, Bourdeau Desmarets, Claude Gource commissaire de police, Germain Laisné grenetier, Letellier procureur du roy au grenier à sel, dont plusieurs, ainsi qu'on le verra plus loin, ont accoutumé de se distinguer dans les oppositions et cabales.

Ces foires se tenaient à l'Abbaye. Une vingtaine d'années plus tard elles furent transférées au faubourg St-Jacques, alentour le cimetière. — Nous trouvons en effet en mars 1768 le projet de changer l'emplacement des bêtes à cornes pour *les foires*, afin de garantir et conserver les nouvelles plantations faites récemment à la *place de l'Abbaye* servant de promenade à cette ville, et de faire tenir, les jours de foires : les bœufs dans *la rue du fauxbourg des Religieuses* et de les faire placer depuis la maison de M. de St-Julien (hôtel du Bœuf couronné) jusqu'à *la Croix* qui est proche le Couvent des Religieuses — la Vacherie et menue Aumaille depuis la maison du nommé Virolle (1) jusqu'à *la grand porte de l'Hôtel Dieu* — et au moyen de ce changement faire tenir les bêtes à laine à l'endroit où se tenaient les bêtes à corne et les chèvres entre *la Porte du Cimetière* et *la Croix de Mission*. — Par ce moyen on éviterait la malpropreté et la mauvaise odeur qui se conservent longtemps après les foires sur ladite place de l'Abbaye.

M. Baucheron procureur du roy et subdélégué est d'accord avec la commune et autorise les Echevins à faire les demandes nécessaires à ce changement qui fut par la suite opéré.

LES FOIRES

d'après un almanach de Bourges, intitulé « *Etrennes utiles à l'usage de la province du Berry pour l'année 1775.* » (2)

Janvier. — le 2 à Châteaumeillant — *le 5 à La Châtre* — 13 à Linière—17 à Culan, Lis-St-Georges—20 à Aigurande—22 à St-Vincent d'Ardentes — 25 à Cluis-Dessus.

Février. — 3 au Chatelet — 22 à Cluis-Dessus.

Avril. — 15 à Neuvy-St-Sépulcre — 22 à Lis-St-Georges — 25 au Chatelet — 30 à Orsennes.

---

(1) Cette auberge est désignée successivement par les noms de Virolle, Gazonneau, Chauveton ; ces trois noms et celui de Robert étaient intimement unis par des mariages, au siècle dernier.

(2) Petite brochure de 96 pages de 12 centimètres sur 6.

Mai.—Tous les mercredis à Ste-Sévère—depuis le 1er samedi jusqu'à la Madeleine, marchés de moutons à Orsennes — 3 à Châteaumeilant, St-Chartier — 6 à Aigurande — 9 à Crevant — 11 au Marquisat de Presles (*le Magnet*) — 15 à Neuvy-St-Sépulcre — 21 à St-Vincent d'Ardentes — 25 à Culan, Cluis-Dessus.

Juin. — 12 à Neuvy-St-Sépulcre — 18 au Chatèlet — le *23 à La Châtre* (si c'est le dimanche ou la Fête-Dieu, cette foire tient le 22) 25 à Linière — 28 à Aigurande — 30 à Cluis-Dessus.

Juillet. — 13 à Neuvy-St-Sépulcre — 15 à Culan — 22 au Chatelet — 26 à St-Christophe-en-Boucherie — 30 à Aigurande.

Aoust. — 1 à Cluis-Dessus — 6 à Linières — 11 à Culan — 13 à Neuvy-St-Sépulcre — 16 à Châteaumeillant — le *23 à La Châtre* — 24 à Orsennes — 28 à Cluis-Dessus — 29 à Culan, Aigurande.

Septembre. — 1 à St-Vincent d'Ardentes — lundi après la N.-D. à Aigurande — *9 à La Berthenoue* — 14 à St-Chartier — 18 au Marquisat de Presles (*le Magnet*) — 22 à Cluis-Dessus — Jeudi avant St-Michel à Linières — 29 à Châteaumeillant.

Octobre. — Le 9 *à St-Denis-de-Jouhé* — 16 à Châteaumeillant — 18 à Cluis-Dessus — 29 à Aigurande.

Novembre. — Lundi après les morts au Châtelet — 8 au Marquisat de Presles (*le Magnet*) — 11 à St-Martin d'Ardentes, Châteaumeillant — Samedi après St-Martin à Culan — 18 à Ste-Sévère — 23 à Culan, Crevant — 25 à Orsennes.

Décembre. — 1 au Chatelet — 6 à Cluis-Dessus — 11 à Linières — 13 à Chatelus — 22 à Cluis-Dessus — 26 à Ste-Sévère — 28 à Aigurande — 29 à Culan, Chatelus — 30 au Marquisat de Presles (*le Magnet*).

Jours Mobiles. — Lundi gras à Cluis-Dessus — Premier jeudi de Carême à Aigurande, premier mardi à Châteaumeillant — A la Mi-Carême à Aigurande, le lundi d'après à Chatelus. — *Samedi veille des Rameaux à La Châtre* — Lundi saint à Linières — mardi à Aigurande — mercredi à Chatelus — Jeudi de Quasimodo à Aigurande — Jeudi avant la Pentecôte à Linières — *Samedi veille de la Pentecôte à La Châtre* — Lundi de la Pentecôte à Aigurande — Mardi de la Pentecôte à St-Denis-de-Jouhé, Chatelus, Culan — Le lundi de la Trinité à Châteaumeillant.

VIII

QUARTIER DES CAPUCINS

LES CASERNES et LA GARNISON

Les Capucins qui étaient à La Châtre depuis l'année 1617 en repartirent en 1783, six ans avant la Révolution. — En 1778 ils n'étaient plus que deux en ce Couvent. (1) C'étaient des moines *mendians* ; « ils ont beaucoup de peine à vivre », dit un maire ; « ils trouvaient dans les charités de cette ville des ressources plus que suffisantes pour subvenir à leur nourriture, à leur entretien et aux réparations de leur maison », dit un autre maire. — Les Capucins de La Châtre « avaient avec eux des Sœurs qui étaient leurs économes et faisaient leurs provisions, et autres affaires » ; elles logeaient dans une maison, séparée du Couvent, située près le pont du Lion d'Argent.

La cause du départ de ces Religieux est indiquée dans l'acte capitulaire du 21 juillet 1783 ; les Provincial, Définiteur et Chapitre général des R. P. Capucins de la Province de Touraine y déclarèrent « qu'il est plus intéressant que jamais de rassembler les Religieux épars de leur Ordre *pour les ramener à l'observation de leur devoir* dans des communautés régulières ». — Toutes les circonstances du départ des Capucins et de la translation du Cimetière et de l'Hôtel-Dieu seront rapportées en grands détails dans la *Troisième partie* de cet ouvrage.

L'enclos des Capucins, église, couvent et parc, était entouré de murs qui subsistent encore, limitant aujourd'hui le Cimetière et le pré de l'Hospice.

---

(1) Archives de l'Hospice — 20 février 1778.

Il existait depuis longtemps en ce quartier une auberge à l'enseigne du *Lion-d'Argent*, laquelle a fini par donner son nom au pont de l'Indre. — Cette grande hôtellerie fut achetée par la ville en 1755, des héritiers de Jacques Chabenat, moyennant le prix et somme de 4100 livres « pour faire des cazarnes propres à contenir deux compagnies de cavalerie ».

Ces bâtiments, qui appartiennent aujourd'hui à Mme Lemerle, sont toujours connus sous le nom de *Casernes*. — Ils entourent une cour vaste et irrégulière où l'on entre par un grand portail en anse de panier, flanqué d'une petite porte en plein cintre à l'usage des piétons. — Les logements des cavaliers étaient à droite, les écuries à gauche. — Ces écuries bien pavées et leurs dépendances forment une suite de bâtiments perpendiculaires à la rue, et dont le pignon extérieur percé de deux portes superposées paraît fort ancien. — Le grand corps de bâtiment où logeaient les hommes est parallèle à la rue : les chambres, à poutres énormes, à solives saillantes et très rapprochées, y donnent par de nombreuses et larges fenêtres, ornées de moulures diverses : congés, bourrelets, torsades et nervures multiples.—Les annexes situées en arrière comprennent des chambres, des galeries et un escalier de bois, des corridors avec des ressauts de trois ou quatre marches — un bon puits — et deux belles caves voutées et pavées. Dans l'une d'elle on voit plusieurs cachettes ; au fond de l'autre sont deux fours de boulangerie, voutés en tuiles de champ. Les portes de ces caves sont en arc de cercle, toutes pareilles à celles des maisons de la rue des Fossés-St-Jacques (ou plutôt des fossés Notre-Dame).

Près de la petite porte d'entrée se trouve un cabinet noir, profond, vouté, avec des murs épais, éclairé seulement par une grande meurtrière oblique en œil-de-bœuf. Les habitans l'appellent la salle de police ; et en effet il était tout indiqué comme prison disciplinaire. Mais sa destination première semble être celle de quelque réduit fortifié à se défendre. — A l'autre bout de cette ancienne auberge, dans la partie commune avec la maison voisine, était un autre réduit, aujourd'hui en grande partie détruit. On voit encore au fond de la petite boutique du restaurateur, une grande meurtrière ronde donnant par derrière ; il y en avait, paraît-il, deux autres dans la partie détruite.

La décoration des ouvertures, ces appareils de défense, tout indique une maison du XVIe siècle (au moins), qui, étant éloignée de l'enceinte de la ville, s'était mise en garde contre les routiers et les partisans des guerres de religion.

La maison voisine, située droit en face des Capucins appartenait au siècle dernier, à un gentilhomme, M. de Riglet, qui mourut en 78, à l'âge de quatre-vingt-deux ans. Cette maison fut sans doute vendue à sa mort, car il est question en 1784 de « deux chambres basses et deux chambres hautes tenant à l'auberge de la Promenade appartenant au sieur Audoux de Villejauvet, proche les casernes » — lesquelles chambres avaient été louées antérieurement, à M. de Riglet pour les logements des maréchaux de logis. — L'Intendant de Bourges parle, dans une lettre de 1759, d'un projet d'achat de la maison Riglet pour faire des logements d'officiers et de nouvelles écuries, celles existantes étant trop petites pour les chevaux des deux compagnies ; mais la ville n'est pas en état de faire une telle dépense. (1)

L'acquisition du Lion-d'Argent et des fournitures de toutes espèces ; paillasses, matelats, chalits, couvertures dites *catalognes* à 17 livres la pièce, cuillères, fourchettes, lanternes, pelles, crémaillères, landiers, cognées, etc., avait été une grosse affaire, jointe aux frais d'aménagements et réparations. — Les registres des Délibérations en sont remplis. — Les économies des deniers d'octroi suffirent à payer les héritiers Chabenat ; mais pour les autres dépenses, il fallût lever sur les habitans une nouvelle imposition.

La plupart des grandes villes, Bourges, Issoudun, Châteauroux, par exemple, étaient exemptes du logement des gens de guerre ; les petites villes supportaient tout le poids de cette lourde charge.

Ce n'est pas seulement depuis 1755 que La Châtre avait été gratifiée d'une garnison. — Déjà en 1742 et 43, et probablement bien avant, la ville paye des loyers d'écurie. — En 1731 on parle du départ des cavaliers du *Régiment de La Rochefoucault*, et, en 1732, d'écuries ayant servi aux chevaux des troupes qui ont été *en quartier* à La Châtre depuis plusieurs années.

En 1733, on lève une imposition pour les frais de casernement de la compagnie de M. Dumas, capitaine de cavalerie du *Régiment de Royal Piedmont* en quartier en cette ville depuis le 25 septembre

---

(1) Il y a, dans la partie vieille de la maison Viljovet, une chambre connue dans le quartier sous le nom de : *la Chapelle* ; quelques-uns même ont imaginé que c'était quelque annexe des Capucins. C'est complètement faux. En somme ladite chambre a une *voûte d'arêtes* analogue à celle du chœur de notre église St-Germain ; mais ce n'est pas une raison suffisante pour conclure qu'elle était une chapelle,

1752, pour une année.—A cette occasion « les habitants se plaignent de cette *surchage d'impôts*, tant pour 700 livres d'augmentation sur les Tailles (impôts directs), que pour celle 1800 livres nouvellement imposées par les Collecteurs de l'année dernière, pour trois années de casernement de deux compagnies du *Régiment d'Anjou* et une du *Régiment d'escorte* ; ils se plaignent en outre d'être obligés de fournir auxdits cavaliers les meubles et ustensiles nécessaires sans qu'ils profitent d'un sol des foins et avoines qu'ils consomment et qui leur sont fournis par des fermiers des paroisses voisines. Pour quoy ils supplient Mgr l'Intendant de répartir l'imposition des casernemens, non seulement sur les habitans de la ville et paroisse de La Chastre, mais sur tous les habitans demeurant dans l'étendue de l'Election (arrondissement fiscal) ». — A laquelle requeste il n'a jamais été fait droit.

La compagnie de *Dragons* de M. Delisle capitaine au *Régiment d'Aubigné*, prend ses quartiers à La Chastre le 1ᵉʳ septembre 1754 ; et l'année suivante, on parle encore des « deniers à imposer pour payer le casernement *des Troupes de Sa Majesté* en quartier dans cette ville ». — En 1760 ce sont les cavaliers du *Royal Roussillon* ; et il arrive encore des *Escadrons du Roy* en 1764.

Les Casernes étaient vides et louées à un particulier, depuis 1767, lorsqu'on annonça l'arrivée de nouvelles troupes en novembre 1773. — Nouvelles réparations et frais divers parmi lesquels : 55 livres 4 sols pour 39 livres pesant de chandelle et 6 cordes de bois fournies au *corps de garde* des cavaliers. — C'étaient deux compagnies du *Régiment Colonel-Général*, dont les beaux officiers restèrent longtemps dans le souvenir des dames de La Châtre.

Enfin, en 1776, la cavalerie du roy est partie, et les casernes sont adjugées en location sous la condition « de uider les lieux pour les troupes qui seroient envoyées en garnison en cette ville, ou pour les *chevaux de remonte* qu'il seroit nécessaire de loger ».

Mais il n'en revint plus.

*
* *

La garnison étant un des traits remarquables d'une ville, la physionomie de La Châtre ne serait pas complète si nous ne disions quelques mots de l'armée, de ce qu'on en voyait, de ce que tout le monde en savait.

Les régiments portaient généralement le nom du colonel propriétaire ou le nom d'une province. Le *Royal-Piémont* était un régiment donné au Roi par Madame Royale de Savoie. Le *Colonel Général* était le premier régiment de cavalerie ou de dragons (infanterie à cheval) commandé par le *Colonel-Général.*

Le costume dans la cavalerie était plus varié que dans l'infanterie où le blanc était devenu si général, depuis Louis XV, que le peuple disait d'un engagé qu'il allait *porter l'habit blanc* et *manger le pain du roi.* — Le costume se composait, comme le vêtement civil, d'un habit, par dessus la veste, d'une culotte étroite (et courte), avec des bas blancs ou de couleur, montant jusqu'aux genoux, guêtres ou bottes pour la cavalerie, et le chapeau à trois cornes garni d'un ruban argenté ou doré, en rapport avec les boutons qui étaient de cuivre ou d'étain. La cocarde d'abord aux couleurs du colonel, finit par devenir à peu près uriformément blanche. Les dragons avaient un bonnet à pointe tombante sur l'épaule ou un petit casque très bas; et les artilleurs de Gribeauval, servants et charretiers, portaient ce chapeau à deux cornes, en bataille, que Bonaparte a toujours conservé. — Le bonnet à poil est une invention prussienne que nos colonels de cavalerie et d'infanterie, de leur autorité privée, adoptèrent successivement pour leurs *grenadiers* (primitivement lanceurs de petites bombes appelées *grenades*).

Les régiments se distinguaient surtout à la couleur des parements; le bleu dominait dans les troupes du roi, le rouge chez les dragons. — Lorsque l'exercice à la prussienne fut introduit en France, les pans de l'habit furent retroussés sur les cuisses pour dégager l'allure; les poches grandes ouvertes avec tout ce qui gênait la régularité des mouvements furent supprimées et remplacées par des liserés.

Le fusil était l'arme de l'infanterie, des dragons et des grenadiers à cheval; les autres corps de cavalerie avaient le mousqueton ou les pistolets. — Tous les militaires portaient l'épée ou le sabre. — La buffleterie jaune était affectée à la cavalerie, la buffleterie blanche à l'infanterie. — Le havre-sac d'abord en coutil fut, à partir de 1765, en peau de chien ou de chèvre. C'est aussi à dater de cette époque que les cavaliers eurent, comme cuirassement défensif, des épaulettes, des culottes de peau, et à la place de la veste un gilet de buffle avec plusieurs plastrons de toile; et que l'épaulette d'or, comme signe de commandement, remplaça l'esponton ou demi-pique que portaient les officiers d'infanterie.

Un peu plus tard, sous Louis XVI, le costume devint à peu près ce qu'il resta jusqu'à la fin de l'Empire; sauf la coiffure qui fut toujours le chapeau à cornes orné d'une cocarde. — La *moustache* naturelle devint à la mode d'abord chez les hussards, puis dans toute l'armée ; mais pour un officier, il aurait été du plus mauvais ton de la laisser pousser.

Si la bonne société ne fumait pas, *la pipe* était en grand honneur dans l'armée, officiers compris. Déjà sous Louis XIV les soldats recevaient des rations de tabac. D'ailleurs, ils prisaient tous comme les gens du meilleur monde.

La coiffure militaire, ainsi que le costume, suivait ou devançait la mode mondaine : la *poudre*, les *queues, boucles, cadenettes......* ornèrent la tête des soldats et des officiers, et amenèrent une certaine uniformité dans l'arrangement des cheveux. — Ce fut alors tout un travail de se coiffer. L'officier petit-maître passait une partie du temps entre le perruquier et le miroir ; les soldats se rangeaient en longues files, l'un peignant et poudrant l'autre. — On poudrait à la colle ou à l'eau ; et tous les détails de l'opération étaient minutieusement réglés par les ordonnances ministérielles ou ce que nous appelons aujourd'hui des ordres permanents de régiment. En général, du blanc de Paris demêlé dans un liquide était passé avec un pinceau sur les cheveux, lesquels étaient ensuite poudrés à blanc. En 1776 il était prescrit de lier les cheveux et de les enfermer dans une petite bourse appelé *crapaud* ; d'autres fois ils étaient attachés en boucles, empâtés de suif et de pommade et rassemblés par derrière en un gros *catogan* entouré d'un cordon noir. Dans la cavalerie, la *queue* était démesurément longue, souvent allongée de faux cheveux, voire d'une peau d'anguille remplie de son. (1) — Des *anglaises*, paquets de crins et de cheveux crêpés, furent, à une certaine époque, plaqués sur les joues et les tempes avec de la poix ; ou bien étaient fixées sous le nez, de la même manière, des *moustaches postiches* « pour donner à l'homme de guerre l'air martial et terrible », dit un écrivain militaire du temps.

Ne rions pas trop de toutes ces choses : il n'y a pas si longtemps que nos régiments étaient précédés de sapeurs à fausses barbes, sans parler de ce grand pantin classique de tambour-major. Je vois encore *le père Polyte* le taillandier descendant majestueusement la place les jours que les pompiers prenaient les armes, et se rendant à la solennité avec la hache, la barbe, les énormes gants, le bonnet à poil et ce tablier de cuir blanc dont on peut bien dire qu'on n'a jamais su ni son usage ni ce qu'il signifiait. — Et ces files de soldats

---

(1) A. Babeau — La vie militaire sous l'ancien Régime.
Voir aussi l'Histoire du Costume de Quicherat.

s'entrepoudrant et se faisant la queue sont-ils plus grotesques que les monômes d'artilleurs courbés en deux qui, sous le règne de Napoléon III et selon les prescriptions particulières de certains colonels, frottaient d'ail chacun le fond basané de la culotte du précédent afin de lui donner, pour la revue, plus de brillant. — Je ne peux cependant me défendre de quelque surprise à voir des officiers de l'ancien régime « quitter leurs moustaches » pour courir le monde et la ville.

Les cavaliers allaient au pansage en *papillottes* et en *sarrau*. Ils ne portaient guère la tenue qu'aux jours de revues et parades. Le capitaine ou colonel, propriétaire de sa compagnie ou son régiment, était le premier intéressé à faire durer le plus longtemps possible l'habit blanc qui, on peut le croire, n'était pas toujours d'une blancheur immaculée. — Un régiment s'achetait, comme tout s'achetait alors, même des Croix de Saint-Louis ; et le soldat était pour le gentilhomme matière à exploitation. Ce qui prouve que l'honneur et l'honnêteté étaient deux choses très différentes. Il n'y avait rien de changé dans la morale des grands, depuis le temps où un Maréchal de Marillac, ayant tripoté sur les vivres et les fourrages de son armée, et bien étonné d'être poursuivi, disait : « Dans mon procès, il s'agit de paille, de foin, de briques. Belle affaire pour un homme de ma qualité ! Il n'y a pas de quoi fouetter un laquais ».

L'armée active se recrutait par engagements dits volontaires. Tout le monde connaît le légentaire *sergent-recruteur*, et l'*Illustration* a publié récemment sous ce titre un bien joli tableau de Delort (1). — Tous les moyens étaient bons au raccolage : argent, surprises, ivresse, débauches de toutes sortes ; et quelles promesses ! On en jugera par l'affiche suivante imprimée en 1766 :

AVIS A LA BELLE JEUNESSE
Artillerie de France. — Corps royal.
Régiment de la Fère. — Compagnie Richoufftz
De par le Roy.

Ceux qui voudront prendre parti dans le corps royal de l'artillerie, régiment de la Fère, compagnie de Richoufftz, sont avertis que ce régiment est celui des Picards. L'on y danse trois fois par semaine ; on y joue

---

(1) Voir aussi le *Corps de Garde* de Leprince (1776), tableau qui se trouve au Musée du Louvre, et est reproduit dans l'Histoire des Peintres de Charles Blanc. (Bibliothèque municipale de La Châtre).

aux battoirs deux fois ; et le reste du temps est employé
aux quilles, aux barres, à faire des armes.

Les plaisirs y règnent ; tous les soldats ont la haute
paye, bien récompensés des places de garde d'artillerie,
d'officier de fortune, à soixante livres par mois
d'appointements.

Il faut s'adresser à M. de Richoufftz en son château
de Vauchelles, près de Noyon, en Picardie. — Il
récompensera ceux qui lui adresseront de beaux hommes.

Quelques-uns de nos compatriotes se laissèrent tenter par le
costume et le métier des armes, car je trouve un de mes arrière
grands-oncles, Laurent Devillebanoix de Sainte-Sévère, dragon en
1758, et, l'année suivante, en congé de semestre à La Châtre.
Germain Pion, dragon au *régiment d'Aubigné, compagnie de l'Isle*,
précisément celle qui prenait en 1754 ses quartiers en notre ville. —
Il est bon de remarquer que ces troupes n'étaient pas encore
casernées au Lion-d'Argent. La vie militaire était alors beaucoup
plus libre et agréable pour le soldat.

Tout n'était pas rose à la caserne : les hommes couchaient trois
par lit (au moins dans l'infanterie), sans parler de la nourriture, des
coups de canne et de plat de sabre.

Les premières *casernes* ne datent guère que du XVIII siècle ;
avant, les soldats logeaient toujours chez l'habitant. — Quelque
lourd qu'ait été le sacrifice que s'imposa la ville de La Châtre pour
l'achat et l'aménagement des casernes, ce fût pour les habitants un
grand soulagement d'être délivrés de cette insupportable charge de
loger, des années entières, des soldats ayant droit au feu et à la
chandelle, ou des officiers avec leurs valets, dont il fallait supporter
toutes les fantaisies.

Les écrivains du temps représentent le soldat brutal, poseur,
joueur, ivrogne et tapageur, chantant des refrains idiots. Ceux qui
n'ont jamais connu *la joie* n'entendent rien à ces tapages. Les
raisonneurs se demandent pédagoguement ce que peuvent bien
signifier des chansons comme *Fan-Fan la Tulipe*. Je leur répondrai,
moi, que ces chants ont bien plus qu'une signification ; ils ont
contribué à égayer plusieurs générations ; c'est un titre cela.
Qu'importe que les paroles aient un sens ou ne signifient rien,
pourvu que le refrain dissipe l'humeur et rende joyeux. — La joie
et la débauche, souvent mêlées il est vrai, ne sont pourtant pas
identiques ; les Chevaliers du moyen-âge le savaient bien, eux qui
tenaient *la joie* pour une vertu cardinale.

Le soldat, comme l'officier, avait deux qualités : il était brave et gai. — Un des plus grands malheurs de l'armée, sous l'ancien régime, ce fut l'indiscipline des officiers nobles, et la distinction profonde entre les gentilshommes et les roturiers, les *blancs* et les *bleus*.

*
* *

Voici, pour finir, un petit document qui donnera quelque idée des relations de l'Hôtel-de-Ville avec la garnison :

Le 18 décembre 1774, entre onze heures et midi, comme les Maire, Echevins et Procureur-Syndic-assistaient au mesurage du pavé nouvellement fait devant les casernes, Darnaud le casernier (concierge) leur raconta « qu'une partie des cavaliers et maréchaux de logis du Régiment du Roy étaient partis soit en semestre, soit en congé absolu, soit pour l'exercice » et se plaignit « d'un dérangement dans les fournitures de draps, les cavaliers restant les ayant changés d'une chambrée dans l'autre, ce qui luy rendait, à luy Darnaud, les fournitures très difficiles ». — Les officiers municipaux entrèrent dans les chambrées et interrogèrent les cavaliers « pour savoir les noms de ceux qui leur fournissaient des draps ». En sortant, et comme ils étaient à la porte de la maison du sieur de Riglet servant de caserne, un maréchal des logis parût à l'une des fenêtres de ladite maison et demanda brutalement au Procureur-Syndic, Péron de la Forest, ce qu'il venait faire ici — « Ce qui nous a plu », répondit Péron. « Et que faites-vous là », reprit d'un ton violent ledit maréchal des logis Auson. Sur quoi Péron ayant répondu « Nous avons les pieds dans la boue », ledit Auson se mit à huer à grands cris les magistrats municipaux, disant qu'il ne les connaissait pas. — Un autre maréchal des logis étant survenu, et ayant dit au sieur Auson de se taire, celui-ci lui répliqua « Laisse moy, je sçay ce que je fais ».

Alors, les Maire et Echevins se retirèrent avec le Procureur Syndic, et constatèrent « l'insulte préméditée qui leur était faite, dans un procès-verbal pour valoir et servir ce que de raison ». (1) — Tout ce que nous avons rapporté ci-dessus est extrait, à peu près textuellement, de ce procès-verbal.

Et cela prouve que les magistrats municipaux s'occupaient des plus petits détails de leur administration, qu'il y avait un maréchal des logis fort grossier et brutal, et un autre qui était plus raisonnable. — Sous ce rapport le temps n'a pas apporté grand changement.

---

(1) Papiers de famille de M. Gaudeffroy.

IX

L'ABBAYE

C'était, avec la grande et la petite place, la promenade préférée des habitants. Il n'y avait alors ni grande route, ni avenue de la gare, et les chemins, les rues étaient dans l'état que l'on sait. Aussi, elle était très fréquentée. Et, disait l'échevin Péron, il n'y a que les gens de mauvaise humeur, qui puissent me reprocher d'avoir fait paver le chemin allant de la place à l'Abbaye, sous prétexte qu'il est inutile au commerce et qu'il n'est qu'un « chemin de plaisir ».

La place de l'Abbaye n'était pas entourée de murs ; les chevaux allant à l'abreuvoir y passaient journellement. Les arbres qu'on y plantait ne poussaient guère, pour diverses raisons : le terrain d'abord, qu'on n'amendait pas—les animaux, car on y tint longtemps les foires aux bestiaux — enfin les boules des joueurs qui frappaient souvent le pied des jeunes arbres. — Le journalier chargé de leur entretien avait, comme rétribution, le droit exclusif de donner à *jouer à la boule* sur l'Abbaye. C'était le grand jeu, et peut-être Maître Villain Desroullets et son ami le chanoine Basset, qui demeuraient en la ville, proche le portail Notre-Dame, y venaient faire la partie ; car, ce n'était pas seulement un amusement du commun populaire, les bons bourgeois s'y livraient avec délices, et si l'on en croit Furetière, *une partie de boules* était, il y a deux cents ans, « le plus grand régal qu'on puisse donner à un procureur (un avoué) et le plus puissant aimant pour l'attirer hors de son étude ». Le *jeu de boules* de l'Abbaye n'était pas le seul ; j'en sais un dans l'allée qui longeait le jardin de la Croix-Blanche, et, avant l'installation des casernes, il y avait un jeu de boule couvert chez Chabenat en la cour du Lion-d'Argent.

Tous les dix ans environ on faisait à l'Abbaye quelques réparations : en 1755 on paye 30 arbres pour remplacer ceux qui manquent dans la place publique appelée l'Abbaye, à raison de 12 sols par arbre, fourniture et plantation — on parle en 65 des ouvrages entrepris pour perfectionner la promenade commune de l'Abbaye — en 74 on fait curer le fossé de l'Abbaye ; on fait venir d'Orléans des arbres tilleuls pour l'entretien de la Petite Place et de celle de l'Abbaye. — On fait faire des bancs pour ces deux places, et l'adjudication est accompagnée d'un cahier des charges aussi compliqué que s'il se fut agi d'une usine à gaz. — En 1784, quelques jeunes arbres sont morts, d'autres menacent de périr ; on se décide à faire rapporter au pied de chacun un charroi de bonne terre de jardin.

Parmi les embellissements projetés sous la mairie de M. Villain des Roulais, (1) nous lisons : « Le maire avait l'intention d'agrandir l'Abbaye de tout ce qui excède la largeur nécessaire de la rue et du chemin, tant du côté de la maison maintenant (1825) aux héritiers de Gransagne, que du côté de Saint-Abdon, et d'annexer à cette belle promenade toute la partie élevée de *la vigne du Chapitre* ».— Si l'on remarque que les arbres de l'Abbaye sont plantés sur six rangs, formant cinq travées, une grande au milieu flanquée symétriquement de chaque côté de deux petites (disposition qui rappelle les cinq nefs de la cathédrale de Bourges, à ce qu'on dit) : toute la partie orientale de la place actuelle, qui se trouve entre le rond point et la première rangée d'arbres, paraît surajoutée. Et c'est là sans doute « la partie haute de la vigne du Chapitre », laquelle vigne aurait eu le jardin anglais pour partie basse.

Pourquoi cette promenade a-t-elle ce nom : *L'Abbaye ?* — C'était vraisemblablement une esplanade, une vigne rocailleuse ou un terrain vague comme La Rochaille faisant partie de cette antique *Abbaye de Saint-Vincent* qui fut le berceau de La Châtre et dont seigneurs et chanoines se partagèrent les dépouilles. — Le nom de *L'Abbaye* aura été conservé traditionnellement comme celui du *Chapitre de Saint-Germain* dans le nom du *Moulin Chapitre*. — Puis cette petite Rochaille aura été nivelée, plantée d'arbres et transformée en promenade publique à l'imitation de la place Séraucourt de Bourges et du Blossac de Poitiers.

C'est en 1693 que M. de Séraucourt, Intendant de la Généralité, commença de faire combler les fossés et de niveler la place qui a gardé son nom : on peut penser, d'après cela, que notre promenade

---

(1) Essais historiques publiés dans les *Petites Affiches* de La Châtre (1825-26) et reproduites en 1894 dans l'*Echo de l'Indre*.

de l'Abbaye, en tant que promenade régulièrement plantée, ne date que du commencement du siècle dernier.

Ajoutons que *L'Abbaye* n'a rien de commun, comme origine, avec la petite *Chapelle Saint-Abdon* qui est en son voisinage, et qui fut construite seulement en 1666 par le chanoine Germain Dorguin. — Le *Prieur de Saint-Abdon*, titulaire du bénéfice, demeurait « près la chapelle et vigne du Prieuré, sur la rue tendant de l'Abbaye à la porte Notre-Dame », il jouissait du revenu de quelques petits héritages et avait charge de faire célébrer deux services à diacre et sous-diacre, un la veille et l'autre le jour de Saint-Abdon, pour le repos de l'âme du fondateur et pour sa famille. Selon les intentions de Germain Dorguin, le doyen de l'Eglise Saint-Etienne de Bourges avait la *collation* de ce prieuré, c'est-à-dire le droit de choisir et nommer le prieur.

* *
*

A certaines heures, les jours de beau temps, les dimanches, les jours de fêtes — et ils étaient très nombreux — toute la bonne compagnie se rendait à l'Abbaye. Représentez-vous cette esplanade toute pleine de monde, de personnes des deux sexes cherchant à plaire par leurs manières, leur politesse, leur conversation, leur costume. Tous les hommes en bas et culotte (il n'y avait pas un seul pantalon), avec la veste et, par dessus, l'habit à poches et à gros plis, tels qu'on les voit aux comédies du répertoire. — Les gens de loi, toujours en noir, portaient la perruque à crinière tombant tout autour de la tête ; mais, en général, les hommes avaient sur les côtés des cadenettes et en arrière la queue ou quelqu'une de ses variétés. — Tous rasés et poudrés, le petit chapeau tricorne sous le bras plus souvent que sur la tête ; la canne à pomme d'or à la main, quelques-uns avec l'épée battant les mollets. — Ce grand coureur d'abbé Coulmain y venait faire l'aimable « en habit de couleur », ce qui scandalisait plusieurs de ses collègues du Chapitre.

La tenue des femmes était surtout remarquable par l'ampleur du panier, les mouches, la poudre et le rouge ; la robe généralement décolletée, à dos flottant et quelques rangs de falbalas ; avec, sur la tête et les épaules, une cornette et un mantelet à coqueluchon.

Tout ce beau monde se promenait sur l'Abbaye, causant, riant, saluant, caquetant, coquetant, faisant du bel esprit, marchant par groupes, philosophant. En 1784, on se plaint à l'Hôtel-de-Ville « que, dans les dernières réparations, les allées aient été trop bombées, ce qui rend la promenade incommode et ne permet qu'à peu de personnes d'y marcher de front ».

Au commencement de l'été 1765, des jeunes gens s'amusèrent à tirer des pétards et serpentins en divers lieux de la ville et des faubourgs ; un arbre de l'Abbaye avait été brûlé, et *les maisons couvertes à paille* qui environnaient ladite place mises en danger. M. Baucheron de Boisvignault, alors maire de la ville, en fit son rapport au prevost, juge et lieutenant de police, le priant de rendre une ordonnance portant défense à toutes personnes, de quelque qualité qu'ils fussent, de jeter des pétards et fusées, à peine de 10 livres d'amende. — Malgré l'ordonnance du juge, rendue et publiée à tous les carrefours, des fusées furent de nouveau lancées, dont quelques-unes tombèrent sur la chaume de la maison où logeaient les nommés Basset vignerons, lesquels passèrent toute la nuit en alarme. — Enfin, le 26 juillet, les sieurs Villain des Roullets fils et Laisné de Marembert le jeune en tirèrent une quantité sur la place de l'Abbaye, et non-seulement des personnes en furent incommodées, mais plusieurs, tant femmes que filles, eurent leurs habillements brûlés, parmi lesquelles les dames Dumas (Pataud du Mas) et Dorguin et les demoiselles Laforge, Moreau et autres. — Les officiers municipaux considérant qu'il était de leur devoir d'arrêter ces dangereux amusements, sur la proposition du procureur-syndic Péron de Luforest, firent assigner à la police les sieurs Villain et Marembert par exploit de Tortat huissier. Mais ledit huissier ayant ajouté à la requête des Maire et Echevins, celle du général des habitants, le sieur Villain excipa d'une nullité que l'huissier avait glissé dans son exploit et demanda le rapport du général des habitants (de l'assemblée générale des habitants). Sur quoi les maire et échevins furent condamnés aux dépens. Le procès fut repris et poursuivi : mais la ville avait fort affaire contre maître Villain Desroulets qui connaissait tous les replis de la procédure, et contre le prevost, maître Bernard, ennemi particulier des officiers municipaux alors en charge. — Sur ces entrefaits d'ailleurs, survint un changement complet de municipalité, et l'affaire en resta là.

*
* *

Quelques-uns des promeneurs s'avisaient sans doute d'admirer *la nature*, depuis que Rousseau leur avait dit qu'elle était belle.

La vue de la haute terrasse de l'Abbaye était alors à peu près ce qu'elle est aujourd'hui : droit en face, au levant, La Rochaille et les vignes à flanc de coteau, le Chêne à l'horizon — à gauche, les maraîchers d'Envergeon, et, par dessus l'encaissement du grand chemin de Châteaumeillant, le domaine du Charbon et les Pâtureaux — à droite, vers le midi, barrant la vallée, les balettières, les guérets des Guinards et le hameau de Champflorentin..........

.... et dans le bas la rivière qui se tortille comme un ver, sur le tapis vert des prés.

C'est à peine si, l'été, on aperçoit de ci de là, le long des anciennes tanneries et des lavoirs qui bordent l'Indre entre les deux premiers moulins, au milieu des feuilles et des branches, quelques reflets satinés des eaux ; tant la végétation est touffue et magnifique en ce vallon resserré. — Je ne sais rien plus joli en couleur que les tuiles violâtres de ces vieux toits parmi les innombrables teintes de la verdure des arbres qui couvrent ces ruisseaux depuis l'antique Pontaulais jusqu'à la Renardière.

Le vrai nom de cette étroite vallée lui fut donné jadis par nos ancêtres de langue romane. La tradition, qui en a perdu la poésie et le sens, en a vaguement conservé la forme; et ce nom désigne encore aujourd'hui la côte et la fontaine qui sont un peu en aval de Roche, au revers des Coupris : c'est *Vâvres*, qui est, comme *Vauvre Vauvet*, une transformation de VAUVERT, le val vert — Si Madame Sand (sauf le respect que j'ai pour elle) avait compris ce mot, elle n'aurait pas toujours évité de le prononcer, elle qui eut tant d'occasions de le dire en parlant de son ami le Malgache (Nôraud de Vâvres), de son jardin et de son « ajoupa ».

La Rochaille, si pittoresque naguère, a disparu. — Les carriers, à coups de mine, en ont tiré la meulière qu'y déposèrent, aux époques triasiques, les sources chaudes et siliceuses de quelque énorme gueyser.— Cela devait arriver. Et les gémissements du peintre n'empêcheront point l'industrie de suivre son cours. — Pourtant, celui qui aime à regarder la nature, qui tient ces campagnes luxuriantes pour sa propriété d'agrément, ne pense pas sans amertume aux temps où l'âpreté du gain aura remplacé tous ces vergnes et ces saules, les aubiers « qu'argente la brise » les peupliers et les frênes, les épais buissons de troènes, de prunelliers et d'aubépines, par du fil-ronce galvanisé !

Mais il ne faut pas trop songer à ces choses qui, peut-être, n'arriveront pas......

X

LA RIVIÈRE

Lès registres de délibérations de l'Hôtel-de-Ville de 1750 à 1790, mentionnent de fréquentes réparations au Pontaulais et au Pont des Cabignats, sans parler jamais, sinon accidentellement, du Pont du Lion-d'Argent : Le receveur des octrois paye 100 livres au sieur Dumoulin entrepreneur des ponts en 1740, et 130 livres en 1741. — En 1766 on dépense 105 livres pour refaire les parapets du pont-halais et rétablir la partie de l'éperon qui est dans l'eau ; et 256 livres pour le raccomodage des fondemens du pont descabignats. — Ces deux ponts étaient très fréquentés, l'un étant sur la route de Sainte-Sévère, l'autre « sur la route de Montluçon » qui n'aboutissait alors à la route de Bourges que par un petit chemin impraticable. — Au milieu du siècle dernier, à l'étude Deligny, on écrit toujours *pont des Escabignats* : « Antoine Fauchère tisseran en toile, Philippe Labonne marchand tanneur, demeurant au pont des Escabignats »

Immédiatement en aval du vieux Pontaulais, étaient le *quartier de la teinture*, les iles, puis le pré Aumeur (appartenant au Docteur Aumeur, prononcez Aumûr) : « En 1775, le marquis de Villaines vend pour 500 livres à Jean Châtelin maistre charpentier, demeurant au quartier de la teinture, un pré et une chenevière (en roture), joutant au soleil levant le pré du sieur Aumeur docteur en médecine, un bras de *la vieille rivière* entre-deux — au midy et au couchant les héritages de l'acquéreur et le jardin de demoiselle Bellanger, toujours la vieille rivière entre-deux ».

La teinture et les tanneries bordaient la rive gauche, tout le long de la rue de l'Indre, allant du Pontaulais à la porte St-Antoine et de là *à la Grand-Font*, la vieille fontaine de Sainte-Radegonde où l'on faisait bruler des chandelles pour l'heureuse délivrance des femmes en couches, en même temps qu'on envoyait, dans le même but, du pain et du vin aux prisonniers. (Ma grand'mère qui eut beaucoup d'enfants n'a jamais manqué à ces pratiques). — Les

Esquisses pittoresques de l'Indre nous ont conservé l'image de cette *Grand-Font*, avant la malheureuse transformation de 1853.

Le *Moulin de la Font*, dont il est déjà question aux temps des Chauvigny, appartenait à la seigneurie, puis baronnie de La Châtre, et finalement au Domaine royal. — Une rente était dûe, sur ce moulin seigneurial à Messieurs du Chapitre. — La rive droite était occupée par les maraîchers d'Envergeon et le faubourg des Mortais.

En aval de la Grand-Font et en amont du pont du Lion-d'Argent, tournaient-viraient *les moulins Godard*, appartenant à M. de Riglet. « En 1775, M. de Fonteny, seigneur de La Lande, procureur fondé de Messire Charles de Riglet, son beau-père, afferme à Valentin deux moulins, l'un faisant de bled farine, et l'autre d'écorce tan, situés vis-à-vis l'un de l'autre sur la rivière d'inde, à l'extrémité du fauxbourg St-Germain de cette ville, lesdits moulins appelés *à Godard*, avec le jardin, la chenevière et l'isle qui les joint — plus une terre labourable de 10 boisselées, près *la Croix-Muzard*, en l'étendue de la paroisse St-Germain — et le pré Cousset ou Jarion près les Cabignats contenant à croître 3 ou 4 charretées de foin. — Le tout moyennant 500 livres, 6 poulets, 6 chapons et un gateau des roys de 2 livres, payables et recevables au domicile de M. de Riglet (maison Vilejovet), et une rente de 50 sols due sur ledit Moulin Godard aux Religieux de *l'Abbaye des Pierres* » (située près de Châteaumeillant).

M. de Riglet se réserve d'ailleurs le *droit de pêche* dans le biez ou canal de l'écluse. Quand au *droit de pêche* dans la rivière même, il appartenait, au moins dans une certaine étendue, au Chapitre de St-Germain :

« En 1759 est affermé pour sept années à Daubord maistre teinturier demeurant près le pont des Cabignats, le droit de pêche appartenant à Messieurs du Chapitre, dans la rivière de cette ville, appelée la *rivière d'inde*, à la prendre depuis la roue du moulin de la Font qui dépend de la baronnie, jusqu'à la roue du moulin Richard qui est au-dessous du pont du Lion-d'Argent, iceluy moulin appartenant à Monsieur de Villaines. — Duquel *droit de pêche*, qui est exclusif, le preneur jouira en bon père de famille et suivant les ordonnances des Eaux et Fonts, sans pouvoir se servir de chaux, coque-levant et autres poisons...... Si aucuns s'avisent de pêcher ladite rivière dans lesdites limites, ledit preneur sera tenu de les faire assigner en defense de récidive et dommages et intérêts. — Demeure réservé au Prieur du Chapitre de faire pêcher ladite rivière le jour de la Saint-Germain lorsque cette fête se trouvera un jour maigre ; tous les poissons qui seront pris ledit jour appartiendront au Prieur, sans que ledit preneur puisse y prétendre aucune chose.» — Ce droit de pêche affermé 7 livres par an à Daubord en 59, est donné pour cent sols en 75 à Léon Trotignon marchand au bourg de Mongivray.

Nous trouvons encore parmi les actes de notaire : Barthelemy Rochat meunier en 1749 au *Moulin Richard*. — En 1774 Sylvain Demez meunier sous-ferme le *Moulin des Ribattes* à Meillan meunier au *Moulin Juphine* et passe au Moulin Richard. — A la même époque Chabenat est meunier au *Moulin de la Prairie.*

*
* *

Si nous remontons au Pontaulais, nous trouvons d'abord les héritages dépendant du *Prieuré de St-Adbon*, puis les Chambons.

« Messire Ch. Dorguin, titulaire du Bénéfice de St-Abdon, afferme à un vigneron des Chambons, une maison couverte à thuiles, consistant en une chambre basse avec cellier ou souterrain à côté, grenier au-dessus, jardin, chenevière et oulche, située près le *Pontaulets* et dépendant du bénéfice de St-Abdon ; jouxtant la rivière — les chenevières du Bénéfice de St-Abdon — le chemin tendant dudit *Pontôlais* aux Chambons — exempts de tous droits sauf du droit de dixme. — Le tout moyennant le prix et somme de 10 livres, 2 poulets et l'œuvre de deux hommes à employer au travail que bon semblera audit sieur bailleur et à sa volonté et personnel'e requeste ». — En 1775 Messire Pierre-Louis Pinon, prêtre chanoine, prieur de St-Abdon, afferme à Blaise Desfemmes journalier, pour 96 livres par an, 60 boisselées de terre en chenevières, dépendant dudit Bénéfice, et situées *au pontalets.*

Le grand Communal des Chambons (ou des Echambons) fut donné à la ville de La Châtre par une dame Chambon en l'an 1400, dit l'auteur de l'Essai. « Le roi s'étant emparé de ce communal, les habitans (pour en jouir) donnèrent 120 livres ainsi qu'il paroit par une quittance de Mᵉ Pierre Delaveau notaire et procureur en 1648 ». — Les Chambons tiennent beaucoup de place aux registres des délibérations municipales ; certains habitants le considèrent comme un gâteau à prendre chacun sa part : « Le corps de ville, en 1766, autorise le sieur Desfousses syndic-receveur à poursuivre les personnes qui ont fait témérairement et sans raisons des entreprises sur le terrain appelé *Les Chambons* qui est *une commune* (un communal) appartenant à tous les habitans, malgré l'ordonnance des Echevins publiée et affichée portant défense à toute personne de cultiver et renfermer aucune partie dudit terrain, à peine d'être prise à partie ». — Pareille défense fut souvent renouvelée, écoutée peut-être un instant, mais bien vite oubliée par les intéressés. — Chacun, en ce temps-là, empiétait tant qu'il pouvait sur les terres communes, en particulier sur les chemins qui bordaient les héritages et qui n'avaient personne pour les défendre. Et c'est pourquoi nos vieux chemins, comme celui de Chassignolles par exemple, qui sont si larges en certains endroits, sont si étroits en d'autres.

Immédiatement en amont du *Pontaulegs* se trouvaient les *Moulins Borgnon* appartenant à l'*Abbaye de Prebenoist* (située sur les bords de la Petite-Creuse non loin de Genouillat) ·de par la fantaisie de quelque donateur; et depuis longtemps, car il est question de cette propriété dans un terrier rédigé par Carcat et Boulier notaires à La Châtre en 1507. — « En 1774, le Prieur de l'Abbaye royale de Prebenoist, ordre de Citeaux, filiation de Pouligny au diocèze de Limoges, Sénéchaussée de Marche, présent en cette ville de La Châtre, lequel se portant fort pour les Abbé commandataire et Religieux de ladite Abbaye, afferme pour sept ans à Jean Chocat meunier, demeurant au *Moulin de Validé*, le *Moulin Borgnon* avec toutes ses appartenances et dépendances.... moyennant le prix et somme de 120 livres par chacun an, et 20 septiers de bled froment et 20 sols argent à payer au Chapitre de La Châtre ». Trois jours après ledit Chocat sous ferme ledit Moulin Borgnon à Antoine Demez demeurant *au Moulin des Bessons* paroisse de Montgivray, moyennant 300 livres et la redevance au Chapitre.

Le Moulin Borgnon comprenait alors deux moulins fariniers ; en 1756 ils sont désignés « moulins farinier et à drap » ; c'est en 1772 que J.-B. Auboyer meunier y fit construire un second moulin à farine. — A la veille de la Révolution c'est Jean Valentin qui est au Moulin Borgnon.

Le *faubourg Saint-Abdon* devalle sur le flanc du coteau qui borde la rivière depuis l'Abbaye jusqu'au *Moulin Doré* appartenant à Messieurs du Chapitre (1741). — Puis en remontant, on trouve sur la rive droite de l'Indre le *Moulin Chapitre* : « le molin du Chapitre près les Chambons » (1709). — « En 1759, Jean Bernardet meunier au Moulin Doré donne à titre de ferme à........ le pré Chastin de deux charetées de foin qui jouxte du costé du soleil levant la rivière d'inde au-dessus dudit moulin — du midy le chemin tendant de *la Croix-Chapitre* au moulin du même nom en traversant la rivière — du couchant le chemin tendant du moulin Doré à la Renardière — et du septentrion le jardin dépendant dudit moulin Doré ».

En 1765, Louis Baucheron procureur (avoué), afferme le *Moulin Buraud* avec le *pré de la Renardière* à Dubrandy et Anne Painchaud son épouse, meuniers au *Moulin Biarré*, paroisse de Mongivray.

Plus loin encore, en amont, viraient *le petit Moulin de Validé* et *les grands Moulins* dépendant de la seigneurie de Briantes.

Le Magny avait toujours le moulin banal; en 1751 « le sieur Desfousses, fermier de Son Altesse Royale. sous-ferme *le Moulin banal du Maigny* dépendant de la Terre et Seigneurie (du Maigny), et ce avec les droits de recevoir et moudre les grains et farines des vassaux et assujetis audit Moulin du Maigny ; moyennant la somme de 85 livres, 4 poules et 2 oies bonnes et recevables ».

Il y avait longtemps alors qu'il n'était plus question de *banalité* en la Baronnie de La Châtre, pas plus de moulin que de four banal et chacun en son héritage pouvait, par conséquent, édifier un moulin sur l'Indre sans que personne l'en puisse empêcher, dit la Coutume.

XI.

LES VIGNES

Dîme et Ban de Vendange

Les vignerons font les vignes *à moitié fruit*, c'est l'usage ordinaire à La Châtre, j'en trouve la preuve aux délibérations municipales de 1759, et dans divers actes de notaire, comme celui-ci : Le titulaire du prieuré et bénéfice de Saint-Abdon, en 1710, « baille à titre de ferme sept *journaux* de vigne à faire et exploiter à moitié fruits...., jouxtant la chapelle du prieuré de St-Abdon...., à la charge de labourer (travailler), fumer, prouigner, tailler, faire, biner et généralement lui donner toutes et chacune des façons bien et duement et en temps et saison convenables suivant l'usage et coutume de ce Pays et Duché du Berry. -- Le bailleur a promis garantir le preneur et le faire jouir de son bail franchement et quittement de tous droits sauf du *droit de dixme...* »

D'après *Les Coutumes du Berri* (La Thaumassière) « les fermiers de vignes sont tenus de proüigner par chacun an en chacun *arpent* d'icelles de 80 proüins pour le moins — les déchausser, tailler, marrer et asserter dedans le 15ᵉ jour d'avril et biner en may ». — La même Coutume interdit aux vignerons qui besognent à la journée d'avoir des chiens, d'emporter du bois, de faire du feu dans les vignes et donner chevelus ni chabots.

On comptait la superficie des vignes en *hommées* ou *journaux* : « Une vigne blanche de la consistance de *l'œuvre de cinq hommées* — Une vigne noire située au vignoble de la Saigne paroisse de Laz, contenant *trois hommées* ou environ, en *trois échemeaux* — Une vigne blanche et noire de la contenance de *dix journaux* » (1711). — Les Maire et Echevins consultés, en 1785, à propos d'un procès au bailliage d'Issoudun, déclarent que « à La Châtre, L'ARPENT DE VIGNE est communément composé de DIX HOMMÉES OU JOURNAUX. ».

Le Chapitre de Saint-Germain était *seigneur décimateur,* c'est-à-dire qu'il avait droit de lever une fraction de la récolte appelée *dixme* (dime) sur la plupart des vignes de La Châtre. — Toute vigne soumise a ce droit de dixme est mentionnée dans tous les baux et actes de vente comme faisant partie de *la dixmerie* de Messieurs du Chapitre ou autres *décimateurs.*—D'après La Coutume : Celui qui a vignes séparées et hors vignobles, peut vendanger quand bon lui semble, parce qu'il ne fait aucun tort à ses voisins ; il est tenu seulement d'en avertir le seigneur décimateur. Mais il n'est permis à aucun ayant *vignes en clos* ou *vignoble* de vendanger avant l'ouverture de la bannie ou *ban de vendange* proclamé à cri public ès-lieux où l'on a accoutumé faire proclamations. Cette ouverture de vendanges dans laquelle sont spécifiés les vignobles par lesquels les vendanges seront commencées et les jours fixés, avait pour but de protéger les vignes voisines, d'obliger à attendre la parfaite maturité des raisins et aussi, remarque le commentateur des Coutumes, de rendre la perception des dixmes plus facile et d'empêcher les seigneurs utiles (propriétaire inférieur ou proprement dit) de frustrer les seigneurs décimateurs (propriétaire direct ou supérieur).

Voici comment les choses se passaient :

Le Juge, Prevost, (président du tribunal) en sa qualité de Lieutenant de police, assisté du procureur du roy et du greffier de la Prevosté (Tribunal) se rend chaque année à l'Hôtel-de-Ville sur la convocation des Maire et Echevins et préside l'assemblée générale des habitants où sont nommés 4 bons et notables bourgeois et 4 vignerons ou autres ayant vigne en l'étendue de la juridiction de La Châtre, pour eux se transporter ès vignes de *la dixmerie* de Messieurs du Chapitre, et aviser en leur conscience si les fruits raisins y pendant sont en suffisante maturité pour être cueillis et vendangés ; et par quels endroits et vignobles il convient commencer. — En 1781, les sieurs Appé, Laurent, Robert, Chabenat, Chalumeau, Touzet, Chezet et Soulas sont choisis, acceptent ladite commission et prêtent serment devant le Prevost de procéder sans délai à l'opération requise et d'en faire leur rapport en leur conscience.

Sur leur avis et celui de Messieurs les Maire et Echevins et suivant les articles de La Coutume du Berry, le Prevost prononce l'ouverture des vendanges et détermine par ordonnance et pour le bien et utilité communs, la sortie de chaque clos ainsi suit :

Jeudi 20 septembre 1781 : Les *Vignes blanches* des côtes de Vauvet, les grandes Conches et les Charnat — 21. les petites Conches, les Tienne-Marteau, le cymetière de Mongivray — 22. les Côtes de Mongivray, les Grands et Petits Saint-Symphorien, les plantes à Godard — (Le dimanche 23 on ne vendange pas) — 24. Les *Vignes noires* des Maladreries, les Varbouze et les Chaillots — 25. Les Jariges, les Côtes-à-Bureau, les Rouettes — 26. Les Ormeaux, les Grandes et Petites Bordes, les Plantes — 27. Les Grands et les Petits Vâvres, les Sacristans, les Bijots — 28. Les grands et les Petits Avis, les Champs Verzes, la Saigne, le Chêne — 29. Les Crosses, les Buraudes — 1er octobre. Le Chatelet, les Grands et Petits Mirbaux — 2. Les Grands et Petits Margois — 3. Les Beauces et les Granges à Doré — 4. Les Grands et les Petits Peradors et les Croix-Naillat.

Le présent arrêt est homologué par le Prevost qui ordonne qu'il sera exécuté selon sa forme et teneur, et fait défense à aucun de quelque état qu'il soit, ayant vigne en clos, d'en sortir les fruits avant les jours cy-dessus indiqués sous peine de 10 livres d'amende et d'être condamné aux dommages et intérêts de leurs voisins. — Défense est pareillement faite à toute personne d'entrer ès vignes d'autrui après qu'elles ont été vendangées pour y *grapiller*, que les fruits vendangés n'en soient enlevés. — La présente ordonnance lue et proclamée par le tambour ordinaire ès lieux accoutumés, à ce que personne n'en prétende cause d'ignorance.

Le Chapitre affermait ses droits de *dîme* à diverses personnes ou les exerçait par des agents directs. Les faits suivants rapportés dans les registres de délibérations municipales de l'année 1764, montreront comment se faisait la levée des dîmes et les contestations auxquelles elle donnait lieu.

M. Néraud de Vâvres, ayant vendangé sa vigne des Jarriges, sa vendange étant amussée dans plusieurs vaisseaux, appela les *dîmeurs* des sieurs du Chapitre, seigneurs décimateurs, leur disant de prendre la dixme. Les dîmeurs étant venus, examinèrent la vendange et firent choix de prendre pour la dîme celle qui était dans un vaisseau qu'ils marquèrent. — Ayant attendu longtemps et voulant faire enlever sa vendange et ses vaisseaux, le sieur Néraud appela plusieurs fois les dîmeurs pour enlever leur dîme. Voyant qu'ils ne venaient pas, il jeta la vendange par terre et enleva le vaisseau où elle était. — Pour raison de quoi les sieurs décimateurs formèrent une action contre lui.

Félix Godiard et divers vignerons se plaignent au corps de ville, en même temps que le sieur Néraud, d'avoir perdu plusieurs basses enlevées de force par les dîmeurs, et d'être obligés de garder la dixme dans les vignes jusqu'à la nuit.

Le corps de ville charge les Maire et Echevins de porter plainte au Procureur du roy de la Prevosté pour que, à sa requête et diligence, il soit fait, dans l'intérêt du public, un réglement à savoir si les dîmeurs doivent ou non apporter des vaisseaux à eux pour lever la dixme.

XII.

RUES ET MAISONS

Nous avons cité, chemin faisant — et nous continuerons à citer à l'occasion — les rues, les maisons particulières et leurs habitants. Mais cette question est trop importante au point de vue descriptif, qui est le nôtre, pour que nous n'en fassions pas un chapitre spécial.

Il faut savoir d'abord que les rues de La Châtre n'ont eu de noms officiels et inscrits sur les murs que depuis 1788. Nous lisons en effet dans la délibération municipale du 14 mars de ladite année :

« Suivant l'ordonnance du Roi de 1768 pour le service des Places et des Quartiers (militaires), les officiers municipaux sont tenus de faire numéroter toutes les maisons des villes et lieux sujets au logement des gens de guerre..... — Il est d'autant plus urgent de se conformer à cette ordonnance que la ville de La Châtre aura peut-être bientôt des troupes en quartier. — Sur quoi l'assemblée décide qu'on fera non seulement numéroter les maisons de la ville et des faubourgs, mais encore que toutes les rues seront désignées par des inscriptions ». — Et le 3 juillet suivant nous trouvons en compte du receveur municipal « lu, n..... à sols pour 125 *inscriptions* placées sur les rues et places publiques à raison de 6 sous par chaque inscription, et pour 818 *numéros* placés sur chaque maison à raison de 3 sous par numéro ».

On trouve encore aujourd'hui quelques-unes de ces inscriptions premières en caractères noirs sur fond rouge-brique : *Place Maget*, *rue du Pont-au-Lay*, et aussi quelques numéros de mêmes couleurs

Avant cette époque, les rues avaient bien des noms, mais ces noms n'étaient pour la plupart qu'en la bouche et l'oreille des habitants, non sur le papier ou sur le mur. — Une nouvelle rue n'était point baptisée officiellement, elle n'avait point de nom imposé par une administration municipale ou un juge de Police. Les noms se donnaient spontanément, adoptés de tout le monde après avoir été suggérés par quelque caractère assez apparent pour servir de désignation : une enseigne, un bon-saint, un arbre, une fontaine, un monument, une église, un couvent, un fossé de fortification, une porte de ville..... Ces noms se conservèrent par tradition, plus ou moins défigurés, et ne furent définitivement fixés par l'écriture qu'à la veille de la Révolution.

En somme, La Châtre n'était en retard que d'une soixantaine d'années sur la capitale :

« Croirait-on, dit M. Albert Babeau, que jusqu'en 1728 rien n'indiquait (à Paris) qu'on était dans une rue plutôt que dans une autre ? Pour le savoir, un étranger et même un Parisien était obligé de s'en informer auprès des passants. — A cette époque seulement, suivant l'exemple de plusieurs grandes villes d'Italie et devançant Londres de plus de vingt années, l'on s'avisa de faire placer au coin des rues des écriteaux.... Primitivement ces noms avaient été déterminés par l'usage et la coutume ; ils avaient existé pendant des siècles sans qu'on songeat à leur donner une consécration officielle.....

Après 1728 les rues furent baptisées aussitôt leur naissance, èt leurs parrains leur donnèrent soit les noms des princes existants soit ceux des hôtels et des terrains sur lesquelles elles avaient été construites, soit des noms de ministres ou de magistrats, voire même de littérateurs et d'artistes célèbres ».

« Un des inconvénients de l'identification de l'Etat au souverain, c'est que tout les rayons de la gloire viennent se concerter sur le roi... Lui seul semble recueillir tous les honneurs de la victoire, sa statue seule est dressée sur les places publiques, tandis qu'aucune statue n'est érigée aux grands capitaines tels que Condé, Turenne et Villars, qu'aucune rue ne porte leur nom et qu'aucune inscription de ces rues ne rappelle les grands et fiers souvenirs de Rocroi, de Denain et de Fontenay ». — Le numérotage des maisons fut une des conséquences de la désignation officielle des rues ; il fut ordonné à Paris en 1768, mais il passa difficilement dans l'usage. Longtemps encore après, les adresses des lettres indiquent, au lieu du numéro, l'enseigne ou la situation de la porte.

L'enseigne et le *Bon-Saint* étaient, en province, les principaux points de repère. — Obligatoires depuis l'édit d'Henri III, les enseignes d'auberge devinrent facultatives à la fin du règne de Louis XIV ; la plupart des marchands en avaient au devant de leur maison, les rues de Paris en étaient couvertes. — C'est en 1761 que M. de Sartines, lieutenant général de police, deux ans après avoir

établi les lanternes à réverbère, enjoignit à toute personne se
servant d'*Enseigne* de la faire appliquer en forme de tableau contre
le mur des boutiques ou maisons, de telle sorte qu'elle n'ait pas
plus de 4 pouces de saillie. — Cette mesure fut ·uccessivement
adoptée dans les grandes villes ; mais les bourgs et petites villes
conservèrent longtemps ces grandes enseignes qui grincent en se
balançant sur leur longue potence. Il en existe encore quelques-unes
à La Châtre, ainsi qu'un certain nombre de *Niches* ornées de leurs
saints. — Les maisons des marchands ciriers et chandelliers se
distinguaient par deux potences sortant de la lucarne et supportant
de nombreuses traverses auxquelles pendaient d'innombrables
chandelles en train de blanchir

Quant à l'éclairage public de notre ville, il n'en fut pas même
question au siècle dernier.

Dans les anciens actes des greffiers et notaires, les rues, sauf
quelques-unes comme *la rue St-Germain, la rue St-Jacques,* sont
toujours désignées par leurs aboutissants, souvent fort éloignés.
On trouve, par exemple :
La rue tendant de la place publique au portail Notre-Dame (rue
des Trois-Marchands) — rue tendant du portail Notre-Dame au
portail Saint-Jacques (rue des Fossés-St-Jacques) et une petite
ruelle tendant de ladite rue à la boucherie (la halle) — rue tendant
de la prison au Grenier à sel (rue du Paradis), laquelle est encore
désignée : rue tendant du haut de la place publique au chasteau
vieil, ou rue du Grenier à sel qui tend de la place publique aux
prisons royales (1774). — La place ou carrouer du pavé est aussi
« la rue vulgairement appelée *Le Pavé* ». — La rue du faubourg
St-Germain ou des Capucins est indiquée parfois : rue descendant
du portail St-Germain au pont du Lion-d'Argent. — On trouve aussi
« rue du faubourg St-Jacques à la prendre depuis la Croix-Blanche
jusqu'au portail St-Jacques ». — Le haut de notre rue Venôse
actuelle ou rue de la Prison est désignée : « rue allant de la Prison
au fauxbourg Venôse ou à la rue Venôse » laquelle rue Venôse
n'est autre que la rue du *faubourg Venôse,* ou rue tendant de la
prison de cette ville au Couvent des Capucins.
Entre les deux rues allant au moulin de la Font, l'une aux
Cabignats, l'autre à la Juiverie, est un petit passage bas avec un
escalier : il s'appelait autrefois « le Jeu ».
Citons encore : « la rue tendant de la place publique au puits du
Pavé » (rue Grande) et « la rue tendant du puits ou croix de la

place publique à la place du Pavé » (rue basse-du-mouet) — « la rue de Mirbeau attenant à celle de Venôse et qui est en cul-de-sac » — la rue de la Juiverie allant à la Fontaine — le chemin qui conduit du faubourg St-Germain à la Croix-Muzard — la rue tendant du Pavé au Chateauvieux (rue de Bellefonds) — la petite rue tendant de la porte St-Antoine au lieu dit de la Teinture — rue tendant de la Fontaine de la prison au pont au legs (rue de l'Indre) — rue tendant de l'Eglise des Carmes au portail St-Germain (rue d'Olmor) fausse rue allant du Pavé au portail St-Germain (rue Gasnier ou Ganière) — rue tendant de la place publique et de celle du Pavé aux Gros murs de Ville (rue basse du Mouet et rue Gasnier) ‹ prolongée au portail St-Jacques par « la rue du Rempart » (1772) — Chemin allant de cette ville au pont de la Justice — rue allant de *la Croix-Luchon* ou *Croix-Blanche* au pré Burat (rue Croix-Luchon).

Ces rues étaient bien plus étroites et tortueuses qu'aujourd'hui. La circulation n'était pas facile dans la grande rue St-Jacques, étranglée entre la Chapelle St-Jean qui débordait de plus de vingt pieds, et le mur en pan coupé de la maison voisine (maison du docteur Pissavy). — Il fallait protéger les maisons contre les éraflures des charrettes au moyen de boute-roues ; les échevins en firent placer un très grand nombre en 1768.

*
* *

Il y avait quelques grandes maisons, qui existent encore aujourd'hui ; sans compter la *maison de bois du Pavé* qui, de temps immémorial, était celle de la famille Selleron, *la maison de bois du Marché* qui était au sieur Chicot marchand, et les hauts pignons gothiques des XV⁰ et XVI⁰ siècles. — Ces fameux *pignons sur rue* de la haute bourgeoisie du temps jadis, étaient remplacés par les grands *hôtels entre cour et jardin* comme la maison Coutant (Sabardin, de Beaufranchet... .) qui date peut-être du XVII⁰ siècle, et la maison Florent Dorguin qui fut bâtie vers 1735 (dit M. Hippolyte Baucheron) par Etiennette Ragon, veuve de Thabaud de Chantôme, et qui appartînt plus tard à M. de Fonteny seigneur de la Lande. — Elle porte, à l'entrée de la place Maget, la date de 1710, à peu près la même qui se trouve sur la maison du docteur Pissavy (Dorguin de Corsanges, Fleury.....)

La plupart des vieilles maisons bourgeoises ont encore leurs portes blanches, larges, épaises, solidement ferrées et cloutées à profusion, avec le marteau annulaire, en forme de guimbarde, du temps de Louis XIV.

Une véritable révolution commença au cours du XVIII· siècle dans l'architecture et la disposition des maisons d'habitation, dont le caractère général fût la substitution du confortable au grandiose. — Depuis cette époque, les énormes cheminées furent supprimées ; on ne fit plus de tours d'escaliers ; les chambres nouvelles furent moins grandes, plus nombreuses et mieux éclairées. — Mais ce rapetissement ne s'est point effectué tout d'un coup ; on en peut juger à certains appartements construits il y a seulement cent ans qui nous paraissent aujourd'hui encore bien grands et peu pratiques.

Quelques maisons du siècle dernier, et qui ont gravé sur le mur la date de leur construction, auraient l'aspect tout à fait moderne sans la grandeur de leurs fenêtres et la forme des boiseries : telle, par exemple, la maison Allorent, boulanger, sur le marché aux cochons, qui est de 1771 ; la maison Pinet-Letellier qui fût bâtie, je crois, en 1788 par Pouradier de la Motte, lors prevost de La Châtre, et qui porte encore son numéro primitif. — L'énorme bâtiment neuf qui sert de Collège a été commencé vers la même époque par l'entrepreneur Bargat pour le marquis de Villaines ; il était à peine terminé lorsque son propriétaire émigra. — La maison de Villaines, de beaucoup la plus importante de La Châtre, par le train qu'on y menait, comprenait les anciens bâtiments du Collège, et plusieurs maisons du voisinage ; entr'autres la maison Planet ꞏqui fut le logement particulier du Comte de Villaines, frère du Marquis ; sans compter les jardins et communs situés par derrière jusqu'à la rue Croix-Luchon. Les écuries et remises aujourd'hui à M. de Ville Chabrolle en faisaient partie. — Les immeubles de l'hôtel actuel du Bœuf Couronné étaient à Madame de Saint-Julien.

Mais ce qu'il y avait surtout dans la ville et les faubourgs, c'étaient de petites maisons sans étage, composées d'une chambre basse où logeait toute la famille, un cellier, un grenier au-dessus, avec un jardinet ou une chenevière. Quelquefois une boutique à côté de la chambre basse ou devant elle et au-dessus une chambre haute et un galetas, où l'on montait par un *escalier extérieur*, en pierre ou en bois, comme ceux qu'on voit encore en la rue Croix-Muzard, rue Bellaire et surtout au Château-Vieux. — Tel est le type des « maisons de demeure », qu'on rencontre le plus souvent dans les baux et ventes du siècle dernier. — Il faut se représenter les faubourgs St-Germain et Venôse, pareils à deux longues rues de village à maisons écrasées ; quelques-unes encore couvertes de chaume ; les unes contigues, les autres séparées par des ouches ou des chenevières. — Une maison située rue Venôse, consistant en une chambre, un cellier, un grenier, et un jardin de trois boisselées s'afferme 34 livres au milieu du siècle dernier.

Voici maintenant une maison située dans l'enceinte même de la ville, rue St-Germain, (café St-Germain ou maison voisine), consistant en une boutique donnant sur la rue et une chambre au bout de la boutique, une cour qui a sa sortie sur la rue qui va des Carmes au pont St-Germain (rue d'Olmor), deux chambres hautes, un grenier, une *galerie* donnant sur la cour. Ladite maison, comprise entre les deux rues et les maisons de la veuve Deligny notaire et du sieur Blanchard, est vendue au sieur Aubert maître coutelier, pour la somme de 1600 livres, plus une rente annuelle de 10 livres hypothéquée sur cet immeuble.

En 1741, M. Selleron de la Preugne et Marguerite Sabardin son épouse, vendent pour 1830 livres à maître J.-Ch. Gource bourgeois et fermier de la Terre et Seigneurerie de Sarzay, une maison sise sur la place publique (maison Rouet ?) consistant en un corps de logis donnant sur ladite place, dedans lequel il y a sur le devant une petite chambre et une autre chambre sur le derrière avec cheminée et boisures, deux chambres hautes dont une sans cheminée, grenier au-dessus ; une cour et en icelle un petit corps de logis étant au bout, consistant en une cuisine où il y avait four et cheminée, avec un petit cellier et grenier au-dessus ; une *galerie* tenant l'étendue de la cour.

Ces *galeries couvertes* existaient dans presque toutes les maisons composées de plusieurs corps de bâtiments, ainsi desservis par un seul escalier, généralement en vis dans une tourelle ronde ou à pans coupés ; il y en avait dans la *maison de bois* du Pavé, dont on voit encore les supports de pierre en encorbellement sur la rue Basse du Mouet ; il y en avait dans la vieille maison Gaston ; il en existe encore dans la maison Rouet, dans la partie ancienne de la maison du docteur Pissavy...

Les commodités, quand il y en avait, étaient presque toujours extérieures au bâtiment de demeure. Elles étaient souvent à double lunette ; certains époux y allaient ensemble volontiers.

XIII.

L'INTÉRIEUR DES HABITATIONS

—— Si, au faubourg St-Germain, nous entrons dans une maison de vigneron, à la suite des sieurs Pasquet de Villebertaux et Chabenat, deux bourgeois choisis comme « commissaires appréciateurs » pour l'inventaire du mobilier, en 1774 : nous voyons deux lits, l'un avec rideaux fond et tour de lit de *cadis vert* estimé 50 livres, et l'autre de *frise couleur olive*, prisé 80 livres (le vert est la couleur ordinaire des lits de cette époque), avec une couchette à rideaux de toile façon baldaquin — une huche à pétrir, une petite table à tiroir, un fauteuil en bois et cinq mauvaises chaises — une armoire à deux battants fermant à clef, avec un tiroir aussi fermant à clef, contenant 10 paires de draps de toile de gros, tant bons que mauvais (estimés 66 livres), des *nappes* et serviettes, dont une douzaine de toile de plein, et des chemises. — Plusieurs *dressoirs* avec chacun un petit buffet à deux batans au-dessous contenant le linge et l'habillement, plus trois treizaines de serviettes de gros. — Sur les dressoirs étaient des petits chaudrons, poêlons et friquet de cuivre, et autres ustensiles de fer, des *verres* et bouteilles, des tasses et brocs de terre, assiettes et plats, blanches et noires, deux saladiers et deux douzaines d'assiettes *de faïence* — une *lampe* et une salière d'étain, plus 33 livres *d'étain en œuvre* (à 12 sols la livre pesant) — trois pots de beurre fondu (à 10 sols la livre). — Une cheminée avec cremaillière, chenets, pelle et pincettes, cagnard de potin (cuivre jaune) — trois chandelliers de potin et deux en fil d'archal.

Si, de cette chambre d'habitation, nous passons dans une petite chambre basse, nous trouvons deux tables longues et deux bancelles..... — Puis dans une autre petite chambre servant de sellier : des ustensiles de cuisine, des outils de vigneron, une selle et un baquet de laveuse — 41 fûts et 6 quartaux (prisés 120 livres) et 90 livres de lard (à 10 sols la livre). — Un autre petit sellier contenait 6 basses. — Dans le grenier se trouvaient un moulin à passer farine et 2) boisseaux d'ognon (à 15 sols le boisseau).

La cave, dépendant d'une autre maison, contenait 5 poinçons de vin rouge, (estimés en totalité avec leurs fûts 150 livres, soit 30 livres le poinçon fût compris); et plusieurs cordes de bois à bruler (à 5 livres la corde).

Ajoutons que ce ménage élevait un cochon (estimé 10 livres) et avait diverses dettes parmi lesquelles 155 livres 19 sols et 11 deniers dus au sieur Morand directeur des Aydes (contributions indirectes) pour *les droits* à luy dus en sadite qualité.

Ce vigneron n'était pas propriétaire de vignes, le vin qu'il possédait provenait de la culture à moitié fruit, alors fort en usage.

Je ferai remarquer *les nappes*, qu'on trouve dans tous les inventaires.Tout le monde mangeait autrefois sur la nappe, les gens les plus modestes comme les riches, voire les soldats dans les casernes du Lion-d'Argent. On se serait passé de chemise plutôt que de nappe.

Dans un inventaire fait soixante ans auparavant (1710) chez la veuve d'un marchand drapier demeurant au même faubourg St-Germain, nous trouvons dans la chambre située derrière la boutique : une cheminée et des ustensiles de cuisine tant d'airain que de fer blanc ; dix livres d'étain commun en œuvre (à 8 sols la livre) — 4 aulnes de toile de plein (à 10 sols l'aulne), 2 *linceulx* (draps) de chacun 5 aulnes aussi de plein — 6 chemises de plein à usage de femmes — une treizaine de serviette de plein — 5 nappes, 2 de plein et 3 de gros. — Un chalit de bois de guignet, foncé dessus et dessous avec sa garniture de plinthes de lit et deux autres de traversin. — Un méchant rideau de droguet et une couverture de serge, le tout fort usé. — Un tablier de plein, un *manteau*, un *juste au corps d'étamine* et trois méchantes *jupes de serge*. — Une petite cassette de bois de sapin fermant à clef, et dedans des *cornettes*, *mouchoirs* et menu linge à l'usage de femme, une demi livre de laine blanche filée et trois quartiers de toile blanche.— Une petite *cassette cloutée* fermant à clef et dedans une *coëffe de taffetas d'Avignon de couleur noire*, deux *croix* d'argent dont l'une est azurée et une petite *médaille* aussi d'argent. — Un petit coffre de chesne — une petite table ronde — une table carrée avec deux petites bancelles de bois de guignier, quatre méchantes *chairs* (chaises) de bois de menuiserie foncée — un boisseau mesure de La Chàtre (1).

La cassette de cuir cloutée se rencontre souvent à cette époque; j'en trouve une en 1712 chez la femme d'un procureur (avoué) qui laisse à chacun de ses trois enfants : une chambre avec un lit à garniture olive, six linceulx tant de plein que d'étouppe, une douzaine de serviettes de plein blanchie et trois nappes, six *cuillères d'argent*, une armoire, deux tables avec leurs tapis et une cassette couverte de cuir cloutée. — Je la retrouve encore, la même année, chez une autre bourgeoise avec « une tenture de *tapisserie figurée d'oiseaux* contenant sept petites pièces garnie de toile autour — un *miroir* de un pied et demi de haut sur un de large garni d'écaille de tortue avec quatre plaques d'argent relevé en bosses à chacun quart — douze sièges et chaisses de tapisserie frangés autour — deux petits tapis de table de Bergame — un lit à rideaux de serge brune — six *chaisses de paille tournées au tour* — deux malles de cuir et enfin la cassette de cuir cloutée ».

*
* *

—— Entrons maintenant dans la *chambre* où est décédé, en l'an 1757, un chevalier « haut et puissant seigneur de........... », célibataire, l'un des membres de la plus ancienne noblesse, parmi les gentilshommes demeurant lors à La Chàtre, nous trouvons :

Un *lit* composé d'un *chalit à l'Ange*, paillasse, couette remplie de plume, deux matelas, un traversin, une couverture de laine appelée *catalogne*, une courte-pointe de toile peinte, avec les rideaux et tour de lit de serge bleue bordés d'un ruban de même couleur (estimés 100 livres).

Un petit canapé — une commode garnie de ses tiroirs et ferrures jaunes — une glace de toilette avec son cadre de bois — 2 chandeliers de cuivre argenté — une petite table appelée un *guillonat (guignolat ou guinolat)* garnie d'un tiroir, couverte d'un mauvais tapis vert usé — trois mauvaises chaises paillées — trois petits cadres de bois

---

(1) *Le boisseau de grains,* mesure de La Chàtre, était du poids *de 20 livres.* (Etude Louis Baucheron, 11 avril 1789).

garnis de leurs verres et dans chacun desquels il y a un écrit à la main de maximes, motifs et pensées chrétiennes — deux autres cadres dans lesquels il y a deux estampes représentant Saint-René et Saint-Julien. — Une *armoire à quatre battans* fermant à trois serrures (deux en haut et une en bas) contenant : 34 volumes de livres divers, des papiers et trois paires de mauvais gants blancs — un petit *pochon* de peau avec trois louis d'or de 24 livres. — Et dans la troisième armoire (le dessous) les habits à l'usage du défunt seigneur : un habit et une culotte de ras de Silésie très usés, deux mauvaises vestes rouges et une culotte de même couleur, une autre mauvaise veste et quatre culottes de différentes couleurs, le tout très usé ; avec une canne de jonc garnie de sa poignée d'or.

A côté de la susdite chambre, *la salle* tendue de cinq pièces de *tapisserie dauphine* très usée, contenant : un *lit à l'ange* avec des draps de grosse toile, une courte-pointe d'un mauvais taffetas bleu ainsi que le dedans du lit, rideau de serge et tour de lit garnis de ruban bleu — une glace à cadre doré avec son chapiteau et sa cremaillère.

Un placard, un *guinolat* — une petite table de bois carré avec 13 chaises et 2 fauteuils le tout de *bois tourné* (estimé 12 livres).

Une *armoire à deux battans* contenant : un mauvais fusil à tirer, une épée à poignée à fil d'argent et son mauvais ceintüron, une paire de pistolets avec leur mauvais chaperon jaune — 30 chemises de toile fines et communes garnies à l'usage du deffunt, 5 gilets et des culottes de toile — 4 draps de toile de plein, 11 mouchoirs de fil et coton, 21 cols et six coiffes de bonnet, essuimains, nappes, etc. — Un habit complet, veste et culotte de *drap d'Elbeuf*, une veste à devants de velours usés, un habit de *gros drap de Berry* et culotte de même couleur grise, une veste de drap gris fer avec boutons et boutonnières d'argent, et un mauvais manteau d'écarlate, un chapeau et une perruque.

La maison de ce Chevalier avait plusieurs corps de bâtiments : sur la cour d'entrée donnait, à gauche, *la salle* au bout de laquelle était la *chambre à coucher* dudit seigneur ayant vue sur le jardin. — A côté de cette chambre était encore un *cabinet* contenant *un lit à quatre quenouilles* avec garnitures de droguet jaune bordé de galon bleu ciel, et le fond du lit de toile peinte — et une *cuisine*, avec une *arche* à pétrir, tamis à passer farine, dressoir, mortier, seau, etc. — une armoire avec deux robes de chambre de calmande, des bas, des guêtres..... plus 55 livres pesant *d'étain en œuvre* commun tant en plats, assiettes, écritoire que chandelliers (à 12 sols la livre), une table ovale avec deux plians..... — De la cuisine on passait dans un petit *cabinet* contenant un petit buffet avec 8 assiettes de faience ..... d'où l'on sortait sur *une petite cour* au bout des batimens.

Parmi les papiers étaient divers titres de propriété et *le livre journal* dudit seigneur. — C'était une habitude très répandue d'enregistrer, au jour le jour, les faits principaux de l'existence, sur un livret qu'on appelait *livre de raison*.

*
* *

Y avait-il à La Châtre un *salon*, c'est-à-dire une chambre sans lit, ne servant ni à manger ni à coucher, uniquement destinée aux réceptions ? J'en doute. — Je suis bien persuadé que les premiers Chevaliers de Villaines qui habitèrent La Châtre, il y a 150 ou 200 ans, prenaient leurs repas, donnaient à dîner dans la cuisine (la grande cuisine du Collège), et recevaient dans les chambres à coucher. — La grande pièce basse, qui sert aujourd'hui de refectoire, c'était ce qu'on appelait proprement *la salle*, c'est-à-dire la pièce où l'on se tient d'habitude, où l'on reçoit, « la salle de compagnie » et qui était peut-être salle à manger et chambre à coucher. Elle a dû servir aussi de salle de spectacle, aux temps de Louis XVI, car c'était alors la grande mode des comédies de salon ; et il semble bien que la grande salle du premier étage, dans le bâtiment neuf, ait été construite en vue de cette destination.

Cependant, je trouve en 1777, au château du Lys-Saint-Georges, alors habité par M. de Boislinard : une *salle de compagnie* meublée seulement de 18 *chaises en cabriolet* et 2 fauteuils (le tout estimé 20 livres), « une tenture de tapisserie en coutti peint en verdure » (estimée 50 livres), un mauvais secrétaire et une petite glace.

A la Teste-Noire

CHEZ JACQUES GRANGÉ

La Tête-Noire, c'était la grande auberge..... les diligences y
descendaient..... Nos grand-mères nous l'ont conté, parlant ainsi des
temps de la Restauration ou du premier Empire. — Madame Sand
en dit un mot dans l'*Histoire de ma vie* : Victoire, qui fût sa mère,
y logeait ; et c'est là qu'en cachette Maurice Dupin l'allait voir. On
était alors sous le Consulat. Il y eût à ce sujet un petit scandale que
G. Sand a raconté, et c'est sans doute en souvenir de cette aventure
que Maurice Sand a peint la nouvelle enseigne qui se balance au
pignon du café de la Tète-Noire.

Mais ce n'est point de ces temps-là qu'il s'agit. — Nous sommes
sous le règne de Louis XV, et il n'y avait alors ni routes, ni
voitures, publiques ou privées. — Jacques Grangé aubergiste de *La
Teste-Noire* venait de mourir. laissant sa veuve Marie Duplomb
avec six enfants mineurs. Dans ces conditions, les frère et sœur du
défunt, Charles Grangé aubergiste de Saint-Louis, Marie Grangé
femme de Blaise Auboyer marchand tanneur, et Georges Périchot
aussi marchand tanneur, et curateur des enfants, nommé
par jugement de M. le Prevost de la Prevosté royale de cette
ville (le président du tribunal), d'un commun accord, firent procéder
à l'inventaire de l'auberge de la Teste-Noire, les 14, 15 et 16 mai 1765
(Etude de Villain notaire).

Après avoir lu, crayonné et de nouveau parcouru ledit inventaire,
je m'étais fait une représentation de cette hôtellerie que je
commençais à décrire. J'imaginais un bourgeois de Sainte-Sévère,
coiffé du tricorne, arrivant à cheval par le Pontaulets, montant la
rue St-Roch et déposant sa moitié sur ce perron qui semble fait
exprès et qui, en effet, servit longtemps à monter en croupe et à en
descendre. — Puis ce bourgeois, ayant à son tour mis pied à terre,
s'arrêtait quelques instants, avant d'entrer dans la cuisine, à causer
aux connaissances assises sur « une pièce de bois couchée à la
porte, hors de la maison, et servant de siège ». — Je le suivais

dans cette cuisine que je me figurais immense, avec une cheminée haute comme celles qui sont encore en nos campagnes............

Avant de continuer, je m'en fûs visiter, en détail, les lieux, c'est-à-dire l'enfilade de maisons qui bordent la rue Paradis, entre la rue St-Roch et la rue de Lusset, et l'écurie qui, de l'autre côté de la rue, jouxte le Grenier à sel. — La maison Caillaud et le café actuel de la Tête-Noire, malgré qu'en puisse faire croire l'apparence vieillotte du pignon et la forme en anse de panier de la boutique, n'existaient pas en 1765 ; la rue qui les sépare passait entre deux jardinets.

Combien la représentation que je m'étais faite à la lecture de l'inventaire était loin de la réalité : on le comprendra lorsqu'on saura que la plupart des chambres et en particulier la cuisine ne sont ni grandes ni hautes ; qu'au lieu d'une énorme cheminée moyen-âge, il y a, dans cette cuisine, deux petites cheminées et une alcove ; et que tout cela a l'air de dater de La Régence, (ou tout au plus de Louis XIV à en juger par la rampe d'escalier. Deux cents ans, je crois que c'est tout ce qu'on peut donner à ces bâtiments qui d'ailleurs, ne semblent pas avoir été prédestinés à servir d'auberge. — La Tête-Noire existait dès le commencement du siècle dernier, car je trouve en 1713 « feu Chabenat hoste du logis de la teste noire », et peut-être bien avant ; mais je le répète, les bâtiments, les boiseries, les lits et les cheminées n'ont pas plus de 200 ans ; il n'y a pas un seul lit à quenouilles.

Quoiqu'il en soit, cette visite m'a servi de leçon. — C'est pourquoi j'ai laissé là le bourgeois de Sainte-Sévère, pour rendre compte, sans autre forme, du mobilier énuméré dans l'inventaire de 1765 ; n'ayant aucunement l'intention de faire un conte, ayant seulement pour but de dire ce qui était, aussi exactement et brièvement que possible.

L'auberge était desservie par les maîtres aidés de trois domestiques à l'année : un garçon et deux servantes. — On mangeait et on couchait dans toutes les chambres, y compris la cuisine. — Il y avait des tables à quatre pieds tournés — des tables avec leur pliant — des tables longues avec leurs pieds de menuiserie — des chaises paillées et des bancelles.

En tout 15 lits, tous *lits à l'ange* et datant par conséquent du XVIII· siècle ; et 8 pots de chambre *de faïence*, soit environ un pour deux lits.— Ces lits étaient répartis dans la cuisine, quatre chambres basses, deux chambres hautes, un cabinet et une chambre au-déssus des écuries de la maison annexe « située sur Lusset »; trois chambres à deux lits jumeaux, une à trois et une à quatre lits ; le cabinet et la cuisine n'avaient qu'un lit. — La literie se composait uniformément d'une paillasse, une couette et un traversin remplis de plume d'oie, avec ou sans oreillers — un matelas de laine — une couverture de laine blanche ou bien un couvre-pied ou courte-pointe piquée. Les rideaux, tours, dossiers et ciel de lit sont de serge, sergette croisée, frise ou droguet de différentes couleurs, d'indienne ou de toile peinte comme les courte-pointes ; mais ce qui domine c'est la serge jaune garnie et bordée de ruban bleu. Les lits sont estimés de 50 à 140 livres l'un. — Quelques fenêtres ont des rideaux de mauvais crépon rouge montés sur une verge de fer, ou des rideaux de toile peinte.

Nous trouvons trois *miroirs* à cadre doré avec leur crémaillère en fer ; la glace de l'un, qui est estimé 18 livres, a 20 pouces de hauteur sur 9 de large ; un autre a seulement 8 pouces sur 7, le troisième, cassé en deux, a un demy pied carré. — Un autre miroir à cadre de bois garni de cuivre doré a une glace de 20 sur 14.

Aux murs pendaient, dans une chambre, « un chassy de bois sur lequel est tendu une image en papier représentant l'Ecce Homo », dans une autre, l'image représente « les Thuileries », dans une troisième, le cadre de bois est « garni d'une figure de papier couvert d'un verre ». — Nous trouvons aussi plusieurs « figures de plâtre », deux chandeliers de verre, et « des bouquets artificiels ».

La demoiselle Grangé possédait un goblet d'argent de la valeur de 33 livres, et un tapis d'Aubusson ; et l'on remarque, dans quelques chambres, des morceaux de mauvaise tapisserie de Bergame.

Citons encore une table ovale avec son pied—une table de menuiserie en *guinollat* avec son tapis vert et son tiroir fermant à clef, — deux cabarets à pieds tournés — un fauteuil rembourré de bourre couvert de tapisserie et un bahut de cuir clouté qui servait à ranger les habits et hardes de feu Grangé.

Les meubles à serrer le linge et la vaisselle sont des « grandes paires d'*armoires* à deux battants (45 livres) et *buffets* à quatre battants (25 livres) garnis de leurs serrures et ferrures », contenant, l'une, 100 draps de toile de plein de 5 à 6 aulnes, estimés 600 livres, avec 10 draps de toile de gros — une autre, 2 treizaine de serviettes ouvrées et 15 douzaines de serviettes de plein du pays (136 livres), 127 serviettes de toile de gros, 21 tabliers de cuisine et 62 nappes de toile de plein estimées 55 livres, y compris deux nappes ouvrées. Dans la cuisine, sont plusieurs « *armoires basses* avec deux rayons au-dessus, et un autre rayon au-dessus de la bassis — les landiers avec les broches à rôtir — une piote — une arche — plusieurs tables — un potager — un *salinier* contenant un demi boisseau de sel du Grenier (ledit sel estimé 6 livres, 17 sols 6 deniers). Parmi les ustensiles et batterie de cuisine nous apercevons : des chandeliers de potin ou de fer — 2 seaux à puiser — des « castrolles », tourtières, poissonières et bassinoires de cuivre rouge — poëllons, bassin, passe-pois et écumoirs de cuivre jaune — poëlles en fer, six broches à rostir — pelles, lanternes, rappes, etc. — Plus 143 livres d'étain en œuvre : plats, assiettes, pintes, chopines, cueillers (à 15 sols la livre) — 5 douzaines de fourchettes de fer et quelques fourchettes d'étain. — (Il n'est pas question de couteaux de table, chacun avait son propre couteau en poche). — Une seringue d'étain garnie de son bâton et canule. — Beaucoup de poteries de terre : pots, terrines, etc. — 5 *plats à soupe*, 15 plats et assiettes, 3 écuelles et 4 sallières de terre appelée *cailloux*.

Les objets de *faïence* étaient assez nombreux : nous trouvons, dans la chambre qui donne au fond de la cuisine : 2 douzaines d'assiettes de faience tant bonnes que mauvaises, 8 plats et saladiers, 4 huilliers garnis (avec de l'huile de noix), 2 moutardiers et *un sucrier* ; et dans la cuisine : 2 saladiers, 5 pots à eau, 2 plats à barbe, 3 seaux et six plats de table, le tout de faience.

Une seule caraffe de verre ; mais 4 douzaines et demi de *goblets de verre* estimés 4 livres, et 25 boutelles de verre tant grandes que petites, estimées 3 livres.

La boulangerie comprenait une arche à pétrir et un moulin à passer farine.

La cave contenait : 14 poinçons de vin du crû du pays estimés avec les fûts 14 livres la pièce — 5 poinçons vin du crû de Tranzault estimés sans les fûts qui doivent être rendus au vendeur, 18 livres la pièce — 5 pièces de vin du crû d'Issoudun à 20 livres la pièce avec les fûts et 2 pièces de vin vieux du crû d'Issoudun à 35 livres la pièce.

40 livres pesant de porc salé dans un pot de terre blanche, le tout 8 livres — un carteau de vinaigre et 4 cordes de bois à 6 livres la corde.

Le grenier comprenait : une motte *de foin* de 17 quintaux à 28 sols le quintal — une douzaine de liasses de paille estimée le tout 24 sous — 62 boisseaux de *bled froment* à 14 sous chacun boisseau — et 286 boisseaux *d'avoine* à 8 sols le boisseau.

Nous avons encore trouvé dans la maison : un panier de

8 douzaines *d'œufs* de poule à environ 4 sous la douzaine — une boîte contenant 17 livres pesant *de chandelle* le tout estimé 7 livres — beaucoup de fil de gros en echevaux non blanchis — une filanche (un filet ?) contenant 24 livres pesant de fil de plein du pays en pelottes à 16 sous la livre —2 livres de fil blanchi à coudre — une livre de laine blanche filée — des pelottes de fil de Cologne dans un petit panier d'osier couvert — et 6 aulnes de *drap du pays* dégraissé et foullé étant au petit étroit estimé 4 livres l'aulne.

Nous devons remarquer qu'il n'y avait en cette grande auberge ni vin bouché, ni seigle, et qu'on n'y mangeait par conséquent que du pain de froment.

*
* *

Jacques Grangé payait en 1764 au directeur des Aydes (contributions indirectes) 105 livres 10 sols 11 deniers « pour la tierce du débit de ladite auberge de février et mars ». — La veuve Grangé avait son banc à l'Eglise des R. P. Carmes et payait pour ce, une rente de 30 sols par an.—En 1767 elle abandonna à son fils Antoine Grangé, l'auberge de la Teste-Noire, qui passa par la suite à Auboyer dit Pérament, fils de Blaise Auboyer et de Marie Grangé. — Elle avait appartenu auparavant, cette auberge, aux Chabenat, une vieille famille d'hôteliers : nous connaissons déjà *Chabenat du Lion*, dont les héritiers vendirent l'auberge du Lion d'Argent à la ville en 1755 pour en faire des casernes. Et c'est à Louis Chabenat tanneur que les Visitandines, arrivées à La Châtre, achetèrent l'auberge St-Jacques pour en faire leur couvent. — En 1713 et 1720 je trouve Jacques Chabenat aubergiste au logis où pend l'image de la Teste-Noire ; laquelle auberge il tenait de feu son père.

L'auberge St-Louis qui, en 1765, était tenue par Charles Grangé, appartenait en 1753 à Sylvain Duplomb. — J'ai déjà cité la plupart des hostelleries et hosteliers au chapitre VI, j'ajouterai seulement que *l'auberge St-Germain* appartenait en 1789 à Gerbier, et que, en 1780, Sylvain Desfousses marchand était hoste du logis de Notre-Dame.

En 1713, la maison de « prudent homme Bertrand Grangé marchand au faubourg St-Jacques joutait le logis où pend pour enseigne l'image de St-Louis au sieur Dupuy, et par derrière le jardin de la Croix-Blanche, une ruelle servant de jeu de boule entre deux ». — En 1789 Moussa était aubergiste de l'auberge St-Jacques, dont l'écurie donnait « sur la ruelle qui conduit de la rue St-Jacques à la porte Notre-Dame »; et où il y avait un cuvier joutant les bâtiments de M. Lecamus (maison Rohart) et « un magasin donnant sur le passage qui vient de la place publique ».

Dans un acte de Villain notaire, passé en 1744, je relève les termes suivants : « un chemin qui conduit de l'auberge appelé *croix gauvin* ou vulgairement *croix blanche* au *pré Burat* ». D'après cela et ce qui a été dit page 91, il semble que les *Croix gauvin*, *Croix Luchon* et *Croix blanche* ne sont qu'une seule et même croix, ou du moins qu'on les confondait au siècle dernier.

XIV.

DÉCORATION ET MOBILIER [1]

ECLAIRAGE

L'invention que fit en 1647 le hollandais Huyghens de l'*horloge à pendule* et la grande industrie des *miroirs à glace* ont beaucoup contribué à la transformation que subirent, au siècle dernier, la décoration intérieure des maisons et en particulier celle de la cheminée.

Aux très anciennes horloges à poids ou à ressort moteur et à échappement régulateur, qui n'avaient pas grande précision, succédèrent, sous le règne de Louis XIV, ces longues et justes horloges à pendule dont la forme générale était celle des hautes boîtes encore si communes en nos campagnes et dans les cuisines des maisons bourgeoises. — Il n'y eut plus bientôt que des horloges à pendule ; et le mot *pendule* devint synonyme et suppléant du mot *horloge*, comme celui de *glace* remplaça celui de *miroir*.

Dès longtemps déjà les horloges fixes s'étaient substituées aux horloges mobiles qu'on emportait avec soi, et étaient devenues des objets décoratifs. — A partir de 1750, la pendule, très réduite de dimension, devint la partie principale de la *garniture de cheminée* ; la garniture classique composée de la pendule flanquée à droite et

---

[1] J'ai étudié la décoration intérieure et le mobilier dans les maisons de La Châtre et dans plusieurs ouvrages, en particulier dans le grand Dictionnaire de l'ameublement de Havard. J'y ai pris non seulement des notes écrites, mais des croquis rapidement calqués que j'ai pu ainsi rapprocher les uns des autres afin d'en bien saisir la filiation progressive. — Je recommande cette méthode aux personnes qui aiment à chercher comment les choses se suivent et s'enchaînent.

à gauche de deux *candélâbres* (1). Auparavant, la cheminée était garnie de vases, de pyramides de tasses, de pots de faïence.

Vers la même époque, *les glaces*, de prix abordable aux particuliers, furent placées dans les trumeaux des fenêtres et au-dessus de la cheminée, entourées de pilastres de bois, avec ornements et filets dorés. — Les grandes glaces étant d'un prix fort élevé, celles de la plupart des appartements étaient formées de deux pièces ; ou bien, le miroir carré, de petites dimensions, était surmonté par une peinture encadrée dans la boiserie. — On plaçait aussi, au-dessus des portes, des panneaux peints représentant un paysage, une marine, des bergers tendres ou bien des enfants aux formes rondes, sortes d'anges sans ailes faisant la vendange ou l'amour et symbolisant les saisons. Tels ceux qu'on voit encore dans la chambre haute du Comte de Villaines (maison Planet) ; laquelle chambre n'avait autrefois ni parquet ni plafond, mais était *carrelée* et à *solives saillantes* ornées de rainures. — C'est de la seconde moitié du XVIII* siècle et même du commencement du XIX*, que datent les nombreuses « *cheminées de glace* » que nous voyons aujourd'hui à La Châtre. Bien des gens se rappellent, pour l'avoir vue souvent, celle du cabinet du ci-devant notaire Moulin, ancienne chambre à *alcôve lambrissée* d'une maison de la rue St-Jacques qui appartînt, au siècle dernier, à Marie Pouradier (fille de Jean Pouradier et de Marie-Anne Néraud) épouse en secondes noces de Guillaume Georges Périgois, et ensuite à son fils Charles Périgois, grand-père de notre concitoyen M. Ernest Périgois .

Les cheminées avaient perdu les énormes dimensions qu'elles avaient au Moyen-Age et à la Renaissance ; et les *chenets* commençaient à remplacer les hauts *landiers* de fer. Je trouve en 1777 à Châteaumeillant « une paire de chenets matériels garnis en *pommes de cuivre* ».— Dans le cours du XVIII* siècle, les cheminées continuèrent à se rapetisser de plus en plus. La glace, d'ailleurs ne se comprendrait pas au-dessus d'une cheminée haute.

Vous pouvez voir dans le réfectoire du Collège (ancienne *salle* de la maison de Villaines), un bon exemple de cheminée avant la glace,

---

(1) *Candelâbre*, vieux mot qui signifie *arbre à chandelles* et qui prouve qu'on prononçait autrefois comme nos paysans prononcent encore aujourd'hui *âbre*. — Le nom de la ville de *Belâbre* en est une autre preuve.

qu'on peut dater de La Régence. — Le manteau en est orné d'un grand portrait en médaillon au-dessus d'un bas-relief representant le cortège de Bacchus, avec deux grandes branches de chêne, droites, étranglées de nœuds de rubans et posées verticalement de chaque côté.

Le chambranle de cette cheminée, comme celui de beaucoup d'autres, a cette forme sinueuse à contours irrégulièrement cintrés qu'on appelle le *chantourné*. Née sous Louis XIV, adaptée aux lambris, aux meubles : on finit par l'appliquer, sous Louis XV, à tout et à outrance, même à la vaisselle. — La figure très caractéristique de ces cheminées, avec ses deux larges rentrants arrondis se raccordant avec les montants et la saillie du milieu, se retrouve partout, dans les chaises, les fauteuils, les bas d'armoire.... L'encadrement formé par les pieds d'un siège et sa traverse a tout à fait la même physionomie que les chambranles des cheminées contemporaines.

L'usage des cheminées de marbre commença, sous Louis XIV, à se répandre à Paris ; mais il est à croire qu'il ne vînt pas jusqu'à nous avant la Révolution ; car les cheminées de la maison de Villaines, qui était de beaucoup la plus luxueuse, sont toutes en pierre. — Ajoutons que beaucoup de ces anciennes cheminées de pierre, depuis que le marbre est devenu commun, ont été vendues et ne se trouvent plus aujourd'hui à leurs places primitives.

Sous le règne de Louis XVI, le *chantourné* disparaît ; et les cheminées deviennent droites et raides, comme l'architrave antique supportée par des colonnes.

*
* *

Tout se tient plus ou moins dans la décoration. Les sièges évoluèrent de pair avec la cheminée, allant, tout le long du siècle, en se rapetissant, se contournant, pour finir par se rectifier et raidir.

Il est facile de suivre ce progrès sur les vieux meubles que la mode est allée dénicher dans la poussière des galetas et des greniers ; ils sont assez communs en nos maisons de La Châtre. — Voyez d'abord les hauts fauteuils et chaises Louis XIII, qu'on dirait, avec leur imposante rectitude, destinés à quelque magistrat de cour souveraine : les traverses sont droites ; le *croisillon* en double *T* est formé de trois accolades renversées pareilles à celle du *rollon*. Les pieds sont courbés, mais sans sortir des deux plans qui limitent les faces latérales de ce siège, lequel semble, ainsi, taillé dans un cube de bois.

Les grands et magnifiques fauteuils Louis XIV ont moins de raideur ; les traverses sont chantournées, les pieds deviennent plus libres, se tournent en dehors. Et, tout le meuble se conformant à ce changement d'allure, le croisillon prend la figure d'un *X*, les diagonales remplaçant ainsi les côtés de l'équerre.

Sous le règne Louis XV, le joli succède au grandiose Le dossier se rapetisse, le siège s'abaisse ; l'un et l'autre s'arrondissent de tous côtés ; les consoles se retirent pour laisser place aux *paniers* des dames ; les traverses se chantournent de plus en plus, les bras s'ouvrent, les pieds s'écartent......... Tout paraît symboliser la haute débauche finale de l'ancien régime. — Les courbes gracieuses des lambris, des consoles se tordent convulsivement...... — Enfin, après le rollon, le croisillon disparût. Telles furent brisées les entraves d'or rivées aux pieds de Salammbô.

Le style rocaille est né, vers la fin du règne de Louis XIV, d'une réaction contre la symétrie classique de la Renaissance, et du gout, qui commençait à poindre, pour les formes capricieuses de *la nature*. — Dès lors, on trouve partout, dans l'ensemble comme dans les détails de la décoration, *la dissymétrie voulue*, la fantaisie cherchée, aussi bien dans les grands contours d'un panneau que dans une applique, la poignée d'un tiroir ou dans la ferrure d'un trou de clef.

Le nom de *rocaille* — qui du reste ne fut adopté que tardivement et après coup — vient de ce que les coquilles, les pétrifications des grottes furent d'abord les objets préférés du nouveau gout. Les plantes s'associèrent aux coquillages ; les palmes, les rinceaux, (1) puis les fruits, les légumes, les oiseaux, les animaux de toute espèce se mêlèrent à une végétation fantaisiste ; et toute cette nature finit par s'évanouir en courbures de plus en plus chantournées, tarabiscotées, en enroulements de volutes, retroussements, contournements et fantastiques simagrées. — Les élégances de la

---

(1) Rinceaux : ornements en manière de volute, formés de branches recourbées, portant de longues feuilles, parfois des fleurs, des fruits, et qui semblent s'échapper d'un culot. — C'est le vieux mot *rain* ou *rinceau* qui signifie : branche d'arbre.

politesse galante sont supplantées par les contorsions du vice. — Le *rocaille* ou style Louis XV, dans lequel il n'y eut plus ni rocs, ni coquilles, devient ainsi le *rococo* qu'on appelle style Pompadour et qui, à certain point de vue, serait mieux nommé style Dubarry.

Il y eut plus d'une protestation, dit l'auteur du Dictionnaire de l'Ameublement, contre ces ornements « *tout de travers* » suivant le gout nouveau. — On avait fini par oublier qu'un chandelier doit être droit et non tortu. — Art vraiment français, *la Rocaille*, à force de se developper, de se compliquer, finit par ne conserver que ses défauts. Ses grâces capricieuses, son élégance mouvementée ne survécurent pas à la Régence qui l'avait vue s'épanouir et aux maîtres qui l'avaient inventée. Le *maniérisme* dans lequel elle tomba, la fit prendre en horreur ; une réaction impitoyable la prescrivit peu à peu et lui substitua les meubles à la grecque.

Dans le style Louis XVI, *la symétrie antique* apparaît comme dans une nouvelle Renaissance ; et avec la symétrie, cette fois, la commodité, le côté pratique du confortable. Les fauteuils sont bien plus petits, mais bien plus nombreux ; il y en a pour tout le monde. Les bras s'ouvrent tant qu'ils peuvent et les traverses, qui ne sont plus chantournées, se bombent dans le plan même du siège pour racheter son exiguité ; mais les pieds sont droits comme des colonnes ou des pilastres. — Le dossier est carré ou régulièrement arrondi en médaillon.

Puis, à mesure que la Révolution approche, le gout *grec* devient de plus en plus *romain*, rigide, intransigeant et pleurard. Bientôt on ne verra plus que des temples, des colonnes, des urnes.....

Au reste, il ne faut pas croire que le style du mobilier soit absolument lié à l'avènement ou à la mort d'un roi ; il y avait déjà bien des petits fauteuils droits et symétriques sous Louis XV.

Les sièges communs étaient de paille, soit en menuiserie, soit en bois tourné ; ils s'appelaient alors *chaises à la capucine* et sortaient, non de chez l'ébéniste, mais de chez le tourneur. — Les fauteuils communs étaient recouverts d'un *carreau*, d'un coussin mobile ou simplement attaché par des galons. — Les sièges de luxe étaient garnis de tapisseries ; nous en avons à La Châtre de nombreux exemples. Je citerai en particulier deux beaux *canapés* Louis XV, avec leur tapisserie (de Beauvais ?) à fleurs et oiseaux sur fond blanc et encadrement chantourné bien en rapport avec la forme du bois.

D'une manière générale, les meubles à serrer le linge, les hardes et autres objets, s'ouvrent : de haut en bas, comme les coffres, arches, secrétaires *à abattant* autour d'une charnière horizontale; ou de droite à gauche, comme les armoires et buffets *à battants*, tournant ainsi que des portes sur une charnière verticale ; ou enfin à coulisses horizontales comme les *tiroirs* des commodes.

Nos grands mères ont conservé soigneusement ces énormes *armoires* ou *buffets* à deux étages et à quatre battants aux longues fiches extérieures que nous voyons encore aujourd'hui. C'était, au XVIII' siècle, le meuble par excellence dans toutes les classes de la société. — Leurs panneaux ornés de rainures irrégulièrement courbées, pareilles à celles des placards, des lambris, des portes, des alcôves, les ferrures qui garnissent les trous de serrure, en forme d'*S* tourmentée, et symétriques seulement par rapport à un point central, se rattachent timidement au style capricieux de la Rocaille. C'est une Rocaille de province, d'une fantaisie modeste et retenue, bien en rapport avec les bonnes mœurs de la bourgeoisie travailleuse et ménagère des petites villes.

Les appartements devenus moins vastes, les *armoires* devinrent encombrantes. On fit alors des « *dessous d'armoire* » à un seul étage et à deux battants, lesquels prirent par la suite le nom de *buffet*. — C'est ainsi que s'exprime M. Havard ; et il n'a pas tort, car *l'armoire* est proprement le meuble à ranger le linge de corps, tandis que c'est dans le *buffet* que se mettent le linge de table et la vaisselle. Mais, dans notre contrée, la grande armoire à quatre battants s'appelle souvent *buffet*, et vous avez vu plusieurs fois dans les inventaires des « *dessous de buffet* » c'est-à-dire des buffets à un seul étage.

Un meuble assez commun dans notre pays, et que je crois bien de forme ancienne, c'est le buffet de noyer surmonté d'une *arche* peu profonde à mettre les provisions de bouche. — D'ailleurs, les ébénistes inventèrent une foule de meubles de plus en plus petits.

La *commode*, basse armoire à tiroirs et généralement à table de marbre, ne date guère que du commencement du siècle ; c'est à la commodité des tiroirs qu'elle doit son nom. — Vous en pouvez voir à La Châtre de très jolies, dont le style est facile à déterminer d'après la forme des garnitures. — Je connais une commode Louis XIV très belle, dont le ventre gracieusement bombé est orné de cuivres à sujets. Les commodes Louis XV se reconnaissent immédiatement à la dissymétrie des poignées. Elles ne sont pas rares chez nous ; sans être aussi communes cependant que les meubles Louis XVI (je ne parle que des meubles authentiques), commodes, secrétaires à abattans, battans et tiroirs, facilement reconnaissables à leur carrure géométrique et à la symétrie parfaite de leurs poignées de cuivre jaune. Il y en a de très jolies en marqueterie de bois de rose et d'autres en *acajou*.

Au XVII*, et souvent encore au XVIII*, on rangeait les habits et les hardes, dans des *coffres* ou des *arches* s'ouvrant à couvercle. — On trouve encore aujourd'hui dans beaucoup de maisons de paysans et d'ouvriers l'*arche à pétrir*, qui sert aussi à mettre les aliments.

*
* *

Les *lits*, depuis deux siècles, étaient à quatre colonnes ou comme on disait *à quatre quenouilles*. Dans le cours du XVIII* siècle, le ciel et la couche redevinrent indépendants ; on fit des lits sans colonnes, *lit à l'ange, à l'impériale, à la dauphine, en tombeau.....* et plus tard des lits d'acajou *en bateau en gondole*, etc.

Les belles *tapisseries à grands personnages*, si recherchées aujourd'hui, avaient fini par être reléguées dans les anti-chambres et les galetas. Quelques années avant la Révolution, on ne voyait plus que des *boiseries* peintes ou dorées et des *papiers peints*, alors dans toute la vogue de la nouveauté.

George Sand raconte dans l'*Histoire de ma vie* les impressions qu'elle éprouva dans son enfance à son arrivée chez Madame Dupin sa grand-mère, au château de Nohant : « ...... Ce lit et cette chambre, dit-elle, encore frais à cette époque (1808), me firent l'effet d'un paradis. Les murs étaient tendus de toile de Perse à grands ramages ; tous les meubles étaient du temps de Louis XV. Le lit en forme de corbillard avec de grands panaches aux quatre coins, avait de doubles rideaux et une quantité de lambrequins découpés, d'oreillers et de garnitures dont le luxe et la finesse m'étonnèrent....

« Il y avait dans notre chambre un papier de tenture qui m'occupait beaucoup. Le fond était vert foncé uni, très épais, verni et tendu sur toile. Cette manière d'isoler les papiers de la muraille assurait aux souris un libre parcours, et il se passait, le soir, derrière ce papier, des scènes de l'autre monde, des courses échevelées, des grattements furtifs et de petits cris fort mystérieux. Mais ce n'était pas là ce qui m'occupait le plus. C'était la bordure et les ornements qui entouraient les panneaux. Cette bordure était large d'un pied et représentait une guirlande de feuilles de vigne s'ouvrant par intervalles pour encadrer une suite de médaillons où l'on voyait rire, boire et danser des silènes et des bacchantes. Au-dessus de chaque porte il y avait un médaillon plus grand que les autres représentant une figurine, et ces figurines me paraissaient incomparables. Celle que je voyais le matin en m'éveillant était une nymphe ou une Flore dansante. Elle était vêtue de bleu pâle, couronnée de roses et agitant dans ses mains une guirlande de fleurs............ Celle qui lui faisait vis-à-vis était une bacchante grave. Sa tunique était verte, sa couronne était de pampres, et son bras étendu s'appuyait sur un thyrse. Ces deux figures représentaient peut-être le Printemps et l'Automne. »

« L'appartement de ma grand'mère (à Paris) était meublé comme avant la Révolution........ Sa chambre était tendue et meublée en damas bleu de ciel; il y avait des tapis partout, un feu d'enfer dans toutes les cheminées. »

Chez son oncle, le chanoine de Beaumont, « dans une maison du temps de Louis XIV, au fond d'une cour triste et vaste........ les fenêtres étaient hautes et longues ; mais il y avait tant de rideaux, de tentures, de paravents, de draperies et de tapis pour défendre à l'air extérieur de s'introduire par la moindre fissure, que toutes les pièces étaient sombres et sourdes comme des caves. »

La *chandelle* était le moyen d'éclairage le plus répandu. La *pétrelle* de résine était aussi fort employée chez les artisans et les gens de campagne : pincée dans une petite fourche de bois piquée dans un trou au fond de l'âtre, elle éclairait de sa pâle lueur les fileuses et les chanvreurs, les tricoteuses et les tresseurs de paniers groupés, le soir, sous le manteau de la cheminée.

La *bougie* de cire était un objet de grand luxe, et l'on n'en voyait guère en les maisons bourgeoises. A la vente du mobilier de Villaines, les paquets de 20 bougies sont adjugés à 15 livres 15 sols ; et 36 bouts de bougies trouvent acheteur à 13 livres. Ce qui met au prix de 3 livres, la livre pesant de cire.

Les *lampes* ne se trouvent que chez les gens économes ou, chez les riches, dans les cuisines, les écuries, les cours et autres endroits ou la fumée se dissipe sans trop incommoder. — On comprendra ce que pouvaient être ces lampes quand on saura que ce que nous appelons aujourd'hui *le verre de lampe* ne date que de la fin du siècle dernier.

Malgré les perfectionnements, les lampes n'éclairaient guère, fumaient beaucoup et s'éteignaient souvent ; il fallait les moucher ainsi que des chandelles. — Léger avait cependant, en 1775, diminué la fumée en *épurant* les huiles à brûler, et remplaçant la mèche de coton ordinaire par une *mèche tressée* ; ce nouveau genre de mèche permit l'invention des *lampes à la Quinquet, à double courant d'air*, extérieur et intérieur. C'est seulement en 1784 que parurent pour la première fois les lampes dues à MM. Lange et Quinquet : à l'un d'eux nous devons la *mèche cylindrique* traversée intérieurement par un courant d'air qui active la combustion, augmente la lumière et diminue la fumée ; Lange, lui, avait ajouté au système de Quinquet, *la cheminée de verre* — Ces nouvelles lampes furent rendues tout à fait pratiques par certaines dispositions qui amenaient l'huile régulièrement autour de la mèche. — Ces « quinquets à tringle perfectionnée » furent employés à éclairer les magasins sous le Consulat, et pénétrèrent peu à peu dans les intérieurs modestes. Mais dans les hôtels aristocratiques, les salons bien pensants qui ne voulurent rien accepter du nouveau régime, on brûlait encore exclusivement des bougies de cire, sous la Restauration.

C'est en 1800 que *Carcel* ajouta aux lampes un système d'horlogerie capable de faire monter l'huile; système qui fut remplacé en 1837 par la *lampe modérateur*.

Pour allumer, on battait *le briquet* ou l'on relevait la cendre du foyer ; ou bien encore on allait chercher quelque tison chez la voisine, et l'on enflammait à son contact une de ces longues *allumettes de chanvre soufrées* qu'on voyait encore naguère dans nos campagnes.

L'advocate du Roman Bourgeois « était une grande ménagère car elle eût crié deux jours si elle eût vu que quelque bout de chandelle n'eût pas été mis à profit, ou si on eût jeté une *allumette* avant que d'avoir servy par les deux bouts. »

MOBILIER DE L'HOTEL DE VILLAINES

Situé rue Saint-Jacques de cette ville de La Châtre

A la vente, qui fut faite en 93, du mobilier du Marquis de Villaines, « de *l'émigré Villaines* », j'ai remarqué les objets suivants :

Deux *pendules* à ressort avec ornements dorés, l'une ayant la figure d'un lion pour support, l'autre sur un gradin en albâtre garnie de sa cloche en verre ; qui trouvèrent acheteurs, la première à 440 livres, et la seconde à 240. — Trois groupes de figures et huit petits vases ou ornements de cheminée, le tout en biscuit de porcelaine blanche.

Un très grand nombre de *cadres* de tou'es dimensions, de bois uni, à bordure dorée : Gravures sur verre à cadre doré — Portraits à cadre doré — Anciens cadres à baguettes dorées — Tableaux à cadre doré peints à l'huile, dont un fut payé 150 livres.

Plusieurs *Glaces* : Ancienne glace avec son chapiteau. — Très ancienne glace à cadre en cuivre. — Glace de toilette à simple cadre sans dorure. — Petite glace double de toilette, forme ronde et cadre noir. — Une grande glace avec son chapiteau et sa cremaillère vendue 85 livres — et une glace avec encadrement en bois sculpté et doré entremêlé d'autres morceaux de glace, avec son chapiteau aussi en bois doré et en glace, qui a fi i par être adjugé pour 225 livres à un marchand de la ville. — Les glaces encadrées dans les boiseries des appartements ont aussi été vendues : un petit trumeau de deux pièces de glace, 51 livres — un autre petit trumeau d'une seule glace, 40 livres — et un autre trumeau avec le tableau au-dessus, 70 livres.

Des *lits à baldaquin*, à *tombeau*...... avec des gurnitures de cotonnades flambées, rayées ou à carreaux, garnitures en indienne, étoffe de laine jaune, cadis rouge, ou droguet. — Un lit avec rideaux, garniture et courte-pointe de damas cramoisi — un lit avec couette et traversin de coutty, couvre-pied en toile couleur aurore, rideaux de vieille étoffe de laine couleur souci — oreillers en toile de coton garnis de mousseline festonnée ; ciel, dossier et *bonnes-grâces* en ancienne étoffe de serge — un autre a le fond et les deux bonnes-grâces en indienne doublée de toiles.

Les *bonnes-grâces* étaient des rideaux étroits tombant le long des quenouilles de lit ; elles servaient plus à parer qu'à garantir.

Rideau de croisé en toile blanche à fleurs encadrée d'indienne — d'indienne fond blanc à fleurs rouges — de taffetas abricot — de toile ouvrée garni de dentelles. — Rideaux de mousseline — 4 *litres* d'indienne propres à faire des encadrements de rideaux de fenêtre.

Anciennes tapisseries de laine ou verdure, à grands personnages. Tapisseries en indienne doublées de grosse toile — en velours d'Utrech de différentes couleurs.

Trois embrasures de croisée en forme de petit buffet. — *Consoles* en bois doré. — Cadre ou devant de cheminée. — Paravent.

Chaises, Fauteuils et *Tabourets* garnis en étoffe de soie grise, à fond cramoisi, fond bleu à fleurs — en indienne jaune — en velours d'Utrech cramoisi — en tapisseries anciennes — en maroquin vert ou rouge — en cuir. — 12 chaises en *forme de Lyre* garnies en velours abricot, bleu ou fond gris à petites fleurs. — Un fauteuil et des chaises *de canne* — des chaises de paille, et des chaises pliantes en bois. — Une *Bergère* ou long fauteuil en indienne, une autre couverte en étoffe de soie avec son oreiller en indienne, une troisième avec ses coussins, le tout couvert d'étoffe de soie à fleurs. — Un *canapé* ou chaise longue en soie lilas.

Des *tables* à manger, à écrire, à dessiner, table de nuit, *guéridon* à tablette de marbre, et surtout de très nombreuses *tables à jouer.* — Un *plateau de dessert* composé de trois pièces garnies en glaces et entourées d'une galerie en cuivre argenté. — Un *plateau* en fer blanc peint garni de six tasses à café, un sucrier, une petite théière et sept coquetiers de porcelaine.

Une *chambrière,* ou petite table garnie d'une tablette de marbre. —(On désigne plus généralement sous ce nom le cadre de fer suspendu à la cremaillère de la cheminée et qui sert à soutenir la poêle).

Secrétaires en acajou et marquetterie, ou en bois rose. — Plusieurs « petits secrétaires ou *Bonheur du jour* à table de marbre » ou « Bonheur du jour en forme de *chiffonnière* » qui étaient des petits secrétaires de femmes à deux battants au-dessus de la table, avec un tiroir au-dessous.

Des buffets, « *des bas de buffet* », des grandes et petites armoires. — Une armoire en ancien bois fruitier — une ancienne *commode à table de marbre* — « une commode en bois rose, plus un rayon en pareil bois composé de plusieurs cases ». — Une armoire à *bibliothèque* dont les battans sont garnis en treillis doublé de taffetas.

Tables de nuit à tablette de marbre. — Une table de nuit portant bidet garni de son bassin en faïence. — Plusieurs *bidets* garnis de leur cuvette. — Un autre *bidet* garni de sa seringue : (on trouve encore dans nos greniers quelques-uns de ces anciens petits meubles spécialement destinés à prendre les clystères). — Une *caquetoire* ou chaise de commodité garnie de son pot de faïence, et deux autres *chaises de commodité en canne*. — Il ne faut pas confondre avec ces chaises le *fauteuil de commodité* qui était un siège bien rembourré avec un pupitre pour lire et écrire et une cremaillère pour donner au dossier l'inclinaison la plus commode. Je crois que Voltaire est mort dans un pareil fauteuil, qui était son siège favori. Quant à ce qu'on appelle aujourd'hui « fauteuil Voltaire » c'est un meuble de construction récente.

Signalons encore : *Deux baignoires* en cuivre rouge — un petit *poêle* en faïence, et un autre en fonte.

Un petit jeu *d'orgues* en forme de buffet. — Tables de tric-trac. — Quinze boîtes à jouer garnies de fiches de quatre couleurs. — Un bilboquet. — Deux jeux d'échecs. — Un jeu de Loto. — Un baromètre à cadran. — Un thermomètre portatif. — Une tête de perruque. — Une petite boîte propre à dessiner appelée *chambre noire*. — Un *Globe* terrestre, et beaucoup d'étuis de mathématiques, règles, équerres et autres instruments à dessiner. — Des fusils. — Un parasol de taffetas vert.

Un *salinier* en bois fermant à clef — Beaucoup de vaisselle de porcelaine. — Des soupières, plats et assiettes de *porcelaine ancienne à fleurs*. — Des boîtes à couteaux de table.

Des *flambeaux* de cuivre argenté, dont quelques-uns en forme de trompettes, une paire de flambeaux en cuivre doré garnis de leur *cage en verre*, des flambeaux à une, deux et trois branches garnis de leur *reverbère*. — Des *girandoles*. — Des chandeliers et bougeoirs en cuivre jaune, lanternes, chandeliers en fer, veilleuse de fer blanc. — Une *lampe à pompe* en étain, des lampes en cuivre jaune en forme de chandelier, dont une à deux branches.

Quelques-uns de ces meubles venaient du château de Briantes.

Dans l'inventaire fait en 1777, au château de Châteaumeillant par le marquis de Brunoy, qui n'avait pas volé le nom de Paris le Fou, je trouve entre autres meubles :

Un *lit à quenouilles* en serge verte, un *lit à tombeau* en serge et damas bleu ciel, un *lit à l'ange* avec tringle à *l'impériale*. — Un lit de damas jaune chenillé en cordonnet de faux argent avec rideaux en serge jaune, couvre-pied en indienne, catalogne verte et une autre couverte en coton piquée aux petits points. — Des *bonnes-grâces* en tapisserie doublée de taffetas vert.

Des tapisseries en verdure, en personnages, en Bergame.

Des fauteuils garnis en tapisserie de divers couleurs, des chaises en velours rouge ou en damas jaune. — Un *sopha* à l'antique avec couverture en velours noir.

Un petit *billard* monté, avec billes, queues et marques pour poule et partie ; un bidet à l'antique, un *cabaret* pour les bouteilles.

Il y avait encore, en 1777, beaucoup de fenêtres du château, vitrées en plomb. — A ce propos, je dirai qu'il en existe encore aujourd'hui à La Châtre de ces vitraux plombés, pareils à ceux des églises ; on en peut voir aux fenêtres de la petite tourelle d'escalier de la maison Déchanseau, place du Marché.

XV.

DEUX BOUTIQUES

LE TABAC

Le verre n'était pas.encore très commun ; la plupart des boutiques étaient grand ouvertes comme sont encore aujourd'hui celles des maréchaux et des taillandiers. — Nous en avons un bon type rue du Paradis, dans une maison qui porte la date de 1670 (maison Alloncle). — La marchandise était exposée sur une ou deux pierres de taille formant l'appui saillant de l'ouverture, et abritée par un petit toit de planche. — On voit un de ces *auvents* dans le tableau d'Etienne Jaurat intitulé : « Le déménagement du peintre » et qui date de 1755. (Vous en trouverez la reproduction dans l'Histoire des Peintres, à la Bibliothèque de La Châtre). Vous remarquerez, en même temps, à gauche, au-dessus d'un cadran solaire, une *fenêtre à guillotine.*—Ce système de fenêtres à coulisse, s'élevant et s'abaissant, au lieu de tourner autour d'une charnière, était alors assez répandu à Paris ; mais je n'en ai jamais vu trace en notre contrée.

Il y avait aussi quelques boutiques vitrées. — D'après le bail passé en juillet 1759 à l'étude Villain notaire, d'une maison « située sur les deux rues tendantes de la place publique à celle du pavé », affermée par un bourgeois de Paris à Blaise Besse *maître perruquier et barbier* moyennant 60 livres par an : « Il sera permis audit preneur de placer à la boutique de ladite maison un *chassy en verres* convenable à son métier » — A la fin du présent bail, les choses seront remises en l'état « la boutique fermée de planches. » comme elle doit l'être à présent et sera permis audit preneur de sous-fermer partie de ladite maison.

En 1788, Pierre Trotignon *marchand orfèvre* fait de grandes réparations à sa maison de la rue St-Germain (pharmacie Lavaud) ; en première ligne « *un cintre en pierres de taille* pour former l'ouverture d'une boutique, avec une feuillure pour recevoir une fermeture en menuizerie ». — Ces *boutiques en berceau* avec appuis en encorbellement sont encore très communes ; j'ai déjà cité la boutique Caillaud, au coin de la petite place et de la rue St-Roch, qui est de notre siècle et n'a pas plus de 8 ans. — La boutique qui appartient aujourd'hui à M. le président Roudier, rue Nationale, et qui a l'air si vieux, ne date, bien certainement, que de la Révolution, puisque tout ce côté de la rue des Religieuses était occupé, auparavant, par le couvent de la Visitation. — M. Hip. Baucheron raconte que que c'est seulement en 1825 que parurent en notre ville les premières boutiques à grandes devantures vitrées.

*
* *

J'ai entre les mains l'inventaire des marchandises contenues, en 1774, dans une de ces anciennes boutiques de La Châtre : et ce n'est pas sans étonnement que j'ai constaté la diversité des marchandises et l'étendue des relations commerciales, dans un temps où les communications étaient si difficiles. — La liquidation en est faite à l'occasion du décès de la femme du *marchand*, laquelle était particulièrement en nom. — Des créanciers, négociants de La Châtre, Châteauroux, Lyon, Montargis, Buzançais et Limoges, nomment plusieurs procureurs (c'est-à-dire donnent leur procuration) et choisissent comme « *syndic* pour la direction des créanciers » le sieur Gendre, négociant à Châteauroux. — L'inventaire est fait pardevant les officiers de la Prévosté (juge et procureur du roy). — Joseph-Guillaume Delavaud *marchand de drap et soye* et Jean Tortat, *marchand* à La Châtre, sont nommés, l'un par les créanciers, l'autre par les débiteurs, pour la prisée et estimation.

En entrant dans la boutique on trouve « deux Dessous de Buffet en forme et servant de *comptoirs*, et cinq grands rayons composés de 36 blanches avec 7 montants », des poids et trois paires de balances. — Les marchandises contenues tant dans ladite boutique qu'en ballots non encore ouverts, se composent de :

Cartes de boutons dorés, argentés et autres, écheveaux de laine et de coton, pièces de rubans de divers numéros — coiffes et galons de chapeau, gance de chapeau en or -- jarretières à 4 et 10 sous la paire — gants d'homme et de femme — bonnets de laine, bas de grosse laine à 28 sous — flanelle, molleton, cordonnet, dentelles diverses.

Mouchoirs de fil à 8 sous pièce en moyenne ; mouchoirs de col à à l'usage de femme, mouchoirs simples de soye à 30 sous.

Crêpons — 2 coupons de *pluche* l'un vert de 4 aulnes et demie, l'autre bleu de 3 aulnes, estimés ensemble 28 livres — pluche cramoisie, pluche noire.

Blonde en soye à 6 sous l'aulne — *Etamine* d'Amiens, de Saint Léonard à 24 sous, étamine à gros grains noire.

Gazes diverses, gaze noire pour veuve. — *Mousseline* brodée à 12 livres, mousseline bon teint mordoré bleue, blanche et et rouge ; mousselines quadrillées de diverses couleurs à 26 sous, mousseline claire à 3 livres 10 sols, mousseline à carraux, grosse mousseline à 50 sols, mousseline *fort-en-diable* ou *diable-en-fort* à 35 sols.

Serge noire, rouge, croisée à 26 et 32 sols, serge de Rome, serge mordorée.

Cadis (serge de laine de bas prix) vert à 22 sols ; cadis valentin vert de saxe et noir de Montauban.

Drap de vire, de Silésie cinq-huit à 5 livres, drap de Lodève, de Lusignan, de Reims, de Maroc — Drap de Romorantin à 6 livres — drap d'Elbeuf maron à 13 livres 10 sols, gris à 12 livres, vert, bleu de ciel.

Draps de Châteauroux brun à 6 livres 10 sols, bleu de roy en cinq quart à 23 livres chacune aulne, gros bleu à 10 francs l'aulne, ratiné, mordoré estimé chacune aulne 6 livres, gris à 7 livres 10 sols, et ratiné vert à 4 livres 10 sols.

Draps de pays à 3 livres. — *Drap de Berri* bleu à aulne de large estimé 6 livres 10 sols — drap noir à 7 livres, drap à cent sous.

Pinchina (étoffe de laine non croisée) à 24, 30 et 35 sous. — Pinchinat sur fil.

Tirtaine (sorte de droguet de drap grossier, laine et fil, qu'on portait déjà au moyen-âge), une pièce de 8 aulnes estimée 8 livres 16 sols.

Droguet d'Angleterre, droguet à 28 sous.

Camelot mordoré, quadrillé, rose et blanc à 28 sous.

Barracan ou *Bouracan* (gros camelot fabriqué à Valenciennes et à Rouen) gris mêlé à 4 livres 18 sols l'aune ; barracan à la capucine, drap bleu et noir de barracan.

Burat (bure commune) vert à 28 sous.

Ras (étoffe croisée et unie) ras de Silésie à 56 sous, rose et vineux à 5 livres, ras de castor bleu de roy à 4 livres, ras de Reims, de Maroc.

Ratine (étoffe de laine croisée dont le poil est tiré en dehors, comme les finettes) ratine bleue à 30 sous.

Calmande (étoffe de laine, lustrée d'un côté comme le satin),rayée jaune, noire, à 3 livres.

Cottonnade bleue, à carraux, brochée fond bleu à fleurs à 40 sous l'aulne, cotonnade à grandes raies à 28 sous.

Indiennes diverses à 20, 30 et 50 sols. — Indienne sur gàrat fond bleu rayé rouge, sur bazin fond rouge, indienne à meuble, indienne sur coton à 35 sols.

Toile Laval à 38 sous l'aulne, fil et coton à 28 sous, toile garat à 28 sous, toile de Paris rouge à 20 sous. — *Cotty* jaune et blanc, retors.

Taffetas noir en cinq-huit à 4 livres, broché, jaune; taffetas de Florence, capucine, rose, noir ét rayé bleu.

Fleuret (étoffe faite avec la soie des cocons de rebut) à 52 sous la pièce.

Moëre noire prisée 10 livres chacune aulne, *Satin* noir à 9 livres. — Petite soye — *Espagnolette* (?) verte, écarlate à cent sols. — *Bougran* — *Castor* de Reims — *Poil-de-chèvre* cramoisi, vert, jaune, etc......

A quelque temps de là, et comme on allait commencer la vente desdites marchandises en présence du syndic et procureur général des créanciers : « est comparu Messire Pierre Charbonnier, curé de la paroisse St-Germain de cette ville, lequel a représenté un petit paquet qu'il a dit luy avoir été confié sous le secret, faisant partie desdites marchandises, sans savoir précisément ce qu'il peut contenir ». — Ouverture faite dudit paquet, y furent trouvées de la toile, de la mousseline, etc..., le tout estimé 235 livres 17 sols.

Cette *restitution* d'objets volés, ou plutôt détournés (car il paraît bien que c'est le marchand lui-même qui en est l'auteur) méritait d'être rapportée.

Jean Chicot marchand (1759)

A la mort de sa femme, Jean Chicot, l'un des principaux marchands de La Châtre, fit dissoudre la communauté établie entre lui et la damoiselle Marie Chabenat et qui se continuait avec ses enfants héritiers de ladite demoiselle. C'est dans ce but que fut fait, en 1759, un inventaire des mobilier et marchandise, en présence de M⁰ Villain notaire, Sylvain Chabenat *du Lyon* marchand, oncle maternel et curateur des enfants mineurs, de Tortat, de Perronet, marchands choisis pour commissaires appréciateurs, de M⁰ Doré notaire et l'un des *commissaires aux prisées* de cette ville, et encore de Jean Robert maître barbier et perruquier et Jean Berthomier marchands voisins dudit Chicot.

La maison ou partie de maison occupée par les époux Chicot (probablement la maison de bois de la rue du Marché) se composait d'une boutique, chambre basse avec une petite cuisine à côté, cour et cave — en haut, deux chambres, un galetas, un petit et un grand grenier. — Il y avait dans la maison deux garçons de boutique, Robert et Lefort, et trois serviteurs, deux hommes à 70 livres de gages, et une servante payée 30 livres par an.

La chambre basse, qui est la chambre ordinairement habitée, contient une cheminée avec chenets et cremaillère — *2 lits à l'ange*, l'un à rideaux de frise jaune, l'autre avec rideaux et ciel de cadis rouge bordé de ruban jaune — une couchette — un Dessous de buffet avec Dressoir — une petite table à pieds tournés et tiroir — une autre petite table longue avec son pliant — un Buffet à deux battans par le haut et par le bas, contenant 45 livres pesant de *vaisselle d'étain* — une grande armoire à deux battans avec deux tiroirs dans le dessous, contenant des nappes et serviettes de plein, et un tapis d'Aubusson, des papiers, 75 louis d'or de 24 livres chacun, 943 livres d'argent blanc ayant cours et de la monnaye pour 160 livres — 2 chandeliers de cuivre et 2 de potin — une lanterne de fer blanc garnie de corne — un vieux miroir à cadre de bois noir et deux cadres aussi de bois noir — des chaudrons, poëlons, bassinoires et autre batterie de cuisine. — Dans une des chambres hautes on trouve un grand et un petit *lit à quatre quenouilles*, une arche à pétrir, un moulin à passer farine garni de ses toiles — une armoire à deux battans — un coffre contenant les hardes de la deffunte femme — et du lard salé à 8 sols la livre.

A la cave : 39 pièces de vin du crû du pays estimées, avec leurs fûts, eu égard aux droits à payer, 390 livres. — Au grenier : 600 boisseaux de *seigle* estimés 12 sols le boisseau. — Il n'y avait pas de froment : il est donc probable que dans cette maison on ne mangeait que du *pain de seigle*.

Chicot « marchand épicier » était, comme nous l'avons dit, un des principaux de la ville, à la fois épicier, mercier, marchand de toile, débitant de tabac, cirier, fabricant de cierges et de chandelles et bien autre chose encore. — Nous trouvons dans sa boutique : 2 comptoirs — un fléau d'Allemagne garni de ses balances de bois soutenues par des cordes, avec ses poids — un petit fléau garni de trois paires de balances et des crochets à peser — 2 pintes, 2 chopines, 2 roquets et autres petites mesures d'étain.

Des pièces de pinchinats, droguets, serges, couttis et toiles diverses — galon, fils, ruban dollande, galon de coëffe à 12 sols la pièce — lassets — soyes de cordonnier — boucles — ciseaux d'auvergne à 30 sols la douzaine — couteaux à manche de bois à 15 sols la douzaine — chapelets de bois à 7 sols la douzaine.

Poudre à tirer à 29 sols 6 deniers la livre, et plomb à giboyer à 30 livres le cent.

Papier commun, papier à lettres à 50 sols, papier de compte à 6 livres et de demi-compte à 4 livres la rame.

Dragées communes à 18 sols la livre — noix de galle, canelle, giroffle, amandes douces, sucre d'orge — riz à 6 sols la livre — bleu, gros bleu, bois dinde, colle forte, poivre en grain, soufre, indigo à 10 livres la livre pesant.

Clous, clous d'ardoise — peignes de buis — épingles — aiguilles à 38 sols le millier — 300 feuilles de fer blanc et de tôle à 30 livres le cent.

216 livres de *tabac*, tant en bâton qu'en poudre, à 3 livres 2 sols la livre.

La cave, les greniers, cuisine et autres chambres servaient d'atelier et de magasin. Il y avait dans la cuisine 108 moules à chandelles en étain, chaudières, etc ; et dans une autre chambre haute, une table à travailler la cire avec les outils à faire les cierges — des provisions de suif fondu à 38 livres le cent ; de cire jaune à 30 sols et cire blanche à 44 et 50 sols la livre — de l'huile fine à 65 livres le cent — du coton en mèches et du chanvre de gros — des rames de papier lombard, des crins, etc., etc.

*
* *

Nous trouvons dans la petite chambre haute : une grande *table à râper le tabac* avec deux tiroirs au-dessous des râpes — deux *moulins à moudre le tabac* — un grand moulin à le passer, un tamis à le tamiser — deux maillets à le râper et deux couloirs de fer blanc, plus 4 grands pots de terre blanche et 15 petits.

La mode de priser se répandit au XVII° siècle : les marchands vendaient alors la *carotte*, formée de feuilles de tabac serrées en boudin. Chaque priseur râpait cette carotte à fur et mesure de ses besoins avec la *grivoise* ou *râpe à tabac*, râpes portatives qu'on avait en poche et que le peuple garda jusqu'à la Révolution. — Les honnestes gens l'abandonnèrent dès le XVIII° siècle et la remplacèrent par la *tabatière* contenant le *tabac fin* réduit en poudre mécaniquement, chez les marchands tels que Chicot. — La chanson de nos grands'mères :

> *J'ai du bon tabac dans ma* TABATIÈRE,
> *J'en ai du* FIN *et du* RAPÉ

n'a donc pas plus de 150 ans ; puisqu'on y fait nettement la distinction entre le *tabac fin* et le *tabac râpé*, râpé à la main ou râpé mécaniquement.

Nous verrons plus tard à la vente mobilière « de l'émigré Villaines » 15 tabatières en bois ou carton doublé d'écaille, de cuivre ou de fer blanc — une tabatière en émail, anneaux et charnières en or, et une tabatière rouge à gorge et charnière en or avec deux figures en peinture, qui furent vendues, en 93, l'une 110 et l'autre 205 livres. — Des pots à tabac en verre à couvercle en étain — 18 livres pesant de *tabac en poudre* estimées 33 livres, et 6 livres de *tabac râpé* en pots. — Pas de tabac à fumer.

Dès le XVII° siècle, les revendeurs et marchands de poissons, pour se garantir de l'humidité des rues et du vent, s'installaient dans un demi-tonneau garni d'un siège et d'une chauffrette. — Nous avons vu, à La Châtre, jusqu'en 1870, sur la place du Marché, un peu en avant de l'angle saillant de la maison Chadaigne, la mère Chatelin et la mère Défretin, assises en leurs tonneaux, l'une à côté de son baquet à poisson, l'autre près de sa table portant du beurre, des fromages et des balances.

XVI.

MARCHANDS ET ARTISANS

APPRENTISSAGE

Marie Chabenat, la femme de Jean Chicot, dont nous venons de parler, était sœur de Maître Chabenat, notaire royal, et de Chabenat *du Lion*, celui-là même qui vendit son auberge à la ville pour en faire des ca-ernes. — C'était une famille nombreuse, sinon très ancienne, que celle des Chicot, et qui comptait parmi ses membres le chanoine et plus tard curé de La Châtre, J.-B. Chicot, fils de demoiselle Rousseau et de Sylvain Chicot des Pillorgets, marchand de drap et soye.

Parmi les *marchands de drap et soye* ou de *ras de soye* (que nous appelons aujourd'hui : marchands de nouveautés) je rencontre Louis Rousseau, dont la boutique était, je crois, à la place qu'occupe à présent la pharmacie Vincent. — Il avait fait de bonnes affaires le sieur Rousseau, car, en 1775, sa veuve Jeanne Laurent donne à sa fille vingt-quatre mille livres de dot, ce qui était une bien grosse somme, d'autant que cette fille n'était pas unique. Elle avait au moins un frère germain : Sylvain Rousseau.— D'ailleurs, j'aperçois au contrat, avec les Chicot et les Laurent, Maître Villain-Desroullets, M. le prevost Pouradier de La Motte, Laisné de Lasalle et « messire Germain Laisné Ecuyer seigneur de Cosnet » parents et amis de la future. — Louis Rousseau était fils de Léonard Rousseau et avait pour frères Jacques Rousseau huissier royal, Jean-Baptiste marchand à La Châtre, François marchand à Châteaumeillant, et pour sœur Françoise Rousseau épouse de Sylvain Doré marchand boucher (le grand père de mon bisaïeul).

Joseph de Lavau aussi marchand de drap et soye avait épousé

en 1753 la fille du chirurgien Noël. Il était beau-frère des Dorguin des Bergeries, Dorguin de Lagrange, Devilleneuve et Ch Lamy ; petit-fils de Pierre Pulienne et descendant ainsi de la grande famille des Selleron.

L'ancêtre de tous les Cuinat, qui ont tenu un certain rang à La Châtre, et dont l'un même fut maire, puis sous-préfet, était marchand de drap et soye au commencement du dernier siècle. Il s'appelait Jean Cuinat, et avait pour femme Catherine Baucheron. En 1733 il avait quitté le commerce, et était qualifié : bourgeois. C'est l'un de ses fils qui épousa damoiselle Porcher de Lissonay, sœur du curé de La Châtre et du comte de Richebourg, et qui eut pour petit-fils l'homme de lettres H. Thabaut de Latouche.

*
* *

J'ai rencontré souvent dans les actes de notaires la qualification de *Marchand fermier*, appliquée, en général, à des bourgeois ou gros marchands exploitant les Terres et Seigneuries d'alentours. — Entre autres : Guillaume Plaut marchand fermier de la seigneurie de Briantes environ 1760—Phil.Rousseau marchand fermier demeurant au château de Fromenteau en 1765 ; et, à la même époque, Phil. Mathieu, qualifié d'abord marchand boucher et fermier, puis marchand fermier seulement, qui eut de ferme la métairie du Portail, laquelle appartenait à messire Joulin de Noret, gendre de M. Pataud du Portail.

Sylvain Chicot est marchand fermier et demeure à la Tour Gazeau en 1748 ; de Luthot est fermier de La Berthenoux, et Antonin Rotinat fermier de la terre et seigneurie de Saint-Chartier en 1777.

Pasquet de Villebertaux était fermier de la terre et seigneurie de de Sarzay en 1759.— Les frères Papet qui lui succédèrent dans cette ferme et qui demeuraient à Sarzay en 1780, achetèrent la Terre d'Ars, non pas sous la Révolution et pour une paire de bœufs, comme raconte je ne sais quelle légende, mais bien en 1783 moyennant cent soixante-quinze bonnes mille livres, et devinrent, de ce fait, seigneurs d'Ars, c'est-à-dire propriétaires de la Terre et Seigneurie ou fief d'Ars. —— Sylvain Pouradier du Teil, fils de Jean Pouradier de Penneroux et de Marguerite Prevost, était fermier du Temple de Beddes, vers le milieu du siècle dernier.

Tous ces fermiers exploitaient les terres, habitaient les châteaux et levaient les droits seigneuriaux, sauf les réserves stipulées au bail. — Et il convient de joindre à cette catégorie les fermiers de la seigneurie, baronnie ou *Domaine* (royal) de La Châtre, Le Magny et Montveillé, comme Sylvain Desfousses par exemple.

**

Les *tanneurs*, les *bouchers* et les *aubergistes* se tenaient de près ; car on retrouve souvent souvent les mêmes noms chez les marchands de ces trois métiers. — « Prudent homme Sylvain Coqu tanneur (et fils de tanneur) demeurant rue de la Barre », en 1748, est le même que nous avons déjà rencontré « hoste du logis où pend pour enseigne l'image des Trois-Roys ». — Chauveton est à la fois tanneur et cabaretier. — Blaise Auboyer, dont la femme signe « marie grangé peramente », *marchand tanneur et corroyeur* en 1772, nous l'avons vu déjà, aubergiste à la Teste-Noire en 1785 et entrepreneur de la première voiture publique de La Châtre à Châteauroux. — Les noms de Doré, de Perichot sont aussi communs chez les bouchers que chez les tanneurs.

L'industrie des peaux et cuirs en notre ville avait de l'importance. Elle comprenait divers métiers : le *tanneur*, marchand ou artisan, qui achète les peaux brutes et prépare les cuirs avec la chaux et le tan. — Le *corroyeur*, artisan qui a le droit de corroyer les cuirs sortant des mains du tanneur, c'est-à-dire de lui donner des façons qui le rendent plus souple et propre aux usages du ceinturier, du sellier..... — Le *mégissier* prépare les peaux de mouton, d'agneau, de chevreau, lorsqu'elles sont délicates et fines ; ou que l'on veut en conserver le poil ou la laine comme fourrure. — Le *chamoiseur* tire ses peaux de chez le mégissier (il lui est défendu d'en acheter à la boucherie) ; il les passe en huile et les travaille pour imiter les peaux de chamoix. — Le *gantier* prend aussi ses peaux chez le mégissier. — Enfin le *parcheminier* achète des peaux de mouton ou de chèvre ébauchées par le tanneur ou le mégissier, et les ratisse pour en faire du parchemin propre à l'écriture et à la couverture des livres. — (On trouve dans l'Encyclopédie de Diderot, tous les détails sur ces opérations industrielles).

Voici un acte du 25 octobre 1748, intéressant à divers titres :
« Les sieurs Agnan Alindré, Sylvain Alindré, Sylvain Moreau, Barthélemy Duplomb, Antoine Peyrot, Sylvain **Robert**, **Sylvain**

Chauveton et Jacques Périchot, tous *marchands tanneurs* demeurant séparément à La Châtre, se sont assemblés sur la nouvelle qu'ils ont apprise que l'adjudicataire des droits cy-devant octroyés et actuellement destinés an remboursement des charges municipales était sur le point de les faire visiter et exercer et de prendre et recevoir d'eux un état exact des peaux ou cuirs verds qu'ils ont actuellement dans chacun leurs maison et tannerie ; et ne sachant quels sont les motifs dudit sieur fermier puisque les droits de 8 sols sur chacun gros cuir vert estably sur iceux par *l'arrest du Conseil du 11 avril 1747* ne sont dubs que lorsque les dittes peaux *rentrent* dans laditte ville de La Châtre, et non point lorsqu'elles sont dans leurs plains, bassins ou autres endroits de leurs maisons. Et comme tous les cy-dessus nommés craignent que ces visites ne leur soient à charges et ne leur procurent quelques désagrément facheux tant dans leurs marchandises que dans leurs commerces, d'autant que le procédé dudit sieur fermier ne paraît pas être autorisé par ledit arrest du Conseil..... » Par ces motifs, les *tanneurs* soussignés voulant se pourvoir conjointement au Conseil privé de Sa Majesté ou ailleurs, dans le but d'être déchargés de la servitude que le fermier des droits sur les cuirs veut leur imposer par les visites et exercices de ses commis...... s'engagent les uns envers les autres à se soutenir et participer aux communs frais de procès verbaux et autres......

Le 14 may 1750, les mêmes *tanneurs* s'assemblent de nouveau sur le fait de l'ordonnance rendue par M. l'Intendant de la Généralité de Bourges du 29 avril dernier à l'encontre du sieur Robert tanneur sur procès-verbal contre luy rendu le 22 novembre 1748 par les commis de l'adjudicataire général des droits sur les cuirs..... qui le condamne à acquitter les droits d'entrée de 370 cuirs de bœufs, vaches et veaux saisis par ledit procès-verbal et à 100 livres tant pour l'amende que confiscation desdits cuirs saisis ; et comme cette affaire est commune tant au sus-nommé Robert qu'aux sieurs Moreau, Alindré..... d'après le traité de 1748 qu'ils ont fait entre eux devant M. Vilain notaire..... Lesdits sieurs tanneurs sont convenus d'interjetter appel de ladite ordonnance de mondit sieur l'Intendant, et pour ce faire, donnent plein pouvoir audit sieur Robert, etc..... (Ces actes sont signés de tous les tanneurs sus-nommés).

*
* *

Il n'est nullement question de *corporations* en ces écrits ; ce qui n'empêchait pas les tanneurs, comme on le voit, de se soutenir à l'occasion, nous dirions aujourd'hui de se syndiquer. — Y avait-il, en notre ville, des *corps d'arts ou métiers* organisés avec des *Gardes* élus et choisis par les *Maîtres* de chaque corps pour admettre à la *maîtrise* après l'*apprentissage*, le *compagnonnage* et l'épreuve du *chef-d'œuvre*, et pour maintenir les privilèges ? Chaque corps de métier avait-il sa *jurande*, juridiction professionnelle, composée de *jurés* (maîtres élus et ayant prêté serment en justice comme tels, d'où les noms de jurés et de jurande) et chargée de tenir la main à l'observation des réglements sur l'apprentissage, la fabrication et la vente, ayant droit de *visitation* chez chacun maître du métier, droit d'infliger des peines disciplinaires ou de poursuivre devant les tribunaux ordinaires ? — Les choses se passaient ainsi dans la plupart des villes du royaume. Dans les campagnes, les bourgades, les métiers étaient libres ou à peu près ; et je crois bien que, sauf le cas des *perruquiers* dont il sera question plus loin, il en était de même en notre ville de La Châtre, et que, suivant une des formules du vieux *Livre des Métiers* qui fut rédigé par Etienne Boileau au temps de Saint-Louis : « Pouvait faire le métier quiconque l'avait acheté et savait le faire ».

Cependant, M. Hippolyte Baucheron a figuré à la fin de son manuscrit, parmi divers blasons, ceux de trois communautés de marchands et artisans, qu'il a trouvés à l'*Armorial Général de France* : 1° celui de « *la communauté des marchands de draps de La Châtre* » une aulne d'argent sur champ d'azur (sur fond bleu). — 2° celui de « *la communauté des drapiers, tisserands, cordiers, etc..... de La Châtre* » une navette d'or sur champ d'azur — 3° celui de « *la communauté des marchands bouchers, boulangers, cabaretiers, etc..... de La Châtre* » une tête de bœuf d'argent sur champ de gueules (sur fond rouge).

Mais cela ne prouve pas grand chose. Voici du reste ce qu'en dit M. de Boisvignault lui-même :

« Sous Louis XIV, chacun fut libre pour 20 livres de faire inscrire son nom et peindre ses armoiries ou celles qu'il lui plaisait de se donner, à l'*Armorial Général de France*. Les corps d'état, communautés de toute espèce durent payer 25 livres et les villes 30 livres. — Fait à la hâte et dans un but purement fiscal, cet Armorial, qui contient plus de cinquante mille noms, fourmille d'erreurs. — Chacun s'ingéniait à se trouver des armes parlantes en torturant son nom pour arriver à le traduire par un jeu de mots ou un rebus. »

9

Je n'ai jamais rien trouvé touchant les corps de métiers, en tant que communautés officielles et administratives, et, jusqu'à nouvel ordre, je demeure convaincu que les corporations de marchands ou artisans se réduisaient, chez nous, à la *confrérie religieuse*, qui est la forme primitive des associations de travailleurs, et qui subsiste encore chez nos vignerons et jardiniers, et chez les serruriers, taillandiers et autres ouvriers du fer qui reconnaissent Saint-Eloi pour patron. — A l'appui de cette opinion, je citerai l'acte suivant de Beaucheron notaire :

« Pierre Violette, Jacques Périchot l'aîné, Pierre Moreau, Jacques Périchot dit Calandroux, Jean Périchot, Germain Doré, Antoine et Jean Moreau, Philippe Mathieu, Françoise Périchot et François Jallerat, tous *bouchers* et *chaircuitiers*..... désirant un ordre fixe pour le tour de chacun d'eux pour la fourniture, présentation et distribution du *pain bénit* le jour de *la Saint-Barthelemy* leur patron, ont arrêté ce qui suit :

« C'est à savoir que le jour et feste de St Barthelemy de cette présente année, Jean Moreau présentera et distribuera le *pain bénit*..... » que l'année suivante ce sera le tour de Jacques Périchot etc..... « et qu'après tous les tours finis, on recommencera par celui qui aura fourni, présenté et distribué le *pain bénit* le premier dans la colonne ci-dessus, et ensuite de rang..,..»

A la vérité, cet acte est seulement du 20 août 1789, mais à cette époque, la Révolution n'avait encore rien changé en cette espèce. — Les corporations des arts et métiers supprimées par Turgot avaient été rétablies sitôt sa sortie du ministère ; et ne furent définitivement abolies que par la loi de 1791 qui établît les patentes.

*
* *

On a beaucoup écrit sur les métiers et les jurandes, sur l'apprentissage et le compagnonnage ; M. Louis Blanc, qui n'est pas partisan de la concurrence ou liberté industrielle, donne, à ce sujet, certains détails intéressants dans les « Origines et Causes de la Révolution » (2ᵉ volume de son éloquente histoire de la Révolution Française).

J'ai entre les mains un petit opuscule, imprimé en Normandie, mais qui était sans doute très répandu, car l'exemplaire que je possède provient d'une vieille famille de cordonniers de La Châtre, les Gabidié. — Il a pour titre : « *Le Devoir des braves compagnons de la manicle* », avec, au frontispice, une image naïve représentant l'arrivée chez le savetier d'un aspirant, sac au dos et chapeau bas. Son habit à gros plis sur le côté et à grands revers de manche indique le commencement du XVIII° siècle. — Le chapitre le plus intéressant est le « Récit véritable et authentique de l'honnête Réception d'un Maître Savetier Cǝreleur et Réparateur de la chaussure humaine ». C'est une sorte de pamphlet populaire et satirique sous forme de dialogue assez curieux pour être reproduit. Le voici :

L'Aspirant.— Messieurs, Messeigneurs, pardonnez à mon ambition; mais comme il a plu à Dieu me rendre capable de solliciter d'être reçu au Corps de l'Etat, aussi vous supplie-je instamment avec tout le respect dû à la dignité de vos caractères, de m'incorporer dans votre Illustre et Vénérable corps. Soyez persuadés, Messieurs. que j'en soutiendrai la gloire et l'éclat, avec toute l'ardeur imaginable.

L'Ancien. — Mon grand ami, nous louons votre zèle; mais combien avez-vous d'années d'apprentissage; car sachez que quand ce serait un grand de l'Etat qui voudrait être reçu dans notre métier, il faudrait absolument qu'il eut *sept années d'apprentissage* ou *qu'il épousat une fille de maître.*

L'Aspirant. — Messieurs, il n'y a pas justement sept ans que je m'instruis : mais outre que pendant plus de six ans j'ai été enseigné par un des habiles hommes de l'Europe, en quoi je dois être en quelque façon dispensé de l'autorité de vos statuts, et pour l'avantage que j'ai pour mère la fille de Maître Crévin, qui est présentement député de la Communauté, et à la poursuite de votre procès contre le Maître des Basses-œuvres (les vidangeurs), pour l'honneur et la préséance qu'ils osent vous disputer.....

L'Ancien. — Vous avez de grands titres pour n'être pas refusé ; mais notre Loi, sur le Chapitre *du Corps,* ce qu'elle prescrit est inviolable..... Et afin qu'on ne nous accuse pas d'avoir profané l'excellence de l'art..... il est bon que vous fassiez *chef-d'œuvre.*

L'aspirant. — Messeigneurs, cela ne servirait qu'à m'éloigner pour quelques jours du bonheur où j'aspire. J'aime mieux qu'il m'en coute quelque argent.

L'ancien. — Combien avez-vous à mettre dans le Coffre du métier ?

L'aspirant. — Je n'ai que cinquante écus.

L'ancien. — Il faut deux cents livres.

L'aspirant. — Messieurs j'ai été Laquais chez M. de L'Arsenac, un grand de France, qui aura l'honneur de vous remercier de vos bontés pour moi

L'ancien parlant aux *Gardes.* — Ne ferons-nous rien en faveur de l'Arsenac qui est un des grands de France ?

Les Gardes. — Allons, il mérite quelqu'égards.

L'ancien. — Hé bien à sa considération on reçoit votre offre. Levez la main : ne jurez-vous pas d'observer exactement les Règlements ?

L'aspirant. — Je le jure.

L'ancien. — De ne vous rencontrer jamais dans un repas sans vous enyvrer jusqu'à dégueuler partout, et emporter à votre maison quelque morceau de viande dans votre poche.

L'aspirant. — Je le jure.

L'ancien. — Et quand vous trouverez quelque *Maître* qui commettra quelque faute, de lui répliquer qu'il ne sera jamais qu'un Maçon, ce métier étant audessous de votre *devoir* pendant votre vie.

L'aspirant. — Je le jure.

L'ancien. — De ne travailler jamais le lundi.

L'aspirant — Je le jure.

L'ancien. — D'avoir trois Linottes et un Geai à siffler et leur enseigner fidèlement.

L'aspirant. — Je le jure.

L'ancien. — De vous informer curieusement de tout ce qui se passe chez vos voisins.

L'aspirant. — Je le jure.

L'ancien. — D'aller tous les Dimanches et Fêtes sur la place pour parler de la guerre et des autres affaires du temps.

L'aspirant. — Je le jure.

L'aspirant reçu *Maître Savetier* ; il ne s'agit plus que de savoir de quelle branche il veut être : *Urelus, Brelandiers* ou *Porte-Aumuche.* — Les *Urelus* ont à leur devanture une Virolle de cuivre en forme de jetton et tiennent boutique en leur maison. — Les *Brelandiers* y ont un moule de bouton et tiennent un Etail, un brelan au coin d'une rue. — Les *Porte-Aumuches* y ont un petit morceau de cuir taillé en rond et vont par les rues criant : « *A ces vieux Souliers* ». — C'est ce dernier métier que choisit l'Aspirant. Il passe un examen pour montrer qu'il sait crier « A ces vieux Souliers » sur le ton convenable; la voix devant être soigneusement réglée pour éviter les confusions. — Puis, il va offrir des bouquets aux maîtres en les invitant à un banquet, pour les remercier de l'avoir reçu dans leur corps sans l'avoir obligé à faire le *Chef-d'œuvre*, grâce toute particulière et qui ne s'accorde qu'aux *fils de Maîtres* qui ont rendu le plus de services à la Compagnie.

Cela prouve, entre autres choses, qu'il y avait des accomodements, et qu'on aimait dans toutes les classes de la société, à se donner certains airs, à jouer au formalisme; sentiment qui s'est transformé dans notre régime parlementaire en la manie des commissions à présidents et secrétaires calquées sur les assemblées législatives.

*
* *

Il existe chez tous les notaires, de nombreux *Brevets d'apprentissage*; mais ce qu'on entendait par *brevet* ne ressemble en rien à un diplôme, à un certificat de grade ou de connaissance. Un brevet d'apprentissage n'est autre chose qu'un acte, passé devant notaire, un engagement réciproque authentique entre un *maître*, un *apprenti* et les parents de l'apprenti. Tous ces brevets se ressemblent, à quelques différences près. En voici des exemples :

Le 22 janvier 1764, pardevant Maitre Berchon, notaire royal, J. Planteline, garçon majeur de coutume émancipé par Lettres du Prince, néanmoins authorizé de son oncle et curateur, d'une part — et d'autre part Jean Chicot *marchand épicier et chandellier*, ont fait marché et traité *d'apprentissage* ainsi qu'il suit : savoir que ledit Planteline s'est mis en apprentissage chez ledit sieur Chicot pour travailler ez choses concernant le commerce de marchand chandellier et épicier, pour le temps et espace de *deux années*, à l'effet d'apprendre à travailler — promet ledit Planteline d'obéir audit sieur Chicot et *luy porter l'honneur et la soumission que l'on doit à un maître* — lequel sieur Chicot, de sa part, promet et s'oblige de *luy montrer son métier de ciergier, chandelier et épicier, sans rien luy cacher*, de le nourrir à sa table, le coucher et blanchir..... Ledit *Brevet d'Apprentissage* ainsy fait pour et moyennant le prix et somme de 210 livres (pour les deux ans).....»

En 1772, Renaudet, aubergiste à Thevé, met son fils en apprentissage pour *deux ans* chez Boissin tanneur à La Châtre, lequel s'engage à le nourrir, loger..... et *lui montrer le métier de tannerie sans lui rien cacher*, moyennant la somme de 172 livres. Ledit apprenti s'engage à ne pas s'absenter pour aller travailler ailleurs, et Renaudet père de son côté, promet entretenir son dit fils, « *de vêtemens honnestes suivant son état* ».—Cette dernière phrase peint bien le sentiment de la hiérarchie si profondément enraciné dans toutes les classes et sous-classes de la société, sous l'ancien régime.

Les brevets des apprentis de Germain Poissonnier maître

cordonnier, de Germain Grangé maître maréchal, de Pierre Hirault maître tailleur d'habits, de J. Pacaud maître taillandier, de François Brochant tanneur et corroyeur, ressemblent aux précédents ; et aussi celui que passa en 1757 François Auboyer maître ou marchand *boulanger* « qui s'engage *à ne lui rien cacher de la finesse dudit métier*, à la charge par l'apprentif d'être docile aux leçons de son maître, assidu à l'ouvrage et de luy obéir..... »

Lorsque *l'apprenti* n'est pas nourri, il ne paye qu'une modique somme ou même rien du tout. — Ainsi Jean Appé le jeune, d'après le brevet passé en 1765 pour apprentissage de *deux ans*, ne paye que 70 livres ; Etienne Doré qui entre en apprentissage pour *dix-huit mois* chez Charles Gabidié maître cordonnier, ne lui paye en tout que 30 livres, mais il logera et sera nourri chez son père, Louis Doré, lequel s'engage de plus « à entretenir sondit fils d'alleignes ».

En 1777, Antoine Hudes-Petit *marchand*, prend chez lui pour neuf années, comme *facteurs*, ses deux frères « Pierre et Gabriel Heude, originaires detinchebray en Bassenormandie, lesquels s'obligent à travailler au profit de leurdit frère du mieux qu'il leur sera possible, *tant à la maison qu'en campagne*, luy obéir en tout ce qu'il leur commandera d'honneste, le servir fidèlement et diligemment, éviter son dommage et l'en avertir s'il vient à leur connaissance, *voyager* seuls ou avec ledit Antoine Hude leur frère pour affaire de son commerce lorsqu'il leur commandera..... Ledit Antoine Hude, de sa part, s'oblige à les loger, nourrir et de leur payer annuellement 50 livres par forme de louage, ce qui fait pour les deux 100 livres.....»

*
* *

« Il fallait que *l'apprenti*, dit M. Louis Blanc, passât devant notaire un brevet par lequel il s'engageait à servir le *maître* pendant cinq ou six ans, non pas en recevant un salaire, mais en payant au contraire les services qu'il allait rendre..... De plus, pendant les sept ans qui formaient la durée moyenne de l'épreuve, l'apprenti était soumis à une imposition annuelle, etc. » — On compte pour rien les services rendus à l'apprenti par le maître qui lui apprend son métier et le nourrit ; chez l'historien sentimental et socialiste, c'est un parti pris. — Mais, ce qu'il dit, à ce sujet, on le *trouve* dans presque toutes les histoires de France, où l'on a peut-être eu tort de généraliser outre mesure des faits locaux. Il y avait, en tout cas, des exceptions ; comme à Auxerre, par exemple, où le commerce était libre; et les brevets que j'ai cités, montrent suffisamment qu'en notre ville de La Châtre, l'apprentissage ne durait pas si longtemps qu'on dit, et ne coutait pas si cher.

« Après l'*apprentissage*, dit encore M. Louis Blanc, commençait une seconde servitude, celle du *compagnonnage*. Parfaitement instruit dans son art, le compagnon en portait les insignes. On le voyait suspendre à une de ses boucles d'oreilles un fer à cheval, s'il était maréchal-ferrant, un équerre et un compas s'il était charpentier, une essette et un martelet s'il était couvreur..... Il recevait un salaire et demeurait dans cette condition pendant un espace de temps double ou triple de celui de l apprentissage ». — Là encore il y a exagération et généralisation trop grande. D'abord le compagnonnage n'était pas obligatoire dans tous les arts et métiers. Je lis en effet dans l'Encyclopédie : « Le temps du compagnonnage varie selon les différents corps de métiers ; il y en a même où l'on n'exige point de compagnonnage : alors on peut se présenter au *chef-d'œuvre* immédiatement après l'apprentissage ».— En ce qui concerne cette question classique du chef-d'œuvre, je n'ai jamais rien trouvé à La Châtre ; je peux seulement certifier que lesdits chefs-d'œuvre d'aspirants à la maîtrise n'étaient point présentés aux échevins, ainsi que cela se pratiquait en certaines villes ; car les registres de délibérations de notre Hôtel-de-Ville, qui disent tout en détail, n'en disent pas un mot.

Les avantages qu'avaient les *fils de maître* étaient sans doute excessifs ; mais l'épithète injurieuse de « bête comme un fils de maître » que leur donnaient les *compagnons*, ne s'appliquait avec raison qu'à quelques-uns, bien certainement. Leur avantage positif était d'hériter de leurs parents. — Pour être *maître*, c'est-à-dire pour ouvrir boutique ou atelier, qu'il y ait ou non à payer des droits de maîtrise à la corporation ou au roy, il faut de l'argent.Or cet argent manquait en général aux compagnons. Et ils allaient souvent de ville en ville chercher du travail ou des connaissances nouvelles, heureux de satisfaire en même temps leur gout naturel vagabondage ou seulement de faire comme les autres. De là l'habitude du *tour de France* et les sociétés de *compagnonnage*, les fameux *devoirs* et les *dévorants* ou *devoirants*, *compagnons du devoir*. George Sand a écrit à ce sujet, sous l'inspiration de Pierre Leroux, un beau roman qui a pour titre : Les Compagnons du Tour de France.

Les vieux de La Châtre les ont bien connus ces *compagnons* : ils les ont vus, le grand Gourrier par exemple, compagnon boulanger, avec sa canne et autres insignes. — Mais cela ne date pas de bien loin. — Y avait-il, chez nous, des *compagnons du devoir* avant la Révolution ? Il est bien probable qu'il y en avait quelques-uns ; mais je serais porté à croire que cet usage n'était pas très ancien à La Châtre. — Dans notre petite ville où le Chapitre de St-Germain tint si longtemps une si grande place, les corporations, nous l'avons dit déjà, étaient surtout des confréries religieuses ; de même les voyages étaient des pèlerinages. — Devillebanois dans son Histoire de Vaudouan, écrite en 1679, dit que « par une sainte coutume à la Chastre, tous les enfans qui vont en *voyage à St-Michel*, à leur retour, avant d'entrer dans la ville, ont accoutumé le soir arrivant de coucher en la parroisse de Montgivray du costé de la Vareynes ou des Capucins, où la procession du curé qui les avoit conduicts jusque-là où il leur avoit donné sa bénédiction publique pour faire *le voyage*, les va reprendre et les conduire à Vaudouan par le faulbourg de la Fontaine..... »

Ces pèlerinages à Saint-Michel étaient-ils encore en usage au siècle dernier ? Je l'ignore. Mais tant qu'ils restèrent dans les habitudes. ils furent vraisemblablement un suffisant exutoire à l'activité vagabonde de nos jeunes gars de La Châtre. — Sous la grande poussée de la raison, de l'esprit qui veut tout s'expliquer et comprendre, l'élément laïque déborda de toutes parts, commençant l'émancipation de la tutelle religieuse. C'est sans doute dans ces conditions que les confréries furent abandonnées par quelques-uns pour le compagnonnage et que les *voyages* de nos enfants se transformèrent en tour de France. (1)

Le nom de *compagnon* se rencontre rarement dans nos actes de notaires : Gilbert Maublanc *compagnon* chapellier au milieu du XVIII° siècle — Guillaume Boucheron *compagnon* menuisier, originaire de l'île d'Oleron en Saintonge était, en 90, depuis deux ans à La Châtre — Louis Yvernault *compagnon* vitrier, fils mineur de Jacques Yvernault-Appé, épouse en 1791 Soulange Chauveton fille de deffunt Jean Chauveton-Virolle, qui apporte 564 livres de dot,

---

(1) Le mot *voyage* est encore synonyme de pèlerinage, aux environs du Blanc par exemple.

sans compter le linge et le mobilier. — En 1743 Pierre Grillon est *garçon* et *compagnon* menuisier.

Ce nom de *garçon*, qui est équivalent, ou à peu près, à celui de *compagnon*, se trouve beaucoup plus souvent : André Coueffé *garçon* scieur de long à la Grand-Font — Nicolas Soulas *garçon* maréchal — Antoine Appé *garçon* sellier, fils d'Appé-Gazonneau maréchal, et qui épousa Marie Alély couturière pour femmes. — Jean Raboisson *garçon* poëlier travaillant à gages se marie en 1765 avec Marguerite Boucheron lingère et blanchisseuse travaillant à la journée, fille de Philippe Boucheron sergent royal (huissier) — Jean Tortat *garçon* confiseur chez Rotinat épouse en 72, Jeanne fille de Jean Chicot-Chabenat marchand.

*
* *

L'Introduction à l'histoire de la Révolution dans la Creuse, par Louis Duval archiviste, contient d'intéressants détails sur *l'émigration annuelle* de nos voisins *Marchois*, émigration qui, d'ailleurs, n'a pas de rapport avec le Tour de France. Ces détails sont extraits d'un Mémoire de la Généralité de Moulins, rédigé en 1693 :

« Comme ces pays (la Marche) sont mauvais et peu habitables, y est-il dit, les habitants recourent à l'industrie pour vivre : presque tous ceux qui sont en état de travailler quittent leur pays au mois de mars, et vont travailler en Espagne et dans toutes les provinces de ce royaume (de France), les uns comme manœuvres-maçons, les autres comme scieurs de long et de bleds, laissant à leurs femmes et aux invalides le soin de faire les moissons et de nourrir leurs enfans. Ils reviennent à la fin de novembre et rapportent tout l'argent qu'ils ont gagné (de 30 à 35 livres en moyenne....) On prétend qu'ils sortent tous les ans plus de six mille, et que leur industrie seule met la province en état de soutenir les charges publiques ».

D'autres quittaient le pays définitivement, comme Fournioux et Bargat que nous avons vus, venant de Malval, s'établir chez nous en qualité d'entrepreneurs de pavage et de maçonnerie.

*
* *

Aux marchands et artisans déjà cités, j'ajouterai :
Étienne Laurent en 1730, Phil. Labonne en 1740, et Ballade en

74, tous tanneurs et corroyeurs — Sylv. Maublanc tanneur en 49 — Pierre Désfousses marchand chamoiseur au faubourg St-Germain — Jean Desprunaux-Robert (mon bisaïeul), marchand parcheminier en 80 rue St-Jacques — Rousselet parcheminier en 90 — Jean Robert-Papet désigné marchand mégissier et gantier faubourg St-Jacques en 1730, marchand tanneur en 72, et en 74 marchand parcheminier rue des Religieuses.— Les Alindré et Peyrot, tanneurs, dont il a été ci-dessus parlé, demeuraient tout proche le pont des Cabignats du côté d'amont. — Barthélemy Duplomb tanneur et corroyeur habitait la rue de la Barre. — Fr. Brochant de la Charmoise ou la Chamoise marchand tanneur en 1769, près les Capucins, faubourg St-Germain de cette ville, en la paroisse de Montgivray, était l'ancétre de ce pauvre infirme d'Oscar que nous avons connu secrétaire de la mairie, et que les hasards des guerres de l'empire avait fait naître en Espagne.

Je n'ai jamais rencontré de bourrelier, ce qui n'a rien d'étonnant si, ce que j'ai toute raison de croire, il n'y avait aucune voiture à cheval en notre contrée. — Les selliers, par contre, ne manquaient pas : Beaufumé marchand et maître *sellier* et Martinat-Luneau en 1740, Marquet en 55. — Les Poissonnier, les Leroy étaient *cordonniers* de père en fils, et je relève encore dans les métiers du cuir : Antoine Roch Darchis, Gabidié, Boucheriau d. — Et Sébastien Tortat marchand *guestrier* en 65.

Dans l'industrie du tissage et de la teinture : en 1700 André Blanchard *teinturier*, Gourse marchand *tixier* (tisserand) en 1711 ; en 1745 J. Aurousseau et Léonard Bourbon *tixiers en toile* ; Jean Grajon le jeune *marchand drapier* neveu de Jean Grajon l'aîné marchand boucher, et Bertrand Pouzoux aîné marchand drapier, rue de la Barre ; en 1750 Jacques Carion tixerand et Antoine Fauchère *tixerand en toile* ; en 72 Daubord marchand teinturier, Pinault tixerand en toile rue de Venôse et Chaussé *tisserand en drap* faubourg St-Jacques.

Les Rotinat étaient nombreux, on en trouve d'aubergiste, confiseur ou *confiturier*, menuisier. — Il faut citer d'ailleurs parmi les *menuisiers* Duplomb-Mauduit en 1717, Delagoutte-Boucheron en 1740, Sylvain Simonet, Rebillard-Guillemain rue des Capucins.

Les Appé sont maréchaux, au moins depuis le commencement du XVIII' siècle : Phil. Appez-Mathieu maître maréchal au faubourg St-Jacques en 1740, Sylv Appé dit Georget maître maréchal à la même époque au faubourg Notre-Dame ; et Charles Appé maréchal vis-à-vis le cimetière sur la rue tendant du portail Notre-Dame à l'Hôtel-Dieu, vraisemblablement là où est aujourd'hui la maréchalerie Chauvet dit Ambrois.

Il y a plus de deux cents ans que les Chauvet sont ainsi désignés. C'était au XVII° siécle déjà leur nom de baptême : en 1696 Ambroise Chauvet huilier est parrain d'un autre Chauvet et lui donne son nom. En 1741 Chauvet dit Ambrois époux de Françoise Luneau est maître huilier au faubourg Notre-Dame.

Il faut citer encore parmi les *maréchaux* : Tayon et de Chaudat, Germain Grangé ; et parmi les *taillandiers* J.-B. et Jacques Soulas au faubourg St-Germain. — François Mesmin dit Lalouette était maître *charpentier* en 1740 ainsi que les Pigois et les Chatelin dont il a été déjà question. – Touzet était maître maçon.

Les serruriers faisaient fonctions d'horloger ; ainsi en 1750 Dodet était à la fois *serrurier et horloger*. — L'horloge de l'église était gouvernée par le sieur Huguenot chanoine semi-prébendé du Chapitre, qui se vit un jour interdire par les échevins l'exercice public de la profession d'horloger. — Le premier véritable *horloger* est le sieur Trossin qui s'établit en notre ville quelque temps avant la Révolution.

Etienne Laurent était *marchand poislier* sur la place et Jean Raboisson *marchand poëlier et cassier* en 1765. Je ne sais ce que c'est que ce nom de *cassier* que j'ai déjà trouvé souvent : désigne-t-il un marchand de *casses* et marmites, ou bien est-ce *sassier*, marchand de *sas* et tamis qu'on a voulu écrire ?

Le métier de potier d'étain avait de l'importance en un temps où la vaisselle d'étain était à peu près la seule usitée. Les Laisnel étaient une famille de potiers d'étain : Symon Laisnel en 1700, Jean Laisné Appé *marchand potier d'étain* rue de la Barre en 1740 et son fils et successeur Charles Laisnel en 70. — Je crois qu'ils touchaient de près aux Laisnel de Cosnet et de Lasalle dont nous aurons souvent occasion de parler, sans en être certain cependant. — Cette industrie a disparu peu à peu, à fur et mesure que la faïence est devenue plus commune. Aujourd'hui la refonte des cuillères d'étain est l'affaire des rétameurs forains. — Quand aux *potiers de terre* il y en avait en divers endroits de nos environs et en particulier à Verneuil où les Alaphilippe fabriquent la poterie depuis plus de cent cinquante ans à ma connaissance.

Les principaux *tailleurs d'habit* étaient : en 1747 Anthoine Tortat *marchand et maître tailleur d'habit*, Berthomier-Paudat, Aucante

Grangé et Violette qui demeurait sur la place. — Médard Brunel était *chapelier* dans la rue des Capucins, ainsi que Paudat *coutelier* en 1760 — Galvant étoit *vitrier* en 1700, et Chrysostôme Canteau *armurier* en 1715 — Dugas *cloutier*, Cantin *tonnelier*, Pierre Dubout-Clément *voiturier* au faubourg Notre-Dame ; Jallerat *tailleur de pierres* rue de la Barre. — Pion boulanger et Jean Grangé-Auclerc *marchand et maître boulanger* au faubourg St-Jacques.

A signaler pour mémoire..... « feu Pierre Joly *jardinier du château* de cette ville en 1714 ».

En 1721 honneste Jeanne Golvan *maitresse lingère* afferme à Nicolas Germain *marchand patissier* une maison proche le Grenier à Sel ; en 75 la demoiselle Agathe Dubuisson est *maîtresse patissière*; et à la même époque, Jeanne Abrioux *couturière*, fille de Jacques Abrioux tonnelier et de Jeanne Debaudre demeurant près le portail St-Germain, fait des sommations respectueuses à sesdits parents pour épouser Antoine Girault *garçon cordonnier*.

Il ne nous reste plus à citer que des *vignerons* et *jardiniers* : en 1740, Ageorges dit Ringuet demeurant au Château-Vieux, Gabriel Simonnet et Ambroise Chauvet, tous trois *chanvreurs et vignerons;* Darchis dit *frétaupied* et Lallemant-Darchis dit Gaillard, vignerons au faubourg *des Scabignats* — Alichon, Petitpez, Soulas, Jambu, Ducarroir et Cruchon.

Et parmi les *marchands* proprement dits : Jacques Renaudet et eu Jean Mauduit sieur de Migarand époux de Marie Prevost en 1740. — En 1750 Michel Beaufumé et Guillaume Vergne dont la femme Antoinette Chicot possédait entre autres biens le domaine de Fragne paroisse de Surzay. — En 1760 Antoine Doré époux de Agnès Tolère et en 70 Jean Gazonneau au faubourg Notre-Dame. — En 1780 Maxime Molliet marié à une demoiselle Sabatier, la fille sans doute de ce Sabatier employé des Gabelles et marchand de tabac qui fit tant de tapage à La Châtre dans la grande querelle municipale. — En 1789 la veuve Rousseau est toujours marchande ; et nous voyons souvent le nom, comme marchand de drap et soye, d'un nommé Alamargot gendre de Périchot.

XVII.

GÉNÉALOGIE ET PARENTÉ

Il y avait, en ce temps là, beaucoup de familles nombreuses. La succession de Maître Jean Doré, notaire royal, qui mourut sans enfants en 1790, en est un bon exemple :

Né en 1722 de *Sylvain Doré* marchand boucher et de *Françoise Rousseau, Jean Doré* avait sept frères et sœurs vivants et chefs de famille parmi lesquels :

Anne Doré sa sœur aînée, (ma trisaïeule) née en 1720, qui épousa *Sylvain Desprunaux* marchand cirier et eut pour enfants Louis Desprunaux *R.-P. Capucin*, Sylvain D. parcheminier, D. Robert parcheminier (mon bisaïeul), Langlois-D. boulanger, J.-B. D.-Limousin marchand, Louis-Fidèle **D.**-Limousin marchand, Limousin-D. boucher, boulanger, aubergiste à Ardentes, et D.-Chauvet taillandier.

Et pour petits enfants les : Portier et Routet de Châteauroux — Desprunaux-Villebanois (mon grand-père), Bauchemin-D. — Hudes-Langlois — Arnault-Desprunaux, Desprunaux-Peyrot, Pyrôt-D. — Desprunaux-Brébant, Auclair-D., Desprunaux-Déséglises, Limousin-Chabenat, et Desprunaux-Géru.

Louis Doré marchand boucher, né en 1727, marié à Jeanne Jouin, puis en secondes noces à Jeanne Mathieu, et qui eut du premir lit : Doré-Porcher boucher, Doré-Boisvert serrurier, Doré-Poissonnier chaircuitier, Aucante-Doré menuisier.

Et pour petits enfants les Philippe Doré-Lhonoré, Damien Doré-Lhonoré, Doré-Chabenat, Doré-Périchot, etc.

Claude Doré taillandier, né en 1730, qui épousa en 1756 Elisabeth Auboyer, et en eut les Doré-Maublanc, Doré-Galvant, Doré-Berthomier.

— Et pour petits enfants, les Doré-Bidron, Bidron-Doré, Doré-Moreau, etc.

TABLEAU

GÉNÉALOGIQUE

DES ·

DESCENDANTS

de

Sylvain DORÉ

marchand boucher

né en 1698

et de

Françoise ROUSSEAU

son épouse,

au

XVIIIe SIÈCLE

(?)

1720
Anne Doré
Sylvain Desprunaux
marchand cirier

1722-1790
Jean Doré
Notaire royal

1724
J.-B. Doré-Chauvet
marchand tanneur

1727
Louis Doré
1. Jeanne Jouin
2. Jeanne Mathieu
marchand boucher

1730
Claude-Doré
Elisabeth Auboyer
taillandier

Etienne Doré
Elisabeth Chauvet

Marie Doré
Sylvain Georget

Frères

J.-B. Doré, *tanneur*
Baudin-Doré   **(?)**
Doré-Chicot

37. Despr...naux-Gilbert   —   Portier-Desprunaux (à Châteauroux)
    marchand-parcheminier   Routet-Desprunaux.   id.
38. L. Desprunaux, *R.P. Capucin*
41. P. Limousin-Desprunaux,—   Limousin-Chabenat (à Ardentes)
    boulanger

46. J.-B. Desprunaux-Limousin. 76. Pyrot-Desprunaux
    marchand   77. Arnault-Desprunaux
                              — 84. Desprunaux-Peyrot

47. Langlois-Des...naux,   — 77. Hudes-Langlois
    marchand-boulanger

52. J. Desprunaux-Robert,   — 77. Bauchemin-Desprunaux
    marchand-parcheminier   84. Desprunaux-Villebanois

53. Fidéle Desprunaux-Limousin 77. Desprunaux-Brébant
    marchand   79. Auclair-Desprunaux,
                              — 81. Desprunaux-Déséglises

57. Cl. Desprunaux-Chauvet,   80. Desprunaux-Géru
    taillandier

Doré-Devillebanois   88. Doré-Pichon
Doré-Duplomb   ————   Barret-Doré
                                    Massicot-Doré

50. Doré-Porcher, *march. boucher* 78. Ph. Doré-Lhonoré
                              —   L. Doré-Chabenat
                                    89. D. Doré-Lhonoré
54. Doré-Poissonnier
    Aucante-Doré, *menuisier*
55. Doré-Canard, *serrurier*   — 84. Doré-Périchot

                                    83. Doré-Bidron
65. Doré-Maublanc   ————   Bidron-Doré
                                    80. J. Doré-Moreau
    Touchet-Doré   95 G. Doré-Moreau

                                    Moreau-Doré
80. Doré-Galvaut   ————   Robert-Doré
                                    Doré-Lafaye
90. Doré-Berthommier

Jeanne Doré   —   **(?)**

        (?)

Cousins Germains   Cousins issus de Germains

L'arbre généalogique ci-joint ou tableau des descendants de Sylvain Doré, au XVIIIe siècle, ne contient pas les nombreux enfants morts en bas âge, ni même ceux qui, ayant vécu, n'ont pas fait souche (à l'exception de Jean Doré notaire et Louis Desprunaux capucin). — Sauf quelques lacunes d'ailleurs, il est assez complet. — Les chiffres indiquent la date de la naissance, toujours au XVIIIe siècle.

Dans la première colonne vous voyez les frères ; dans la seconde les cousins-germains, et dans la troisième les issus de germains. — Les enfants sont parents au 1er degré avec leurs père et mère, — au 2e degré avec leurs frères et sœurs. — Il faut toujours remonter à l'ancêtre commun pour comprendre la famille et déterminer le degré de parenté. — Ainsi si je remonte au grand-père cela fait deux degrés de l'échelle, et si, collatéralement, je redescends un degré j'arrive à l'oncle. Donc, entre oncle et neveu la parenté est au 3e degré — au 4e entre cousins-germains. — Au 3e avec le bisaïeul, au 4e avec le grand'oncle, au 5e avec l'oncle breton, au 6e entre consins issus de germains. Les petits cousins qui ont le même trisaïeul sont au 8e degré. — D'après la loi, on hérite les uns des autres jusqu'au 12e degré; c'est-à-dire que tous les descendants d'un même couple de quintisaïeuls, (grand'père du trisaïeul) peuvent hériter entre eux.

Les personnes qui désirent connaître leur famille trouveront aux Archives Municipales les actes de l'état-civil depuis 1789, et les actes de baptêmes, mariages et enterrements remontant vers le commencement du XVIIe siècle. Ils pourront ainsi suivre leurs ascendants jusqu'environ le temps de Henri IV, si les membres de leur famille, comme les *Doré* et les *Desprunaux* par exemple, ont passé toute leur vie où ils sont nés, s'ils se sont mariés dans la paroisse où ils ont été baptisés et inhumés.

Des registres analogues se trouvent au Greffe du Tribunal pour toutes les communes ou paroisses de l'arrondissement ; mais ils ne remontent guère qu'à moitié du siècle dernier.

C'est surtout dans les *actes de mariages* de ces registres, dans les contrats et partages des actes de notaires qu'on trouve les renseignements les plus nombreux, et les plus précis sur les relations de familles, les documents les plus précieux pour la construction des arbres généalogiques. — J'ai construit un grand nombre de ces tableaux de descendance ; intéressants, soit au point de vue personnel de ma propre famille, soit au point de vue général de la ville de

La Châtre. — On en trouvera plusieurs dans la suite de cet ouvrage. — M. A. Roger, petit-fils de M. Ch. Alloncle, a construit aussi plusieurs arbres généalogiques relatifs à sa famille maternelle, qu'il a bien voulu me communiquer.

M. F. de Maussabré de Puybarbeau a publié de nombreuses généalogies dans un livre intitulé : « Le Berry féodal ou histoire généalogique des principales familles du Berry... .» — Par familles *principales*, l'auteur entend évidemment les familles de qualité appartenant à la noblesse ou à la riche bourgeoisie, les propriétaires de fiefs. — On pourrait aussi, en un certain sens, considérer comme familles principales de La Châtre, les familles comme celles des Doré et Desprunaux, dont je donne ici la généalogie en exemple. Car, si leurs membres sont obscurs, ils sont fort nombreux et ont remplis pendant des siècles en notre ville des fonctions d'une très réelle importance, j'entends les fonctions de boulangers, de bouchers, taillandiers et autres du même genre.

D'après le tableau et les nombreux actes de vente et partage (Baucheron notaire 1790-91) que j'ai entre les mains, j'estime que, à la fin du siècle dernier, les descendants de Sylvain Doré, vivants et demeurant à La Châtre, étaient environ une centaine. Que mon grand-père, par exemple, avait, du seul fait de son bisaïeul Sylvain Doré, cent cousins-germains et issus de germains, et parents plus rapprochés que le 6° degré.

Mais la famille de mon grand-père n'est pas limitée à cette branche ; il a d'autres aïeuls que les Doré, et d'autres cousins et oncles du fait de ces autres ancêtres. — Pour construire une famille complète, il faut dresser autant de *tableaux de descendants* qu'on a d'ancêtres ; et il convient pour en saisir l'ensemble d'y joindre en forme de table des matières, un *arbre généalogique ascendant* dont les branches viennent se concentrer sur un dernier descendant, au lieu de diverger d'un ancêtre commun comme sont ces sortes d'arbres, à l'ordinaire.

On me permettra de donner pour exemple le tableau de mes ascendants maternels. Vous comprendrez d'après cette représentation, que chaque individu, ayant un père et une mère, a 4 grand-pères et grand-mères, 8 bisaïeuls, 16 trisaïeuls, 32 quatrisaïeuls, et 64 quintisaïeuls, pour ne remonter pas plus loin que la famille légale. Ainsi donc, au point de vue de l'héritage, pour avoir une connaissance complète de sa famille, il faudrait remonter jusqu'aux 64 quintisaïeuls soit 32 couples, et construire par conséquent 32 arbres généalogiques des descendants.

10

TABLEAU GÉNÉALOGIQUE

Siècles   XIX·   XVIII·

Cl. - Ch. Duguet

J.-Ch. Duguet — *(les Duguet de Montmorillon)*

M. I. Desprunaux

Cl. Despruneaux

J. Despruneaux — Sylvain Despruneaux / Anne Doré

Cath. Robert — Jean Robert / Cath. Chauveton

Anne Villebanois

Fréd Villebanois — P. Devillebanois / Marie Duché

Marie Blanchard — Fran. Blanchard / Claudine Doré

Mère   *Grands-Pères*   *Bisaïeuls*   *Trisaïeuls*

DES ASCENDANTS

		Sy. Despruneaux	
	F. Despruneàux	Jehanne Girault	
	Françoise Barré	—	
L. Desprunaux		—	
	—		Antoine Doré
Jehanne Delarue	—	François Doré	Marie ?
	Jean Doré	Jehanne Aupetit	
Sylvain Doré		P. Pichaudon	
	Anne Pichaudon	Marie Bussière	
Fr. Rousseau	Léo. Rousseau	—	
—	—	—	
—			
	—		
Gab. Chauveton	—		
	—		
Mar. Chapelain	—		
	(les *Devillebanois*		
G. Devillebanois	de *Ste-Sévère)*		
Marie Pelletier			
(les *Duché de*			
Boussac)			
	André Blanchard	Bertrand Blanchard	
Jean Blanchard	Cath. Feuillet	Magdleine Paris	
Magd. Girault			
		Antoine Doré	
Sylvain Doré	François Doré	Marie ?	
?	Jehanne Aupetit		

Mon grand-père, Claude Despruneaux, a, comme toute personne, 8 bisaïeux ou 4 couples qui sont : Louis Desprunaux et Françoise Pichaudon — Robert et ? — Chauveton et ? — Sylvain Doré et Françoise Rousseau. — Or, du fait de ce dernier couple, il a environ cent cousins au 6ᵉ degré ou à degré moindre. Si chacun des quatre couples de bisaïeuls lui en donnait autant, il aurait *400* cousins germains et issus de germains ou parents plus rapprochés, vivants à la fois à La Châtre, soit le dixième ou douzième de la population de la ville.

Mais la conclusion est exagérée, parce que, en fait, les diverses branches de la famille de mon grand-père, ne sont pas aussi nombreuses que celle des Doré ; et, du reste, je ne les connais pas toutes aussi complètement. — Quoiqu'il en soit, ces observations montrent que la population de la ville de La Châtre, au commencement de notre siècle, pouvait, presque toute entière, se diviser en une trentaine de groupes de proches parents.

*
* *

On voit d'après ce qui précède combien, dans l'ancien temps, les liens de parenté étaient nombreux, combien les familles d'une petite ville comme la nôtre étaient mêlées et enchevêtrées. — C'était fatal, étant donné la difficulté des communications. — Quand on voit des familles, pendant des siècles, se marier dans la paroisse de La Châtre, sans aller même chercher mari ou femme à Montgivray ou à Chassignolles, on comprend combien de ramifications devaient s'étendre entre les branches et les arbres divers de notre cité. — Sans le savoir au juste, je parierais bien que je suis parent d'un bon quart des habitants de La Châtre ; si l'on étend la parenté jusqu'au degré légal, le degré où l'on hérite.

Mais, dira-t-on, si chacun a 64 quintisaieuls, en remontant encore quelques degrés, on arrive à 128, 256, 512 séries d'ancêtres. Au XV ou XVIᵉ siècle tous les habitants de la ville étaient parents.

Il y a deux genres de faits qui sont cause que cette progression ne croit pas si rapidement, ou qui au moins modifient les conclusions qu'on en pourrait déduire. — D'abord, il faut tenir compte des membres qui se mariaient hors de la paroisse, et des étrangers qui, au contraire, s'y venaient établir. — Et ensuite, et surtout, des mariages entre cousins ou parents, plus ou moins éloignés, et qui font que les mêmes ancêtres sont comptés deux fois dans la somme. Ainsi, dans le tableau de mes ascendants vous pouvez voir figurer, à deux places différentes, le même couple François Doré et Jehanne Aupetit.

Ce sont là des phénomènes généalogiques dont il faut tenir grand compte dans les statistiques de familles ; ils acquièrent une énorme importance dans les hautes branches, et modifient complètement les déductions logiques, arithmétiques, qu'on tirerait d'observations moins profondes.

Quoiqu'il en soit, les familles étaient autrefois, en général du moins, beaucoup plus sédentaires et nombreuses qu'aujourd'hui, où il semble que les recommandations de Malthus sont fort écoutées et suivies. — Ce n'est pas à dire, cependant, qu'il n'y en ait plus d'exemples. — J'ai connu, à Cannes, M. Jean Dolfus de Mulhouse, député alsacien au Reischtadt, qui avait 9 enfants et 110 petits et arrière petits enfants vivants. Vers 1889, à l'occasion des noces d'or, ils se réunirent chez ce vénérable ancêtre, au nombre de 90. — Inutile de dire que dans une famille d'industriels comme les Dolfus, et dans un temps de politique et de vapeur comme le nôtre, les nombreux membres sont dispersés par toute la terre et que beaucoup siègent à Paris. — On sait d'ailleurs qu'il est fort rare qu'une famille de parisiens ait plus de deux générations.

*
* *

On dit qu'une famille, une *maison* est *tombée en quenouille,* lorsqu'elle n'a pas d'héritiers masculins pour porter et conserver le nom des ancêtres. — De siècle en siècle certains noms disparaissent, tout à fait ou au moins du pays. Au XVIIIe siècle, les *Escabignats,* les *Magny* n'étaient plus connus que par le nom estropié d'un pont de l'Indre et par celui d'une chapelle de l'Eglise paroissiale ; et les vieux noms des Carcat, des Dauphin, des Ragot, déjà se faisaient rares. — Où sont aujourd'hui les Selleron et les Pataud, les Porcher et les Thabaud, les Peron, les Sabardin, les Villebanois, les Chicot, les Blanchard, les Grangé, les Auboyer, les Périchot, les Gazonneau, les Chauveton......

En lisant les vieux papiers et parchemins, on éprouve une vague tristesse, une tristesse qu'on pourrait dire d'ordre supérieur dans l'échelle des êtres, à voir ainsi s'éteindre non seulement les individus, mais les familles elles-mêmes. A chaque génération les fruits tombent de l'arbre généalogique, c'est dans la règle. — Mais il semble que la mort est plus profonde lorsqu'elle frappe les derniers mâles survivants, car alors c'est l'arbre lui-même qui cesse de vivre, c'est le vieux chêne séculaire qui meurt. — De fait, la perte du nom entraîne un oubli bien plus rapide des générations passées. — On sait toute la valeur qu'attachent les nobles à la naissance d'un enfant mâle ; et bien des personnes encore ne conservent, comme généalogie, que la ligne des ascendants dont ils portent le nom.

Par contre, certains noms semblent vivre indéfiniment : les Tortat, les Blanchet, Dumez ou Demez, Galet, Bejaud, Chatelin, Berducat, Bourdeau, Delavau, Marcillat, Pichon, Barault, Moreau, Démenois, Gorjon, Blondeau, Péaron, Desûbres, Perrot, Grelet..... existent à La Châtre depuis des siècles et des siècles.— Il ne faudrait pourtant pas affirmer qu'aucune de ces familles n'est tombée en quenouille dans la suite des temps. Ceux qui portent aujourd'hui tel nom pourrait bien n'être pas les descendants de ceux qui furent présents à la grande transaction ou *Charte* de 1462. — Les Robert qui à présent, habitent La Châtre, ne descendent pas des Robert perruquiers ou tanneurs que nous avons trouvés au siècle dernier. — Et puis, il y a bien souvent des familles différentes qui portent le même nom, même dans la même ville.

Il était d'habitude, en l'ancien temps, de tenir un journal, qu'on appelait *Livre de raison*, relatant les plus importants des faits arrivés, soit de famille, soit autres. — Nous avons devant les yeux un de ces petits registres, recouvert d'un parchemin cousu, commencé par le sieur Chicot, le jour de son mariage :

« Le samedy 25e jour de nov. 1722, moy Jean Chicot et Marie de Lagoutte ma femme avons été *mariés à 9 heures du soir*, par Monsieur Perussault *curé de La Châtre* ».

« Le samedy 23' jour d'oct. 1723 Dieu nous a envoyé une fille, Elle fut portée sur les fonds de baptème par Jean de Lagoutte son grand-père, et Françoise Renaudet sa grand'mère. — Baptisée par Monsieur Perussault curé, Pinon vicaire. — Elle est décédée ».

(La même mention, à quelque variante près, est répétée quinze fois. Un enfant chaque année, jusqu'à la mort de la mère).

« Du vendredy 28e de may 1742, ma femme est décédée et enterrée le samedy dans le cimetière proche la tombe de feu son père auquel j'ay fait mettre une grande pierre sur elle qui est présentement nos tombes. — Dieu veuille reposer son âme s'il luy plait. Ainsy soit-il.

« En 1734 j'ai achepté une vigne.....
« Du mardy 12· fevrier 1743 ma fille s'est mariée avec Louis Boucheron maistre serrurier.
« Du 3 may 1749 ma fille est décédée et *enterrée dans la Chapelle du cimetière dans les tombes de son mary.* Dieu repose son âme.....
« En 1748 *grande mortalité sur les bestiaux.* — En 1749 pareillement.
« Le mercredy 18· juin 1727 la veille de la petite feste à Dieu entre 3 et 4 heures du soir, a fait un *orage remply de tonnerre, vent et grêle* qui a grêlé environ douze paroisses voisines de la Chastre, ladite paroisse Saint-Germain y étant comprise..... »

Les familles étaient nombreuses. Un enfant chaque année dans un ménage, n'était point fait exceptionnel ; mais il en mourait beaucoup surtout de la *petite vérole*, car on ne vaccinait pas alors.

XVIII.

18. MÉDECINS — APOTHICAIRES

BARBIERS : CHIRURGIENS ET PERRUQUIERS

Accoucheuses — Vétérinaires

Les *Aumeurs* étaient médecins de père en fils. Le premier, Barthélemy Aumeur, docteur en médecine en 1720, était fils de prudent homme Germain Aumeur marchand. Il épousa Marguerite Sabardin (probablement la fille d'un confrère) ; et de ce mariage naquit Pierre Aumeur qui fut lui-même docteur en médecine, échevin en 1770, et qui épousa en 1758 Jeanne Dissandes, veuve de Jean Peschant avocat en parlement. — Leur fils Barthélemy fut le troisième docteur de la famille.

Le nom est resté à un pré situé du côté d'Enverjon « *le pré Aumûr* »; c'est ainsi qu'on prononce, de la même manière qu'on dit *Lesure* et qu'on écrit Lesseurre.

J'ai rencontré plus d'une fois la signature suivante : « *Aumeur, D. M. du Roy* », docteur-médecin du Roy ; voici ce que cela voulait dire :

Un édit de février 1692 avait créé dans chaque petite ville un office de médecin et un de chirurgien *jurés ordinaires du roy;* c'étaient deux charges de plus, créées dans le but unique d'obtenir quelque argent des titulaires. — D'après un acte de Villain notaire 1759 : Barthélemy Aumeur cède, moyennant 30 livres, à son fils Pierre, *la charge et office de médecin du roy*, pour ledit Pierre Aumeur jouir des honneurs, fruits, proffits, revenus et exemptions y attribués par l'édit de création — office dont *le corps de la médecine* establi en cette ville de La Châtre a été pourveu suivant la quittance expédiée le 27 avril 1693 au profit de feu Maître Louis Deligny et autres docteurs en médecine en cette ville ; lequel Deligny aurait subrogé en ladite charge ledit sieur Barthélemy Aumeur par acte de Sylvain Deligny notaire royal du 20 avril 1716.

Cet acte semble être en désaccord avec un autre acte passé entre les sieurs Pataud des Chauvins, Suget, Sabardin et Deligny médecins à La Châtre en 1693, portant nomination du sieur Subardin pour jouir et exercer la charge de *Médecin Conseiller du Roy* ; et il y eut sans doute des contestations, car je trouve en 1716 une signification faite, sur ce sujet, à la requeste de M· Barthélemy Aumeur à M. Blaise Pataud sieur de Lolière aussi docteur en médecine.

Les Pataud étaient de la plus haute bourgeoisie de La Châtre. Le docteur Pataud de Lolière était fils de Jean Pataud des Chauvins docteur en médecine et de Marie Bourdeau ; et frère de Germain Pataud qui épousa en 1700 Anne fille de Claude Bourdeau de Fontenay. — Frère aussi ou très proche parent de ce Guillaume Pataud des Chauvins sieur du Portail et du Mas qui fut pendant près de trente années, au commencement du XVIII· siècle, maire perpétuel et bailli de La Châtre.

Parmi les autres médecins du siècle dernier, nous trouvons le sieur Bénigne Audoux « qui, exerçant la médecine à la satisfaction publique et au soulagement des pauvres, et ayant même été nommé *médecin de l'hopital*, doit être, disent les échevins en 1756, dispensé de la collecte et autres charges publiques ». Je citerai encore « l'attestation faite par Bénigne André Audoulx docteur en médecine et Jean Chavenet maître chirurgien, de la parfaite guérison de Marie Chaberat, âgée de dix ans, qui était infirme depuis plusieurs mois ». (Archives de l'Indre — Couvent des Carmes de La Châtre. H. 567.)

Enfin, nous rencontrons, quelques années avant la Révolution, Gilles Porcher Dupleix, docteur en médecine, qui prit plus tard le nom de P. de Lissaunay et devint, sous l'Empire, Comte de Richebourg. — Et Philippe Bernard de Lagrange, héritier de Jean Bernard prevost de La Châtre ; lequel s'intitule *Docteur de la Faculté de Montpellier*. — J'ai aperçu, à la même époque, un docteur de Châteauroux, Grillon, si je ne me trompe, qui portait le même titre. — Il est vraisemblable que les Aumeur et autres médecins de La Châtre avaient fait leurs études médicales à la *Faculté de Médecine de Bourges*, faculté fort modeste et qui ne faisait guère parler d'elle ; c'est à peine si M. Fournier la mentionne dans son étude spéciale sur l'Université de Bourges.

Il y eut, au cours du siècle dernier, plusieurs générations de *Lemut, apothicaires* ou chirurgiens. Fils d'un employé des affaires du roy (des Gabelles), Pierre Lemut, garçon apothicaire en 1710, devint plus tard maître apothicaire. et eut pour successeur son fils Blaise Lemut ; et pour petit-fils Denis Lemut que nous trouvons *maître en chirurgie* en 1784 et officier de santé sous l'Empire. La fille de ce Denis Lemut devint en 1807 la femme du docteur Decerfz ; et sa petite-fille, Laure Decerfz, épousa Alphonse Fleury, qui fut Représentant du Peuple en 1848. Les deux fils de Denis Lemut entrèrent à l'Ecole polytechique, et, officiers, se marièrent à Metz. — *L'apothicairie* Lemut (Bijouterie Roque) joutait en 1720 d'un côté Léonard Rousseau marchand (Quincaillerie Gaurin) et de l'autre les maison et jardin du sieur Hugues Lecamus de Vauzelles lieutenant (juge) au bailluge de cette ville (Pharmacie Rouet). — Cette maison resta aux Lemut jusqu'en 1836 et le Bureau de la Poste aux lettres y fut longtemps sous la direction de M. Lemut et ensuite de Madame Decerfz.

En 1714, Philippe Boucheron maître apothicaire est gendre de François Lecamus ancien apothicaire et de Marie Barbadault.

Joseph Bernard maître apothicaire et frère de M. le prevost (président du tribunal) épousa en 1735 Marie Anne Pouradier « dame de La Cour (c'est-à-dire propriétaire du fief de La Cour), petite-fille de Néraud de Villegondoux et Anne Selleron, nièce de Néraud de Vâvres et belle-sœur de Guillaume-Georges Périgois.

Je trouve encore en 1748, François Prevost « marchand apotiquaire », époux de Catherine Dorguin, propriétaire en partie du fief des Coureaux ; et François Chabenat « marchand maître apothicaire ». — Et en 1770, Fr. Crescent-Pataud maître apothicaire, marié en secondes noces à demoiselle Sylvie Martin de la Goutte-Bernard.

La première femme de ce Crescent-Pataud, Françoise Bonnin avait acheté la maison de la Grand'Place que possède aujourd'hui M. Rouet pharmacien, laquelle maison appartint successivement à demoiselle Bonnin, veuve Ducarteron en 1779, à Gource de Verneuil qui la fit rebâtir en 1789 — et plus tard à M. Lenoble-Cuinat, et à M. Duguet. — Au milieu du XVIIIe siècle cette maison joutait d'un côté la maison du sieur Noel chirurgien qui fut plus tard la maison Cluis et qui est aujourd'hui l'épicerie Laplaine.

On devenait *apothicaire* comme on devenait maréchal, boulanger ou fabricant de chandelle, après un *apprentissage*. — Voici, par exemple, un *Brevet* passé en 1741, par lequel maître Pierre Lemut, maître apothicaire — moyennant 300 livres — s'engage à apprendre « l'hart de farmacie » au sieur Jacques Vergne sieur Dumas, et pour ce, le prendre en sa maison, boutique et demeure, pour son apprentif, sans luy cacher aucune chose de sa science et capacité. Lequel Vergne s'oblige, pendant trois années, à être soumis au sieur Lemut et madame son épouse en ce qui luy sera commandé pour ledit *art de farmacie*, de nettoyer la boutique, arrière-boutique, mortiers, bassines, poëlons, spatules et autres instruments concernant ledit art de farmacie..........

*
* *

La description suivante d'une boutique d'apothicaire, que je trouve dans les Recherches Historiques de M. de la Querrière de Rouen, sur *Les Enseignes*, quoiqu'elle se rapporte à la ville de Nantes, n'en présente pas moins un vif intérêt, au point de vue des mœurs générales du temps :

A l'angle d'une très ancienne maison se trouvait un bas-relief en bois colorié d'environ un mètre, représentant *un pileur* et servant d'enseigne à une *apothicairie*. — Au siècle dernier, le devant de cette boutique n'était pas plus fermé que celui de beaucoup de petites épiceries. Une demi-porte de deux pieds de large s'ouvrait en dedans, donnant accès dans une chambre un peu noire, où se trouvaient deux comptoirs se faisant face et de grands pots de terre. L'un des comptoirs était entouré d'un chassis vitré, derrière lequel se trouvait la maîtresse de la maison. Au-dessus de l'autre était suspendu un étui contenant une seringue, des canules et des pistons de rechange. Cet instrument qu'une bandoulière retenait au cou était celui que l'apothicaire emportait en ville. — Les poutres de la boutique étaient garnies de lézards empaillés, serpents et autres pièces curieuses.

L'apothicaire aimait à se tenir devant sa boutique, le tablier vert passé devant lui, une paire de ciseaux pendue au côté, le gilet rond sous le tablier. C'était l'homme important du quartier, qui mettait le voisinage au courant des grandes nouvelles. Parfois en frac noir, l'épée au côté, s'il avait l'honneur d'être l'apothicaire du gouverneur de Bretagne, il allait dans les maisons préparer la fameuse *médecine noire* indispensable à la santé de nos pères. »

Vous pouvez voir, dans l'Histoire de l'Hôtel-Dieu d'Issoudun du D' Jugand (1882), la description d'une autre boutique d'apothicaire, laquelle existe encore, à l'Hôpital, très complète « avec ses attributs fantastiques, ses fioles aux formes bizarres, ses vases en faïence de Nevers des XVI° et XVII° siècles, ses *silènes* que Rabelais s'est chargé de décrire .

« *Silènes* estoyent jadis petites boytes telles que voyons de present ès boutiques des apothicaires, painctes au-dessus de figures joyeuses et frivoles, comme de harpyes, satyres, oysons bridez, lieuvres cornuz, canes bastées, boucqs volans, cerfz limouniers, et aultres telles painctures, pour exciter le monde à rire ; tel feut Silène, maistre du bon Bacchus ; mais au-dedans, l'on réservoit les fines drogues, comme baulme, ambre gris, muscq, zinette, pierreries et autres choses précieuses. »

Les Brossard, les Noël, les Lamy, les Chavenet, les Mantin, étaient des familles de *chirurgiens*. — L'un des Brossard, Sylvain, était *pensionné du roy* en 1755 ; il eut, paraît-il, une certaine renommée à cause de sa découverte des propriétés d'un champignon, l'Agaric du chêne.

Le dernier des Noël « docteur en chirurgie », époux de Marie Pallienne, maria sa fille en 1830 à M. François Dorguin, propriétaire, fils de Pierre Dorguin, notaire.

Les *Chirurgiens* d'autrefois ne pratiquaient que la petite chirurgie, application de ventouses, pose d'un séton, saignées, pansement et autres opérations élémentaires. — Le médecin ordonnait, mais il aurait cru déroger en pratiquant : le chirurgien opérait et l'apothicaire administrait selon l'ordonnance du docteur. — Pour devenir chirurgien on entrait en apprentissage, absolument comme pour devenir apothicaire ou taillandier :

En 1757 « ..... le sieur Jean Mantin maitre chirurgien demeurant à La Châtre, pour prevenir et seconder les intentions de Jacques Carion de prendre l'art et profession de chirurgien, par ces présentes s'est obligé et s'oblige de luy montrer à travailler dudit art et profession du mieux qu'il luy sera possible en ne luy cachant aucune chose — pourquoy ledit Carion promet et s'oblige de balayer, entretenir la *boutique* propre également que les instruments servant à ladite chirurgie, d'obeïr et de faire généralement tout ce qui luy sera commandé de la part dudit sieur Mantin et son épouse — en la maison duquel il se rendra tous les matins et y restera jusque au soir sauf le temps qu'il ira prendre ses repas en la maison de sa mère, et ce pendant deux années continuelles et consécutives. Le présent *Brevet d'apprentissage* moyennant le prix et somme de 80 livres..... »

J'ai trouvé un apothicaire qui était aussi chirurgien, mais c'est un cas exceptionnel. Le sieur Cyr Mantin exerçait la chirurgie et tenait en même temps l'auberge de la Croix-Blanche. En 1763, le corps de ville considérant que le sieur Mantin voit et panse gratuitement les pauvres de *l'Hôtel-Dieu*, décide que les cotes de taille personnelle et capitation d'iceluy Mantin seront réduites à 5 sols, et que celles relatives à l'exercice et exploitation de son auberge seront fixées à la somme de 12 livres de taille et les autres impositions (directes) à proportion, sous le bon plaisir de Mgr l'Intendant.

Mais c'est aux barbiers et perruquiers que les chirurgiens étaient intimement unis, car tout chirurgien était barbier et le nom de *fraters* qu'on leur donnait autrefois est resté aux barbiers militaires. — Leur réputation de gaité, d'esprit et de bonne humeur est légendaire ; et les barbiers du temps jadis ont toujours passé pour porteurs de nouvelles et messagers complaisants.

Il y avait généralement dans les villes deux communautés de *Barbiers*, c'est-à-dire d'artisans ayant droit de tenir boutique ouverte pour faire la barbe, et d'y mettre des bassins pour enseigne : la première était celle des *chirurgiens* dont les bassins de l'enseigne étaient jaunes ; la seconde était celle des *perruquiers* dont les bassins de l'enseigne devaient être blancs. (Encyclopédie).

Les perruquiers proprement dits ne se formèrent en communauté qu'au cours du XVII° siècle seulement, quand l'usage des *perruques* fut très répandu. Des arrêts du conseil créèrent un certain nombre de maîtrises de *barbiers baigneurs étuvistes perruquiers* ; et des statuts déterminèrent la nomination des *syndics*, des *gardes*, les conditions *d'apprentissage* etc.....

Les *bains* ou *étuves* n'étaient guère en usage dans la plupart des villes de province. Cependant, dit M. Babeau, à partir de 1770 il se manifesta une réaction en faveur des bains : des echevinages, sur la recommandation de certains Intendants accordèrent des gratifications aux entrepreneurs de bains publics. — Y avait-il des bains à La Châtre ? — Voici tout ce que je sais à ce sujet :

Par acte notarié de 1772, Marie Aupetit, femme de Jean Péronnet, marchand confiseur, héritière de feu Sylvain Aupetit maître barbier perruquier baigneur et étuviste en cette ville de La Châtre, vend au sieur Sylvain Brochand de la Chamoise, garçon barbier perruquier baigneur et étuviste *une des cinq places* (créées par édit de juillet 1706) *de la communauté des Maîtres barbiers perruquiers baigneurs étuvistes de cette ville de La Châtre* qui en paya la finance au Trésorier des revenus casuels du roy, ainsy qu'il appert d'une quittance du 5 juin 1716 bien et ducment signée au Contrôle général des finances — laquelle place, faisant partie des cinq, appartient audit vendeur qui entend s'en dépouiller au profit dudit Brochand lequel en est ainsy constitué maître et propriétaire incommutable comme de sa propre chose..... pour en jouir et l'exercer suivant les désirs dudit Edit de création de 1706 et en conformité des statuts et réglemens rendus à cet égard, auxquels il se conformera. — La presente vente ainsy faite moyennant le prix et somme de cinquante livres.

Seize ans plus tard, en 1788, je retrouve Sylvain Brochand dit La Chamoise, *pourveu de l'office et privilège de maître perruquier*, affermant ledit *office et privilège* à un garçon perruquier.

Cela suffit-il à prouver que les sieurs Aupetit et Brochand eurent chez eux une baignoire publique ? Je ne saurais l'affirmer. — Il y a dans ces grands mots authentiques plus de comédie et de pose que d'autres choses. La dénomination de *baigneur-étuviste* pourrait bien n'être que le titre tel qu'il est énoncé dans l'édit de création et sur les lettres de maîtrises.

Les perruquiers et les chirurgiens n'étaient pas absolument séparés, car je trouve en 1742 J.-B. Gaultier fils *maître chirurgien et perruquier*. lequel prend un apprenti pendant six années pour luj apprendre le métier de *perruquier et barbier*..... lequel apprenti devra se montrer sage et docile aux remontrances qui lui seront faites pour ledit art.

J'ai plusieurs perruquiers parmi mes ancêtres dès la première moitié du XVIII⁰ siècle : Jean Robert marié à Catherine Chauveton et François Blanchard époux de Claudine Doré, que nous avons déjà rencontré ouvrant sa boutique sous le portail Notre-Dame. — Le père de ce dernier, prudent homme Jean Blanchard — sieur du Chêne, s'il vous plaît — maître barbier et perruquier, demeurant en son domaine du Chesne, paroisse de Saint-Germain de La Châtre, et honneste Magdelaine Girault son épouse, vendent à prudent homme

Pierre Blanchard, maître barbier et perruquier, une maison couverte à thuiles consistant en une boutique sur le devant, une chambre basse, une chambre haute avec un petit cabinet à costé dicelle, un grenier au-dessus, une cave vouxtée et un puits en icelle... . — Cette maison située sur le *chemin de la place publique à la Croix de Mission et à la rue des Bons-Pères*, et jouxtant par le devant ledit chemin, d'autre la maison de la dame Lecamus veuve de Nicolas Bonnin, d'autre par le derrière une maison appartenant aux vendeurs, et par le dessus, les *gros murs de ville* le chemin tendant du portail Notre-Dame à celui de Saint-Jacques entre deux. — (On comprend que cette boutique de perruquier était au coin de la rue des Fossés-St-Jacques et de notre actuelle rue des Bouchers). — Ladite maison, en roture et non fief, est vendue 700 livres ; étant compris dans cette somme, pour 200 livres, les meubles et les *lettres de maîtrise de barbier* dont ledit sieur Blanchard père était pourvu. — Il est à remarquer que le fils, François Blanchard, ne succède pas à son père.

Je le connais bien ce Jean Blanchard sieur du Chêne : c'est mon quatrisaïeul. — Son grand'père à lui n'était autre que ce Bertrand Blanchard fermier des Aydes et du Chapitre, dont parle Devillebanois en son Histoire, et qui fit planter sur le chemin de Vaudouan, en 1635, une allée d'arbres de trois-quarts de lieu de long, allant des Fosses des Sablonnières jusqu'à la Fontaine, et dont le nom fut, pour ce, gravé sur une pierre de la Chapelle dudit Vaudouan. — Il avait marié sa fille, ce Bertrand Blanchard, à Guillaume Néraud bourgeois sieur du Ponderond, qui en eut pour fils Nicolas Néraud de Vâvres, lequel se trouvait ainsi cousin-germain de notre sieur du Chêne, Jean Blanchard maître perruquier. — D'autre part, François Blanchard, époux de Claudine Doré, fils du précédent et comme lui maître perruquier et sieur du Chêne, maria sa fille Marie à Frédéric Villebanois (mon bisaïeul), et son fils Mathurin Blanchard à Anne Villebanois ; et de ce dernier couple descendent les Blanchard de la Tuilerie et des Patureaux, les Blanchard de Sainte-Sévère avec les Valette, Chaumat, etc....., les Bord, les Autourde et enfin les Pigelet dont l'un, Alfred Pigelet, Receveur d'enregistrement, est encore propriétaire du Chêne.

En l'année 1750, Jean-Baptiste Gauthier *garçon perruquier*, fils de feu Estienne Gauthier « *cirugien* » demeurant rue St-Jacques, épousa demoiselle Jeanne Renaudet, fille d'un marchand. — J.-B. Gauthier reçoit en dot, de sa mère, entre autres choses « *les lettres de maîtrise de perruquier barbier* en cette ville » estimées 1C0 livres, les outils et ustensiles et autres choses convenables à ladite profession, avec les cheveux et crins employés et à employer en perruques (estimés 300 livres). — A ce mariage assistaient les Chicot, Baucheron notaire, Néiaud, Bernard, Pataud, Selleron, Laisnel et autres représentants des premières familles de La Châtre, la plupart cousins des époux Gauthier.

Je trouve en 1780, Gabriel Berthelot *lieutenant des Maitres perruquiers de cette ville*. Sans doute encore quelque office de perruquier du roy créé, comme toujours, dans le but d'arracher quelque argent à la vanité.

La Communauté des *chirurgiens* de Châteauroux se composait, en 1745, de Louis Delouche *lieutenant* de Mgr le Prince (H. de Bourbon cómte de Clermont duc de Châteauroux) *chirurgien du Roy*, d'un greffier, un prevost et plusieurs autres maitres chirurgiens. (Guillard. — Bulletin du Musée de Châteauroux).

Celle de la ville de Bourges est mentionnée dans un almanach intitulé : « Etrennes curieuses et utiles à l'usage de la province du Berry pour l'année 1775 », et publié à Bourges chez la veuve de Jacques Boyer imprimeur du Roy et du Clergé avec privilège du Roi. » — Cet intéressant opuscule contient deux réclames, des premières de l'espèce sans doute, insinuées parmi la liste des membres des corporations :

« *On trouve chez le sieur X..., prevost de la communauté des chirurgiens, des bandages de Paris du sieur de la Genevriette, et de la pommade exutoire du sieur Granjean chirurgien occuliste du Roi* ».

« *On trouve chez Moyreau fils, apothicaire, des tablettes pectorales pour le rhume, un loock brun et de la pommade exutoire pour faire des cautères volans* ».

Aux perruquiers de La Châtre que j'ai déjà cités j'ajouterai : Blaise Besse maître barbier et perruquier en 1739, et Claude Tortat maître perruquier en 1787 sur la place du marché.

Les *accoucheuses* étaient nombreuses autrefois : on leur demandait surtout de savoir baptiser ; car il s'agissait avant tout d'empêcher la mort sans baptême. — L'Etat essaya, dans la seconde moitié du XVIII° siècle, de porter remède aux accidents provenant de l'ignorance des sages-femmes en créant des écoles d'accouchement dans les chefs-lieux d'Election. — En certaines provinces. les cours duraient deux mois et les pensionnaires envoyées par les villages recevaient 8 sols par jour, avec certaines exemptions pour leur mari. — C'est ainsi que La Châtre dût recevoir une maîtresse sage-femme en 1758. Voici d'ailleurs le texte de la délibération municipale du 16 août y relative :

« Nous Echevins, en conséquence des ordres de Mgr l'Intendant qui ordonne de marquer une maison convenable pour le logement de Madame Ducoudret *maîtresse accoucheuse* envoyée par le Roy en cette ville pour y donner un *cours d'accouchement*, laquelle doit arriver le 8 octobre prochain. — Pour quoy nous nous sommes transportés premièrement dans une maison située sur la Place Publique appartenant à la veuve Dame Ducarteron (maison Duranton ou Demay), laquelle ayant été vue et visitée par nous n'a pas été trouvée convenable par le déffaut du nombre suffisant de chambres à feu ; étant en partie ladite maison occupée par un habitant. — Au sortir de ladite maison nous nous sommes transportés, comme dessus assistés de nôtre Greffier, d'un valet de ville et d'un sergent, en la rue St-Jacques, en la maison du sieur Laisnel de Tarry Elu en cette ville, vacante en partie, laquelle n'a pas été trouvée convenable par deffaut de logement et très mauvais état. — La maison du sieur Baucheron (café Chéramy) procureur en la Prevosté, sise sur la Place Publique est en ruine. — Enfin une autre maison sise sur ladite Place, appartenant aux sieurs Dury Elu et son frère habitant Neuvy, et occupée en partie par M. Vivier Chanoine de la Collégiale de cette ville, offre, dans la partie réservée, un logement convenable et très commode pour y loger ladite dame Ducoudret ; pour quoy nous avons mis par attache au contrevent de ladite maison que icelle demeurait marquée pour par ladite dame Ducoudret être occupée ».

« En ce qui concerne la fourniture des meubles et effets nécessaires à la dame Ducoudret envoyée par le Roy, on les prendra autant que possible à titre de loyers ; lesquels loyers seront payés sur les Deniers Communs. »

Finalement ladite dame Ducoudret n'est point venue à La Châtre ; elle demeura à Châteauroux où elle fit son cours d'accouchement, et le sieur François Cressant-Pataud *maître apotiquaire* à **La Châtre**, y fût prendre ses leçons. Car nous trouvons, le 27 février 1769, la somme de 30 livres payée audit sieur maître apotiquaire « pour ses frais de voyage par lui fait à Châteauroux pour y suivre un cours d'accouchement et prendre les instructions de Madame Ducoudray maîtresse accoucheuse. » Il demandait 60 livres.

En 1781, l'Intendant de la généralité de Bourges, M. Dufour, écrit à la municipalité de La Châtre, pour l'engager à choisir une femme mariée de 25 à 35 ans, pour l'envoyer à Issoudun ou Châteauroux suivre les *cours d'accouchement* que doit incessamment y donner Madame Ducoudray *maîtresse sage-femme brevetée et appointée par le Roy*..... Il y aurait avantage, ajoute l'Intendant, à établir un cours semblable, chaque année, dans toutes les principales villes de la Généralité. Qu'on choisisse donc un *chirurgien*, le plus instruit de la ville ou du canton, pour se charger de faire tous les ans le cours d'accouchement à l'aide de la machine imaginée par Madame Ducoudray, lequel, pour apprendre à s'en servir, irait à Bourges où Madame Ducoudray doit passer quinze jours.

Au bruit de cette lettre, la dame veuve Brossard *maîtresse accoucheuse* en cette ville, âgée de 72 ans, et qui s'est, en cette partie, acquise toute la célébrité possible, s'en fût trouver le Maire, offrant de faire cette année le cours à deux élèves et de leur apprendre clandestinement et dans l'espace de six mois, non seulement la théorie, mais encore la pratique des accouchements, moyennant 300 livres par élève. — Le sieur Denis Lemut, âgé de 33 ans, *maître en chirurgie*, qui a, pendant trois mois, en 1779, fait (suivi) deux cours d'accouchement à Paris, lui aussi, est allé trouver le Maire pour lui offrir de faire pendant quatre mois chaque année, à quatre leçons de deux heures par semaine, le cours à quatre ou six élèves; enseigner la théorie et la pratique sur la machine de Madame Ducoudray et sur des femmes s'il est possible de s'en procurer qui voulussent bien, moyennant une récompense que leur donneraient les élèves, se laisser accoucher par elles en sa présence. Il offre aussi d'aller à Bourges pour apprendre à connaître et faire usage de ladite machine. Il demande 100 livres par an, que sa cote de Taille demeure fixée à 3 livres et que son voyage à Bourges soit payé 60 livres. — Le Corps de ville, à la pluralité des voix, décide **que ces offres sont préférables à celles de la veuve Brossard, et nomme Denis Lemut en lui accordant ce qu'il demande.**

Le premier octobre 1769, le Corps de ville est appelé à délibérer sur les représentations faites de l'avantage que pourraient tirer la ville et la campagne qui l'avoisine en se procurant des sujets capables de guérir toutes sortes de bestiaux attaqués de différentes maladies, chevaux, bêtes à cornes et à laine, par le moyen des lumières que procurent les différentes *Ecoles* établies dans l'étendue du Royaume. — L'intention de la ville serait de faire partir incessamment un sujet capable et qui parait avoir des dispositions heureuses pour acquérir les lumières nécessaires pour satisfaire le public ; mais, comme la ville n'est pas suffisamment riche pour faire tous les frais nécessaires de cette instruction, elle se bornera seulement à fournir la somme de cent livres par an, sous le bon plaisir de Mgr l'Intendant. — Aux conditions néanmoins que le sujet proposé sera tenu de venir s'établir en cette ville, et, dans le cas où il s'établirait ailleurs, le père du sujet s'obligera de rembourser à la ville ce qu'elle aura déboursé. — En observant d'ailleurs qu'il y a une personne qualifiée (noble) de cette ville qui offre de contribuer pour pareille somme de cent livres par an, pour l'instruction de ce sujet, lequel est âgé de 16 ans, sage et écrivant bien, se nomme *Germain Appé*, fils de Jean Appé et dame Gazonneau, icelui Appé *maître maréchal* et fils de maitre, fort expérimenté en son métier de maréchal. — Ledit Appé ira à *l'Ecole de Lyon* aux conditions ci-dessus que le père et le fils, présents, s'engagent à remplir, après avoir remercié la ville de ses bonnes intentions.

En 1770, M. Bourgelat, directeur général des *Ecoles Vétérinaires*, augmente la pension des élèves de 60 livres par an, vu le prix excessif des denrées. — La ville accorde 20 livres.

Le sieur Germain *Granger* maréchal ferrant, adresse au Corps de Ville une demande pour que son fils soit envoyé dans les mêmes conditions que le fils Appé. — La ville accorde, sous le bon plaisir de Mgr l'Intendant.

En 1771, communication de Jean Appé maréchal de la part de son fils qui est à *l'Ecole Vétérinaire de Lyon* tendant à une demande de 71 livres 19 sols pour acheter des livres nécessaires à son instruction, suivant l'état ci-joint. — La ville accorde 24 livres une fois pour toutes.

L'année suivante, Appé demande que la ville lui paye encore une année de pension pour se perfectionner et se rendre plus habile dans son état.

XIX

LES ENFANTS

L'INSTRUCTION PUBLIQUE

et

L'EDUCATION

« Le *Collège* fut établi en 1498 », à la fin de ce XV· siècle qui a été, pour notre ville, un vrai temps de Renaissance : agrandissement de la ville, nouvelle enceinte fortifiée, charte d'affranchissement définitive, datent de cette époque.

Quarante ans plus tard, en 1540, fut achetée par les habitants la maison faisant le coin de la place des Carmes et de la rue St-Germain (aujourd'hui Café de la Ville) pour y installer le Collège et son principal. Et le Collège resta là jusqu'en 1791 (voir pages 49-50). — Il n'avait que des élèves externes.

« C'est le Corps de ville, dit l'auteur de l'*Essai* qui écrivait au XVIII· siècle, c'est le Corps de ville qui présente à la principalité du Collège. Le Chapitre en a la collation et Mgr l'Archevêque la confirmation. — Le Chapitre donne au principal le gros d'une prébende et la ville 200 livres par an. »

Nous trouvons des renseignements détaillés sur le Collège chez les notaires dans les baux passés entre le principal et la ville, et, à partir de 1750, dans les délibérations de l'Hôtel-de-Ville. — Le Principal était laïque ou ecclésiastique ; c'est tout à fait incidemment qu'on peut l'apprendre, car les actes ne mentionnent même pas cette circonstance. Ces états étaient en ce temps-là bien moins séparés qu'aujourd'hui, un Ministre était Marquis ou Evêque ; et même ne voyait-on pas des laïques titulaires de Bénéfices ecclésiastiques.

Le premier principal que j'ai rencontré est un nommé Jean Besse, et ce, à propos du baptème de sa fille en 1670. Celui-là était donc un laïque. — Le sieur Gyron était-il laïque ou ecclésiastique ? Je n'en sais rien ; l'ayant aperçu seulement à deux grands enterrements, en l'an 1700, en compagnie de Messieurs du Chapitre.

A partir de 1743, date de l'arrivée à La Châtre, de l'illustre Coulmain, nous avons des renseignements précis sur l'administration du Collège.

Voici le bail de neuf années (1743-1752) passé entre la ville et ledit Coulmain en l'étude de Mᵉ Villain notaire royal :

« Messieurs les Echevins et Gouverneurs de cette ville de La Châtre, Germain Pataud de la Couture et François Delavau, au nom du général des habitans, donnent au sieur *Jérôme Coulmain* principal du Collège de la ville d'Argenton, la *principalité du Collège* de cette ville de La Chastre, actuellement vacante, avec la maison du Collège en dépendant, laquelle est située en cette dite ville et joignant *l'hostel et maison commune de cette dite ville.* — Les Echevins et gens de leur part, pour aller et venir audit hostel, auront passage, toutes fois et quantes, par la cour qui dépend de ladite maison dudit Collège.

En outre il sera payé à icelluy sieur Coulmain, sur les deniers d'octroi, chacun an, la somme de *200 livres* et ce de quartier en quartier et par avance. — Et outre aussy il recevra annuellement *le gros d'un canonicat du Chapitre* de l'Eglise collégiale et séculière de St-Germain suivant la fixation faite à la quantité de *16 septiers de bled* de telle espèce et mesure accoutumées — dont la valeur totale est, année commune, de *95 livres*.

A la charge quicelluy sieur Coulmain ne recevra et ne pourra recevoir aucun Escolier qui ne sache lire et écrire au préalable — et que ceux qui commenceront à réciter le rudiment et autres principes de la langue latine et jusqu'à ce qu'ils soient capables de Rétorique payeront par mois audit sieur Coulmain chacun 20 sols et au cas qu'aucuns Escoliers voullussent faire audit Collège leur Rétorique la rétribution sera faite par mois de gré à gré.....

La classe dicelluy sieur Coulmain sera par luy tenue ouverte le lendemain de la feste de St-Lucq (18 octobre) et ne sera fermée qu'au 15 septembre. — Et les Ecolliers entreront chacun jour en classe à 8 heures du matin et n'en sortiront qu'à 10 heures 1[2 aussy du matin, et l'après-diner l'entrée s'en fera à 2 heures après midy et la sortie à 4 heures 1[2 aussy du soir. — Il ne sera accordé aux Ecolliers par ledit sieur Coulmain aucun congé que le jeudi entier de chaque semaine.

Il lui sera payé par chacun Escollier la somme de 15 sols par an, moyennant quoy icelluy sieur Coulmain sera tenu les fournir et entretenir de chandelles en sa classe, lors et autant que besoin sera, et de si bien les fournir et entretenir de chandelles que la veü (vue) de chacun desdit Ecolliers n'en puisse aucunement souffrir.

Sera loisible audit sieur Coulmain d'avoir un *sous-maître* pour luy aider à instruire et apprendre à sesdits escolliers les principes de la langue latine. quoy faisant il luy sera payé en conséquence par chacun escollier et par chacun mois la somme de 10 sols d'augmentation — ce qui fera 30 sols par mois.

Le sieur Coulmain, ayant un sous-maître, sera tenu faire assembler les Ecoliers en sa classe les jours de dimanches et festes le matin et un demy quardeur avant la messe paroissiale pour y estre tous conduits par ledit sous-maître.

En second lieu de prendre lesdits Ecolliers en Répétition, quoy faisant il luy sera payé par chacun Ecollier en Répétition la somme de 20 sols d'augmentation par chacun mois......

Le tout fait ainsy par lesdits sieurs Echevins sous le bon plaisir de Monseigneur l'Illustrissime et Reverandissime archevèque de Bourges qu'ils supplient d'avoir ledit sieur Coulmain pour agréable...... »

Le sieur abbé Coulmain (car c'était un ecclésiastique) resta trente quatre ans principal du Collège, et fut remplacé en 77 par maître Germain Pierre Giraudon sous-diacre demeurant à Chatillon. Le bail passé entre lui et les Echevins Lecamus et Pallienne au nom du général des habitants et sous le bon plaisir de Messieurs du Chapitre, ne diffère pas beaucoup du précédent. J'y vois seulement que le nouveau principal sera payé 250 livres (au lieu de 200) sur les deniers communs de la ville « sans aucune rétention d'impositions royales, et que lesdits sieurs Echevins ont accepté sous le bon plaisir de la commune ». — Les vacances comme ci-dessus ne duraient guère qu'un mois, du 15 septembre à la St-Luc ; et il n'y a pas d'autre congé que le dimanche, et le jeudi entier quand il n'y a pas de fête dans la semaine. — Les écoliers admis au Collège doivent savoir lire et écrire, n'y doivent recevoir que l'enseignement des principes de la langue latine et être instruits jusqu'à ce qu'ils soient en état d'entrer en Rhétorique. — Chaque écolier paye 15 sols par an d'entrée dans la classe pour la chandelle, 4 livres ou seulement 40 sols par mois, selon qu'il prend ou ne prend pas de répétition après les classes.

Le sieur Giraudon ne resta que trois ans à La Châtre ; son bail fut résilié en 1780. Pour le remplacer, se présente le sieur Jean Simon Neboux, natif de Bourges, âgé de 34 ans, qui a enseigné la langue latine pendant deux ans en la ville d'Orléans, pendant six ans en la ville d'Aigurande et qui enseigne depuis sept ans au bourg de Préveranges avec la permission de Mgr l'Archevêque de Bourges. On assure que ses vie, mœurs et capacités sont bonnes. Le sieur Neboux est agréable à l'assemblée du corps de ville qui décide le recevoir et admettre au lieu et place du sieur Giraudon dans les mêmes conditions.

Le sieur Néboux resta longtemps en notre ville, c'est lui qui tenait le Collège pendant la Révolution. Il y a encore des personnes vivantes qui l'ont connu.

On trouvera dans la Troisième Partie, des propositions faites par le Maire au sujet du Collège, mais qui n'ont pas abouti. — Cet établissement était, parait-il, très tombé, et la faute en semble bien être au célèbre Coulmain, qui tenait beaucoup trop de place en la société de la ville, et ne s'occupait pas assez de ses élèves.

Bien accueilli partout, et partout odieux

dit le satyrique auteur du *Prieuré*, Coulmain était la bête noire de bien des gens de la haute bourgeoisie ; et il en couta cher à l'echevin Péron de la Forest de le vouloir soutenir.

Son bail lui fut renouvelé en 1752 et 60. — En 1767 un *sous-maître* paraît nécessaire pour assister le Principal : le corps de ville décide que, avant tout, le sous-maître subira des examens devant des personnes choisies par Messieurs du Chapitre, M. le Curé, M. le Procureur du Roy et le Corps municipal.

Le bail était de nouveau près de finir, en 1769 : les Echevins décident qu'ils feront les démarches convenables, conjointement avec Messieurs les Vénérables prieur et chanoines, à l'effet de procurer à la ville un Principal et de remplacer le sieur Coulmain qui paraît hors d'état d'en continuer les fonctions. Il faut trouver un sujet capable de donner l'instruction nécessaire à la jeunesse relativement à la latinité et à la religion. — Après discussion, il est décidé que le concours pour la place de Principal se passera à La Châtre et non à Bourges, devant des personnes compétentes nommées par les Echevins et le Chapitre. Des affiches explicatives seront envoyées dans toutes les villes de la province et environs.

Conditions du bail : 200 livres et le logement payés par la ville ; et environ 100 livres à la charge du Chapitre. — Sera payé par mois 40 sols par chaque écollier et 3 livres pour ceux qui seront en répétition. — Le chauffage à la charge du Principal.

Finalement, le sieur Coulmain est présenté par la ville à l'acceptation du Chapitre et à la confirmation de l'Archevêque pour être continué dans les fonctions de Principal, où il resta en effet, encore six années.

En 1776, le Corps de ville veut définitivement résilier le bail consenti au sieur Coulmain *Principal du Collége*, « attendu que ledit sieur Coulmain par son peu d'exactitude à remplir les devoirs de cette place, a obligé, depuis le commencement de son bail, tous les pères de famille à envoyer leurs enfants en pension dans d'autres collèges où ils payent des sommes considérables pour apprendre leurs premiers principes ; tandis que les précédents Maîtres par leur exactitude, les mettoient en état d'estre reçus dans les hautes classes et leur donnoient des exemples de conduite bien différents de ceux que pourrait leur donner ledit sieur Coulmain par celle qu'il tient, ne s'occupant uniquement, quant il n'est point absent de la ville, que de se mestre en état de *voir les compagnies* (nous dirions aujourd'hui d'aller dans le monde) ; ce qui ne peut absolument figurer avec l'éducation qui est nécessaire aux jeunes gens dans leurs premiers principes de langue latine. — D'ailleurs il paraît que le sieur Coulmain a des affaires particulières qui ne luy permettent pas de remplir cette place sans essuyer des reproches. — Depuis le commencement de son bail il s'est absenté de la ville très souvent ; il est encore actuellement à Paris à la suite d'un procès, et, pour ne point perdre les gages que le Chapitre et la Ville luy payent, il s'est imaginé de substituer en son lieu et place le sieur abbé Coco sans en prévenir aucunement ny le Chapitre ny la Ville ».

Le 13 juin suivant, nous trouvons, dans le Registre des Délibérations, une note où le sieur Coulmain représente au Corps de ville qu'il vient d'être pourvu d'un *Bénéfice* qui ne luy permet pas de remplir les engagements qu'il a contractés avec la Ville, etc.

Signé : Coulmain P^{re} (prêtre).

Ainsi, l'abbé Coulmain quitta le Collège pour entrer au Chapitre et à la cure de Saint-Christophe. Il habitait la ville, où il fit construire, au quartier de Lusset, la maison qui appartient aujourd'hui à M. Leroy ; continuant à « voir les compagnies » et préférant se promener en habit de couleur que d'assister aux vêpres. — Sa vie fut un long scandale.

*
* *

Les *Collèges* n'étaient en général fréquentés que par les fils de bourgeois et marchands ; les gentilshemmes étaient élevés par un précepteur en la maison paternelle d'où ils sortaient pour entrer dans les *Académies*, les *Pages* ou les *Ecoles Militaires* fondées sous Louis XVI pour l'éducation des fils de gentilshommes pauvres, lesquels y arrivaient très jeunes, souvent sans savoir lire.

Il faut faire exception pour le *Collège de La Flèche* le plus grand établissement des Jésuites et pour leur fameux *Collège de Clermont* (à Paris) qui devint sous la protection spéciale de Louis XIV le *Collège Louis-le-Grand* ; là furent élevés de très grands seigneurs, voire des princes et aussi de célèbres révolutionnaires. Robespierre était un des meilleurs élèves des Jésuites.

Le Collège de La Flèche était devenu, après l'expulsion des Jésuites, école militaire, comme Ponlevoy, dirigé par les Bénédictins, comme Brienne où fut élevé Napoléon Bonaparte en 1775. Et ce sont ces écoles de moines qui servirent de modèle à nos lycées modernes.

« J'ai ouy tenir à gens d'entendement, disait Montaigne, que ces collèges où on envoie les enfans les abrutissent », et l'on sait toute la différence que faisait ledit Montaigne entre « *savoir par cœur* » et « *savoir* ».

Depuis ce temps le mode d'instruction avait été transformé surtout par les Jésuites qui furent imités par l'Université. — Les Statuts de 1598 rédigés par l'ordre de Henri IV, furent la loi écrite remplaçant la coutume en matière d'instruction publique, et l'acte de centralisation qui plaça définitivement l'Université sous la tutelle de l'Etat. -- Ces statuts sont les premiers programmes officiels, indiquant les auteurs qui doivent servir de texte dans les différentes classes des Collèges : dans les basses classes, les classes de *Grammaire,* on expliquait déjà les Lettres de Cicéron, les Bucoliques de Virgile et les Comédies de Térence ; puis on passait à Salluste, César et Ovide. — En seconde et en première, qui étaient proprement les classes d'*Humanités*, on lisait les ouvrages philosophiques et les discours de Cicéron, tous les poètes latins depuis Horace jusqu'à Perse et Juvenal, et les auteurs grecs. — Après six années d'etudes on entrait en *Philosophie* en justifiant d'avoir fait sa *Rhétorique,* et pendant deux années on interprétait les œuvres d'Aristote.

Les *quatre facultés* étaient la *Théologie,* le *Droit,* la *Médecine* et les *Arts.* La faculté des Arts était pour ainsi dire le vestibule des autres facultés. Et l'on entendait par *Arts, les Humanités et la Philosophie* ; à peu près ce que nous appelons Lettres et Sciences, car la philosophie comprenait avec la Logique, la Métaphysique et la Morale, la Géométrie et la Physique, mais quelle physique D'histoire et de géographie il n'en fut question que, plus tard, dans les écoles militaires de la fin de l'ancien régime. — Il fallait être *Maître ès-Arts* depuis quatre ans pour prétendre au baccalauréat en théologie, droit ou médecine. Après d'autres examens on était reçu licencié et docteur.

Je rencontre en 1712 Messire André Baucheron chanoine du Chapitre de La Châtre, *Docteur en Sorbonne,* et nous avons vu que certains médecins de notre contrée étaient *Docteurs* de la Faculté de Montpellier ; mais la plupart étaient de l'Université de Bourges ; comme les *Docteurs en théologie* tels que M. le Chanoine Porcher de Lissaunay ; les *Bacheliers ès-lois* tels que le sieur Laurent et le même Porcher de Lissaunay, que nous trouvons en 1775 « *bachelier en l'un et l'autre droit* » droit civil et droit canon; les *Avocats en parlement* tels que M. le prévot Bernard, M. Desfougères de Villandry qui fut maire avant et au commencement de la Révolution. *Avocat en* et non pas *au parlement,* ce qui signifiait simplement qu'on avait le grade d'avocat sans, généralement, en exercer la profession.

Je trouve en 1769 une attestation de l'Université de Bourges que le sieur Gilbert Néraud de Vâvres est actuellement *étudiant en droit* en laditte Université pour parvenir au degré d'avocat, et que le 8 du présent mois il a soutenu thèse pour être reçu bachelier.

D'après l'almanach de 1775, les principaux officiers de l'Université de Bourges étaient : le Recteur, chef de l'Université, dont l'élection se fait tous les trois mois ; le chancelier, le conservateur des privilèges royaux, le conservateur apostolique et le vicegerent, l'avocat général, le procureur général avec un secrétaire, un receveur, un bedeau général et la veuve de Jacques Boyer, Imprimeur-Libraire juré de l'Université. — La Faculté de Théologie comprenait un doyen, 8 docteurs-professeurs, un syndic et un bedeau (sorte d'huissier ou bas officier, qu'on appelle aujourd'hui appariteur). — La Faculté de Droit : un doyen, trois professeurs et un de droit français. — La Faculté de Médecine : un doyen, cinq docteurs-regents et un bedeau. — La Faculté des Arts était composée de l'abbé X, doyen et principal du collège, docteur professeur, un regent de physique, un regent de logique et un bedeau.

Quand au *Collège de La Châtre*, quoiqu'il soit dit, dans un certain bail, que les élèves qui en sortent peuvent entrer en Rhétorique et même y faire la Rhétorique : on voit bien en lisant les actes qu'on n'y enseignait que « les élémens de la langue latine » et qu'on n'y faisait aucunement ses *Humanités* ; ce mot n'y étant jamais prononcé. — Il est question de « collèges éloignés » auxquels les habitants de La Châtre sont obligés d'envoyer leurs enfants en pension ; on veut parler probablement des Jésuites de Bourges ou de Limoges, ou de l'école militaire de Ponlevoy où étaient élevés, avec les nobles, un certain nombre de roturiers. — Ce n'était certainement pas du collège de Châteauroux qu'on voulait parler, car il ne valait pas plus que le nôtre.

On ne vit non plus, en notre ville, de *frères des Écoles chrétiennes.* Le Chapitre toujours jaloux de son influence n'eût pas vû d'un bon œil une nouvelle congrégation indépendante à côté de lui. — D'ailleurs ces religieux n'enseignaient qu'en langue française et leur nom d'*Ignorantins* n'indique autre chose sinon qu'ils n'enseignaient pas le latin. Quiconque n'avait pas appris le latin, en ce temps-là, était réputé ignorant ; comme on dit aujourd'hui un illettré pour désigner un homme qui ne sait pas lire.

Dans toutes les écoles et collèges la principale punition était le fouet. — Les représentations théâtrales y étaient en grand honneur ; et les Jésuites développèrent à un haut degré ce goût qui ne fut pas sans influence sur la physionomie de la Révolution.

Voici ce que D'Alembert dit de l'instruction scolaire dans l'Encyclopédie, à l'article *Collège* :

« On appelle *humanités* le temps qu'on emploie dans les *collèges* à s'instruire des préceptes de la langue latine. Ce temps est d'environ six ans : on y joint vers la fin quelque connaissance très superficielle du grec ; on y explique tant bien que mal les auteurs de l'antiquité les plus faciles à entendre ; on y apprend aussi tant bien que mal à composer en latin ; je ne sache pas qu'on y enseigne autre chose.....

« Quand on sait ou qu'on croit savoir assez de latin, on passe en *rhétorique*..... En rhétorique on apprend d'abord à *étendre* une pensée, à *circonduire* et *allonger* des périodes, et pas à pas l'on en vient enfin à des discours en forme, toujours ou presque toujours en langue latine. On donne à ces discours le nom d'*amplifications* ; nom très convenable en effet, puisqu'il consistait pour l'ordinaire à noyer dans deux feuilles de verbiage, ce qu'on pourrait et ce qu'on devrait dire en deux lignes. — Je ne parle point de ces figures de rhétorique si chères à quelques pédans modernes.....

« *Philosophie.* — Après avoir passé sept ou huit ans à apprendre des *mots*, ou à parler sans rien dire, on commence enfin ou on croit commencer l'étude des *choses* ; car c'est la vraie définition de la *philosophie*. Mais il s'en faut que celle des collèges mérite ce nom.. .

« *Mœurs.* — Nous rendrons la justice qui est due aux soins de la plupart des maîtres ; mais nous en appelons en même temps à leur témoignage, et nous gémirons d'autant plus volontiers avec eux sur la corruption dont on ne peut justifier la jeunesse des collèges, que cette corruption ne saurait leur être imputée.....

« Il résulte de ce qui précède qu'un jeune homme après avoir passé dans un *collège* dix années en sort avec la connaissance très imparfaite d'une langue morte, avec des préceptes de rhétorique et des principes de philosophie qu'il doit tâcher d'oublier ; souvent avec une corruption de mœurs dont l'altération de sa santé est la moindre suite..... »

Il faut bien avouer que, en ce qui concerne les mœurs internes des collèges, il n'y a rien de changé aujourd'hui.

Beaucoup de personnes de notre ville savent encore que leurs grand-mères ont été élevées chez les Religieuses de la Visitation, dont le couvent (on l'a déjà vu page 60) était au coin de nos routes de Neuvy et de Guéret. — Je trouve la preuve authentique que les Visitandines tenaient pension, dans des reçus tels que celui que je reproduis ci-dessous :

« Nous sous signiée supérieure Du monastère de La visitation sainte marie Etablie en cette ville de La Châtre reconnoissont avoir reçu de Monsieur tortat maître boulangé la somme de 86 livres pour 6 mois de pension de Mademoiselle choffeton qui sont commencé le 20 septembre mil sept cent quatre vingt trois pour finir le 20 mars mil sept cent quatre vingt quatre — De plus Reçu trois Livre pour Lentretien de Dras Et De Serviette pendant Le dit tems — de tout quitte

S' marie suzanné Rochon de chabanne supérieure ».

Cette demoiselle *choffeton* n'était autre que « *Soulange Chauveton* » fille de Jean Chauveton traiteur, née en 1775 et mariée en 91 à Louis Yvernault, lequel fut plus tard cafetier sur la place St-Jean. Elle était sœur de Pierre Chauveton parcheminier rue du Pontaulais, et mère de Catherine Chauveton épouse de Jean Robert maître perruquier, mon trisaïeul. Claude Tortat était tuteur et curateur desdits mineurs Chauveton, ses neveux.

On pense bien que les élèves de la Visitation ne devaient guère mieux savoir l'orthographe que Madame la Supérieure, leur maîtresse de pension. Et en effet, dans ce vieux temps, les dames ne se piquaient aucunement d'élégance ni de correction dans l'écriture. Voici, comme exemple, un billet adressé à une amie par la femme d'un juge, d'un officier de judicature, *Madame la Conseillère* épouse du Lieutenant de l'Election de La Châtre :

« je te pris biens macheres davoir las conblsenses de manvoixés (elle avait écrit d'abord : manvoilels) un cardes tafetas bleus et une demiaunes des rubans dè menmes pour faire la brides je tes pris biens de melan voixés mercredi se faute, tus moblijeras biens je tes salus et tanbrases de tout moncoeur et ton mais et tes afans et tus feras mes complimens à toutes les familles ».

Ces bourgeoises n'en étaient pas plus bêtes pour ça, pas moins bonnes mères de famille et femmes de ménage. On n'avait point encore le préjugé néo-scolastique du XIX· siècle, on n'appréciait pas la valeur des gens à la rectitude de l'orthographe. — Au reste, dans les villes, et même dans les campagnes, les bourgeois, les marchands et même des artisans écrivaient très convenablement. J'ai entre les mains des correspondances de commerce de cette époque, aussi régulièrement écrites que celles d'à présent. J'ai aussi une lettre de femme fort bien tournée, ma foi, et que j'ai trouvée enveloppant de la viande. Elle est malheureusement déchirée. Je l'attribuerai volontiers à Madame de Serennes, dame de Nohant. La voici littéralement :

« il ne m'a pas ete possible mon cher amy de repondre plutot à La jolie lettre que vous mavés fait lamitié de mécrire — il faut que je lavoue apresent jay ete malade pendant bien des jours — il n'y avoit qu'une aussi forte raison qui put mempêcher de vous remercier des bontes dont vous avés comblé mon fils et mon mary. ah combien jay envié le bonheur quils avoient detre avec vous et *M*ᵐᵉ *de Cullon* que j'espere bien voir avant la vallée de josaphat : le rendés vous est beaucoup trop éloigné pour mon impatience Car je me flatte que nous avons encore du temps à habbiter ce bas monde, dans lequel je me trouve assés bien.....

..... vous seriez trop aimable de revenir avec votre amy passer lhiver avec Lamie qui sentiroit bien vivement le plaisir de vous poceder pour *M*ᵐᵉ *de Clerfond* me rendroit trop heureuse je charge *Dampierre* de la solliciter de toutes ses forces..... »

Ce M. de Dampierre était le chevalier servant de la dame de Nohant. C'est ce qui me fait croire que la lettre est de Madame Pearron de Serennes ; on voit du reste qu'elle est adressée au Chevalier de Culon de Clerfonds.

Quoiqu'il en soit, les femmes, en général, écrivaient fort mal, et M. Babeau nous apprend, dans son Paris en 89, qu'un certain abbé Barthelemy avait publié un cours intitulé : « La Cantatrice Grammairienne, ou l'art d'apprendre l'orthographe sans le secours d'aucun maître, par le moyen de chansons érotiques, pastorales, villageoises, anacréontiques, etc..... Ouvrage destiné aux dames.....»

Pour en revenir aux Visitandines, elles possédaient, avec leur vaste enclos, plusieurs domaines ; et j'ai vu bien souvent des actes de notaires signés du conseil d'administration de ce monastère :

En 1748, sœur Marie Caterine Riglet *supérieure* et sœur Anne Thereze de Carnaset *assistante* — en 1749 S. Marie Elisabeth Perault *supérieure* et S. Marie Marguerite Neraud *assistante* (l'assistante c'était la supérieure en second) — en 1765, S. Catherine Joseph de Lissaunay *supérieure* et Marie Joseph de Fontenay *assistante* — en 1774 S. Marie Rose de La Forest *supérieure* et S. Suzanne Aimée Plassat *assistante.* — Et parmi les *Sœurs Conseillères* (c'est-à-dire faisant partie du conseil d'administration des biens de la Communauté) S. A. M. Pataud des Chauvins, Cécile Angélique de Lolière, M. Aimée Beaufumée, M. Angélique Selleron, J. Catherine Pasquet, A. M. Rose Dorguin des Bergeries, Gab. Delavau, M. Suz. Baty, J. Christine Baucheron, M. Rosalie Letellier, et M. A. Rochon de Lisle que nous retrouvons *supérieure* en 1781. — Marie Pichon *dame de chœur.*

Nous avons déjà dit, au Chapitre VI, que l'une des Sœurs de l'Hôtel-Dieu, faisait la classe aux enfants des familles pauvres ou peu aisées, dans un bâtiment situé au fond d'une cour, dont, aujourd'hui, l'atelier de M. Dédolin occupe la place. — Elle recevait de la ville, pour cet emploi, 100 livres qui furent portées plus tard à 120. — Ces religieuses étaient *Sœurs de la Charité de l'instruction chrétienne* de Nevers, ou de l'ordre de Quérouant.

Les enfants apprenaient à lire et à écrire chez des maîtres d'école et maîtres écrivains ; je trouve, par exemple, Jacques Fournier *maître écrivain juré* en 1716, et il enseignait déjà en 1695 — en 1750 Jean Gauthier *maître écrivain* frère de J.-B. Gauthier perruquier. — Il y eut aussi plusieurs Grolier maîtres d'école dans le cours du siècle. — Marie Moulin était maîtresse d'école en 1774. — Mais n'enseigne pas qui veut, car « defense est faite par l'huissier de l'hotel de ville et deux vallets de ville à un certain Quidam qui fait la classe sans autorisation de donner l'instruction ».

Il y avait même des *maîtres d'école* qui tenaient *pension,* au moins un en tout cas, comme l'attestent les papiers relatifs aux mineurs Chauveton dont j'ai déjà parlé, et qui me viennent de la famille Yvernault :

« Je reconnois avoir Reçu de M. Tortat maître Boulanger tuteur de Pierre Chauveton mineur la somme de quarante cinq livres pour le quatrième quartier de pension de la deuxième année. Plus pour un premier quartier de la troisième année qui echevera le dix-neuf mars prochain, la somme de cinquante livres dont quitte du tout. fait a la Chatre ce dix huit février mil sept cens quatre vingt quatre.

CUISINIER
maître de pension.

Parmi les autres reçus de ce *maître de pension*, qui sont du reste excessivement bien écrits, je trouve 4 livres 7 sols 3 deniers pour fournitures faites à pierre Chauveton, « onze livres huit sols six deniers tant pour un quart de *la pistolle* que pour les fournitures que j'ai faites audit Chauveton étant ché moy en pension » et « soixante quatre livres trois sols tant pour un premier quartier de pension que la *pistolle d'épingle*, fournitures et trois mois d'Ecolle qu'il est venu chez moy. »

Le sieur Estienne Cuisinier était depuis 1752 maître d'école en la ville de Cluis-Dessus, où, en exécution des pouvoirs à lui accordés par Mgr l'Archevêque de Bourges il donnait l'instruction aux garçons tandis que sa femme Jeanne Brunet faisait la classe aux filles. — En 1755, le sieur Cuisinier et son épouse vinrent à La Châtre, la ville les accepte, le sieur Cuisinier pour apprendre aux garçons la lecture, l'écriture et l'arithmétique, et, la demoiselle Brunet pour même instruction à donner aux filles, séparément. — En même temps le sieur Labonne est admis comme *maître d'école*. — A condition qu'ils tiendront les garçons trois heures le matin et autant l'après-midy — qu'ils ne donneront aucun congé que le jeudy au soir — qu'ils n'exigeront par chaque écollier commençant que 5 sols par chacun mois — 10 sols aussi par chacun mois pour ceux qui liront en français et en latin — et ceux qui écriront et compteront 15 sols. — Ils jouiront des mêmes privilèges et exemptions que les anciens *Maîtres d'Ecole* de la ville. Et les gages des sieurs Grolier et Gauthier seront reversibles sur le dernier mourant et sur les sieurs Labonne et Cuisinier.

En 1764, le sieur Grolier *maître écrivain* étant mort, les 60 livres de gages annuels que lui donnait la ville sont partagées entre le sieur Cuisinier et le sieur Lépine *maître écrivain*, lequel est muni de la permission de l'Archevêque et autorisé à tenir écolle ouverte pour instruire la jeunesse. — Durant les années 1770-71, à cause de la cherté du bled et autres denrées, ils obtiennent de la ville une augmentation de 30 livres chacun et chacun an, è titre de gratification.

Un sieur Oudinet demanda en 1765, avec la permission des vicaires généraux, l'autorisation de tenir école publique de lecture, écriture et arithmétique. Le Corps de ville l'autorise « à la condition d'apprendre aussi le catéchisme aux enfans au moins une fois par semaine, mais sans pouvoir leur apprendre la grammaire ». — Plus tard il obtint des gages, qui lui furent supprimés en 1788 « attendu qu'il n'apprend qu'à lire ».

Il paraît donc, d'après cela, que la ville n'accordait de subvention qu'aux *maîtres écrivains* et non aux personnes qui apprenaient seulement à lire aux petits enfants. — Nous voyons, d'autre part, qu'on défendait à ce maître écrivain d'enseigner la Grammaire ; et qu'on interdisait au principal du collège d'apprendre l'écriture et la lecture ; il ne devait recevoir que des élèves sachant déjà lire et écrire. — Ce sont là chicanes ordinaires de l'ancien régime, privilèges de métiers entre *maîtres écrivains* et *maîtres grammairiens*, comme entre les barbiers chirurgiens et les barbiers perruquiers. Il y eut, à ce sujet, des procès entre les instituteurs de Paris, de Rouen et autres lieux ; un arrêt du Parlement de 1714 défendit aux *maîtres d'école* de tenir aucune classe séparée pour l'écriture, et aux *maîtres écrivains* d'enseigner l'alphabet et la grammaire. — On retrouve à La Châtre quelques éclaboussures de ces arrêts distinctifs.

De maîtres d'école dans les petites paroisses, je n'ai trouvé que le cas du bourg de Prévéranches où enseigna le sieur Neboux.

Pour se rendre compte de l'instruction publique, il faudrait examiner sur les registres de mariages les signatures des conjoints ; on aurait ainsi la proportion des gens sachant non pas *écrire*, mais *signer*. — Je n'en ai point fait la statistique exacte ; cependant, d'après ce que j'ai remarqué, il me paraît bien qu'il n'y a guère que les bourgeois et marchands qui écrivent et quelques artisans des villes. Dans la première moitié du XVIIIe siècle il y a encore bien des bourgeois et même des *dames* qui ne savent pas écrire. — J'ai parcouru les registres de la paroisse de Crevant de 1730 à 1780 : en ces cinquante années je n'ai pas trouvé dix signatures ; pas une seule de paysan.

Un fait qui mérite d'être rapporté, c'est l'*hérédité de l'écriture* ; je l'ai parfaitement observée dans plusieurs générations de mes ancêtres, et l'écriture de ma mère est identique à celle d'un de ses grands oncles dont j'ai vu souvent la signature aux délibérations municipales sous la Révolution. — Rien d'étonnant à ce qu'elle s'hérite, car, lorsque l'écriture devient une habitude elle fait pour ainsi dire partie des gestes personnels, de la physionomie.

Dans une brochure extrêmement précieuse, à mon sens, et qui a pour titre « Changemens survenus dans les mœurs des habitans de Limoges depuis une cinquantaine d'années », c'est-à-dire depuis 1767 car l'ouvrage est de 1817, M. J.-J. Juge s'exprime ainsi qu'il suit, au sujet des enfants, et tout ce qu'il dit il l'a vu de ses propres yeux :

« On laissait les enfants 3 ans à la nourrice ; il n'en coutait par an que 25 à 30 francs et un mouchoir. — A leur retour ils étaient confiés aux soins de la servante qui ne savait les amuser qu'en leur parlant de loups-garrous, de sorciers et de revenans. — Jamais la moindre caresse de la part du père et de la mère : *la crainte* était le principe sur lequel était basée l'éducation des enfants. Celui qui leur apprenait à lire tenait le livre d'une main et la discipline de l'autre, tout prêt à frapper à la moindre inadvertance. — Jamais un enfant n'eut pris la parole en société. — Par suite des principes religieux qu'ils recevaient dès le bas âge, les enfants étaient enclins à faire des chapelles, soit dans leur chambre, soit au grenier ; les parents les y encourageoient.

Ainsi élevés, ces enfants de la classe aisée étaient souvent un peu niais lorsqu'ils sortaient pour la première fois de la maison paternelle. — Il en était tout autrement des garçons d'artisans ; entièrement abandonnés par leurs parents, ils s'assemblaient, dès le bas âge, sur les places publiques pour jouer ; ils se querellaient sans cesse, juraient et se battaient. — Il faut en exempter le fils que certains artisans voulaient faire entrer dans les ordres. Ils se privaient de tout pour y arriver ; car c'était une grande gloire pour toute la famille de voir quelqu'un de son nom vicarier en campagne ; et, si jamais il parvenait à être curé, la spéculation était bonne, le fils reconnaissant approvisionnait la maison paternelle.

Les filles ne quittaient jamais leurs mères ; les unes et les autres étaient vêtues avec une extrême simplicité. — Les orphelines étaient réléguées dans un couvent.— Leur taille était serrée dans un *corset* qui les obligeait à porter la tête en avant ; et pour corriger ce défaut, on employait un *collier* de fer recouvert de velours noir dont l'appendice appuyait sur le corset et forçait la tête à se tenir en arrière. — Elles étaient toutes ainsi, petites et grandes, rangées autour de leur mère, droites comme des piquets. — Ce qu'elles voyaient surtout dans le mariage, c'était la délivrance du corset et du collier.

Les filles du peuple étaient très libres ; elles se réunissaient tous les soirs, à nuit close, au coin des rues et chantaient devant quelque niche où était l'image de la Vierge. Une d'elles était chargée d'entretenir la lampe qui, restant allumée toute la nuit, tenait lieu de reverbère. Elles dansaient en rond en chantant de vieilles chansons du temps de la chevalerie ; souvent des servantes du voisinage et les passants se mettaient de la partie. Et ces amusements duraient jusqu'à ce que les mères, après plusieurs appels, vinssent à se fâcher tout de bon.

L'instruction des filles de bonne maison finissait, presque toujours, par un an ou deux de *couvent*, pour les perfectionner dans les ouvrages de la main. On ne cherchait qu'à en faire de bonnes mères de famille. La pension était de 150 francs par an. — Et ce n'était pas un petit mérite pour une demoiselle recherchée en mariage de pouvoir dire qu'elle était restée en communauté. »

A Paris, les choses se passaient un peu différemment. Nul ne peut nous renseigner à ce sujet mieux que Messieurs de Goncourt qui ont tant étudié le dernier siècle. « Dans la bourgeoisie, disent les auteurs de *La Femme au XVIIIe siècle*, la fille vit avec la mère, toujours près d'elle, sous son cœur, sous ses leçons. La mère la couve et l'élève...... Chardin, ce peintre intime de la bourgeoisie, nous montre toujours la petite fille à côté de cette mère dévouée et laborieuse, grandissant, déjà sérieuse et simple, comme à l'ombre des vertus du mariage. Ce n'est point une petite « pomponnée » : la voici avec son gros bourrelet carré, son *juste* à manches courtes, une jupe et un tablier à bavolets...... »

Vous trouverez à la Bibliothèque de La Châtre, dans l'Histoire des Peintres de Ch. Blanc, des tableaux de Chardin et de Greuze, qui vous montreront les enfants avec leurs jouets, et leurs vêtements tout pareils à ceux des grandes personnes.

Vers les onze ans, on envoyait les petites filles au couvent, passer un an ou deux ; puis elles revenaient à la maison aider leur mère, et y recevaient des leçons d'écriture, de géographie, de danse. « Education moitié populaire, moitié mondaine », bien en rapport avec cette classe flottante si intermédiaire de la bourgeoisie « sans limites précises, qui touchait au peuple par le travail et à la noblesse par l'aisance ». — Si la jeune fille avait des belles robes, « elle les quittait pour aller, en petit fourreau de toile, au marché avec sa mère ».

« Discipline, formes d'éducation, régime intérieur, disent Messieurs de Goncourt en parlant des maisons religieuses qui reçoivent des pensionnaires, toute la règle des couvents n'est qu'une imitation, parfois un relâchement de la règle de Saint-Cyr. Partout se retrouve l'inspiration, l'esprit de cette maison modèle (fondée en 1686 par Madame de Maintenon pour les demoiselles de la noblesse pauvre), la trace des divisions en quatre classes distinguées, selon les âges, par des rubans bleus, jaunes, verts, rouges. Partout c'est une éducation flottant entre la mondanité et le renoncement, entre la retraite et les talents du siècle, une éducation qui va de Dieu à un maître d'agrément, de la méditation à une leçon de révérence ; et ne la dirait-on pas figurée par ces costumes de pensionnaires montrant à moitié une religieuse, à moitié une femme ?.... »

Jean-Jacques Rousseau eut sur l'âme de la femme une influence au moins égale à celle de Voltaire sur l'esprit des hommes. — L'*Emile* mit l'éducation à la mode ; les femmes essayaient de nourrir leurs enfants, se faisaient gloire de donner le sein jusque dans les salons. — On comprit qu'il fallait aux jeunes garçons et aux petites filles, des vêtements commodes, appropriés à leur âge et non calqués sur ceux des grandes personnes. — On eut beaucoup de peine, cependant, à faire cesser l'usage des « *corps à baleine* » auxquels des médecins commençaient à reconnaître de grands inconvénients. — A Paris comme à Limoges, et à La Châtre bien certainement, les robes des jeunes filles étaient montées sur une espèce de gaine de bougran bordé de baleines et même de fer. C'est ce qu'on appelait un *corps*. Un antique usage avait consacré ce *corps* comme indispensable pour empêcher la taille de se gâter dans le jeune âge. La femme était enfermée dans cette cuirasse en sortant du maillot ; et malgré Buffon et Rousseau, les *corps* restèrent en usage et ne furent définitivement supprimés que sous la Révolution.

En ce qui concerne l'éducation de l'*Emile*, on a fini par s'apercevoir que le modèle présenté par le grand maître des déclamateurs démocratiques, n'était applicable qu'aux fils de nobles, de financiers ou de riches bourgeois.

A Monsieur

monsieur sabardin

jendarme de la garde du Rois

a la chatre en berrie

a lorien le 24 novembre 1768

Mon cherre pere

je suis allé ché *M de brunit* pour le voire lundie dernier, et en meme temps pour prandre des arangements pour plaser *trophirme*. il m'a paru, fort empresé a nous rendre service : mais cependant il m'a dit que celat ne pouret etre que l'an qui vien pour le plustaut ; qu'il fauderet pandan ce temst la quil s'occupat à la geometri et a l'algebre ; et par ce moyen la son embarquement pouroit etre plus agreable que le mien. *M. de brunit* l'ainé vous ecrira a ce sujet. Je suis allé a bor prandre possetion de mon domicille. Jusqua presan je nait eu que de lagremen touts paroisent vouloir m'obliger de douze *pilotin* que nous sommes, il ni en a pas deux qui ne soyent de famille ; je suis heureux detre tonbé en si bonne conpagnie. ce qui me chagrine dan tout celat cest que je nait pouin dargen pour faire des pacotilles, si vous usié differé votre depar dun jour on vous auret instruit de tout, et en vous faisan connoitre jaures put emprunter de largen a la grosce a trante pour cent, et lon me prometait sinquante pour cent tout frais fait en aportant du nanquin, celat auret peu me metre an état de me paser de vous a mon retour. cepandan si vous alé a paris ne manqué pas de prier *M. brunit* de m enployer sur le por car san celat je serois bien empaine pour vivre, parce que vous savé bien que *la compagnie* ne paye largen des campagnes que lorsque lon est prets a partir pour unne autre. les ordres sont arrivées nous natandont plus que les vents pour partir. je finit en vous embrasant tandrement ausi bien que toute la famille.

je ne vous anvois pas *la demision* parce que je ne sait pas comment il faut la faire ; au surplus celat nest pas nesesaire veu que *pinon* a qui vous voulé la donner peut ce servir de celle qui lui a été faite.

je suis avec respect votre fils *sabardin.* »

De quelle *démission* parle le jeune Sabardin ; et qu'est-ce que Monsieur son père voulait donner à *Pinon* ? L'acte suivant de Tortat notaire va nous l'apprendre :

Mʳ pierre Sabardin Ecuyer Gendarme de la garde ordinaire du roy demeurant en cette ville de La Chastre, déclare que ce n'est que de l'aveu du sieur *Claude Sabardin* son fils que le sieur *Louis Pinon* clerc tonsuré minoré et actuellement soudiacre du diocèse de Bourges a fait usage de sa resignation faite à son profit par ledit sieur Sabardin fils de son *canonicat et prebande* de l'Eglise collégiale et séguliere de St-Germain de cette ville......

Ledit sieur Sabardin fils, d'abord « chancelait sur son changement d'Etat » mais finalement et du consentement de son père « il a vrayment changé d'Etat » et il est actuellement « *aux Indes orientalles* ».

Tout cela est fort intéressant. Le jeune Sabardin, âgé de 22 ans, a obtenu un canonicat ; mais l'état de chanoine ne lui convient pas, il le quitte pour entrer en qualité de *pilotin* (élève pilote, aspirant, de la marine marchande) dans cette fameuse *Compagnie des Indes*, dernier reste du système de Law. —Il démissionna en faveur de Pinon, que nous retrouverons par la suite au chapitre ; et l'on peut croire qu'il y a là-dessous une question de *finance*, comme on disait ; d'autant que les Sabardin n'avaient pas trop d'argent et avaient fait certainement des sacrifices pour obtenir ce bénéfice de chanoine. — C'est ainsi que les choses se passent encore en Angleterre, pays de Coutumes qui ressemble beaucoup, par certains côtés, à notre ancien régime. — J'ai connu, dans le midi, un pasteur protestant, presque catholique, qui avait été officier de cavalerie, et qui eût une église, après son mariage, tout simplement parce que sa moitié trouvait « que c'était beaucoup mieux ».

Combien le jeune Sabardin était heureux de se trouver en la bonne compagnie « *des fils de famille* », cela n'est point pour nous surprendre. Remarquons toutes fois que *l'honneur* avait bien changé de forme depuis le temps de Louis XIV, puisque des gentilshommes pouvaient, sans déroger, servir dans une compagnie de marchands.

J'ai entre les mains une lettre d'un fils à sa mère habitant Montipouret, lettre venant d'Amérique et qui prouve que quelques-uns ne redoutaient pas les grands voyages. Elle est du reste écrite en fort bon style et bien différente de celle de notre jeune *pilotin* qui rappelle un peu trop l'écriture des Dames de la Visitation et celle de nos cuisinières.

Le Claude Sabardin en question, François Claude, fils de Pierre Sabardin et de Marie Lecamus, fut un instant, en 93, général de brigade à l'armée des Ardennes. Les anciens de La Châtre l'ont bien connu le *Général Sabardin*, le beau-père du colonel du train des équipages Donius. — Quand à Trophime. de 4 ans plus jeune que son frère Claude, il fut Chevalier et Officier au Régiment de Champagne, avant la Révolution. Epoux de Marguerite Laisnel, il maria sa fille au Chevalier Claude-Amable de Beaufranchet fils de feu le Chevalier de Beaufranchet, capitaine au régiment de Beaujolais, et de Emée-Françoise de Bertrand ; et c'est ainsi que les Beaufranchet devinrent propriétaires de l'hôtel de la rue St-Jacques qui appartient aujourd'hui à M. Coutant. — Leur sœur aînée, Marguerite Sabardin, avait épousé en 1772 Guillaume Cuinat des Chaumettes, celui qui fit construire le joli château des Oiseaux, et c'est de ce couple que descendent les Lenoble, Léon Pajot, Le Tavérnier et de Beaufranchet Saint-Georges.

XX

JURIDICTIONS

LES HOMMES DE LOI

ET

LES EMPLOYÉS

Ce chapitre a sa place marquée dans la Seconde Partie (l'Ancien Régime). Mais on rencontre si souvent, dans la vie commune du XVIII⁰ siècle, les noms de *prevot, élu, subdélégué......* que ces titres font partie de la *Physionomie générale* de notre cité, et qu'il est indispensable de donner, dès à présent, quelques explications à leur sujet.

Le tribunal proprement dit était autrefois une justice *seigneuriale* et s'appelait *bailage*, le premier juge était le *Bailli* ; et le *Procureur fiscal* était l'homologue du *Procureur du roy* dans un siège royal ; procureur fiscal c'est le procureur du seigneur au nom duquel on rend la justice.

Guillaume Pataud des Chauvins
sieur du Portail et du Mas
Maire perpétuel et Bailli de La Châtre
marié en 1685 à
Marguerite Dudoussat

— Sylvain Pataud des Chauvins

— Etienne Pataud du Portail

Anne Pataud
épouse de
Mathieu Jouslin de Noret,
Escuyer

— François Pataud du Mas
marié en 1723 à
Louise Peron d'Acre

Guillaume Pataud du Mas
changeur de monnaies pour le roi
époux de
Fr. Pasquet de Villebertaux

Fr. Pataud Dumas
né en 1757
marié en 1783
à Catherine Letellier

Jean Pataud Dubeau
chansonnier
marié en 1794
à Marguerite Pinon

Marguerite Pataud
épouse de
Fr. Laisnel de Marembert

Le tribunal devint *prevosté royale* lorsque La Châtre fût, avec le Duché de Châteauroux, réunie, sous Louis XV, au Domaine royal.— Le *Prevost* était chef ou premier juge de la prevosté, l'équivalent de ce que nous appelons aujourd'hui le Président du Tribunal. — On trouve quelques renseignements sommaires sur la Prevosté et les autres juridictions dans l'Essai sur la Ville de La Châtre, la réponse du Curé au Questionnaire de 1783 et les Assemblées du commencement de la Révolution, aux délibérations municipales, sans compter des titres qu'on rencontre disséminés parmi les actes de baptême et mariage, et dans les actes de notaires.

La PREVOSTÉ royale de La Châtre était composée du *prevost* qui était en même temps *juge* ou *lieutenant de police, commissaire enquêteur et examinateur* — un *lieutenant* particulier civil et criminel, second juge — un *assesseur* ou troisième juge — le *procureur du roy* qui avait quelquefois un *substitut* —le *greffier* — un *huissier audiencier* et quatre *procureurs* (avoués).

Voici les noms des officiers de justice que j'ai rencontrés au cours du siècle dernier : Tout au commencement du XVIIIe et à la fin du XVIIe, Mᵉ Guillaume *Pataud du Portail et du Mas*, l'un des hommes les plus considérables de la contrée, car il fut, durant près de trente années *bailli et maire perpétuel de La Châtre*. Il épousa en 1685 Marguerite Dudoussat. Son nom s'est conservé par son fils *Pataud du Mas* marié en 1723 à Louise Péron d'Acre, et son petit fils Guillaume Pataud du Mas lequel eut, de demoiselle Françoise Pasquet de Villebertaux son épouse : François *Pataud Dumas* qui épousa en 1788 Catherine fille de Pierre Letellier , et Jean *Pataud Dubeau*, le chansonnier plein de verve et l'auteur d'une longue satire en vers sur le Chapitre de Saint-Germain. (Voir le Tableau Généalogique à la page précédente).

Parmi les officiers du *Baillage* j'ai rencontré encore : en 1702, André Dupuy *procureur fiscal de son Altesse* (le prince de Condé duc de Châteauroux) — en 1705 Symon Laisnel *lieutenant* au baillage — en 1712 George Baucheron du May *substitut* du procureur fiscal, ou *procureur-substitut* — en 1739, Sylvain Pajot notaire royal *substitut du procureur du roy au baillage de La Châtre*.

Jean *Bernard*, époux de Renée Selleron, fut *prevost* de la prevosté royale de La Châtre depuis sa fondation (il l'était en 1741) — Il fut remplacé, une vingtaine d'années avant la Révolution, par Mᵉ *Pouradier de la Motte* qui épousa, en 1770, Magdeleine de

Courcelle fille de René de Courcelle de la Roche, bourgeois de La Châtre, et de Louise Selleron.

Je trouve en 1748 « Claude Baudon cy-devant *procureur fiscal* en l'ancienne juridiction ordinaire de cette ville, et actuellement *Conseiller du roy et son procureur* en la Prevosté royale.

J.-B. *Baucheron-Duplaix* fut très longtemps *procureur du roy* de la prevosté. Il épousa sur le tard, en 1758, demoiselle Jeanne Soupizon « directrice du tabac ». N'ayant pas eu d'enfants, il laissa sa charge à son neveu *Gilles Porcher de Lissaunay*, qui épousa J.-Eléonore Robin Delaronde.

Cette *Prevosté* était bien loin d'avoir l'importance de notre tribunal actuel ; elle n'avait dans son ressort que six petites *justices* seigneuriales. Et, de plus, les personnes de qualité, les Nobles et les Ecclésiastiques, allaient en première instance au baillage de Châteauroux. — Aussi le personnel était rarement au complet.

Pendant les années 1768 et 69, il n'y eut même pas de prevost effectif : M° Pouradier de la Motte qui avait *acheté* la charge de M· Bernard (toutes les charges de judicature s'achetaient alors ainsi que de nos jours une étude d'avoué ou de notaire), M. de la Motte n'était pas majeur, n'avait pas 25 ans ; et, durant *la minorité de M. le prevost*, ce sont souvent les procureurs (les avoués) qui remplissent toutes les fonctions de la justice de La Châtre :

Ainsi je trouve « Maître Louis Baucheron ancien procureur faisant fonction de *juge* à cause de la minorité de M. le prevost et la vacance de l'office de Lieutenant de la prevosté — Maître Pierre Tortat procureur en ladite prevosté faisant fonction de Procureur du roy ». — Je trouve aussi, en 1770, « Maître Louis Baucheron faisant fonction de juge en l'absence de Messieurs les officiers de la prevosté — Louis Pouradier faisant fonction de procureur du roy », et en 71 « par devant M. le prevost et M. le Lieutenant particulier, François Lesseure procureur en la prevosté faisant fonction de procureur du roy » ; mais dans ces derniers cas, il s'agit seulement d'absences momentanées.

Le *Lieutenant de la prevosté* est à cette époque (1771) Maître Pierre Néraud de Vâvres. En 1784, M. Simon Cuinat de Charsai est *Assesseur* ou *Lieutenant assesseur*.

Néraud était greffier du baillage en 1685, Pierre Lamy lui succède — Yvernault est *Greffier de la prevosté* en 1758.

Parmi les hommes de loi agréés en cette justice, il faut d'abord citer les *Villain*, vieille famille de notaires et procureurs, dont le dernier, *Pierre Villain Des Roullets*, fut Maire de La Châtre. Je rencontre déjà en 1703 Michel Villain notaire et procureur fils de feu Jacques Villain notaire royal et procureur ès *sièges royaux* de La Châtre (les sièges royaux c'étaient l'Election, le Grenier à sel, etc.) Pierre Pallienne notaire et procureur ès justices de cette ville en 1707 — En 1714, J. de Lavau procureur au baillage fils de feu Germain de Lavau aussi procureur au baillage et de Françoise Carcat ; lequel J. de Lavau épousa en 1713 Marie Pallienne fille de demoiselle Selleron et de Pierre Pallienne procureur en l'Election et au baillage. — A la même époque ou un peu avant : André Perault, André Barbadault, Jean Lépine et feu Phil. Baucheron des Ormeaux, procureurs ès juridictions de cette ville. — Germain Baucheron, époux de Marie Bernard, et J.-Et. Pithoureau, procureurs en toutes les juridictions royales, ce dernier « directeur de la formule » — En 54, Louis Baucheron procureur en la prevosté. — En 59, Louis Pouradier de Penneroux, époux de Mariette Dupuy, procureur ès juridictions. — François Lesseure en 71 et Gabriel-Antoine Tortat en 87, que nous retrouverons sous la Révolution.

Je trouve en 1700, Ch. Besse huissier ou sergent royal, Aupetit huissier royal en 1713 — Ragot était *huissier-audiencier* de la prevosté en 1755 — Petitpez *huissier* royal en 1789, Gabriel Desfousses huissier royal en 40 et 50, Yvernault *sergent* royal en 40 huissier royal en 50 — Saint-Loup *sergent royal* en 39 et huissier royal en 53 — Rousset *sergent* en 1712 — Gabriel Pelletier huissier royal en la prevosté en 74 — Etienne Laurent est *sergent royal* en 64, *huissier royal* en 75 — Savary paraît désigné indifféremment par les titres de *sergent* ou *d'huissier royal* vers le milieu du siècle ; ce qui prouve qu'à cette époque les fonctions *d'huissier* et de *sergent* différaient peu ou point du tout. — Cette fusion s'était faite depuis longtemps, à mesure de la transformation de l'ancien emploi *d'huissier* spécialement chargé du service de la porte (huis), et de la fonction moitié militaire des *sergents de justice* du moyen âge, qui faisaient à la fois, le service externe de nos huissiers actuels et celui de nos gendarmes.

Nous avons vu que l'*Auditoire*, siège de la Prevosté, était, en 1751, au-dessus de la Chambre de Ville, jouxtant le Collège. — Dans un bail passé, en 1694, entre les bouchers et le Chapitre propriétaire des Halles, je lis ces mots : « le dernier ban du costé de l'Auditoire ». — L'Auditoire était donc alors sur la Grand'Place. C'est sans doute lors de la transformation du Baillage en Prevosté qu'il fut transféré à l'Hôtel-de-Ville.

Je n'ai trouvé d'autres avocats que des *avocats en Parlement,* qui étaient, comme nous l'avons déjà dit, des avocats n'exerçant pas ladite profession. — Je trouve à ce sujet, dans la biographie de Rochoux de la Bouïge de M. Massereau, la prestation de serment suivante, qui était, sans doute, la seule formalité requise pour obtenir le titre d'*avocat en Parlement :*

« M. J.-B. Rochoux, présenté par M. Mouricault. Extrait des registres matricules des avocats reçus au jurement en la Cour de céans...... et qui ont fait le serment accoutumé. — Fait en Parlement le 26 novembre 1776. » — Rochoux, connu sous le nom de Bailli de la Bouïge, était bailli de Neuvy et licencié en droit.

L'ÉLECTION était un bureau et un tribunal administratif, une juridiction financière jugeant en matière d'impositions royales dont les principales étaient les *tailles* (ou impôts directs) et les *aides* (ou impôts indirects).

L'Election a toujours été une juridiction royale — alors même que le baillage de La Châtre était seigneurial — et ses officiers juges qu'on appelle les *Elus* prennent toujours le titre de *Conseillers du roy.* — Disons, du reste, une fois pour toutes, que tous les fonctionnaires royaux étaient et s'intitulaient CONSEILLERS DU ROY, « Conseiller du roy, Elu en l'Election de La Châtre — Conseiller du roy et son procureur en la prevosté ou au grenier à sel, c'est-à-dire procureur du roy — Conseiller du roy et son Grenetier, etc...... » Nous reproduirons de temps en temps ce titre de Conseiller du roy qui se trouve si souvent dans les actes authentiques.

Le nom d'*Election* s'appliquait au tribunal qui jugeait, au bureau qui administrait et à la circonscription territoriale, beaucoup plus étendue que le ressort de la prevosté. Quand au mot *élection,* il n'y faut chercher aucun rapport avec ce que nous appelons aujourd'hui du même terme.

L'Election de La Châtre se composait de : un *Président,* quatre *Elus* ou Conseillers, un Procureur du roy, un *Greffier* en chef et quatre procureurs (avoués). — Les *Receveurs des Tailles,* le *Receveur des Aides* et ses *Commis* relevaient de l'Election.

Les conseillers du roy, *Elus,* se rencontrent à chaque pas chez les notaires : en 1700, François Lecamus officier de l'élection et du Grenier à sel et Jean Pez (M. du Plessis) *Lieutenant criminel* en l'élection — feu Blanchard président de l'élection, 1703 — Louis Deligny président de l'élection en 1713 et Théophile Parnajon aussi président en 1736 — Guillaume-Georges Périgois Elu en 1740 et Cuinat en 61, Laisné de Tary Elu en 1750 et Lecamus de Vallidé, époux de demoiselle Dorguin de Corsange, en 1784. — En 1760, Maître Selleron de Courtillet, époux de Catherine Cuinat de Villebois, *procureur du roy* en l'élection, auquel succéda Jacques Bernard dans les dernières années de l'ancien régime. — En 78, Cuinat des Chaumettes est conseiller du roy et *substitut* de son procureur en l'élection. — En 1704, Pierre Selleron de Cheny, époux de Anne Bernard est conseiller du roy *contrôleur en l'élection*.

Louis Baucheron, frère ou cousin du notaire, fut très longtemps *Greffier* en chef de l'élection; il avait succédé à Pierre Lamy qui l'était en 1710, et qui avait lui-même succédé à Jacques Lamy.

Mais ce qu'on trouve surtout parmi les officiers de l'Election, ce sont des Thabault, des Baucheron, des Duris et des Dorguin.

Les *Thabault* de la Terrée sont *présidents* en l'élection de père en fils, Pierre Thabault l'était déjà en 1696. — Nicolas Thabault, époux de Marie Grillon, laisse sa charge à son fils Blaise qui épouse, en 82, la fille de Jean Desfousses de la Charpaigne et de Marie Tayon. Ils habitaient la maison de la rue de Bellefonds qui fut depuis au général de Beaufort. — Les Thabault de Charsay ou de Jarsay furent longtemps *procureurs du roy* : Pierre Thabault, époux de Marie Pataud, « conseiller du roy et son procureur en l'élection générale de La Châtre » dans les premières années du XVIII° siècle; puis Jacques Thabaud de Jarsay en 1730.

Les *Baucheron* sont *Elus*, depuis J.-B. Baucheron Dupleix qui l'était à la fin du XVII° siècle, jusqu'à son petit-fils, Joseph Baucheron de Boisvignault, époux de Ursule Peron, lequel tenait sa charge de son père, Gilles Baucheron-Dupleix. Sa mère, Jeanne Thabault, était elle-même fille d'un Elu, G. Thabaud de Chantôme. (Voir le Tableau Généalogique ci-joint).

François *Duris* était conseiller du roy *Lieutenant criminel* en l'élection de La Châtre en 1700; et je trouve parmi les *Elus* depuis 1760, Simon Duris, fils de Phil. Duris bourgeois et de Marie Villain, lequel épousa Marguerite Letellier.

J.-B. *Dorguin* était *Lieutenant* de l'élection générale de La Châtre en 1712. En 1776 Ch. Dorguin *Elu*, fils de Dorguin de Lagrange et de Marie Delavau, épousa la fille de Maître Jean Le Breton de la Vernelle conseiller du roy, receveur des impositions en l'élection de

La Châtre et de Claudine Perault, nièce de Perault seigneur de Mongivray.

Il y avait des procureurs en toutes les juridictions : quelques-uns étaient spécialement *procureurs en l'élection*, tels : Etienne Villain, fils de Jean Villain notaire et procureur, et Blanchard de Sagrolle en 1720. — De même il y avait un Huissier spécialement attaché à l'élection, l'*Huissier des Tailles* si redouté des taillables (contribuables) ; Jean Bernard succède en 1709 à Jacques Aupetit comme huissier des tailles ; et nous trouvons Gabriel Desfousses à cet emploi en 42, après Louis Besse en 1720.

Je trouve au bureau des AIDES (contributions indirectes sur les vins et autres matières), en 1713, Jouesme, époux de Agathe Barjon, directeur ; en 1731, François Prevost de Saligny, *directeur et receveur général des aydes et autres droits y joints* ; lequel avait succédé à André Fretel, « de present fermier des forges de Crozon et fourneaux de Cluis-Dessoubz en dépendant ». — Et Lefebvre directeur des aides et droits y joints de l'élection et régie de La Châtre, demeurant au *bureau général* des susdits droits, rue St-Jacques, paroisse de St-Germain.— Vient ensuite le sieur Plouvier directeur des Aides en 1759, qui fera parler de lui, beaucoup ; et Pierre Morand en 73. — Ces directeurs ou receveurs avaient sous leurs ordres deux *commis* qu'on appelaient déjà des *rats de cave*, tels : au milieu du siècle, Louis Baucheron commis buraliste des aides, et « Renoulx commis à l'exercice des Aides de La Châtre *à cheval*, au département de la banlieu ». Sylvain Périgois, plus tard M. de Labarre, *Commis à cheval* en 1774.

A citer encore quelques employés tels que Subatier marchand et garde magasin des poudres et salpêtres, *commis des fermes* de Sa Majesté en 1756. — En 1770, Pierre Pallienne bourgeois « commis *receveur des consignations* et commissaire aux saisies-réelles en la prevosté royale de cette ville et justices y ressortissant » et en 1712, Jean Pallienne « commis à la délivrance des notes ».

Parmi les RECEVEURS DES TAILLES (impositions directes) nous trouvons Pierre et Barnabé Perron au commencement du XVIIIᵉ, les Delagoutte du Viviers, dont l'un fut Maire de La Châtre en 1761. Mais la recette des Tailles était surtout le domaine des Letellier, une des familles de la plus ancienne et haute bourgeoisie de La Châtre.

Dès le commencement du XVIIᵉ siècle, nous rencontrons Nicolas

Le Tellier, Receveur des Tailles. Son fils, né en 1611, Noble Léon Le Tellier, épouse noble femme Michèle Guéry ; et son petit-fils. noble Jean Le Tellier seigneur d'Angibault et du Montet, né en 1643, eut, en 1673, de Magdeleine Chauveton, son épouse, Pierre Letellier, lequel épousa en 1695 Marie Chabenat de Lignerolles et fut *receveur des Tailles* en l'élection de La Châtre. — De ce mariage naquit, en 1706, François Le Tellier d'Angibault, *Ecuyer, Receveur des Tailles* marié en premières noces à Marie Baucheron et en secondes noces à Eléonore Thubaud de Bellaire, et qui eut, du premier lit, en 1732, Pierre Le Tellier, lequel épousa Marguerite Peyrot de Monneroux, père et mère de François Letellier que nous nous allons trouver *conseiller du roy et son Grenetier ou Grenier à sel* ; né en 1763, il avait 36 ans quand la Révolution éclata, nous l'y verrons *commandant en chef de la garde nationale* en 92, puis *administrateur du district* (arrondissement de La Châtre). — Marié à Madeleine Pouradier de La Motte, il en eut, en 1793, Pierre Letellier, bachelier en droit, époux de Laurence Néraud, dont le fils, M. Anatole Letellier Desjobert, est mort récemment.

A signaler encore Françoise Le Tellier, épouse de Louis *Tixier*, conseiller du roy et *Receveur des Tailles*, dont la fille, Marguerite Angélique épousa en 1692 Pierre *Dorsanne seigneur de Montlevic* capitaine au Régiment de Mgr le Dauphin.

Il y eut d'abord un *Receveur des Tailles* en notre élection, et ensuite deux désignés sous le nom de *Receveurs alternatifs,* exerçant l'emploi alternativement, chaque année ; Mᵉ Letellier, par exemple, est *en exercice* une année, Barnabé Perron est *en exercice* l'année suivante. — L'Etat, toujours à court d'argent, créait des places et toujours des places : les offices *alternatifs* furent une des inventions extrêmes de l'ancien régime.

Toûtes ces charges ou offices de *Conseillers du Roy*, Elus, Receveurs des Tailles, Présidents ou Procureurs du roy aux diverses juridictions, avaient été *vendues* à leur création. Dès lors elles étaient la propriété des titulaires et de leurs épouses ; elles se revendaient ou se transmettaient comme aujourd'hui les études de nos officiers ministériels. — C'est ainsi, par exemple, que Charles Périgois vend, en 1774, à Sylvain Duplomb, ancien *contrôleur de la marque des cuirs,* et moyennant quatre mille livres, « le titre et office de conseiller du roy élu en l'élection, dont ledit vendeur est pourveu et paisible possesseur ». A la vérité il fallait obtenir du roy des *lettres de provision,* par lesquelles on était *pourveu* de l'office ;

mais il suffisait pour cela de payer une finance et d'avoir un certificat de religion catholique. — Pour être cordonnier ou épicier, il fallait faire un apprentissage ; pour être juge il suffisait d'être fils de juge ou d'avoir quelques mille livres à placer. Car c'était un bon placement, accompagné de l'exemption de la Taille (principal impôt direct) et de la plus terrible des corvées : *la Collecte* des impositions.

Plusieurs des officiers de la Prevosté étaient *avocats en Parlement* ; mais en général les juges de province avaient la réputation de grande ignorance. Furetière, dans son Dictionnaire est particulièrement dur pour ceux des Elections ; voici ce qu'on y peut lire :

« *Esleu* : officier royal subalterne, ignare et non lettré et sans degrés (sans grades universitaires), qui connaît en première instance de l'assiette des tailles, aides, subsides et autres impositions, et des différents qui surviennent en conséquence. »

Quoiqu'il en soit des degrés d'instruction, nos Conseillers de l'Election de La Châtre vinrent les premiers à l'Hôtel-de-Ville offrir le sacrifice de leurs privilèges, dès la première heure de la Révolution. Beaucoup disaient de grandes paroles ; leur acte fut unique et mérite d'être rapporté. Ces officiers étaient MM. Boucheron de Boisvignault, Dorguin de Corsanges et Bernard, ayant à leur tête M. Duris le doyen de l'Election.

Le GRENIER A SEL était, comme chacun sait, au coin de la place du Bosquet et de la rue du Paradis, dans la maison actuellement occupée par M. le capitaine des pompiers Gallais. — C'était à la fois un dépôt de sel et le siège d'une juridiction, jugeant toutes les questions relatives aux *Gabelles*.

Ce qu'était l'impôt de la Gabelle, soit en notre ville de La Châtre, soit dans les paroisses d'alentour, ne se peut expliquer en quelques mots ; vous en trouverez le détail en la *Seconde Partie* de cet ouvrage. Nous dirons seulement ici que le sel, chez nous, était « *sel d'impôt* », chacun était obligé d'en acheter, *devait en lever* une certaine quantité au Grenier à Sel, quels que fussent d'ailleurs ses besoins ; et ce « *sel de devoir* » devait servir uniquement « *au pot et à la salière* ». Le sel destiné aux salaisons — et l'on salait un cochon dans presque toutes les maisons — devait être acheté en plus, soit au Grenier soit au *Regrat*, chez le *regrattier* ou marchand de sel au poids ou à la petite mesure.

13

GRENIER A SEL De La Châtre

1er DEVOIRS DE GABELLES

LE *23e* jour du mois d'*avril* 1777. *Jacques Pirot* de la Paroisse de *La Châtre* a levé au Grenier la quantité de *quart de quart* sel qu'il a déclaré employer à l'usage du pot & salière seulement en conformité de l'article 7 du titre 6 de l'Ordonnance de 1680. & en cas que les Employés de Gabelles dans les visites & perquisitions qu'ils feront au moins une fois par semaine trouvent chez lui des salaisons sans justifier & rapporter le billet du sel levé pour grosses & menues salaisons, il sera poursuivi pour être condamné en l'amende de 300 liv. suivant l'Arrêt du Conseil du 25 juillet 1719. & Lettres-Patentes expédiées sur icelui le premier Août de la même année, registrées ou besoin a été.

V..

Le *billet de Gabellement* (1) reproduit ci-contre, en grandeur naturelle, en dira suffisamment long à ce sujet. — Les caractères italiques indiquent les mots écrits à la main. Tout le reste est imprimé. Le papier est couleur bure.

L'Election de La Châtre était un *pays de Grosse-Gabelle*; le sel y était beaucoup plus cher et l'impôt plus lourd et vexatoire que dans les provinces voisines, la Marche et le Limousin qui étaient *pays de Franc-Salé*. Aussi le *faux-saunage* ou contrebande du sel était commun en notre contrée frontière ; et la prison de La Châtre a vu bien des *faux-sauniers*.

Les impôts directs (taille, capitation, vingtième.....) étaient en régie ; les impôts indirects, Aides et Gabelles, étaient en ferme. Les questions concernant « *les fermes du roy* » relevaient des juridictions royales : Election, Grenier à sel et Traites foraines. — Les *fermiers généraux* avaient à leur service, non seulement des receveurs, directeurs et commis, mais encore une véritable armée pour la surveillance des contrebandiers. — Ainsi je trouve, vers 1705 : Pierre Vauvielle *Lieutenant de la brigade* de La Châtre, Pierre de la Charmoise Garde des Gabelles de la brigade de cette ville. — En 1755, André Lépine *capitaine des Gabelles* ; et en 1711, Jean Moreau « capitaine de la brigade à la dragonne establie par Sa Majesté en la ville d'Aigurande » qui est sans doute de la troupe des Gabelles.

Je trouve encore, en 1702, Jean Roblastre, époux de Catherine Bauchéron de la Vauverte, *lieutenant des Gabelles* à La Châtre ; mais celui-ci pourrait être un officier de justice comme Jean Porcher *lieutenant criminel* au Grenier à sel en 1714.

La juridiction du *Grenier à sel* comprenait, au milieu du siècle dernier, un *Président*, un Elu ou *Grenetier*, un *Contrôleur* Elu, un *Procureur du Roy*, un *Greffier en chef* et des procureurs (avoués). — Le *Recevoeur* qui était par commission.—Sans compter les *Gardes sédentaires* et autres employés subalternes.

Les *Baucheron-Dupleix* étaient présidents au XVII· siècle, mais tout le long du XVIII·, nous trouvons presque constamment ce

---

(1) Ce *Billet de Gabellement*, à mes yeux plus précieux qu'une médaille, m'a été donné par mes amis et cousins Armand Arnault, avec bien d'autres souvenirs de l'ancien temps. D'ailleurs, leur mémoire est pour moi une véritable mine de renseignements, et j'en use souvent.

siège occupé par les *Porcher de Lissaunay*. François Porcher de Lissaunay Conseiller du roy, Président au Grenier à sel en 1700, maria sa fille, Marie-Anne, à Phil. René Porcher de Villechère, sieur des Guinards, et laissa sa charge de président à son fils François II P. de Lissaunay, lequel épousa en 1744 Ursule Baucheron Dupleix et mourut en 1766, laissant deux filles : Anne-Marie, mariée en 1733 à Jacques Cuinat *contrôleur au Grenier à Sel*, qui fut *maire* sous la Révolution, et Sous-Préfet de l'Empire ; et deux fils : l'un, Phil.-Alex. Porcher de Lissaunay, Docteur en théologie, chanoine, vicaire, puis curé de La Châtre après la Révolution, auteur d'une Histoire de Vaudouan, mort en 1826. Le second fils, Gilles Porcher, qui fut quelque temps *Président au Grenier à Sel*, et qui devint *Comte de Richebourg* et Pair de France. — Né en 1745, il épousa Mademoiselle J.-El. Robin-Delaronde, et mourut en 1825. (Voir plus loin le Tableau Généalogique).

Nous trouvons encore parmi les *présidents* du Grenier à Sel : en 1749, Maître Jean Porcher de la Forest qui était en même temps officier de l'Election ; double emploi assez commun au commencement du siècle. En 1766, *Joseph Baucheron de Boisvignault*, fils de *Gilles Baucheron-Dupleix*, frère de Gilles Baucheron-Dupleix subdélégué de La Châtre, et beau-frère de François II Porcher de Lissaunay.

Voici encore un mariage du Grenier à Sel : Pierre Peron de Charasse que nous trouvons conseiller du roy *Grenetier* en 1729, fils de Pierre Péron d'Acre, conseiller du roy, *contrôleur* des Gabelles, avait épousé en 1714 la fille de maître Pierre Sabardin de Villette, docteur en médecine, conseiller du roy, *Receveur* des Traites et Gabelles au Bureau de La Châtre, et de Jeanne Parnajon.

Le siège de *Procureur du Roy* au Grenier à sel est la propriété de la famille Letellier : il est occupé en 1703 et en 1750 par Pierre *Letellier d'Angibault*, époux de Marie Chabenat, et en 1785 par François Pataud du Mas époux de Catherine Letellier. En 70, François Letellier était *substitut* du procureur du roy au Grenier à Sel.

Nous citerons encore parmi les officiers et employés du Grenier à sel : en 1701 Claude Rossignol, conseiller du roy, *commissaire et vérificateur* général des Gabelles — en 1714 Pierre Péron d'Acre, époux de Françoise Letellier, *contrôleur au Grenier à sel* — en 1742 Blaise Pataud de Lolière, docteur en médecine, *receveur* des Gabelles — **Pierre Letellier** *grenetier* en 85 — Germain Laisnel de Cosnet *grenetier* en 1753. — Pierre Maillaut, époux de Marie Desfousses, fut très longtemps *Greffier en chef* du Grenier à sel ; il avait succédé à Etienne Lamy et à Aupetit sieur de la Loge. — En 1711, Jean Aupetit, huissier royal, est *commis* au Bureau des Gabelles — Jean Cluis *commis* à la recette des Gabelles et Clément Daujon *Garde sédentaire* en 49.

Messire Jean Jérôme Bardon, seigneur d'Ars, *secrétaire du roy, Receveur des Gabelles* au Grenier à Sel de La Châtre, eut pour successeur son gendre *Charles Périgois* qui occupait encore cet emploi pendant la Révolution. C'est lui qui présida en 1790 à la liquidation du Grenier à Sel.

Avant d'être *Receveur des Gabelles* Charles Périgois était officier en l'Election; nous l'avons vu vendre son office en 1774, l'année même de son mariage avec Gabrielle-Edmée Bardon. — Après la formation du Département de l'Indre et du District de La Châtre, il fut le premier *Président du Tribunal* de notre arrondissement, et plus tard *Député au Corps Législatif* pendant toute la durée du premier Empire. — Son petit-fils, notre concitoyen, M. Ernest Périgois, a été comme lui Député de l'Indre, après avoir été Préfet de la Creuse.

Cette famille n'est pas très ancienne en notre pays. Je trouve la date exacte de l'arrivée des *Périgois* à La Châtre, dans le contrat de mariage de Georges Périgois, en 1710 avec J. Marie Sabardin, fille de Pierre Sabardin, docteur en médecine, conseiller du roy, *Receveur des Gabelles* et de Jeanne Parnajon. — Dans cet acte authentique on voit : « *Georges Périgois* chargé des affaires du roy demeurant à Bourges depuis quelques années, fils de feu *Georges Périgois* bourgeois de Paris. »

Il est clair d'après cela que le premier des Périgois, venu à La Châtre en 1711, était parisien, « chargé des affaires du roi », c'est-à-dire employé dans les fermes générales ; c'est vraisemblablement son emploi qui le mit en relation avec le docteur Sabardin *Receveur au Grenier à sel* de La Châtre.

Il succéda à son beau-père, car nous trouvons en 1714 Georges Périgois *receveur des gabelles* ; plus tard, en 1740, il est officier en l'Election. On commence à l'appeler *Périgois de Condé*, nom qu'il laisse avec ladite métairie à l'un de ses fils *Germain Périgois de Condé* qui épousa Marie Audoux ; l'office de l'Election passe à un autre fils *Guillaume-Georges Périgois* qui fut deux fois *Echevin* en 65 et 70 et mourut en 71, laissant trois filles et deux fils. — Il les avait eus de son mariage, en 1740, avec Marie Pouradier fille de Jean

Pouradier marchand-fermier et de **M.-A.** Néraud de Villegondoux, ladite demoiselle Pouradier veuve de Pierre Parnajon des Preugnes, bourgeois.

L'une des filles, Anne-Marie Périgois, épousa Charles Péron, fils de Péron de Laforest qui tint une si grande place à l'Hôtel-de-Ville de La Châtre, et dont les derniers descendants sont M. et Mlle Gaudeffroy-Champdavid. — Une autre, Marguerite Périgois, fut mariée en 79 à J.-B. Papet ; c'est la grand'mère de *Hip. Baucheron de Boisvignault* auteur d'une étude inédite sur La Châtre, du docteur Gustave Papet, de la bienfaitrice Mademoiselle Hermance Papet, et des Thabaut-Deshoulières. — Des deux fils, le plus jeune, Sylvain Périgois, d'abord employé aux Aides, hérita de la demoiselle Pouradier sa mère du domaine de la Barre dont il prit le nom ; on l'appelait toujours M. de Labarre. — Tandis que l'autre, Charles Périgois, eut de son père l'office d'Elu et de sa dite mère la maison de la rue St-Jacques, aujourd'hui à M. Bouquin après avoir appartenu aux Moulin notaires.

Le fils de Charles Périgois, H.-L.-G. Périgois, fut receveur d'enregistrement à Neuvy ; il épousa Fr.-Phil. Thabaud, dont il eut plusieurs enfants, entre autres M. Ernest Périgois. (Voir plus loin le Tableau Généalogique).

———

Les **Traites Foraines** c'étaient les douanes intérieures du royaume, les droits que payaient certaines marchandises, soit à l'entrée, soit à la sortie de certaines provinces ou groupes de provinces. — La Châtre se trouvant aux frontières de La Marche, avait un *bureau principal* avec bureau secondaire à Cluis, tenu par un *Receveur des Traites*. — Le bureau de La Châtre était de plus une juridiction, jugeant du contentieux des Traites foraines ; il se composait de un *Président*, — un *Lieutenant* (second juge) — un *Procureur du roy* — un *Greffier* — un *Contrôleur*.

En 1700, Bonin de Corlay, époux de Marie Blanchard, est *Lieutenant* aux Traites de cette ville ; en 1714, Jean Porcher, lieutenant criminel au Grenier à sel est en même temps *président* aux Traites. et Pierre Sabardin de Villette est à la fois *receveur* des traites et gabelles au Bureau de La Châtre. — François Pasquet était procureur du roy aux Traites avant 1716, et Bourdeau des Marets occupe le même office en 1762. — Péron de Charasse *controleur* en 1770 succède à

Pierre Lefort.—Germain *Dorguin* de Lagrange, est conseiller du roy, *président* aux Traites en 78, Jean-Charles *Dorguin* des Bergeries, conseiller du roy et son procureur aux Traites foraines en 1767 ; auquel succède Pierre *Dorguin*

Toutes ces juridictions existaient encore en 1790. Il y avait donc à La Châtre, au commencement de la Révolution, une trentaine d'officiers de justice, conseillers du roy, dont quatre présidents et *cinq procureurs du roy* en y comprenant le procureur syndic ou procureur du roy à l'Hôtel-de-Ville.

Il convient de joindre aux fonctionnaires ci-dessus nommés, un *entreposeur de tabac* : en 1753 demoiselle Jeanne Souperon *directrice du tabac*. Un *contrôleur de la marque des cuirs*, un *commissaire de police* (Claude Gource en 1752 — Sylvain Morat en 75 — Labonne en 88) ; et le *contrôleur des actes de Notaires* (directeur de l'enregistrement) poste occupé par Bourdeau en 1709.

Les *Desfousses* sont de père en fils, *contrôleurs des actes* et en même temps *receveurs des Domaines* ou, comme on dit plus souvent, *fermiers des Seigneuries de La Châtre, le Magny et Montveillé*; *fermiers* aussi de l'archevêque de Bourges, pour la levée de quelque dîme infime. — Je trouve en 1702, un Sylvain Desfousses *assesseur de la ville* (?) ; Gabriel Desfousses, huissier royal à Sainte Sévère en 1712, est sergent royal à La Châtre en 1733 : l'un de ses fils, François Desfousses, est procureur (avoué) au Bailloge de La Châtre, sa fille Marie, épouse Pierre Maillaud qui fut si longtemps Greffier en Chef du Grenier à Sel. Un second fils, Sylvain Desfousses, époux de Anne Chicot, mourut vers 1745 laissant un enfant mineur Gabriel-François.

C'est sans doute pour le distinguer de ce Sylvain, qu'on désigne le contrôleur des actes et fermes des domaines en 1740 par le nom de Sylvain Desfousses le jeune. — Celui-ci eut de demoiselle Lépine son épouse, trois enfants, dont les deux premiers épousèrent deux demoiselles Lecamus : l'un, Sylvain *Desfousses de Tranzault* fut marchand de drap et soye ; l'autre, Germain, hérita de la charge et emploi de son père, qu'il laissa lui-même à son fils, né en 1753, connu sous le nom de *Desfousses de Fragne*. De 84 à 90 il eut cinq enfants de sa femme Marie Néraud de Vavres.

Le troisième fils de Sylvain Desfousses-Lépine, porta le nom de

Desfousses de la Charpagne, nous l'avons déjà trouvé *directeur de la poste* en 1760, emploi qu'il occupa pendant plus de vingt ans. Il épousa Marguerite Tayon, fille du notaire, il fut ainsi beau-frère de Louis Selleron de Lalœuf. Sa fille, Anne Desfousses, épousa Thabaud de la Terrée *président de l'Election* qui mourut vers 1787. Son fils, Louis Germain, fut un enfant prodigue, allant à Paris, dissipant sa fortune, faisant le désespoir de sa famille. En 1788, son père le déshérite, lui achète l'office de président de l'Election et charge sa sœur Anne de lui servir une pension annuelle de 600 livres.

Desfousses est écrit quelquefois *Desfaussses* et *Desfosses*.

Il y avait à La Châtre quatre *notaires royaux* (1) pouvant instrumenter dans tout le ressort des baillages de Châteauroux et d'Issoudun. — L'une des études fut occupée, pendant presque tout tout le cours du XVIII· siècle, par les Chabenat et Berchon-Chabenat, qui succédèrent aux Tayon et qui eurent pour dernier successeur, avant la Révolution Guillaume Fleuret. C'était l'étude du Grenier à Sel, et l'on y trouve tous les marchés passés par les Fermiers généraux. — Les Deligny se succèdent aussi de père en fils, en l'étude de M· Pallienne leur prédécesseur, qui appartient, dans la deuxième moitié du siècle, à Bonnin, Doré et Delavau ; ils sont spécialement chargés des affaires des Carmes. — Les Delavau et les Pajot sont deux vieilles familles de notaires, tabellions, garde-notes héréditaires, comme on disait jadis. — Il y eut aussi parmi les notaires, plusieurs Tortat, un Perault, un Blanchard, un Boucheron, un Savary, un Dorguin. — L'étude de M· Louis Baucheron, qui avait appartenu à Sylvain Villain Desroulets, fut une des plus importantes et des mieux tenues. Louis Baucheron était *notaire royal et apostolique* ; aussi les archives de cette étude sont très riches en documents relatifs au Chapitre.

Plusieurs Villain et autres furent à la fois notaire et procureur. Et, à côté des *notaires royaux* et des *procureurs* au baillage, prevosté et autres juridictions, il y avait de simples *notaires* dont les opérations étaient limitées au ressort d'une justice seigneuriale,

---

(1) Le *Tableau des Notaires* de La Châtre qui est affiché dans les études, n'est pas très exact ; j'y ai remarqué beaucoup d'omissions et d'erreurs.

et des *praticiens*, tels que « J.-B. de la Coste, demeurant au Château-Vieux en 1740 » ; c'étaient des hommes d'affaires plus ou moins recommandables.

Plusieurs de ces officiers ministériels étaient juges ou procureurs fiscaux dans les *justices seigneuriales* : Pierre Pallienne, notaire et procureur à La Châtre, est, en 1711, *Lieutenant*, et un peu plus tard *Bailli* de la *justice de Saint-Chartier*. — En 1721, Germain Boucheron, procureur ès juridictions de La Châtre, est Lieutenant de la justice de Sarzay. — En 1750, Jean Rochoux, notaire et procureur à Saint-Août est en même temps *Bailli* de la justice dudit Saint-Août.

Comme il n'y avait pas de Juges de Paix, les *Conciliations* se faisaient généralement chez les notaires. Exemple : en 1775, le sieur Rochoux, marchand, demeurant en la paroisse de St-Paxant de Cluis-Dessous, étant à la foire de Neuvy, dans le champ de foire dudit lieu, a proféré contre Ravaud marchand à La Châtre, des injures blessant sa reputation. — Rochoux reconnaît, *devant Baucheron notaire*, la probité de Ravaud et lui fait réparation desdites injures ; il le reconnaît pour homme d'honneur ; c'est à tort qu'il s'est répandu en invectives contre lui. Il lui paye 6 livres pour tous dommages et intérêts. — C'est ainsi que l'on évitait « d'aller en justice réglée ».

Le *Subdélégué* était un fonctionnaire d'espèce particulière. Ce n'était point un officier, un conseiller du roi, c'était le représentant de l'*Intendant de la Généralité de Bourges*, choisi, nommé et changé par lui. D'ailleurs, sans gages ou appointements. — L'Intendant ou *commissaire* royal était, dans la province ou généralité, le représentant du pouvoir central, « *Intendant de police, justice et finances* ». Police était alors synonime d'administration ; en tant qu'Intendant de police, c'était un grand Préfet, mais il avait de plus la haute main sur la justice et les finances. — Rien ne se faisait sans « *le bon plaisir de Monseigneur l'Intendant.* » Quant à cette expression qui nous paraît si blessante : « sous le bon plaisir » elle ne signifiait en réalité le plus souvent que « avec l'autorisation, le visa, le contrôle...... »

Ennemis nés de l'ancienne puissance nobiliaire, détestés des gentilshommes, les *Intendants* étaient, en somme, les seuls défenseurs du Tiers-Etat. Sans doute il y en eut de bons et de mauvais ; mais en notre contrée, au cours du dernier siècle, il me semble qu'on n'a pas eu à se plaindre d'eux, au contraire.

M. Léon Tixier du Cluseau, qui devint beau-père de M. de Villaines, était *Subdélégué de l'Intendant* à la fin du XVII· siècle et au commencement du XVIII·, à la *Subdélégation* de La Châtre. — Pierre Le Tellier d'Angibault, fils de Jean Le Tellier, receveur des Tailles, fut subdélégué en 1740. Il eut pour successeur J.-Baptiste Baucheron-Duplaix qui était en même temps procureur du roy en la Prevosté, et qui laissa son nom de Duplaix avec ses charges et offices à son neveu Gilles Porcher-Duplaix ou de Lissaunay, qui devait être un jour le comte Porcher de Richebourg.

Jean Delavau, ci-devant procureur au baillage, est, en 1750, *greffier au bureau de la Subdélégation* ; son successeur J.-B. Savary occupa très longtemps ce poste.

Le tableau ci-joint des fonctionnaires de La Châtre mettra un peu d'ordre et de clarté dans l'esprit du lecteur peu familiarisé avec tous ces noms et emplois :

PREVOSTÉ ROYALE (justice ordinaire)

> 1 Prevost (président) qui est en même temps lieutenant général de police, commissaire enquêteur et examinateur
> 1 Lieutenant particulier, civil et criminel (vice-président)
> 1 Assesseur (juge)
> 1 Procureur du Roy
> 1 Greffier
> 4 Procureurs (avoués)
> 1 Huissier audiencier

ELECTION administration et juridiction relatives aux impositions royales : *Tailles* et *Aides*

> 1 Président de l'Election
> 4 Elus (quelquefois un Lieutenant de l'Election)
> 1 Procureur du roi (et quelquefois un Substitut)
> 1 Greffier en chef
> 4 Procureurs (avoués)

Bureau des Tailles (impôts directs)
   1 Receveur des Tailles
   ou 2 Receveurs alternatifs
   1 Huissier des Tailles

Bureau des Aides (impôts indirects)
   1 Receveur ou Directeur des Aides
   2 Commis des Aides ou des fermes

   1 Controleur de la marque des cuirs (avec
     un *porte-marteau*, nommé par les
     préposés ou fermiers des droits sur les
     cuirs)
   1 Entreposeur de tabac
   1 Directeur de la Poste
   1 Contrôleur des actes des Notaires (enregist.)

Grenier a Sel dépôt de vente et juridiction des *Gabelles*
   1 Président du Grenier à Sel
     (parfois 1 Lieutenant criminel)
   1 Grenetier
   1 Contrôleur
   1 Procureur du roi
   1 Greffier en chef
   Des Procureurs (avoués)
   1 Notaire
   1 ou des Regratiers (marchands au détail)
   1 Receveur des Gabelles
   Des Commis
   Des Gardes Sédentaires
   La brigade des Gabelles.

Traites Foraines Bureau et juridiction concernant les douanes
   intérieures du royaume
   1 Président des Traites foraines
   1 Lieutenant
   1 Procureur du roi
   1 Greffier
   1 Contrôleur des Traites

Sᴜʙᴅᴇ́ʟᴇ́ɢᴀᴛɪᴏɴ (arrondissement de la Généralité de Bourges)
1 Subdélégué de l'Intendant (sous-préfet)
1 Greffier

Mᴀʀᴇ́ᴄʜᴀᴜssᴇ́ᴇ

1 Brigadier de Maréchaussée
4 Cavaliers   id.

XXI

LES BOURGEOIS

Le Collecteur Porte-Bourse

Bourgeois a signifié d'abord et longtemps habitant d'une ville, d'un *bourg*. — Peu à peu les bourgeois se distinguèrent des *gens de commerce*, petits artisans et autre menu peuple. — Cependant *bourgeoisie* fut toujours synonyme de *Tiers-Etat*, comprenant les marchands et principaux artisans, les gens de loi et les bourgeois vivant de leurs rentes, à rien faire ou s'occupant seulement de leurs métairies. — Cette *classe moyenne*, urbaine, essentiellement intermédiaire, qui touche par la fortune à la *noblesse* et au *peuple* par le travail, se divise en espèces de sous-classes qui se subdivisent elles-mêmes à l'infini.

C'est surtout au cours du XVIII° siècle — ou plus exactement à partir de l'Edit de 1696 créant le *Grand Armorial de France* — que les *bourgeois vivant noblement*, ou comme on finira par dire : *bourgeoisement*, affectent, avec les gens de Loi, de se séparer des *marchands* ; et que l'on trouve dans les actes la qualification de *bourgeois* opposée à celle de *marchand*. — C'est l'argent ou la propriété foncière qui fait le bourgeois. — On dit qu'un israélite c'est un juif qui a fait fortune : on peut dire de même qu'un bourgeois est un marchand qui a gagné de l'argent ; et l'on peut poser en principe que tout bourgeois est un ancien marchand, fils ou petit-fils de marchand ; et que la plupart des nobles sont d'anciens bourgeois. — Mais, tout comme le gentilhomme, le *bon bourgeois* a une généalogie, une suite de générations d'ancêtres bourgeois et qui sont comme ses *quartiers de bonne bourgeoisie.* — L'argent, il faut bien le dire, remplace assez facilement le temps et le nombre, en cette hiérarchie ; pas toujours complètement, cependant.

Le bon bourgeois, absolument séparé du commerce populaire, reste lié, malgré qu'il en ait, avec les marchands, auxquels il se rattache par l'intermédiaire de la petite bourgeoisie des procureurs et des apothicaires, des chirurgiens et des fermiers seigneuriaux. — Au contraire, il cherche à s'ennoblir ou au moins à singer la noblesse. « Aujourd'hui, (1622) dit une des commères des *Caquets de l'accouchée*, l'on ne connaît plus rien aux habits ; tout est permis pourveu que l'argent marche : quand on parle à quelqu'un, on ne sait si l'on doit dire *Monseigneur* ou *Monsieur* simplement.» — *Paraître* devint un but pour quelques-uns, dont le nombre a toujours été croissant, et que la Révolution n'a certes pas diminué. Le mot lui-même, si expressif — *paraître* — ne date que de la régence de Marie de Médicis.

Selon la règle, qui passe pour générale, que la province était en retard d'un demi-siècle sur Paris : le désir de *paraître* et de se donner du *bel air*, ne vint que plus tard en notre pays. On peut être convaincu que, même au siècle dernier, le superflu n'avait pas remplacé le nécessaire en la très grande majorité de nos maisons bourgeoises, et que l'économie et le travail y régnaient avec la simplicité du costume et des mœurs, et une certaine honnêteté qui était leur honneur. — Si l'on trouvait souvent parmi les bourgeois de la gaieté et parfois même ce qu'on appelait l'*honnête homme*, (selon Bussy-Rabutin : un homme poli et sachant vivre), on rencontrait aussi, n'en doutez pas, des gens fort bourrus.

A Paris le titre de *bourgeois*, tout comme celui de *provincial*, a toujours été tenu pour ridicule par la noblesse et par d'autres. — On sait combien Molière s'est moqué, non des bourgeois en général, mais du sot qui veut faire montre et ostentation de vanité, en imitant le gentilhomme. En a-t-il corrigé un seul ? — Au fond, la comédie montre en les grossissant des travers moins aperçus dans la vie du monde ; elle n'a pas tort. Mais, au théâtre comme ailleurs, on ne voit jamais que les travers des autres ; et l'on y rit parfois de soi-même sans se reconnaître, en tous cas sans se corriger.

C'est un fait général, qu'au royaume de France presque tous les bourgeois, avant la Révolution, habitaient les villes ; et nous voyons, en effet, au cours du XVIII· siècle, des familles entières et fort nombreuses venir, de nos environs, s'installer à La Châtre : tels les Thabault, Thabault de Chantome, de la Terrée et autres, venus de Neuvy ; et les Pouradier, Pouradier de Penneroux, du Teil, de la Motte qui tous descendirent de Crevant, les uns après les autres, en notre ville. — Il en venait de Ste-Sévère, d'Aigurande, de la Marche, de l'Auvergne ; presque jamais du Nord.

Pourquoi cette émigration, cet exode de la vie rurale, cet abandon des domaines aux fermiers et métayers ? « *La collecte de la taille,* dit Turgot, change en bourgeois des villes presque tous les propriétaires roturiers des campagnes. » — Qu'était-ce donc que cette corvée tant redoutée de *la Collecte ?*

Tous les jours, sous l'ancien régime, on voyait passer par les rues, on rencontrait par les chemins, trois hommes, toujours les mêmes durant le cours d'une année : un bourgeois, un petit marchand et un vigneron. C'était les *Collecteurs des Tailles,* allant de porte en porte réclamer les impositions directes. — L'état n'avait trouvé rien mieux, pour lever l'impôt royal, que d'en charger les habitants, puisque cela se pratiquait ainsi déjà pour les impôts seigneuriaux. C'étaient de véritables *quêtes,* comme on disait au moyen âge.

Le *Bureau de l'Election* répartissait les tailles entre les paroisses de son arrondissement, et les *Collecteurs,* nommés par les habitants de chaque paroisse, étaient chargés d'abord de la *répartition,* individuelle et ensuite de la perception ou *collecte.* Et il leur fallait aller vingt fois en chaque maison pour arracher, livre par livre et sou par sou et deniers, le total de la cote d'imposition. J'ai maintes preuves de ce que je dis là, et j'ai trouvé dans les comptes et inventaires faits à la mort de gens fort à l'aise, des sommes dues aux Collecteurs, en retard parfois de deux ans. — Le plus malheureux de tous c'était le *Collecteur Porte-Bourse,* en réalité le seul responsable ; les deux autres n'étaient qu'*assistans.*

De 1750 à 70, je vois dans la *colonne* des Collecteurs :

Porte-Bourse : Pierre Villain notaire, Jacques de Courcelles, Hyacinthe Selleron des Raimons, Jacques Selleron de la Preugne, Jean Peschant de la Pouzerie, François Laisnel de Marembert, etc., tous *bourgeois.*

Premiers assistans : Sylvain Robert tanneur, Sylvain Desprunaux marchand, Gabriel Soulas taillandier, Léon Trotignon cassier, etc.

Seconds assistans : Touset *dit* Fait-tout, Jacques *dit* Blanchard, Nicolas Lory *dit* Chevreau, Sébastien Pedard, François Alamamy, etc., tous *vignerons.*

A partir de 72, les *Collecteurs porte-bourse* sont presque tous de la classe des marchands : Sylvain Chauveton marchand de drap en 72, J. Doré marchand boucher en 74, Gazonneau en 75, Moussa aubergiste en 73, Auclair marchand guestrier en 77.

La liste des *bourgeois proprement dits* était-elle épuisée ? C'est possible, car il était de règle à La Châtre qu'on ne passait *collecteur* qu'une fois en sa vie. Et je crois, d'autre part, que : ne pouvait faire partie du *Corps de ville*, qui n'avait passé par la *collecte.* — Quelques-uns, pour l'éviter, essayaient bien de changer de domicile légal, mais ce n'était pas facile. La *colonne* (des collecteurs) était dressée une dizaine d'annés d'avance ; et l'assemblée des habitants décide, généralement, que tel qui veut quitter la paroisse « *sera suivi* », c'est-à-dire que malgré ce changement il continuera à être porté au rôle des tailles.

Au reste, les *bourgeois proprement dits* n'étaient pas très nombreux, la plupart des rentiers étaient en place, et par conséquent exempts de taille et de collecte. — « On se plaint avec beaucoup de justice, dit Tocqueville, des privilèges des nobles en matière d'impôt ; mais que dire de ceux des bourgeois. »— C'est surtout cet amour des *offices* et des *commissions* — à la fois bon placement et cause d'exemption — qui attirait à la ville presque tous les propriétaires des campagnes. Et la présence de cès nombreux *officiers* attirait les autres bourgeois ; car le gout des réunions se développait de plus en plus au siècle dernier. On restait beaucoup moins chez soi, et le plaisir de *la compagnie* amenait à la ville toutes les personnes ayant quelque fortune : nobles et roturiers.

L'affreuse corvée de la *collecte,* qui devait revenir assez souvent dans les campagnes, n'était peut-être pas, en nos contrées, lu principale cause de désertion ; d'autant qu'on pouvait, à la rigueur, l'éviter. J'ai entre les mains des actes de notaires par lesquels des collecteurs de village se font remplacer par d'autres, moyennant une certaine somme ajoutée à la rétribution réglementaire

Lorsque l'illustre abbé Siéyès a écrit que le *Tiers-Etat* n'est rien et qu'il demande seulement à être quelque chose : il a dit une chose très inexacte. — Sans doute la bourgeoisie n'est guère à l'Armée, encore moins à la cour ; cependant, il ne faut pas oublier que Colbert, le grand ministre du grand roi, était un fils de marchand. — En réalité notre bourgeoisie de La Châtre avant la Révolution, occupe toutes les charges de judicatures, et plusieurs font partie de la garde du Roy ; on la trouve partout, à l'Hôtel-de-Ville. à la subdélégation, à la milice bourgeoise. ainsi qu'aux études de notaire et de procureur, au Chapitre, dans les cures et vicairies, dans les réunions et jusque dans les familles de la noblesse. Au moins les choses se passent-elles ainsi en notre petite cité, laquelle n'était pas, je crois, un cas extraordinairement exceptionnel. — Et, à la ville comme à la campagne, les bourgeois possédaient une bonne partie des terres, même des fiefs et terres nobles. — Le Bourgeois est si bien partout que ce chapitre spécial à la Bourgeoisie aurait pu être supprimé ; les noms et les actes de la plupart des bourgeois se trouvant disséminés dans tous les autres chapitres de cet ouvrage. — Je pense, toutefois. qu'il n'est pas sans intérêt de les présenter tous ensemble. Voici donc la liste des plus grandes et nombreuses familles de La Châtre avant la Révolution :

Les Dorguin, les Lecamus, les Pajot, Néraud, Baucheron étaient des plus anciennes familles de notre ville, avec les Villain, les Sabardin et Parnajon :

Dorguin des Bergeries, Dorguin de Condé, Dorguin de Lavau, Dorguin de Lagrange, Dorguin de Corsanges, grand'père du Représentant du peuple Fleury.

Néraud du Pondrond, Néraud de Villegondoux, Néraud de Vavres, Néraud de Bougazeau, Néraud des Mottes.

Baucheron Duplaix, Baucheron de la Brunerie, Baucheron de Boisvignault, Baucheron des Ormeaux, — les Louis Baucheron notaires et procureurs — les Beaucheron du Magny, du May, de Beauregard.

Les Selleron, peut-être un peu moins anciens, étaient extrêmement nombreux : Selleron de Courtillet, Selleron de Courcelles, Selleron des Raymonds, Selleron de Neuville, Selleron de Laleuf, Selleron Desforges, Selleron de la Croix-Blanche, etc...

Les Pallienne, les Audoulx, Dupuy, Tayon, Deligny, Chabenat, Bernard. habitaient La Châtre depuis longtemps, ainsi que les

Le Tellier, les Bourdeau, les Delavau, les Aumeur, les Cuinat, les Desfousses ou Desfausses, les Laisnel.

Letellier d'Angibault, Audoulx de Villejovet, Dupuy de la Villatte.

Cuinat de Vilieboy, Cuinat de Charsay, Cuinat des Chaumettes.

Desfousses de Fragne, Desfousses de la Charpagne.

Laisnel de Marembert, de Cosnet, de la Salle.

Bourdeau de Fontenay, Bourdeau des Marets, intimement unis aux Pataud : en 1700, Anne Bourdeau, fille de Claude Bourdeau de Fontenay, bourgeois, épouse Germain Pataud, fils de Jean Pataud des Chauvins, docteur en médecine et de Marie Bourdeau. — En 1716, son frère, François Bourdeau des Marais, fils du même Fontenay, épouse Jeanne Pasquet, fille de Françoise Pataud.

Ils étaient assez nombreux les Pataud : Pataud des Chauvins, Pataud du Portail, Pataud du Mas, Pataud de la Couture, Pataud Desoranges, etc.

Les Porcher, les Thabaut, les Pouradier, sont bien moins anciens en notre ville que les Dorguin et les Néraud :

Porcher de Lissaunay, Porcher de Villebois, Porcher de Vieilleville, Porcher de Labreuil, Porcher des Guinards, Porcher de Villechère, etc.

Thabaud de Chantôme, Thabaud de la Terrée, Thabaud de Pisseloup, Thabaud de Jarsay, Thabaud de Bellair. — L'homme de lettres connu sous le nom de *H. de Latouche* est né à La Châtre en en 1785 de Hyacinthe Thabaud de Latouche et de A.-M. Cuinat ; son grand'père s'appelait Hyacinthe Thabaud de Chantôme et sa grand'mère Marie Durys.

Pouradier de Penneroux, Pouradier de la Cour, Pouradier de Pavillon, Pouradier de Maugenest, Pouradier Duteil, Pouradier de Lamotte, Pouradier de Nouziers, Pouradier de Pérouze.

Aux quels il faut ajouter :

Les Périgois, Périgois de Condé, Périgois de Labarre — Pasquet de Villebertaux. — Les Peron, Peron de la Forest, P. d'Acre, P. de Charasse, les Pinon, les Duris, les Savary, les Lamy, les Tortat, les Gource : Gource de Rivarennes, Gource de Villars, Gource de Verneuil — les Fauvre : Fauvre d'Acre, Fauvre de la Pivarderie — Peyrot de Monneroux et d'autres.

A chaque mariage, soit au contrat de fiançailles, soit à l'église, on trouve de très nombreux représentants de ces diverses familles, parents ou amis des futurs époux. — Les mariages doubles ne sont pas très rares : tel par exemple M. Périgois marie ses deux filles le même jour, 4 février 1778, l'une à Jean Papet, l'autre à Charles Peron.

L'année suivante, le 20 avril, le sieur Lebreton de la Vernelle, receveur des impositions de cette ville, marie l'une de ses filles, demoiselle Lebreton du Petitbreuil, avec Germain Desfousses, ancien receveur de domaines, et l'autre, demoiselle Lebreton de Vilville, à Sylvain Laisné de la Salle, seigneur de Cosnet.

Le 14 septembre 1759, Louis Dupuy de la Villatte, veuf de demoiselle de Courcelle, avait marié ses deux filles, l'une à Pouradier de Penneroux, procureur ès juridictions royales de La Châtre, et l'autre à Baucheron des Ormeaux, bourgeois de La Châtre.

J'ai vu plusieurs fois des domestiques assister aux fiançailles ou contrats de leurs maîtres : j'en remarque trois au mariage, en 1714, de noble Pierre Sabardin, receveur des Gabelles, avec Antoinette Paris. — Au contrat de noble Gilles Baucheron, sieur Dupleix, futur époux de la fille de noble Guillaume Thabaud de Chantôme, Eslu, « *André Lidat, domestique* » a signé avec les parents. — Il semble que cette habitude s'est perdue au cours du XVIIIe siècle.

Les dots de deux ou trois mille livres sont les plus communes dans la bourgeoisie de La Châtre, constituées en terres, cheptel, vignes, maisons, offices, titres de rente (obligations), mobilier ou argent. — Dans l'une de ces dots de 3,000 livres, entre pour 2,500 livres un domaine de la paroisse de Chassignolles qui vaut peut-être aujourd'hui cent mille francs. Mais on se tromperait si l'on attribuait, à la seule variation de la valeur de l'argent, cette énorme plus value : des terres ont été améliorées, défrichées, ajoutées, des bâtiments construits : le domaine d'aujourd'hui porte le même nom que l'ancien, il est à la même place, mais ce n'est plus le même domaine. — Le reste de la dot est fait par des vignes comptées au vignoble des Crosses à 62 livres, et à Montgivray à 40 livres le journal.

Les bourgeois, leurs noms l'indiquent, possédaient la plupart des terres et métairies des alentours de La Châtre : Pataud du Portail, Pataud de Lolière, Dupuy de la Villatte, Pajot de Belleplace, Néraud de Vàvre, Blanchard du Chêne, Selleron de Laleuf, Porcher de Vieilleville, Porcher des Guinards, Gource de Rivarennes, Laisnel de Cosnet, Baucheron des Aubiers, de Genevrier, Baucheron du May, de Beauregard. — Un Cuinat avait la métairie des Oiseaux, Dorguin des Bergeries était propriétaire de la locature du Pré-Burat en 1760, Louis Dorguin de Condé possédait en 1741 « une métairie appelée *La Petite Grange*, située pas loin du pont du Lion-d'Argent de La Châtre, néanmoins paroisse de Montgivray »; son aieul Charles Dorguin l'avait déjà en 1650, Dorguin de *La Grange* l'avait encore en 1765.

J.-B. Baucheron,—
Duplaix
Elu en l'Election de
La Châtre, 1692

G. Thabaud de
Chantôme
époux de
Etien.Renée Ragon
Elu en 1730

Pierre Péron —
maire d'Issoudun
puis Receveur des
Tailles à La Châtre
époux de L. Dupuy

Gilles Baucheron-
Duplaix —
Elu en 1738
époux en 1713 de
Jeanne Thabaud

Thabaud de
Chamtôme
époux de
Marie Duris

Thabaud d'Archis

M.-A. Thabaud
épouse en 1733 de
Fr. Péron de
Laforest —
Echevin
Procureur Syndic
de 1765-70

J. et Th. Baucheron
Religieuses

J.B- Baucheron-
Duplaix
né en 1714
époux en 1758 de
Jeanne Souperon
Procureur du Roy
de la Prevosté
Subdélégué de
l'Intendant

Ursule Baucheron
épouse en 1744 de
F. Porcher de
de Lissaunay
Président au Grenier
à sel

Joseph Baucheron
de Boiscignault
époux en 1766 de
Ursule Péron
Elu en l'Election
Maire 1764-66

Pierre Péron de
Laforest

Louise Péron
épouse de
Fauvre d'Acre

Charles Péron
Receveur municipal
en 1784
époux de
A. M. Périgois

A M. Porcher de Lissaunay
épouse en 1733 de
Jacques Cuinat   —
Controleur au Grenier à sel
Maire
Sous-Préfet de La Châtre

Demoiselle Cuinat
épouse en 1784 de
H. Thabaud Delatouche
dont le fils, né en 1785, fut
Homme de lettres

Ph.-Alex.Porcher de Lissaunay
Docteur en théologie—Chanoine
Curé de La Châtre
Auteur d'une histoire de
Vaudouan (1817)

Gilles Porcher de Lissaunay—
(1745–1825)
époux de J-El. Robin Delaronde
Docteur en médecine
Président au Grenier à sel
Procureur du roy de la Prevosté
Subdélégué de l'Intendant
Maire —Député à la Convention
Sénateur de l'Empire
COMTE DE RICHEBOURG
Pair de France

J-B Porcher de Lissaunay
Comte de Richebourg
Pair de France

Anne Porcher de Lissaunay
épouse de
P. Fauvre de la Pivarderie—

J. Ursule Fauvre
épouse en 1796 de
Ch. Robin-Duvernet
Receveur particulier de 1803 à 35

Adelaïde Baucheron
épouse de
Thabaud Deshoulières

Josp.-B. de Boisvignault —
époux en 1797 de
Catherine-Elisabeth Papet

H.Baucheron de Boisvignault
auteur de Recherches inédites
sur La Châtre (1850)

Nicolas Néraud de Vâvres
époux de Gabrielle de Lavau
(premier Néraud de Vavres
fils de G. Néraud du Pondrond
et de Marie Blanchard)

Françoise Néraud du Pondrond
épouse de Gilbert Pataud
lieutenant de la justice de Cluis
en 1718
— Jean Néraud de Vâvres —
marié en 1726
à M.-A. Néraud de Villegondoux

Louis Néraud de Villegondoux—
marié en 1684
à Anne Selleron
(fils de Néraud du Pondrond
tous deux *fermier* de la
seigneurie du Magny en 1691)

Gilbert Néraud de Villegondoux—
époux de Marie Vivier

Jacques Néraud de Bougazeau—
époux de Françoise Bonnin

Charles Pouradier de la Motte—
époux de Fr. Bejaut
(de Crevant)

Georges Périgois   —   — Georges Périgois
(de Paris)   *receveur des Gabelles* en 1714
                                              époux de J.-M. Sabardin —
                                              (le premier des Périgois venu à
                                              La Châtre en 1711)

— Jean Pouradier de la Cour
marchand, époux en 1716 de
A. Néraud de Villegondoux
—Louis Pouradier de Pavillon
—P. Pouradier de Maugenest
époux en 46 de Marguerite
Néraud de Vâvres

Germain Pouradier
marchand
époux de Marie Ballade
(de Crevant)

Jean Pouradier de Penneroux—
époux de Marguerite Prevost

— Gilbert Néraud de Vavres
marié en 1754
à Solange Baucheron
{
— Laurence-Irma Néraud
épouse de Pierre Letellier
— Sylvain Desfousses-Néraud
— Pierre Néraud-Pinon
né en 1795 59
(père de Jules Néraud
dit *le Malgache*)

— Néraud de Villegondoux
curé de Montgivray

— Tayon des Sauzais-Néraud — Tayon-Pouradier de Nouziers

—Pierre Pouradier de la Motte
époux en 1744 de —
Catherine Prevost
(de Crevant)
{
—Sylvain Pouradier de Pérouse
—Jean Pouradier de la Motte
Prevost
époux en 70 de Magd. de Courcelles
—Pierre Pouradier de Nouziers
marié en 1771
à Marie Périgois

—Germain Périgois de Condé
époux de —
M. Audoux de Villejovet
{
—G.G. Périgois-Pallienne (1777)

— M. Catherine Périgois
mariée en 1733 à Sylv. Pajot — — Pierre Pajot-Palienne

— Guil.-Georges Périgois
Elu-Echevin en 1765
marié en 1740 —
à M. Pouradier, Vve Parnajon
—A. Pouradier Dame de la Cour
épouse de J. Bernard, *apothicaire*
{
— Charles Périgois-Bardon
Député
(grand'père de M. Er. Périgois)
— Sylvain Périgois de la Barre
— Charles Péron-Périgois
— J.-B. Papet-Périgois

— L. Pouradier de Penneroux
procureur —
époux en 58 de Marcelle Dupuy
{
— Rochoux-Pouradier (81)
notaire à Neuvy
— Pouradier-Duplomb (83)

— Sylv. Pouradier du Teil
marchand fermier
époux en 59 de Jeanne Dupuy
(le premier Pouradier Duteil)
{
— Jean Pouradier-Duteil
procureur — avoué
— Pierre-Ger. Pouradier-Duteil
Chanoine-Curé de Jouhet (89)
— Antoine Pouradier
clerc tonsuré en 89

Dans les deux Tableaux Généalogiques ci-joints, j'ai réuni un certain nombre de familles de notre ancienne bourgeoisie. — Comme dans les autres tableaux, les accolades réunissent les frères et sœurs et les traits droits ou brisés indiquent la descendance, la filiation du père aux enfants.

*
* *

« Il y a une chose qu'on n'a point vue sous le ciel, dit Labruyère, et que selon toutes les apparences on ne verra jamais : c'est une petite ville qui n'est divisée en aucuns partis, où les familles sont unies et où les cousins se voient avec confiance, où un mariage n'engendre point une guerre civile, où la querelle des rangs ne se réveille pas à tous moments par l'offrande, l'encens et le pain bénit, par les processions et par les obsèques, d'où l'on a banni les caquets, le mensonge et la médisance, où l'on voit parler ensemble le bailli et le président, les élus et les assesseurs, où le doyen vit bien avec ses chanoines, où les chanoines ne dédaignent pas les chapelains et où ceux-ci souffrent les chantres. »

L'expression de « guerre civile » qu'emploie l'auteur des *Caractères* n'est pas trop forte : je sais un mariage qui fut une des principales causes d'une des plus grandes querelles qui aient jamais désolé et amusé notre cité.

Cela se passait aux environs de 1760, au temps de cette Guerre de Sept Ans, si impopulaire, si fâcheuse, et dont le contre-coup se fit ressentir en toute la France et en particulier à La Châtre. — La ville, écrasée par un impôt de guerre de quatre mille livres à payer chaque année (cela s'appelait *Don gratuit*), était alors gouvernée par le sieur Peron de la Forest, son *premier échevin* (faisant fonctions de maire), lequel avait beaucoup d'ennemis, surtout parmi les privilégiés. — Pour comble, cet impôt supplémentaire, qu'on eut grand peine à faire réduire à trois mille livres, devait porter sur les objets de consommation, les octrois ; les tarifs imposés étaient pour la plupart inapplicables en notre pays, et le réglement général très mal défini. Qui devait faire le recouvrements de ces dits droits ? Le sieur Plouvier, lors *directeur des Aides* (impositions indirectes) y prétendait. Mais les habitants, forts de la liberté à eux laissée, entendaient les faire lever par leurs agents. Il y eut lutte entre les commis de la ville spécialement nommés à ce nouvel emploi et les commis des Aides ; lutte entre le Directeur des Aides et ses hommes d'une part, et le premier Echevin et ses partisans d'autre part.

Sur ces entrefaits M. Bourdeau Desmarets, bourgeois de cette ville, épousa la sœur dudit Plouvier, lequel, soutenu dès lors par un gros parti, se crût tout permis. — Le sieur Desmarets qui, avant d'être beau-frère de Plouvier, avait généralement soutenu Peron de la Forest, devint, après son mariage, le premier de ses ennemis. — Ce n'était pas assez des chansons, des scandales, des assemblées tumultueuses de l'Hôtel-de-Ville, où le sieur de la Forest fut plus plus d'une fois insulté et menacé : un jour, M. Dorguin des Bergeries Receveur des deniers communs de la ville, revenant de la foire, seul et sans armes, fut assommé par le nommé Sabatier débitant de tabac, l'un des agents les plus enragés du parti Plouvier. Les mécontents applaudirent, et les juges en étaient ; accusant toujours le premier Echevin et son neveu le subdélégué Baucheron, de s'entendre pour donner toutes les places à leurs amis, et de mener toutes les affaires de la ville à leur fantaisie.

Cette scandaleuse cabale dura jusqu'à ce que le Roy eut envoyé quelques Lettres de cachet à l'usage de Sabatier, et une ordonnance qui fut imprimée et affichée, interdisant l'entrée de l'Hôtel-de-Ville aux principaux meneurs du parti « les prétendus notables Bourdeau-Desmarets, Sabardin, Laisnel, Sabatier, Pujot et Villain des Roullets ».

Nous reviendrons plus d'une fois sur cette malheureuse querelle ; nous avons voulu seulement montrer qu'au sein de la bourgeoisie la concorde était loin de régner parfaitement ; et que la ville, vers 1760, se trouvait divisée en deux grands camps comprenant d'un côté les meneurs susdits auxquels il convient d'ajouter les Pataud, le prevost Bernard, de Courcelle, Pasquet de Villebertaux, Pallienne, les trois Desfousses, Lecamus le jeune, Lamy, Périgois, Cuinat et Letellier, c'est-à-dire presque tout ce qui touche aux Fermes générales, les Gabelles, les Aides, le Grenier à Sel à peu près au complet y compris son greffier Maillaud et son notaire Berchon ; et de l'autre côté avec Peron de la Forest, premier Echevin, Baucheron-Duplaix subdélégué et procureur du roy en la prevosté, et ses intimes MM. Delagontte Duvivier receveurs des Tailles, et Selleron de Courtillet procureur du roy à l'élection, les Dorguin des Bergeries, des Forges et autres, les Baucheron des Ormeaux et autres, Néraud de Vàvres, Laisnel de Marembert, Lecamus l'aîné, Pouradier, Pinon et Tortat.

Ajoutons que ledit Plouvier fut, peu de temps après, nommé à la direction des Aides de Châteauroux. comme l'indique l'acte de baptême suivant :

« L'an mil sept cent soixante-deux, le trente du mois de novembre, a été baptisé Antoine, fils de honorable homme François Bourdeau des Marets conseiller Procureur du Roy aux traites foraines de La Châtre et dé Marguerite Plouvié. — Son parrain a été honorable homme J.-A. Plouvié directeur des Aydes de l'Election de Châteauroux, et sa marraine haute et puissante dame Anne Marie de Villaines, veuve de messire Ant.-Jos. de Saint-Julien, chevalier baron de Malval, Beauvais, la Chezotte et autres lieux ».

Les ennemis de Peron de la Forest, les Bourdeau, les Pataud, Laisnel de Cosnet et Périgois, étaient en fort bons termes avec la noblesse ; nous les retrouverons au jeu à l'hôtel de Villaines.

XXI

MESSIEURS DU CHAPITRE

L'influence du Chapitre de Saint-Germain avait été grande,
prépunderante peut-être ; mais il y a beau temps que sa domination
universelle était passée. — Je ne crois pas qu'il ait jamais fait
bon ménage avec l'Hôtel-de-Ville. Du reste, au XVIIIe siècle, c'est
un fait général, la société devient de plus en plus laïque ; elle
échappe à l'Eglise. La noblesse voltairienne n'a pas peu contribué à
cette émancipation ; car elle était partout du parti des *philosophes*,
à La Châtre comme en toute l'Europe. Et si l'on voit de saintes
maximes pendues aux murs chez le Chevalier de Saint-Julien, on
trouve chez le Marquis de Villaines (à la vente mobilière de 93)
« un tablier de franc-maçon ». — La satyre des mœurs
ecclésiastiques, dont nous allons parler, était l'œuvre d'un gros
bourgeois, d'un membre d'une des premières familles de la
bourgeoisie de La Châtre ; et Madame la Marquise de Villaines
paraît en avoir accepté volontiers la très explicite dédicace :

> Vous qui des préjugés rejetant le bandeau
> Suivez à jamais le flambeau
> D'une saine philosophie
> . . . .

Trois mille habitants s'approchaient chaque année de la sainte
table ; le nombre de ceux qui ne communiaient pas s'élevait à plus
de mille en 1788, en la paroisse de La Châtre ; les non-communians
ce sont les enfants, car il semble bien que tout le monde alors

pratiquait, ou à peu près : pendant les premières années de la Révolution, il n'y a pas de fête sans *Te Deum*, ou sans une messe sur l'Autel de la Patrie où officiait le Chanoine Pinon, aumonier de la Garde nationale.

Les Curés, généralement populaires, étaient comme la petite bourgeoisie des gens d'église, dont les chanoines étaient la noblesse privilégiée. A la vérité, plusieurs chanoines étaient curés des paroisses environnantes, mais le *Collège des Chanoines*, en corps, était « *seigneur décimateur et curé primitif* », tandis que le curé effectif de la paroisse de La Châtre n'était qu'un « *desservant* ». — Le curé n'a rien que la *portion congrue* que lui sert le Chapitre ; le Chapitre, lui, a des droits seigneuriaux, les *dîmes* qui auraient suffi à le rendre impopulaire. Les chanoines avaient aussi de nombreuses et infimes rentes sur une multitude de maisons et d'héritages, et quelques petites propriétés comme l'auberge de Vaudouan. — Ils avaient aussi les Halles de boucherie ; et, c'est là qu'on les voyait parfois le dimanche, issue de vêpres, présider à l'adjudication de bancs, de dîmes ou de quelques autres revenus.

Les curés, c'est le cas de le dire, n'avaient pas voix au Chapitre ; ils n'étaient pas plus consultés que les gens de campagne dans les affaires de l'Etat ; et l'*ordre ecclésiastique* fut représenté aux assemblées avant 89, exclusivement par les hauts dignitaires : évêques, abbés et prieurs des chapitres.

Les Chapitres n'avaient pas de plus grands ennemis que les Curés. — Leur inutilité était apparue depuis longtemps : déjà, vers 1680, l'abbé Fleury donnait, entre autres conseils, au Duc de Bourgogne, son royal élève, celui de supprimer la plupart des Chapitres de chanoines et d'en donner les revenus aux curés. (1)

Chaumeau, qui écrivait au XVI° siècle, dit qu'à La Châtre « le Collège des Chanoines est bien rentez de beau et ample revenu ».

---

(1) « Le but de la politique, dit Fleury, est de rendre un peuple heureux. Et de quoi se compose le peuple ? Des artisans et des laboureurs. — Le labourage est l'état le plus moral. — Il faut diminuer les tailles et repeupler les villages.

« Diminuer le nombre, non-seulement des juges et officiers de justice, mais des tribunaux, sans quoi impossible de retrancher la chicane.

« Il faut réduire les mesures à l'unité pour tout le royaume, etc.»
Que n'a-t-on écouté des hommes comme Fleury et Vauban !

Je crois que les choses avaient beaucoup changé au XVIII· siècle ; les revenus de nos chanoines me paraissent maigres. Le *gros d'une prébende* était d'une centaine de livres ; à la vérité, M. le Maire, en 1784, estime qu'une *prébende entière* doit bien monter à 800 livres, mais il convient de se méfier un peu des exagérations de M.Desfougères. — Cependant, il faut croire que ce revenu était bon à prendre, car il était fort recherché : on en peut juger par les luttes acharnées qui se livraient si souvent pour la possession d'un canonicat, ou même d'une demi-prébende. — La vanité y était bien aussi pour quelque chose.

Le mode de nomination des chanoines était fort original et singulier. — On trouve aux Archives « un réglement fait, en 1558, par le cardinal Trivulce, pour le rang des chanoines du Chapitre de Saint-Germain, lesquels doivent nommer pendant un mois, à tour de rôle, aux bénéfices qui viennent à vacquer dans ledit Chapitre.— Et un extrait des actes capitulaires, de 1684, fixant à chaque chanoine le tour du mois *ad beneficia conferenda.* »

Ainsi chaque chanoine avait son mois : si un bénéfice, une place de chanoine, une vicairie à la nomination du Chapitre, venait à vacquer pendant ce mois, c'était le chanoine en tour de mois qui choisissait et nommait le titulaire. — Le cas se présente, par exemple, en 1789 : le demi-chanoine ou semi-prébendé Pierre Huguenot, que nous avons déjà rencontré et qui s'occupait surtout d'horlogerie, trépassa au mois d'août ; et comme toujours ou presque toujours, une dispute s'éleva entre deux chanoines, chacun prétendant que ledit Pierre Huguenot est mort pendant son mois son tour de mois à conférer les bénéfices. — Voici du reste le texte des actes de Baucheron et Savary *notaires royaux et apostoliques* relatifs à cette nomination et prise de possession :

Le 27 août 1789 « Messire Pierre Germain Pouradier Duteil, prêtre, chanoine de l'église Saint-Germain, et vicaire de la paroisse de Saint-Denis-de-Jouhé, y demeurant — lequel étant en tour du mois *ad conferenda beneficia.* usant de son droit et de celui dudit Chapitre, a par ces présentes nommé Mᵉ Antoine Pouradier clerc tonsuré du diocèse de Bourges, étudiant au petit séminaire de Bourges, actuellement à La Châtre, à la *semi-prébende diaconale* dudit Chapitre vaccante dans sondit mois et tour de nommer par la mort de Mᵉ Pierre Huguenot.......... fait, en l'étude de Baucheron notaire, en présence de Monsieur Sylvain Desages, Lieutenant de la justice de La Motte-Feuilly, demeurant en la ville de Châteaumeillant, etc., etc.. ...... »

Mais, le Chanoine Porcher de Lissaunay avait de son côté nommé le diacre Antoine Chabenat, et nous trouvons dans un acte de Savary notaire, la suite de l'affaire, sous le titre suivant :

PRISE DE POSSESSION D'UNE SEMI-PRÉBENDE

Le 29 août 1789 (soit deux jours après l'acte de Pouradier Duteil) à onze heures après midi « le Chapitre tenant extraordinairement.... où se sont trouvés les personnes de M' Ch.-Cl. Selleron, P.-L. Pinon, Ph.-Alex. Porcher de Lissaunay, Agnan Peyrot, Augustin Pineau de Montpeyroux, Jean Peyrot de Doulon et Gabriel Pirot, tous Chanoines..........

« Est comparu audit Chapitre (dans le chœur de l'Eglise) sieur Antoine Chabenat diacre du diocèse de Bourges qui après avoir donné lecture de l'acte de sa nomination faite par le Chapitre à la semi-prébende vaccante par le décès de Pierre Huguenot dernier titulaire et paisible possesseur...... a prié et requis lesdits sieurs Vénérables vouloir le recevoir et mettre en la vraie, réelle, actuelle et corporelle possession de ladite semy-prébende, aux honneurs, fruits, profits, revenus et emoluemens y attribués ; ce que lesdits Vénérables ont consenti d'une voix unanime.

« Puis ledit sieur Chabenat revétu d'habits canonicaux et placé au dehors de la porte du chœur : Messire Augustin Pineau de Monpeyroux a été le prendre par la main et l'a conduit au pied du grand autel où il s'est mis à genoux, et ayant mis les mains sur les saints évangiles que tenait le sieur Selleron doyen du Chapitre, a juré et promis de remplir les devoirs et charges de ladite semy-prébende et observer les réglements et rites du Chapitre. — Ce fait, ledit sieur Chabenat a été baiser le grand autel et les trois autres qui sont derrière — ensuite a été conduit au pupitre qui est au milieu du chœur, en a ouvert et fermé les livres, a sonné la cloche qui est au-dessus dudit chœur, et ouvert et fermé la porte dudit chœur. Ensuite ledit sieur Pineau de Monpeyroux a conduit et placé ledit sieur Chabenat dans une stalle basse. — Après quoi ledit sieur Pineau de Monpeyroux s'est retourné vers le peuple assistant aux susdites cérémonies et a dit à haute et intelligible voix que par ces cérémonies le sieur Chabenat venait d'être mis en réelle possession de la susdite semy-prébende. — A laquelle prise en possession n'est survenu aucune opposition.

« Fait en présence des sieurs J.-B. Thomin chanoine semy-prébendé (que nous retrouvons après la Révolution secrétaire de la Mairie) Pierre Friche chantre et Pierre Fournier autre chantre dudit Chapitre, témoins demeurant séparément à La Châtre, qui ont signé ainsi que tous les chanoines. »

L'affaire n'en resta pas là. Le surlendemain, 31 août, accompagné de M° Louis Baucheron notaire « M° Antoine Pouradier clerc tonsuré nommé à la semi-prébende..... s'est présenté à MM. les Prieur et Chanoines assemblés...... pour être mis en possession de ladite semi-prébende diaconale, et les ayant requis de l'installer, ledit Chapitre assemblé aux personnes de MM. Pinon, de Lissaunay, Agnan Peyrot, Jean Peyrot de Doulon et Gabriel Pirot, a répondu que toutes les places dudit chapitre étaient remplies. Et le sieur Porcher de Lissaunay a répondu particulièrement qu'il était d'autant plus étonné de la nomination faite par le sieur Pouradier-Duteil qu'il est constant que le sieur Huguenot est mort dans un mois où luy sieur de Lissaunay était en tour *ad conferenda beneficia*, et qu'en conséquence la nomination de la semi-prébende dont est question luy appartient à luy nommement ou aux supérieurs ecclésiastiques par dévolution.

« ...... Mais le sieur Pouradier a demandé au notaire d'être mis en possession de ladite semi-prébende. En conséquence ledit notaire en la présence des témoins...... l'a mis en possession réelle, actuelle et corporelle de ladite semi-prébende diaconale et de tous ses droits, appartenances et dépendances, par la libre entrée au chœur par la principale porte d'entrée d'iceluy...... prise d'eau bénite, prière devant le maitre autel, séance en la place destinée audit Bénéfice, son de la cloche, présentation à l'aigle (l'aigle du pupitre) et par les autres cérémonies requises en pareil cas.

« La prise de possession lue à haute voix par le notaire, à laquelle il n'est survenu d'opposition que celles susdites et celle de M° Antoine Chabenat lequel a déclaré qu'il est en possession de ladite semi-prébende.

« Fait et passé au chœur du Chapitre de Saint-Germain...... »

Le formalisme de cette prise de possession d'un bénéfice, est le parfait pendant de l'hommage féodal et de l'investiture. — Ces attouchements et toute cette mimique, avec accompagnement de notaire, en plein chœur ce l'Eglise, nous causent une étrange surprise. Ceux que je viens de citer étonneront d'autant plus que ces cérémonies se passaient en 1789 trois semaines après la célèbre *Nuit du 4 Août.*

Et maintenant nous pouvons lire « *Le Prieuré* ». Et lorsque l'auteur, dans la Préface, nous parlera des troubles qui s'élevaient au sein du Chapitre de La Châtre, quand il nous dira qu'avant d'écrire il s'est « informé scrupuleusement de l'esprit, du caractère et des mœurs des personnages » qu'il met en scène, et que son poème satirique est conforme à la réalité : nous n'aurons plus de peine à le croire.

Le Prieuré (1)

Poème heroï-comique

L'auteur s'appelait Jean Dubeau, plus exactement Pataud Dubeau ; il était frère de François Pataud Dumas qui épousa en 1783 demoiselle Catherine Letellier ; et fils de Sylvain Guillaume Pataud du Mas, bourgeois, « changeur de monnaies pour le roi » et de dame Françoise Pasquet de Villebertaux. — Il était arrière petit fils de Guillaume Pataud des Chauvins, sieur du Portail et du Mas, qui fut si longtemps maire perpétuel et bailli de La Châtre. — En 1791 (11 Germinal an II) il épousa Marguerite Pinon, fille de Pierre Pinon et de Marie Péron ; il avait 37 ans, six ans de moins que sa future. (Voyez le Tableau Généalogique page 185).

Le Prieuré, qu'il écrivit en 1783, (d'après Perquin de Gembloux) est un badinage en vers, dans le genre du *Lutrin* de Boileau. — La poésie de ce poème en sept chants comprenant près de deux mille vers consiste, comme celle de son modèle, à mettre en scène la Discorde, la Renommée, la Haine, Momus, Themis et son Temple, et surtout à invoquer sa Muse : « Muse soutiens mon vol...... »

(1) Une copie en a été donnée au Musée Mauduit par M. Ernest Vergne ; elle se trouve à présent à la Bibliothèque Municipale.

Je chante la Discorde et ses fameux rivaùx
. . . .
Muse retrace nous le récit important ·
. . . .
Et pour bien colorer les fidèles portraits
D'un léger ridicule emprunte quelque traits
. . . .
Muse laisse un instant reposer tes crayons
. . . .
Muse dont l'influence échauffant le génie
Peux à ma faible voix inspirer l'harmonie
Daigne sourire encore à mes derniers travaux
Ranime mes accents et guide mes pinceaux
. . . .
Poursuis, Muse, et surtout, pour finir mes portraits
Du sel du ridicule assaisonne mes traits.

Ces vers sont, à nos oreilles d'aujourd'hui, presqu'aussi ridicules que la lutte pour les bénéfices. Cette manière qui fut tant et si longtemps goutée, nous est à présent insupportable. Et puis ce sont toujours les mêmes mots, les rimes usées à trainer sur les cahiers du collège. Au reste, *Le Prieuré*, malgré la plate imitation du style, l'absence complète d'originalité dans la forme, ne manque pas d'une certaine verve. — C'est un bon type de l'esprit du temps, et une curieuse satire des mœurs de notre petite ville. Les portraits, toute part faite à l'exagération, sont ce qu'il y a de plus intéressant.

*
* *

Homme vraiment chrétien, vrai ministre de paix
S'il avait moins aimé l'argent et les procès,
le *Prieur Pyrot* était encore de ce monde que déjà l'on s'occupait de le remplacer. A sa mort, le Chapitre se divise en deux camps. D'un côté les chanoines Basset, Chicot, Vivier et le neveu du deffunt prieur, avec Mᵉ Villain des Roulets alors maire, qui tiennent pour le chanoine Parnajon. — De l'autre, le curé de Montgivray, Néraud de Villegondoux, a pour lui les chanoines Rousselet, Pinon, Selleron, Coulmain, ci-devant Principal du Collège, les sieurs Sabardin et Defougères Devillandry.

Le chanoine *Basset* est fort entêté et ne supporte aucune contradiction :

Sans avoir rien appris, sans avoir jamais lu
De décider sur tout il a droit absolu

> Il parle : chaque mot de sa docte éloquence
> Est un arrêt nouveau qu'on reçoit en silence
> ....
> *Chicot* est son second, chanoine à la large face
> Qui tient de Parnajon son bien-être et sa place
> ....
> Naguère dans l'église, humble et simple vicaire,
> Il fut par ses travaux l'idole du vulgaire,
> Mais enfin excédé d'un sort trop onéreux,
> De chanoine il brigua le ministère oiseux.
> ....
> Moins hardi que Basset, moins fier, moins emporté,
> Mais non moins ignorant et non moins entêté.

Le sieur *Chicot des Pilorgets*, dont il est ici question, fut plus tard curé de La Châtre, et passa une partie de la Révolution dans les prisons de Châteauroux. Le bourgeois Dubeau ricane de la popularité de ce fils de marchands, devenu « l'idole du vulgaire ».

Le chanoine *Vioier*, très vieux, doyen du Chapitre, est cependant plein d'ardeur, vif à tout et n'avançant à rien,

> Aux ordres de Basset aveuglement docile,
> Ministre vertueux, mais chanoine imbécile.

Le neveu du prieur Pyrot est un paysan qui a essayé divers métiers sans y réussir ; son oncle en fit un chanoine. Au reste, brave homme,

> Faisant le bien par gout et le mal par bêtise.

Rousselet est un chanoine insolent et grossier, le plus grand ennemi de Parnajon et de Basset ; il est, de plus, fort malade.

Les chanoines Pinon et Selleron :

> L'un (Pinon), tout voluptueux, de membre du Chapitre
> N'a que les revenus, ne porte que le titre ;
> Déteste les travaux de son canonicat,
> Donne tout au plaisir et rien à son état,
> Voit la paix ou le trouble avec indifférence,
> Et nuit à Parnajon sans haine et sans vengeance ;
> L'autre (Selleron) de ses devoirs gardant l'extérieur,
> Dévorait en secret le titre de Prieur.

Le ci-devant principal du collège, Coulmain, n'est pas entré sans protestations au Chapitre : mauvaise langue, mondain, plusieurs chanoines lui reprochaient de courir les compagnies, en habits de couleur, au lieu d'assister aux vêpres :

> Pédagogue jadis. — Pour s'en débarrasser
> La ville en le payant l'empêche d'enseigner
> . . . .
> On le voit d'un marquis affecter l'importance,
> Il fait le bel esprit, fier, fat, impérieux,
> Bien accueilli partout et partout odieux.

M. Desfougères de Villandry, avocat en parlement et futur Maire de La Châtre, est un grand parleur. Les premières années de la Révolutipn seront pour lui un heureux temps où il pourra donner libre cours à sa manie de plaider et discourir :

> Il leur fait d'arguments un amas monstrueux
> Qui lui-même à la fin il n'entend pas plus qu'eux.

> Le gracieux Coulmain, l'élégant Selleron,
> Le discret Defougères et le chaste Pinon,

ainsi qualifiés par antiphrase, sont les patrons du curé Néraud de Villegondoux, ils ont avec eux l'illustre Sabardin, Gendarme de la garde du Roy, personnage ridicule qui pose pour l'ami des grands :

> . . . . le véridique et savant Sabardin.
> Le mensonge impudent, la grossière imposture
> Ne souillèrent jamais sa langue docte et pure,
> De plus. . . . . Mais, laissons lui le plaisir humble et doux
> De narrer ses talents qu'il connaît mieux que nous.

Les traits les plus noirs sont pour M. le Maire Villain des Roullets, dernier du nom d'une longue lignée de notoires et procureurs ; c'est le prince de *La Chicane* :

> De son plus cher ministre Elle a pris la figure,
> L'œil enfoncé, l'air pâle et la courte stature,
> Les jambes. . . . . mais passons ; et surtout à ces traits,
> Muse, n'ajoutons pas le nom de Desroulets.

Très écouté de Parnajon, il lui expose que dans l'élection au prieuré, il n'aura que quatre voix, tout comme Néraud ; et lui propose un expédient : faire nommer un nouveau chanoine dont on soit sûr :

> Ecoutez : votre corps économe et prudent
> Dès longtemps parmi vous laisse un **siège vacant.**
> De ce bien usurpé faites le sacrifice,
> Demandez qu'avant tout ce siège se remplisse.

Parnajon a deux grandes passions : la vanité et l'avarice ; l'une le pousse, l'autre le retient. Il redoute les procès, il a peur d'être taxé de *simonie.* — Péché ridicule ! dit Desroullets

> Je vous réponds de tout ; et vit-on Desroullets
> Jamais à ses clients faire perdre un procès.

Et Basset l'approuve. — Pyrot « l'intrument nécessaire de ce grand coup de maître », Pyrot comme un gros bœuf stupide et sans malice accepte le marché qu'on lui propose, sans penser à mal : on le nommera chanoine et il votera pour Parnajon. — Pinon objecte bien que cette nomination n'est point pressée, mais on lui rit au nez et Pyrot est nommé. Le notaire Baucheron en dresse acte authentique.

La *Vanité*, d'un autre côté, se rend à la cure de Montgivray, où depuis vingt ans Néraud de Villegondoux mène une douce vie. — Qu'y voit-elle ?

> Elle voit dans les bras du généreux pasteur
> Le cher et digne objet d'une sainte tendresse
> . . . .
> Néraud, oubliant sa naissance et son rang,
> Dans un commerce vil deshonore son sang.

La **Vanité** s'en indigne et lui crie :

> Va, je te laisse en proie au penchant qui t'engage.
> Reste dans ta campagne, et jouis sans partage,
> Le reste de tes jours, pasteur infortuné,
> Des serviles faveurs d'un objet suranné.

Alors Néraud raconte ses espérances à sa blonde compagne qui se met à pleurer :

> Ingrat ! s'écria-t-elle en tombant sur son lit,
> Si tu deviens Prieur, si tu quittes ces lieux :
> O moments fortunés ! O jours délicieux
> Que nous passions ensemble dans cette solitude
> Vous ne reviendrez plus. . . . .
> Hélas ! est-ce au milieu du tumulte des villes
> Que l'on peut se livrer à des amours tranquilles !

Mais Villegondoux lui dit qu'elle se trompe :

> Voyez de Parnajon l'amante et la cousine,
> Et jugez de l'état qu'alors je vous destine.

*
* *

La lutte est dès lors engagée entre le chanoine **Parnajon** et le curé de Montgivray, Néraud de Villegondoux.

Enfin, le jour de l'élection arrive. Vivier propose de s'en remettre au choix de l'Evêque, rappelant que pour remplacer le prieur Lami (1), le Chapitre

> Fut après des débats et sans nombre et sans fin
> Forcé de recourir au métropolitain.

Mais on ne l'écoute pas ; et, avant de voter, les chanoines viennent tour à tour prêter serment sur l'Evangile :

> Sur le livre sacré chacun d'une voix ferme
> Doit promettre et jurer par tout ce qu'il renferme
> Que nul motif humain, nulle convention,
> N'a souillé de son cœur la bonne intention.

Puis Chicot, syndic en exercice, recueille les bulletins ; et Parnajon est proclamé Prieur. — Pyrot lui a donné sa voix. — Rousselet crie : A la simonie ! et les chanoines en viennent aux mains. — Coulmain sort, revient avec deux huissiers et fait signer par ses amis une protestation contre cette élection :

> Appel aux tribunaux en forme juridique
> Afin que de Thémis un arrêt authentique
> D'un projet concerté dans l'ombre du secret
> Rende vain à jamais le scandaleux effet.
> Et déclarant Pyrot atteint de simonie
> Couvre ses protecteurs de honte et d'infamie.
> ....
> Desroulets leur vomit un déluge d'injures
> Leur prodigue les noms de traitre et de parjure.
> Mais à peine il se livre à ses emportements

---

(1) Il n'y a jamais eu, à ma connaissance, de prieur du nom de Lami, c'est sans doute du prieur Laurent ou Deligny qu'il est question.

> Que Rousselet aidé des autres opposans
> Le saisit par le bras, et de la sacristie
> Le chasse pour jamais avec ignominie.
> Le monstre dans l'église emporte en frémissant
> De son zèle indiscret le juste châtiment.
> Heureux ! dans son malheur si l'équité publique
> N'imite pas un jour cet exemple héroïque.

Allusion, sans doute, à l'office de Maire qu'avait alors Villain Desroulets.

Cependant Parnajon tenait le Prieuré.. ... Quant un jour Néraud, **entouré** d'huissiers et de notaires, et de ses fidèles, se présente au **chœur :**

> Il entre, et marchant droit à la place d'honneur,
> Il y monte, muni de son titre authentique,
> Et prend possession en forme juridique
> ....
> A son air conquérant remarquez Desfougères
> Unique conducteur de cette grande affaire.

Dès lors il y a schisme dans le Chapitre : deux prieurs, chacun **traitant** l'autre d'anti-prieur.

*
* *

Sur ces entrefaites le chanoine Rousselet rendit l'âme, désignant **pour** son successeur Porcher-Delissaunai

> .... Lissonai, non moins irréprochable,
> Mais vif, impétueux, intrépide, entêté,
> Pétri, par dessus tout, d'un fond de vanité

à la condition qu'il continuera la lutte contre les Parnajonistes :

> Allez ! la mort pour moi n'a plus que des douceurs
> Je suis content, adieu, je les hais et je meurs.
> A peine il expirait que son digne héritier
> De remplir son serment s'occupe tout entier.

Malgré tout, et en dépit de Villegondoux, Parnajon « touchait du **Prieuré** les sacrés revenus ». — Une fois, il donne à dîner à tout le **Chapitre :** amis et ennemis s'y trouvent réunis et finissent par se **jeter** les plats à la tête. Lissonai est un des plus fougueux parmi **les combattants.**

> Déjà même à la charge ensemble ils retournaient
> Quand on vint avertir que les vêpres sonnaient.

Ils se décident enfin à se séparer et à sortir :

> Et craignant en chemin les brocards des profanes
> Rajustent avec soin perruques et soutanes.

*
* *

L'affaire, depuis plusieurs années, était pendante au Parlement. qui finit par annuler les élections des deux prieurs Parnajon et Néraud. — Alors Parnajon et Lissonai s'en furent à Bourges trouver l'Archevêque qui les reconcilia.

> La haine les conduit, l'amitié les ramène.

Et Parnajon fut définitivement nommé *Prieur*.

Je retrouve presque tous les acteurs du *Prieuré* dans une pièce authentique de 1777 (Archives de l'Indre G. 65). C'est un jugement de *Monsieur l'Official ordinaire* « fait en la chambre du Conseil de l'Archevesché de Bourges », et qui enjoint aux sieurs Claude Rousselet et Charles-Claude Selleron chanoines d'être à l'avenir plus circonspects vis-à-vis du corps du Chapitre, et de ne faire, de leur autorité privée, aucun acte contre le vœu dudit corps et les délibérations prises par lui. — Et les condamne aux dépends taxés à 15 livres 10 sols. — De plus, ladite sentence sera inscrite sur le registre des délibérations du Chapitre et affichée dans sa sacristie. Ce jugement étant rendu sur la requête des sieurs Pirot, prieur, Basset chanoine et autres composant la majorité du Chapitre, faite à l'occasion de la nomination de ce fameux Coulmain, principal du collège, qui fut la cause de tant de fàcheries et de troubles en notre ville de La Châtre. — Il y avait eu sans doute des disputes un peu vives, des mots malsonnants échappés à Rousselet et Selleron, car leurs collégues demandent « qu'ils soient condamnés à désavouer les faits et les termes énoncés dans l'acte de protestation, et les reconnaître injurieux, tortionnaires et déraisonnables avec deffense à eux de récidiver et de refuser de signer les arrêts qui seront capitulairement faits en leur présence, et qu'ils soient condamnés à cent livres de dommages-intérêts civils applicables à la sacristie du Chapitre. »

Lesdits abbés Rousselet et Selleron furent opposans à l'exécution de ladite sentence de la juridiction ecclésiastique (l'officialité), et demandèrent à être renvoyés, pour le fond, devant le juge royal de Châteauroux : disant que le sieur Coulmain a droit d'assister à l'office divin en qualité de chanoine semy-prebendé, etc., etc.

Voici comme cette histoire avait commencé : Depuis six à sept ans, deux demy-prébendes étaient vacantes ; les chanoines qui s'en partageaient les revenus n'étaient point pressés d'en nommer des titulaires. — Rousselet et Selleron, voulant introduire Coulmain au Chapitre, et le pourvoir d'un de ces bénéfices, trouvèrent que ces vacances laissaient un grand vide au chœur, et ils ajoutaient que ce vide « empeschait la décence qu'il convient d'observer pour la célébration du service divin » ; d'autant que le prieur Pirot est fatigué par une fièvre qui depuis trois ans l'empêche d'officier, — que le chanoine Dorguin, octogénaire, est aussy privé d'officier à cause de sa débilité et d'un tremblement de toutes les parties du corps — que le sieur Parnajon est occupé à célébrer le saint office en l'église de l'Hôtel-Dieu et à y administrer les sacremens — que le sieur Selleron, l'un des deffendeurs, est aussi obligé de donner beaucoup de tems aux dames de la Visitation pour célébrer la messe de la communauté — que le sieur Basset, lui-même, ne peut disconvenir qu'aux environs de Noël il resta plus de quinze jours aveugle — que le sieur Pinon, qui vraisemblablement et sans infirmités, est obligé de manquer souvent à cause de différents embarras — et qu'enfin le sieur Pirot n'est que sous-diacre et ne peut être d'un grand secours.....

Dans ces conditions lesdits Selleron et Rousselet « furent d'autant plus charmés d'apprendre que le sieur Coulmain prêtre du diocèse et principal du Collège se présentait pour une semy-prébende, qu'ils trouvaient en lui un prêtre capable de les secourir qui ne pouvait que plaire au Chapitre ; et ils ont été bien surpris d'apprendre que l'on renvoyait *un aussy bon sujet* (!) pour une place d'un aussy modique revenu et qui depuis un siècle au moins n'a été remplie que par des tonsurés renvoyés du séminaire faute de capacité. »

Coulmain refusé ne perdit pas courage. Il se pourvût en Cour de Rome, y réussit, et obtint un visa de l'Archevêque avec un Exequatur du Parlement Muni de ces pièces il se présenta au chœur pour être mis en possession de sa semy prébende. « Sur les refus d'aucuns, les deffendeurs Rousselet et Selleron, l'un d'eux faisant fonction de notaire ainsi qu'il est d'usage, mirent le sieur Coulmain en possession de son benéfice. »

Il paraît donc certain, d'après tout cela, que les scènes décrites dans le *Prieuré* ne sont point des accidents, et qu'elles représentent bien plutôt la vie normale de Messieurs du Chapitre.

Quand aux bons dîners, au repas de corps, ils étaient dans les habitudes des Chapitres ; la dépense seule les empêchait de se renouveler plus souvent. Les chanoines de Vatan, à ce que raconte l'un d'eux, (1) ne manquaient pas une occasion. En 1743, à propos de l'élévation de Mgr de la Rochefoucault au cardinalat, on chanta un *Te Deum*. Puis, « pour terminer la cérémonie, Messieurs du Chapitre firent préparer un grand repas ordonné par M. Trotignon (chanoine), lequel repas fut porté chez M. Delorme chanoine et archidiacre. Non seulement tous ces messieurs s'y trouvèrent, mais encore les semi-prébendés, gagistes et sacristains, qui en avaient été priés de la part de la compagnie. Les deux bedeaux servaient à table, après quoi ils soupèrent aussi. On fit porter à la maîtrise un bon et copieux plat de rôt pour les deux enfants de chœur et les bacheliers qui y soupèrent. — On chanta mainte et mainte fois en faux bourdon, lorsque le dessert fut servi. On composa sur le champ ces paroles : *Vivat Hiéronimus, cardinalis designatus !* — La compagnie était composée de 20 personnes et la dépense tomba sur neuf chanoines. Monsieur Delorme qui, gracieusement, donna le couvert et son vin excellent, fut exempt de payer, comme de raison. Il en couta à chacun 4 livres. »

----

(1) Revue du Centre.

XXIII

LA NOBLESSE

ET

Les Chàteaux

La maison de Villaines était sans contredit la plus importante de **La Châtre**, avant la Révolution. — Je suis à peu près certain que Nicolas Pardoux de Villaines Ecuyer, est le premier de cette famille qui vint habiter notre ville. — En effet, d'après l'acte de mariage, qui eut lieu en 1730 : Nicolas Pardoux de Villaines Ecuyer, seigneur du Boué et de Chancelers, fils de Nicolas Pardoux Ecuyer, seigneur de Villaines et de dame Marie Génin, de *la Ville de Moulins*, épousa Marie Tixier, fille de Messire Léon Tixier Ecuyer seigneur du Cluzeau, Trésorier de France honoraire, et de Perpetue Gaudard — en présence de Guillaume Pataud des Chauvins sieur du Portail et de François Prevost, directeur des Aides en l'élection de La Châtre.

Il était petit-fils de Jean de Villaines, chevalier, et arrière petit-fils de Jean de Villaines Ecuyer, si l'on en croit la généalogie que donne Pallet en sa Nouvelle Histoire du Berry, laquelle remonte à noble homme Philippe de Villaines Ecuyer seigneur de Villaines en 1398.

C'est par son mariage avec Mademoiselle du Cluseau que Monsieur de Villaines devint grand propriétaire et seigneur en nos contrées. Marie Anne Tixier du Cluzeau hérita, vers 1736, de son père, Léon Tixier Ecuyer conseiller du Roy et subdélégué de l'Intendant au département de La Châtre, où il demeurait en 1696. Devenu Président-Trésorier de France au Bureau des finances, il alla demeurer à Bourges en 1697 sans cesser d'être Subdélégué de La Châtre. « A partir de 1701, Léon Tixier agrandit considérablement ses domaines et devint, par suite d'achats et par suite de son mariage avec Perpetue Godard, un des principaux propriétaires fonciers de la baronnie de Saint-Sévère » (1). — Je trouve déjà en 1667 Michel Tixier seigneur de Chassignolles. Louis Tixier, receveur des Tailles en l'élection de La Châtre, père de Léon, avait la seigneurie du Cluzeau-lez-Sainte-Sévère et la métairie de Villaines. Léon Tixier avait acquis lui-même la seigneurie de Crevant à laquelle il réunit celle de Saint-Aubin (paroisse de Crozon). — Toutes ces acquisitions, avec les seigneuries de Breuillebaut, Fontancier et autres lieux, furent partagées entre Anne Marie Tixier dame du Cluzeau et son frère Etienne Tixier Ecuyer seigneur de Crevant, et à la mort de celui-ci passèrent en la famille de Villaines.

Pour le dire en passant, Perpetue Godard, l'épouse de Léon Tixier, était probablement la descendante de la vieille famille des Godard, marchands de La Châtre au XVI· siècle, et qui, j'ai quelques raisons pour le croire, firent bâtir la maison de bois du Pavé. Ils ont laissé leur nom au *Moulin Godard* en amont du Lion-d'Argent.

De son côté, le chevalier Nicolas Pardoux de Villaines acquit, en 1740, la terre et seigneurie de Briantes qui appartenait depuis longtemps aux La Châtre-Breuilbaut, d'où elle était passée à Gaspard de Mez époux de Marie Agnès de La Châtre.

D'après un acte de notoriété de 1772 (2) « Dame Marie Ducluzeau, épouse de Messire Nicolas Pardoux, *Marquis de Villaines*, chevalier, seigneur de Villaines, Moulin-Porcher, le Bouy, Saint-Pardoux, Chancelaire, Paray, Saragousse, Briantes et autres lieux, est décédé le 31 mars 1769, et a laissé à ses cinq enfants, ses seuls héritiers, pour chacun un cinquième, qui sont :

Messire Nicolas Pardoux Louis, *Comte de Villaines*, chevalier, ancien capitaine au régiment d'infanterie du Roy.

Messire Etienne Philippe, *Marquis de Villaines*, Exempt des Gardes du Roy, compagnie de Tingry (capitaine de dragons en 1764).

Dame Anne Marie de Villaines, veuve de messire Antoine Joseph de Saint-Julien, Chevalier Baron de Malval, seigneur de Beauvais,

---

(1) E. Chenon. Histoire de Sainte-Sévère.
(2) Baucheron, notaire royal à La Châtre, 1er décembre 1772.

Saint-Martin, La Chezotte et autres lieux.

Dame Adrianne Françoise de Villaines, épouse de messire Jacques Amable Gilbert de Rollat, Chevalier, seigneur Davaux, etc.

Et Dame Françoise Magdelaine de Villaines, épouse de messire Claude de Monsaulnin, Chevalier, Seigneur baron de Fontenay, Neronde, etc..... (mariés à l'église de Briantes en 1764).

Lesquels sieurs et dames de Villaines, frères et sœurs, ont seuls recueilli la succession mobilière et immobilière de ladite Dame Marie Tixier du Cluzeau leur mère......

Et l'on voit en effet, aux registres de la paroisse de La Châtre, que ladite Dame est décédée le 31 mars 1769, à l'âge de 70 ans, et que son corps a été inhumé dans l'église des R.R.-P.P. Carmes de cette ville à qui il a été présenté par MM. du Chapitre. — Son époux, Nicolas Pardoux de Villaines, mourut beaucoup plus tard, en 1785, et fut enterré en sa chapelle seigneuriale de Briantes. — Il avait le titre de Marquis de Villaines depuis 1770 ou environ.

Etienne Philippe, *Marquis de Villaines*, naquit en 1740. — A l'âge de trente ans, en 70, il épousa Marie Geneviève Talon, fille de messire J.-B. Talon, chevalier, conseiller au Parlement de Paris. Il était entré aux Pages de la petite écurie du roi à l'âge de 16 ans, et trois ans plus tard au régiment de Caraman-Dragon où il servit en qualité de Lieutenant réformé, de Cornette et de Capitaine jusqu'en 1771. (1) — En 73, « Haut et puissant seigneur Messire Etienne Philippe Marquis de Villaines, seigneur de Crevant, Chassignolles, Saint-Aubin et autres lieux » est « Exempt des Gardes du Roy, Chevalier de l'ordre militaire de Saint-Louis », il demeure à La Châtre en son hôtel de la rue St-Jacques (aujourd'hui le Collège). C'est lui que nous retrouverons au commencement de la Révolution « Lieutenant Chef de brigade des Gardes du Roy, Maréchal des camps et armées » et commandant général de la Garde Nationale de La Châtre.

Il eut une fille et deux fils dont l'un, le Comte Omer de Villaines, né en 1780 et mort en 1861, recueillit la plus grande partie des biens de ses grand-père et grand-mère, par suite de morts d'oncle, tante, frère et cousin. Lesquels biens furent partagés plus tard entre Anne Marie Virginie de Villaines, épouse du comte de Lichy, propriétaire

---

(1) Voir l'Histoire de Ste-Sévère de Chenon et Vaudouan de Poli.

du château de la Lande (Allier), et Ernest marquis de Villaines, mort récemment en son château de Sainte-Sévère.

Sœur aînée d'Etienne Philippe Marquis de Villaines, Anne Marie de Villaines dame du Cluzeau, avait épousé en 1750 haut et puissant seigneur Antoine de Saint-Julien, Chevalier, Baron de Malval, capitaine de dragons au régiment de Thyanges, lequel mourut à l'armée, l'an d'après son mariage, laissant une fille Marie Anne de Saint-Julien. — Cette Demoiselle épousa en 1770 le Marquis de Montazet, acheta en 1784, pour environ trois cent mille livres, la *Baronnie de Ste-Sévère*, et mourut en 87 chez son oncle, Monseigneur de Montazet, archevêque de Lyon, si connu dans le monde de la galanterie.

Elle laissa tous ses biens à sa mère, la Baronne de Saint-Julien, qui devint ainsi *Baronne de Sainte-Sévère*. Comme elle n'émigra pas pendant la Révolution, elle conserva sa Terre qu'elle laissa, à sa mort en 1811, à son neveu le Comte Omer de Villaines.

Madame de Saint-Julien demeurait ordinairement à La Châtre, en son hôtel de la grand'rue du faubourg St-Jacques (aujourd'hui le Bœuf Couronné) qu'elle avait eu de Messire René de Saint-Julien décédé à La Châtre en 1757, à l'âge de 75 ans, et dont elle était seule héritière. — L'acte mortuaire de ce Chevalier de Saint-Julien, seigneur d'Angibault, inhumé en l'église paroissiale, porte en marge et de la main du curé Tournyol cette singulière mention : « on ignore les noms des père et mère ». — J'aurais cru qu'on en usait autrement avec un gentilhomme, d'autant que les Saint-Julien étaient de très ancienne noblesse. — On en trouve toute la généalogie dans la Thaumassière. — Ils étaient originaires de la haute Marche, mais certaine branche de cette famille était depuis longtemps en notre pays ; entre autres membres : Louis de Saint-Julien, chevalier, seigneur de Veniers et d'Angibault en 1419. Et, en 1526, Madame Françoise de Maillé, dame de La Châtre, accorde plusieurs droits de justice au lieu noble d'Angibault à Antoine de Saint-Julien, seigneur du Plaix Jolivet ou Joliet.

*
* *

Les de Villaines et Saint-Julien n'étaient pas les seuls nobles habitant La Châtre. Voici le texte d'un acte de notoriété (de 1775 Baucheron notaire) qui donne des renseignements intéressants à ce propos :

« Messire Armand Charles *De Buchepot* Marquis seigneur de Fromentaux

Messire Claude *Dorsanne* Chevalier seigneur de *Montlevis* Lieutenant de Messeigneurs les Maréchaux de France

et Messire Jean Jerome de *Culon* Chevalier seigneur de *Clerfond* demeurant tous les trois séparément en cette ville de La Châtre, paroisse de Saint-Germain

lesquels ont certiffié qu'il est de notoriété publique et de leur connaissance particulière que Messire François *Aucapitaine* chevalier de St-Louis, capitaine au régiment provincial de Châteauroux, fils de deffunt Messire Charles Aucapitaine *Ecuyer* capitaine au régiment cy-devant d'Anjou et actuellement d'Aquitaine chevalier de St-Louis et de dame Marie Désage ; est décédé en la paroisse de Vic sur haut Bois le 30 décembre dernier et a laissé dame Marie Savary sa veuve sans aucune fortune avec cinq enfants dont quatre filles et un mâle.....

Ils certifient que ledit feu sieur François *Aucapitaine* était frère germain de Messire Louis Aucapitaine de la Bernardière ancien capitaine au régiment d'Aquitaine Infanterie, chevalier de St-Louis, demeurant en ladite paroisse de Vic sur haut Bois. .... lequel a fait *ses preuves de noblesse* pour la famille pardevant M. Dozier de Serigny *Juge d'armes de la noblesse de France*, suivant le certificat qui lui a été délivré en date du 10 novembre 1764 et qu'ils attestent avoir vu en bonne forme......

Signé :   *Le Marquis de Buchepot*   *Le ch" Dorsannedemontlevis*
Le ch" De Culon

Nous n'avons que peu de chose à dire des *Aucapitaine*, qui n'habitaient pas La Châtre. — Ils étaient d'ancienne noblesse : le chef de la famille était maître des Eaux et Forêts de Cluis-Dessous, et son petit-fils, André Aucapitaine, seigneur de *Limanges* en 1509. — Je trouve en 1750, réunis au bourg de *Vic-Exemplet* « au logis de *La Grand-Maison* », dame Marye des Ages, veuve de Messire Charles Aucapitaine, Chevalier, seigneur delage et autres lieux, capitaine au régiment d'Anjou infanterie — et ses fils : messire Louis Aucapitaine, Chevalier et capitaine audit régiment d'Anjou — messire François Aucapitaine, Chevalier et messire Louis Aucapitaine Chevalier.—Il y eut, je crois, un Aucapitaine maire de Châteauroux sous la Révolution. — Ils ont encore des descendants, en particulier la famille Lardy de Vic-Exemplet.

Les *Dorsanne de Montlevic* étaient, au contraire, de vrais habitants de La Châtre au siècle dernier (maison Béguin, place du Bosquet) et fortement alliés aux familles bourgeoises de la ville.— En 71, par exemple, messire Antoine Dorsanne, Chevalier, seigneur de Montlevic, époux de Thérèze Robin, maria son fils, Claude Dorsanne, Chevalier, lieutenant d'infanterie, à demoiselle Catherine Selleron, fille de M. de Courtillet, procureur du roi en l'Election, et de Catherine Cuinat de Villeboys ; en présence du Marquis de Villaines et de maître Villain des Roullets. — **Par les Tixier du** Cluzeau, les Dorsanne étaient alliés aux de Villaine et aux Letellier : car messire Pierre Dorsanne, seigneur de Montlevic et de la Coste, capitaine au régiment de Mgr le Dauphin, avait épousé en 1692, demoiselle Angélique Tixier, fille de noble Louis Tixier, advocat en parlement, conseiller du roy et receveur des Tailles et Gabelles au comptoir de La Châtre (1675) et de demoiselle Françoise Le Tellier.

Les Tixier, comme les Le Tellier, étaient *Receveurs des Tailles*, et il faut croire que la place était bonne, car leurs filles sont fort recherchées par les gentilshommes. — Ces alliances entre la noblesse et la bourgeoisie financière,nous ont permis de réunir dans un seul arbre généalogique une bonne partie des principales familles de La Châtre : les de Villaines et Saint-Julien, les Dorsanne de Montlevic, de Culon, Dampierre de Millancourt, s'y trouvent unis par les Tixier du Cluzeau et les Le Tellier d'Angibault, aux Thabault de Bellair, Peyrot de Monneyroux, Pataud du Mas, Duris, Pouradier de la Motte et autres.

Dame Marie Françoise Dorsanne, qui naquit en 1698 et mourut à Montlevic en 1765 où elle habitait depuis longtemps, était bien probablement la fille de ce Pierre Dorsanne. — Elle avait épousé très haut et très puissant seigneur messire René *marquis de Gamaches*, seigneur de Lugny, y demeurant.

Je trouve encore en 1753, à Montlevic, au baptême de l'enfant d'un fermier : messire François Dorsanne, *mousquetaire*.

La famille des *Dorsanne*, était une des plus anciennes d'Issoudun où, depuis le XV· siècle, elle occupait les premières charges. — M. Hip. Baucheron dit qu'ils descendent d'un Pierre Dorsanne notaire au XIV· siècle. Quoiqu'il en soit, on trouve déjà en 1450, Jean Dorsanne, prevost d'Issoudun, Antoine Dorsanne, lieutenant du Senechal en 1555 et ainsi tout le long des XVI· et XVII· siècles. — C'était une bonne *noblesse de robe*. — Un Jacques Dorsanne, lieutenant du Bailli de Berry, vint en 1514 à la Motte-Feuilly faire l'inventaire du mobilier de Charlotte d'Albret. — Et c'est au

XVI° siècle qu'un Claude Dorsanne, par son mariage avec Marie Heurtault, devint *seigneur de Montlevic*.

Fromenteau et *Fougerolles* appartenaient, en 1539, à Guillaume de Bethoulat ; d'après la Thaumassière, c'est en 1556 que ces fiefs furent acquis par les *Buchepot*. — Hugues de Buchepot, Chevalier, seigneur de Fromenteau, Fougerolles, le Chassing et la Perouse, habitait le château de Fromenteau en 1637 ; il demeurait à Fougerolles en 1668. — Au milieu du siècle dernier, le *Marquis de Buchepot* habitait La Châtre ; on l'appelait communément *Monsieur de Fromenteau*.

En 1724, Charles de Buchepot, Ecuyer, seigneur de Fromenteau, épousa damoiselle Marguerite de Culon, fille de « noble homme *Armand de Culon*, Chevalier, *seigneur du Brandi* et d'autre part », et j'aperçois à ce mariage les Bertrand de Pouligny, les Aucapitaine, Riglet, Legroin, Buchepot, M" René de Saint-Julien, Messire François de Barbançois, Chevalier de Sarzay, les Deculon du Brandi, Deculon de Clerfonds, Deculon de Vilarson. — Je n'y vois point de de Villaines : ils n'étaient pas encore en notre pays.

Les *de Culon* habitaient La Châtre (maison Vergne, place du Bosquet) ; « Alexandre de Culon, Chevalier, seigneur de Clerfond, demeurant en 1748 en cette ville de La Châtre ». C'était sans doute le père de messire Louis Alexandre de Culon, seigneur de Clerfond, lieutenant d'infanterie, qui, à l'âge de 30 ans, en 1770, épousa damoiselle Catherine Elisabeth Dampierre, âgée de 48 ans, en présence de Jean Jérôme de Culon, officier, frère de l'époux, Charles Armand, Marquis de Buchepot, cousin-germain, Marquis de Gaucourt, Marquis de Villaines, Letellier d'Angibault, grand'père et tuteur de l'époux, Pierre Letellier officier au Grenier à Sel, Duris et dame Letellier son épouse.

Elle était sœur, cette demoiselle Dampierre, de « messire Pierre François *Marquis de Dampierre de Millancourt*, seigneur de Clerfonds, Tarry, Angibault et autres lieux, demeurant ordinairement à Agen en Agenois, et de présent (en 1787) à La Châtre, hôtel de M. le Chevalier de Clerfonds ». — Ils étaient nés l'un et l'autre — le Marquis de Dampierre et Madame de Culon — de messire Pierre Dampierre, écuyer (ou chevalier) Garde du Corps, et de dame Catherine Letellier, fille de François Letellier d'Angibault.

Deux gentilshommes ont siégé à l'Hôtel-de-Ville de La Châtre au siècle dernier : Messieurs *Riglet* et *Jouslin*, de bonne et ancienne noblesse, encore qu'ils ne soient qu'*Ecuyers* et que leurs noms aient une physionomie modeste. — Charles Riglet ou de Riglet Ecuyer, sieur du Goutat et de Pierre Blanche, âgé de 40 ans, épousa demoiselle Anne Thabault, âgée de 33 ans, fille de Nicolas Thabault de Bellair et de Marguerite Barbadault ; et devint ainsi beau-frère de François Letellier d'Angibault. A ce mariage, qui eut lieu en 1740, assistaient les de Villaines et Saint-Julien « les bons amis » de l'époux, lequel était fils de Nicolas Riglet, écuyer, seigneur de la Limaye et de Catherine Dorguin.

Les *Riglet*, originaires de Troyes en champagne, avaient été attirés à Bourges par les *grandes foires* qui y furent établies vers 1480 et le grand commerce qui s'y faisait. « Nicolas Riglet s'habitua à Bourges où il fut *échevin* en 1516 » (1) ; et c'est ainsi que les Riglet devinrent, de marchands, gentilshommes et habitants du Berry. — Raynal raconte à ce propos des choses fort intéressantes : On sait que Louis XI, très mécontent de la ville de Bourges, y avait supprimé les élections populaires et institué des officiers municipaux choisis par lui — « Pour leur donner une plus grande importance, le roi anoblissait et décorait du privilège de noblesse les maires et échevins présents et à venir, eux et leur postérité nés en loyal mariage. — C'est là l'origine de cette *noblesse d'échevinage* ou *de cloche* (2), la seule à peu près qui subsiste encore aujourd'hui dans notre vieille cité (de Bourges) : noblesse qui n'est après tout qu'une bourgeoisie constatée. — On ne saurait s'empêcher de voir dans la facilité avec laquelle Louis XI concède un si éclatant privilège, la pensée d'avilir la noblesse en la multipliant, en la rendant aisément accessible à des bourgeois et à des marchands. — Du reste, un tel droit accepté avec imprévoyance et maintenu avec obstination par les habitants, fut la cause principale de la décadence du commerce de Bourges : dès qu'un marchand était enrichi, il aspirait au titre de maire ou d'échevin ; et dès qu'à l'aide de ce titre, il avait obtenu la noblesse, il aurait cru déroger en continuant le trafic ;

---

(1) La Thaumassière. Histoire du Berry.
(2) « *Noblesse de cloche* se disait des maires et échevins anoblis, parce que la cloche du beffroi, en célébrant leur installation, avait pour ainsi dire proclamé leur anoblissement. »

— Fr. Le Tellier
fille de
Léon Le Tellier
épouse de
Louis Tixier
RECEV. DES TAILLES
ET GABELLES
1627-97

— Léon Tixier
SUBDÉLÉGUÉ en 1696
époux de
Perpetue Godard

— Marie Tixier
Dame du Cluzeau
née en 1703
épouse en 1730 de
Nicolas Pardoux de
Villaines Ecuyer
mort en 1785
Marquis de Villaines

— Etienne Tixier
Ecuyer
Seigneur de Crevant

—Marg-Ang Tixier
épouse en 1692
P. Dorsanne de
Montlevic

—Mar.Fr.Dorsanne
épouse de
René Marquis de
Gamache

—Antoine Dorsanne
de Montlevic
Ecuyer
époux en 1740
de Thèr. Robin

FINANCE ET NOBLESSE

Descendants de Léon Le Tellier, né en
1661, fils de Nicolas Le Tellier
Recev. des Tailles au comptoir de La Châtre

—Jean Le Tellier
d'Angibault
RECEV. DES TAILLES
fils de Léon Le Tellier
né en 1643
époux de
Magd. Chauveton

—Pierre Le Tellier
RECEV. DES TAILLES
époux en 1693 de
Marie Chabenat de
Lignerolles

Fr. Le Tellier
Ecuyer
RECEV. DES TAILLES
époux de
1° Marie Baucheron
2° Eléo. Thabaud de
Bellaire
belle-sœur de
Charles de Riglet

— Pierre Le Tellier
PROCUREUR DU ROY
AU GRENIER AU SEL
époux de
M.-Cath. Renaudet

— Anne-Marie de Villaines
née en 1733 épouse de
Ant.-Joseph *baron de St-Julien*
Baronne de Ste-Sévère de 87 à 1811

— Madame de Rollat

— Madame de Montsaulnin

— Nicolas Pardoux Louis
Comte de Villaines, né en 1737

— *Et.-Phi. Marquis de Villaines*
né en 1740, époux en 70 de
Marie-Geneviève Talon
COMMANDANT DE LA GARDE
NATIONALE 1789-91
émigra en 93

— Anne-Marie de Saint-Julien
née en 1751, épouse en 70 de
Charles de Malvin
Marquis de Montazet
Baronne de Sainte-Sévère
de 1784 à 87

— Ag.-Gen. de Villaines, né en 71

— Nicolas Marquis de Villaines
né en 73 .

— *Omer comte de Villaines*
1780-1861
époux de Zoé de Lau d'Allemant
propriétaire des terre et chateau
de Ste-Sévère depuis 1811
père du *Marquis Ern. de Villaines*
mort en 1894

— Claude Dorsanne de Montlevic
Chevalier
. époux en 71 de
Demoiselle *Selleron de Courtillet*

— ? —

— Cath. Le Tellier, épouse de
*P. Dampierre de Millancourt
Chevalier — Garde du Corps*

— P. Dampierre de Millancourt
Marquis de Dampierre

— Cath.-Elisabeth Dampierre
épouse en 70 de
*L.-Alex. de Culon, Ecuyer,
Seigneur de Clerfond.*
Lieutenant d'Infanterie

—Pierre Le Tellier, SUBDÉLÉGUÉ
époux de
Marg. Peyrot de Monneroux

— François Le Tellier
GRENETIER AU GRENIER A SEL
COMMANDANT DE LA GARDE
NATIONALE en 92
époux de Madeleine *Pouradier de
la Motte*

— Catherine Le Tellier
épouse de
1° Pataud du Mas
2° Thabaud de Bellair

— Marguerite Le Tellier, épouse
de *Simon Duris*
AVOCAT EN PARLEMENT — ELU

— François Le Tellier

— Philippe Duris, né en 1769
beau-père de *Charles Delavau*

il se mettait à *vivre noblement*, c'est-à-dire à fermer boutique, à ne rien faire et à s'improviser des armoiries. » (1)

Les habitants d'Issoudun étaient fort jaloux et envieux de ce privilège des échevins de Bourges. — Après le terrible incendie de 1651 qui détruisit la moitié de la ville, la cour étant venue à Issoudun, Louis XIV accorda aux habitants, comme compensation de ce désastre, le privilège de noblesse pour leur maire. — Leur joie fut immense. (2)

Messire Mathieu *Jouslin de Noret* ou de Noray, Escuyer, avait, lui aussi, épousé une bourgeoise de La Châtre. — Il est vrai que son beau-père, Guillaume Pataud des Chauvins, seigneur du Portail, *Maire perpétuel*, Bailli et juge ordinaire de notre ville, se donnait parfois de l'*Ecuyer* (1696) tout ainsi que ceux de Bourges et d'Issoudun ; mais je crois que cette noblesse n'était point fort authentique, d'autant que j'ai rencontré maintes fois le nom de ce Maire sans ladite qualification d'écuyer. — De ce mariage naquit un fils en 1759, qui eut pour parrain François Bourdeau, colonel de la milice bourgeoise, et qu'on appelait souvent Jouslin du Portail.

Les Esquisses de l'Indre donnent quelques renseignements sur cette famille :

« A Pisseloup vivait, en 1640, Philippe de la Lande, époux de Françoise Jouslin. — Un siècle plus tard, ce manoir devint la propriété (et l'habitation) de Louis Philibert Jouslin (lequel signait en 1769 : Joullin de Pisseloup); dont le fils Mathieu fut Garde du Corps de Louis XVI jusqu'au 10 août. Après l'arrestation, ne voulant pas émigrer, le Garde du Corps retourna tranquillement respirer l'air natal de Pisseloup où personne ne songea à l'inquiéter. Preuve évidente que ce coin de notre pays ne fut pas très agité par la tourmente révolutionnaire. » — Pisseloup appartient aujourd'hui au docteur Jouslin-Veillat.

On m'a raconté au sujet de la noblesse de La Châtre des histoires que je crois sans fondements : « que les *bourgeois* étaient très jaloux de leurs prérogatives municipales...... — qu'il n'y avait pas un

---

(1) Raynal. Histoire du Berry, tome III, pages 123 et 152.
(2) Armand Pérémé, Recherches sur la Ville d'Issoudun, pages 206 et 422.

noble, propriétaire dans la ville même, dans l'enceinte des fortifications...... » — A la vérité le tableau des privilégiés exempts de Taille qui se trouve, à la date de 1752, aux délibérations municipales, ne contient que deux gentilshommes : « le sieur Riglet et le sieur de Saint-Julien ». L'un habitait vis-à-vis les Capucins (maison Villejovet) ; nous en avons parlé déjà à propos des casernes. L'autre, M. de Saint-Julien, demeurait, en 1740, « près le Couvent des Dames Religieuses de la Visitation » (en la maison qui porte aujourd'hui l'enseigne du Bœuf-Couronné). — En fait, il y avait bien d'autres nobles et dans l'intérieur même de la ville ; peut-être n'avaient-ils pas à La Châtre leur domicile légal ; mais, puisque les Dorsanne et les de Villaines, les Dampierre et les Riglet, épousèrent des filles de bourgeois de La Châtre, ils devinrent tout naturellement propriétaires en la ville par dot ou par héritage. Des milliers d'actes de Notaires de La Châtre ont passé sous mes yeux sans que j'y aie jamais aperçu la moindre distinction à l'égard de la propriété, entre l'intérieur de la ville et les faubourgs. — J'y vois au contraire le Marquis de Villaines acquérant un morceau de terrain des Carmes, dans la ville, sans aucune restriction ni observation. — Au mariage de Mademoiselle de Villaines avec M. de Monsaulnin qui eut lieu à Briantes en 1764, M. et Madame de Villaines sont expressement désignés comme étant « de la paroisse de La Châtre ». — Voici, du reste, l'extrait d'une lettre d'un ministre de Louis XV adressée au Subdélégué Baucheron-Duplaix, en 1760, qui ne laisse aucun doute sur cette question :

« .....,. Vous m'observez, dit le ministre, qu'il y a à la Chastre *cinq ou six gentilshommes*, c'en est assez pour concourir aux charges de la ville, Mais lorsque l'usage n'est point étably de les nommer dans une ville, le Conseil (le Conseil du Roi) ne se porte pas d'ordinaire à les forcer d'accepter ces places ; quoiqu'il fût à désirer qu'ils eussent part à l'administration (municipale), à cause des sentimens que la naissance et l'éducation doivent faire présumer. Ce qui fait que quand ils le demandent on y a égard, quoique l'usage s'y trouve contraire. — Vous userez à cette occasion de votre prudence pour savoir ce qu'ils en pensent, sans trop vous ouvrir avec eux, ny à personne sur le contenu de cette lettre. »

En 1765, nous trouvons *M. Denoray* échevin et *M. Riglet* notable, à l'Hôtel-de-Ville. — L'année suivante, « Messire Mathieu Jouslin écuyer sieur Denoray, détenu en son château de Noray (près Reuilly) par l'indisposition de Madame son épouse » ne peut assister aux assemblées du Corps de Ville. — En 67, M. de Noray sorti de sa charge d'Echevin, après le temps réglementaire, est élu notable, et à cette élection « *M. de Fromenteau* » obtient plusieurs voix. (Voir plus loin l'organisation municipale).

Et il y avait encore à La Châtre plusieurs autres membres de la noblesse. — Messire *Beraud* (écuyer ou chevalier) seigneur de la Lande, Fonteny, Moudurier et autres lieux, officier de dragons au régiment de Beaufremont — qui signait et qu'on appelait d'ordinaire : Monsieur *de Fonteny* — avait épousé Anne-Gabrielle de Riglet, fille de Charles Riglet. Il habitait d'ordinaire son *Château de la Lande*, paroisse de Crozon, (passé depuis aux Marquis de Nadaillac) ; mais il fut quelque temps propriétaire du grand hôtel situé, au cœur de la ville, entre la rue de Bellefonds et la place Maget, (aujourd'hui à M. Florent Dorguin).

Je trouve encore en 1762 « très haute et puissante dame *Marquise de Gaucourt* en son hôtel de La Châtre »; elle a de l'argent et en prête volontiers au denier vingt, tant aux gros bourgeois qu'aux gentilshommes des environs. — Les Gaucourt étaient seigneurs de Cluis.

Enfin, en 1782, un descendant d'une très ancienne noblesse du Berry (voir La Thaumassière) Messire François *Ajasson* Chevalier, seigneur *de Gransaigne* et vicomte de Chateauclos, ancien officier au régiment d'Enghien, vient à La Châtre épouser une bourgeoise, demoiselle Marie, fille du docteur Pierre Aumeur et de Jeanne Dissandes ; laquelle demoiselle Dissandes était, lorsqu'elle convola, veuve de Jean Peschant avocat en Parlement. — Nous retrouverons ce François de Gransaigne maire de La Châtre sous le premier Empire.

*
* *

Les Châteaux étaient presque tous abandonnés. — En 1775, Messire Armand Charles Marquis de Buchepot, seigneur de Fromentault, demeurant à La Châtre, afferme à Pierre et Etienne Journaux père et fils, fermiers, demeurant à Varenne, paroisse de Fougerolles : le *Château de Fromenteau* (aujourd'hui à M. Ameye), la basse-cour et le domaine de la porte (on appelait ainsi le domaine situé près de la porte d'entrée des châteaux), Le seigneur bailleur se réserve deux chambres du château. — Est compris dans le bail :

la dixme en bled, lainage et charnage dans toute l'étendue de la
seigneurie de Fromenteau, ainsi que l'avenage, suivant que ledit
seigneur a droit d'en jouir. Et se réserve expressement les dixmes
de vin, chanvre, pois et autre légumes, ainsi que toutes les rentes
dues à la seigneurie. De plus, les preneurs payeront au *Prieur de
l'Abbaye de Varennes* 80 boisseaux de seigle et 19 boisseaux au
Curé de Fougerolles. — Signé : *Le M" de Buchepot..*

En même temps il donne à titre de rente perpétuelle une terre
située sur le chemin de La Châtre à Neuvy, proche la *Chapelle du
Pondront.*

Le *Château de Briantes*, (aujourd'hui à Mlle Gaudeffroy) était
habité, au commencement du siècle dernier, par *Gaspard du May*,
Chevalier, seigneur de Briantes, en qualité de mari et maître des
droits et actions de haute et puissante Dame *Marie Agnès de La
Châtre*, son épouse, fille héritière de Messire J.-B. de La Châtre,
lorsqu'il vivait Chevalier seigneur de Breuillebaut, Briantes et autres
lieux. — C'est à ce seigneur que Guillaume Baucheron, seigneur de
Genevriers, demeurant au bourg de Laz, héritier de *M" Baucheron
seigneur des Aubiers*, conseiller du roy, Eleû en l'Election de La
Châtre, accompagné de M· Baucheron, notaire royal, rendait, dans
toutes ses formes, l'hommage féodal en 1714.

Le *Marquis de Villaines* avait acquis Briantes en 1740. — Il
affermait la terre moyennant 4,000 livres, et, dans le dernier bail
passé en 1791, ne se réservait que la grande salle du château avec
l'office qui en dépend, et l'usage de la cuisine et de la cave. Depuis
1786, le château (ou une partie du château) était habité par la
Marquise de Villaines, comme l'indique la note suivante extraite
des délibérations municipales de La Châtre :

« 17 Nivose An II (janvier 94) — Le citoyen Sylvain Desfousses-
Fraigne (ami de la famille de Villaines), membre du conseil de la
commune, a exposé que la citoyenne Talon, ci-devant épouse de
l'émigré Villaines et divorcée d'avec lui, n'habitait pas avec son
mari depuis au moins deux ans avant le commencement de la
Révolution, puisqu'il l'avait exilée dans sa campagne de Briantes..,.»

J'ai rencontré en 1720, demeurant à La Châtre, François *de
Barbançois Sarzay* Chevalier de Malthe et capitaine de cavalerie
au régiment d'Esclainvillier ; tandis que le *Chevalier de Sarzay*,
Messire François de Barbançois, habitait au *Chastel de Sarzay.*

En 1759, Sarzay avec Saint-Chartier, le Magnet, etc. appartenaient à *M. Delaporte, Marquis de Presle*, Conseiller d'Etat et Intendant du Dauphiné, habitant en son hôtel de Grenoble. — Une **partie de** ces terres passèrent ensuite au *Comte de Chabrillant*.

Sainte-Sévère, Châteaumeillant, la Motte-Feuilly, etc., eurent aussi divers propriétaires : la plupart grands seigneurs qui n'y résidaient guère et n'avaient, par conséquent, aucun rapport avec la ville de La Châtre.

D'autre part, plusieurs châteaux de nos environs appartenaient, bien avant la Révolution, à des bourgeois ou des annoblis.

Ars et *Montgivray* étaient, en 1730, à un bourgeois de Paris, *Joseph Hemet*, se disant écuyer, lequel, d'après une légende rapportée par M. Baucheron, aurait tué d'un coup de fusil un paysan décimateur du Chapitre. — Puis, Ars fut acquis en 58 par un notaire de Paris « Messire *Jean-Jérôme Bardon*, Ecuyer, *Secrétaire du Roy*, receveur des Gabelles au Grenier à Sel de La Châtre », qui créa le parc d'Ars et remit le château en état pour y mener la vie de grand seigneur. — L'une de ses nombreuses filles, Gabrielle-Edmée, épousa, en 74, Charles Périgois. — Puis il mourut en 79, et trois ans plus tard Ars fut acquis par les frères Jean-Baptiste et Jacques *Papet*, dont l'un mourut en 91 et l'autre en 1807

Le Château de Montgivray (aujourd'hui à Madame Clésinger-Sand) appartenait en 1750 à André *Perault*, avocat en Parlement, lieutenant particulier, civil et criminel en la Prevosté royale de La Chastre, seigneur de Montgivray, fils de Maître André Perault vivant « conseiller du roy, *lieutenant en la mérie* de La Châtre ».— Ces *Perault* descendaient vraisemblablement d'une des plus vieilles familles de la bourgeoisie de La Châtre ; j'ai quelque raison de croire que la belle maison de la place du Bosquet, aujourd'hui à M. Béguin, a été construite par un de ces Perault. — Ce seigneur de Montgivray mourut en 1755, laissant une fille et un fils « Jacques André Perault, Ecuyer, ancien gendarme de la Garde ordinaire du Roy » qui habite Romorantin en 74 et signe « *de Montgivray* » ; nous le retrouvons à la veille de la Révolution, Chevalier de Saint-Louis, capitaine d'infanterie, *Enseigne des Gardes de la Porte ordinaire du Roy*. — Sa sœur, dame Louise Claudine Perault, épousa Maître Jean Le Breton de la Vernelle, conseiller du Roy, Receveur des impositions royales de l'élection de La Châtre, et maria sa fille avec Messire François Saullet de Florensanges, écuyer ancien capitaine de cavalerie, *Gendarme de la Garde ordinaire du Roy*, demeurant à Paris, et grand ami de M. de Fonteny.

L'ancien *Château de Nohant* fut acquis en 1767 par « Messire Pierre Philippe *Pearron,* Ecuyer, seigneur de *Serennes,* Lagravolle, Nohant et Villeville, ancien officier d'infanterie, gouverneur pour le roy de la ville et château de Vierzon, demeurant à Issoudun ». En 69, « M. *Deserennes,* demeurant à Issoudun, afferme à Ch. Grangé aubergiste *le droit de prevosté et amende* que ledit seigneur, *à cause de sa seigneurie et chastellenie de Nohant,* a dans toute l'étendue de la Justice de La Châtre. » — C'est M. Pearron de Serennes qui fit construire le château actuel de Nohant, et qui le vendit à Madame Dupin (grand'mère de George Sand), laquelle s'y vint installer au commencement de l'an III.

Jacques Selleron de Laleuf, en 1722, tenait ledit fief et maison seigneuriale de *Laleuf,* de son beau-père, Jacques Thomas, fermier de la seigneurie de Nohant, qui l'avait acquis en 1699 de demoiselle Catherine Thevenin, veuve de M⋅ Jean Hurtault, seigneur du Couldray. — Laleuf est aujourd'hui à M. de Vasson qui le tient de M. Bernard de Laleuf, fils du prevost Bernard, et gendre de Selleron de Laleuf.

En 1759 Jacques Selleron de la Preugne demeurait au *Château de la Beauce.*

Le *Château de la Pouzerie* (aujourd'hui à Madame Duguet), appartenait, quelques années avant la Révolution, à Aubin Simon qui l'avait acheté aux Peschant. — L'un de ces *Peschant,* conseiller au Présidial de Guéret, épousa en 1740 une demoiselle Bourdeau de Fontenay. Il ne manquait jamais de s'intituler « seigneur de la Pouzerie et autres lieux, demeurant en son château de la Pouzerie.» Son fils ou frère, Etienne Peschant, habitait La Châtre. — Les anciens l'ont bien connu « le petit père Peschant » ce type de bourgeois-gentilhomme qui, trente ans après la Révolution, portait encore les bas de soie et l'épée, et se frottait aux Montaignac et aux Culon, auxquels du reste il était allié.

Le fief de *Cosnay* (aujourd'hui à M. Flisseau) était aux *Laisnel* ou *Laisné* : Sylvain *Laisné de La Salle,* né en 1757, épousa en 1779 Marie Louise Lebreton de la Vernelle. Il se qualifie ordinairement seigneur de Cosnet, Ecuyer, *Garde de la Porte ordinaire du Roy* (1787).— Son père, Germain Laisné, officier au Grenier à Sel, Ecuyer, seigneur de Cosnet, *Gendarme de la Garde du Roy,* époux de demoiselle Pataud du Portail, avait acheté en 1767 l'office sinécurial de *Lieutenant du Roy de La Châtre*. — (Nous donnerons plus tard quelques explications à ce sujet).

Messire Antoine François *d'Aiguirande*, chevalier, seigneur de Pouligny en partie, des Ternes et autres lieux, Chevalier de l'ordre royal et militaire de Saint-Louis, ancien capitaine au régiment de Clermont, avait domicile en la ville de Saint-Amand-Montrond (1775); mais il était souvent en son *Château* ou *Maison seigneuriale d'Aiguirande*, situé proche Vaudouan (aujourd'hui au Dr Chabenat), et il comptait parmi la bonne compagnie de notre ville. — En 1788, il est désigné : *baron d'Aiguirande*

Un fils du Marquis de Montazet et de Mademoiselle de Saint-Julien, baptisé à La Châtre en 1771, a pour parrain « Illustrissime et Reverentissime Mgr Antoine de Malvin de Montazet, archevêque et comte de Lyon, abbé de l'Abbaye royale de St-Victor de Paris », représenté par procuration par Messire Georges d'Aiguirande, Chevalier.

Le fief du *Virolan* (aujourd'hui au Dr Dumonteil), appartenait aux de Villaines. On trouvera, dans l'Histoire de Vaudouan de M. de Poli, toute la liste des seigneurs du Virolan, ainsi que celle des seigneurs de Briantes.

Le *Château du Magny* (aujourd'hui à M. Néraud), fut autrefois dans la dépendance de l'Abbaye du bourg de Déols ; mais il y a longtemps qu'il faisait partie, avec La Châtre, des Domaine et Duché de Châteauroux.

Depuis la mort du grandiose et très dévot Louis XIV, la noblesse était tout au plaisir, ne rêvait que jeu et galanterie. — Mais j'aime à croire que les abominables mœurs des *roués* ne pénétrèrent point en nos contrées. — Quoiqu'il en soit, on s'amusait à La Châtre, sous les règnes de Louis XV et de Louis XVI ; on y jouait beaucoup et l'on aimait fort ces comédies de salons, dont le moindre agrément n'est pas les occasions qu'elles procurent aux exécutants.

La maison *de Villaines* était comme une petite cour, grand ouverte aux amis. — On y jouait, on y dînait, et fort bien à en juger par la cave : Bourgogne, Bordeaux rouge et blanc, Cahors, Champagne, Alicante, Muscat, Syracuse : aucun crû n'y manquait.

— Nous verrons tout cela en détail à la vente mobilière de « l'émigré Villaines », en 93. Nous y trouverons avec les anisettes et les eaux-de-vie, les kirch, les curaçao, les marasquin...... une bouteille d'*Huile de Venus* et une autre de *Liqueur Archiépiscopale*. Et nous trouverons aussi avec les innombrables tables et boîtes à jeux de cartes, échecs, tric-trac, loto, dominos et bilboquet : plusieurs étuis de mathématiques, équerres et compas, baromètres, boites d'optiques, chambre noire à dessiner, de nombreuses cartes géographiques et autres outils de travail intellectuel à côté des instruments de plaisir. — La philosophie était à la mode, et l'on passait volontiers de la galanterie à la science. Il ne faut pas oublier d'ailleurs que M. de Villaines était officier.

Sans doute, les salons n'étaient pas tous des « *bureaux d'esprit* » comparables à celui de Madame Geoffrin ou de Madame Dudeffant ; on peut être certain, pourtant, qu'on y appréciait cette politesse exquise, et le plaisir de la conversation un peu savante, et du joli langage qui étaient la fleur de l'ancien régime et qui servirent de modèle à toute la bonne société de l'Europe.

Une chanson bête et grossière, composée à l'occasion de la fête du vieux Marquis de Villaines, nous a été conservée par M. Hip. Baucheron. On l'attribuait à cette mauvaise langue d'abbé Coulmain, qui fût si longtemps Principal du Collège et dont nous avons déjà parlé bien des fois. — Elle peut être regardée, certes, comme l'envers de la politesse et du bon ton ; mais elle a, pour nous, un double intérêt comme type du genre et aussi en ce qu'elle nous montre les principaux personnages du monde où l'on s'amuse. — La voici :

> Pour célébrer la fête
> De Maître Nicolas (Le vieux Marquis Nicolas de Villaines)
> Tout le monde s'apprête
> A faire grand fracas.
> Notre bureau d'esprit fait un grand étalage
> Grand bruit par toute la maison,
> Fleurs, couplets, tombent à foison
> Sur ce grand personnage.
>
> La principale actrice
> La dame de Nohant (Madame de Serennes)
> Conduisant son jocrisse (Dampierre)

Fit un beau compliment.
 Du comte et des valets nous bravons la grimace,
Dit-elle ; pour ma pension
Je viens de faire une chanson,
Agréez-la de grâce.

Le superbe cantique,
De quinze à vingt couplets,
Fait, se dit-on, la nique
A ceux que fit Duplaix, (Porcher Duplaix, de Lissonay ou de Richebourg)
Lassalle et Letellier en font un grand éloge (Laisnel de la Salle)
D'Aiguirande, grand connaisseur,
Prétend qu'il n'est rien de meilleur
Dans le Martyrologe.

On y lit que dans Rome
De fleurs et de lauriers
On ornait un grand homme.
C'est aux calendriers
Qu'a trouvé tout cela le poète femelle.
Partant, papa fut couronné,
Comme un Voltaire il fut traité ;
L'invention est belle.

En entrant avec peine
Nos acteurs villageois
Chantèrent sur la scène
Quelques couplets grivois,
Pour régler son fausset, chacun eut fort à faire
Mais notre pauvre Chevalier (de Clerfont)
Ne put ni lire ni chanter,
On crut qu'il allait braire.

Pour finir la parade
Il fallut, se dit-on,
D'une tendre accolade
Accueillir le barbon,
D'un succulent baiser, un chacun le régale,
Quand ce fut à la Teinturier (Madame de C.)
Papa dit en bouchant son nez :
Les chats font dans la salle.

Presente à ce tapage
La grosse des Maretz (Bourdeau des Marais)
En elle-même enrage
De voir le dîner prêt,
Dit qu'on va manger froid tout le premier service.
L'Aumeur lui dit : point de façon, (le Docteur Aumeur)
Tenez, grignotez ces bonbons
Que j'ai pris dans l'office.

L'on ne vous vit Charasse (Péron de Charasse)
A tout ce brouhaha.
Serait-ce une disgrâce,
Seriez-vous planté là.
Vous essuyez toujours quelque facheuse crise.
J'avais bien du plaisir pourtant
A vous voir vif et sautillant
Auprès de la Marquise.

Et vous jeune pucelle (Mademoiselle Selleron)
Charmante Chevillon,
Vous que chacun appelle
L'amie de la maison ;
On nous a dit qu'alors vous ne respiriez l'ambre ;
C'est bien dommage en vérité
On dit que votre Majesté
Vidait les pots de chambre.

C'était un régal que ces petits couplets, pour les bourgeois et les marchands, les artisans et les ouvrières. — Ce genre d'esprit encore fort à la mode il n'y a pas longtemps a été tué par le journal à un sou ; et les jeunes d'aujourd'hui ont peine à se figurer l'attrait et la saveur de ces chansons locales qu'on se passait en cachette, qu'on copiait de sa propre main ou qu'on apprenait par cœur et qui restaient vingt ans et plus en la mémoire. Tandis qu'à présent la presse quotidienne apporte chaque jour de nouvelles choses aussi vite oubliées qu'apprises et constamment remplacées par d'autres. — Fontenelle disait qu'aux yeux de beaucoup de gens, une chose perd de sa valeur dès qu'elle est comprise ; on peut dire de même que tout est défloré par la presse, par la publicité du journal, la chanson devient rapidement banale, et perd ce ragout qu'avaient les petits papiers, les petits vers, que tout le monde savait sans doute, mais dont on parlait cependant à demi-mots et en sourdine comme si l'on avait peur d'être entendu. — L'extrême liberté de la presse a détruit le plaisir du fruit défendu. — Jadis, les hommes et les femmes n'avaient pas la ration journalière de feuilleton ou de politique ; leur esprit s'occupait ailleurs, à la chicane et aux chansons, sans compter les caquets et le potinage qui sont de tous les temps.

De quand date cette chanson ? — L'allusion faite, au quatrième couplet, au couronnement de Voltaire, qui eut lieu, comme on sait, la dernière année de sa vie, au Théâtre Français, prouve qu'elle est postérieure à 1778. — Sachant, d'autre part, que Nicolas de Villaines est né en 1703 et mort en 1785 : je suis très porté à croire que la fête en question eût lieu en 1782, à l'entrée du vieux Marquis dans sa quatre-vingtième année.

M. Baucheron de Boisvignault, qui a pu connaître bien des personnes, ayant vécu sous l'ancien régime, raconte en ses *Recherches sur La Châtre* que « la famille de Villaines inspira bien vite à une société désœuvrée et frivole un gout éffréné pour les fêtes et les plaisirs. — De brillants militaires y venaient parfois tenir garnison, dit-il, et nos grand-mères ont longtemps parlé des beaux officiers de la colonel-général. — Un besoin immodéré de dissipation se développa au nombre desquels le jeu et la galanterie tenaient une grande place. On cite encore d'une dame X...des traits de libertinage dignes de la Régence. — Une autre passait la nuit entière à jouer avec un aventurier. — Les mœurs ecclésiastiques s'étaient fort relachées..... Plusieurs conseillers de nos Cours souveraines vinrent passer à La Châtre, le temps de leur exil...... »
Sans doute ils s'ennuyaient à Bourges où l'on ne s'amusait guère sous le règne du roi Louis XV, à en juger par la description qu'en fait l'un de ses magistrats exilés de Paris :
« Une ville (Bourges) où l'on ne trouve personne à qui parler à son aise de quoi que ce soit de sensé et de raisonnable ; des nobles qui meurent les trois quarts de faim, entichés de leur origine, tenant à l'écart la robe et la finance, et trouvant singulier que la fille d'un receveur des tailles, devenue la femme d'un conseiller au Parlement de Paris, se permette d'avoir de l'esprit et du monde : des bourgeois de l'ignorance la plus crasse, seul appui de l'espèce de léthargie où sont plongés les esprits de la plupart des habitants ; des femmes bigotes et prétentieuses, fort adonnées au jeu et à la

galanterie. » (Bourges en 1753-54 : Comptes-rendus de la Société du Berry).

Bourges n'a jamais passé pour gaie ; mais la sombre platitude du tableau qu'en fait ce haut magistrat, tient sans doute à la comparaison implicite qu'il fait entre cette vieille ville où il est exilé et Paris qu'il regrette.

*
* *

On a vu dans tout le cours de ce long chapitre combien la bourgeoisie, ou du moins une partie de la bourgeoisie, était intimement liée avec la noblesse, en notre ville. — On trouve dans une foule de petites circonstances la preuve de ces relations amicales. Voici, par exemple, Madame de Saint-Julien marraine d'un d'un fils de M. Selleron des Forges, avec M. Périgois comme parrain. — Et je vois, en 1712, M. de Riglet servir de témoin au testament de la demoiselle Villain sa voisine au faubourg Saint-Germain de La Châtre.

Voici enfin un document qui, pour être fragmentaire n'en est pas moins curieux. C'est une feuille détachée d'un jugement, elle commence ainsi : « ..... legereté qu'il y avait eu de les avoir hazardées, mais l'on a soutenu par vanité ce que l'on avait dit par caprice et par humeur ». On verra d'après ce qui suit qu'il s'agit de paroles malsonnantes et de propos désobligeants sur M. de Villaines et son ami Bourdeau Desmaretz :

« Le sieur de Villaines dit encore que sy le sieur Bourdeau Bourgeois de la ville de Lachastre *vient chez luy et y joue* quelquefois, il en use comme nombre d'honnestes gens de la même ville qui *viennent chez ledit sieur de Villaine en compagnie,* sans que cela forme entre eux aucun commerce ny aucunes liaisons particulières et capables de fournir aucune suspicion. — Le sieur deffendeur (de Villaines) à qui la fortune et l'état des affaires permettent d'entretenir *table ouverte* et proportionnée à sa situation, ne disconviendra point que ledit sieur Bourdeau des Marais comme toute autre personne de la ville n'ait quelquefois *mangé chez luy ;* mais il n'y a jamais eu de singularité ny de particularitez au respect dudit sieur Desmarais, et les choses se sont passées de façon qu'on osera assurement les qualifier *d'amis de bouteille,* leur état et leur éducation en esclud jusqu'à l'idée.

Enfin sy cedit sieur Bourdeau s'étant trouvé aux foires

circonvoisines de la ville de La Chastre s'est presté *à la vente de quelques bestioux* appartenant audit sieur de Villaines, il n'a fait que ce qui se pratique respectivement dans les occasions entre les habitans d'un même lieu, surtout dans des pays où le commerce de bestioux est aussy considérable qu'en Berry. Mais outre qu'il n'a peut-estre jamais rendu ce service trois fois audit sieur Devillaine, il ne l'a fait que *par pure politesse comme ledit sieur Devillaine l'aurait fait pour luy,* et non en qualité *d'homme d'affaire ny d'argent*, ny même sur la prière dudit sieur Devillaine, mais par le fait du hazard.

« Il faut donc convenir que l'on a mal embargué dans cet incident, et que ceux qui stipullent les intérêts dudit sieur *de Brégy*, auroient été plus sensés de ne le point former, lavantage dont ils font trophée, juste ou non, se seroit soutenu sans atteinte, aulieu qu'il lobserve par lentreprise et lechet dune mauvaise contestation. Et en effet nous ne voyons point que les lois admettent pour reproche ny pour moyen de suspicion une fréguantation telle que la société et le commerce le requierrent. Les précautions.... ..»

En 1743, M. de Villaines avait eu maille à partir avec le *Marquis de Bregy*, seigneur de Sainte-Sévère, à l'occasion du grand-chemin de Vaudouan à La Châtre, servant de limite à leurs terres et justices ; lequel Marquis de Bregy est mort en 1765. — Serait-ce le même *de Bregy* qui traite Messieurs de Villaines et Bourdeau des Marais d'*amis de bouteille* ? — Je n'en sais rien. Mais quoiqu'il en soit ce document montre dans les rapports entre bourgeois et gentilshommes de La Châtre, une certaine intimité et une réciprocité de bons procédés qu'on ne soupçonnait guère et qui étonnera plus d'un lecteur.

XXIV

LES ECHEVINS

et

Le Corps de Ville

Nous donnerons dans la Seconde Partie une histoire aussi complète que possible de l'Hôtel-de-Ville de La Châtre ; dans ce chapitre, il ne sera question que des choses connues du grand public, des choses dont tout le monde parle et en particulier d'une grande querelle plus propre que tout le reste à montrer l'état des esprits.

Les administrations municipales des différentes villes n'avaient (avant 1765) aucune uniformité ; elles s'étaient formées et developpées peu à peu sous l'empire de circonstances autant particulières que générales. Mais elles étaient toutes sous la tutelle administrative de l'Intendant de la province ; on ne pouvait rien faire, acheter, vendre, délibérer, sans l'autorisation ou l'assentiment de Mgr l'Intendant. — Ce puissant représentant du pouvoir central était renseigné par ses *subdélégués*, d'ordinaire hommes du pays, choisis par lui et n'ayant de relations administratives qu'avec lui seul. — Si quelque fois cependant, le subdélégué correspond directement avec un ministre, c'est qu'il est en ce cas nommé spécialement *Commissaire* dans une affaire spéciale.

« *Les Maires et Echevins* » sont les chefs de la municipalité. — La ville de La Châtre est ordinairement gouvernée par *deux Echevins*, avec ou sans *Maire*. Lorsqu'il n'y a pas de Maire, le *premier échevin* en fait les fonctions. —Au milieu du siècle dernier, à l'époque où commencent les registres de délibérations qui nous sont restés, le *Corps de Ville* se composait d'une vingtaine de *Conseillers* nommés par *le général des habitants*, c'est-à-dire la généralité, la plus grande partie de la population masculine. — Ils ont, seuls, voix délibérative ; mais le général des habitants assiste à toutes les assemblées de l'Hôtel-de-Ville, et chacun émet son avis sur les affaires de la *Communauté* ou comme on finit par dire de la *Commune*. — En général, on ne recueille pas les voix, les votes se font par acclamation, et les nominations sont dites « à l'unanimité » ; en réalité, ainsi qu'il arrive toujours dans ce mode primitif d'élection, l'acclamation est plus ou moins tumultueuse ; ce sont les audacieux, ceux qui crient le plus fort et qui savent ce qu'ils veulent, qui décident tout. — Nous avons encore aujourd'hui un échantillon de cette manière d'opérer dans l'élection du bureau des réunions publiques.

En règle, les Echevins devaient être nommés tour à tour, tous les deux ans ; en fait, on oubliait souvent de remplacer celui qui devait sortir de charge. — C'est ainsi que Pataud de la Couture ou des Coutures, quand Peron de la Forest le remplaça, en 1732, était échevin depuis près de vingt ans sans avoir jamais été renommé. — A partir de cette époque les élections furent fréquentes et plus que de raison.

Peron de Laforest n'était pas homme à se laisser mener même par ceux qui l'avaient nommé ; c'est pourquoi ceux-ci ne tardèrent pas à le combattre, et ce ne fut, pendant une dizaine d'années, que luttes et cabales menées par les ambitions, les intérêts et les coteries. — D'abord Pajot et Laisnel abandonnèrent Peron qui ne voulait point déplacer leur ennemi particulier, Coulmain, le trop célèbre principal du Collège. — Puis ce fut l'affaire de l'impôt du *Don Gratuit* ; et l'on vit entrer en scène le sieur Bourdeau Desmarets qui jusqu'alors avait soutenu le sieur Delaforest, et qui devint un de ses acharnés adversaires sous l'impulsion de son beau-frère Plouvier. Toute la clique de ce Directeur des Aides s'en mêla, la lutte devint aiguë et violente, grâce surtout à l'un d'eux, Sabatier, marchand de tabac, qui voulait pour lui la place de receveur des octrois qu'occupait Dorguin des Bergeries (1). — Le Prevost (président du tribunal) Bernard en était aussi ; ennemi intime du Procureur du roy et

---

(1) Voyez page 216.

Subdélégué, Baucheron-Duplaix, et de son oncle l'échevin Peron. — Celui-ci « fit plusieurs fois sa démission »; mais la majeure partie des habitants et les ordres de l'Intendant l'obligèrent à rester.

Les choses allaient mal à l'Hôtel-de-Ville, en 1760; de plus en plus mal. — Des nominations d'échevins avaient été faites très irrégulièrement, et annulées par l'Intendant. — Le prevost Bernard venait d'être nommé « tumultueusement » comme second échevin, lorsque parut (en 1760) un arrêt du conseil du Roy changeant complétement la forme de la municipalité.

Baucheron Duplaix, dans une lettre au Ministre, raconte l'élection de M° Bernard ; sa narration offrira plus de confiance, lorsqu'on saura qu'il invoque, sans être démenti, le témoignage de l'échevin Selleron Desforges, apparenté de très près à la plupart des mécontents du parti adverse.

Les questions de famille jouent un grand rôle en cette affaire, et vraisemblablement en toutes les autres. Nous avons vu Bourdeau Desmarets entrer dans la coterie en devenant beau-frère du Directeur des Aydes : nous trouvons d'autre part Pataud du Portail avec son gendre Laisnel de Marembert ; le prevot Bernard, marié en premières noces à une demoiselle Pataud, et en secondes noces à la sœur de l'échevin Selleron Desforges — Celui-ci qui avait épousé une demoiselle Périgois, se trouvait neveu de Sabardin, et beau-frère de Pajot et Périgois (1), tous signataires d'une requête contre Péron et Baucheron. — Cependant, malgré ces liens de famille, l'échevin Selleron-Desforges n'a jamais pris parti contre son collègue Péron ; et cette circonstance donne une grande force au rapport, non démenti, du subdélégué.

Celui-ci assistait parmi le peuple à l'orageuse séance du 4 may 1760 : « A peine l'échevin eut le temps de parler, dit-il, que le sieur Laisnel s'écria que l'on ne voulait point du sieur Delaforest et que tout le monde proposait pour échevin le sieur Bernard prevost. —

---

(1) Voir les Tableaux Généalogiques pages 185, 212, 214. — On verra, page 212, comment Péron de la Forest est oncle de Beaucheron Duplaix — et page 214, la parenté de Périgois. Pajot et Sabardin. A ce dernier tableau manque (faute de place) Anne Périgois, épouse de Hyacinthe Selleron-Desforges échevin, sœur de Catherine Périgois, femme Pajot, et de Guillaume-Georges Périgois.

Il faut observer que cette espèce d'insulte était d'autant plus mal placée que personne n'avait proposé le sieur Delaforest. — Le sieur Desforges qui présidait dit alors qu'il fallait colliger les voix, et que, comme il était beau-frère du sieur Bernard, il allait les faire colliger par le procureur (l'avoué) de la ville. Mais le sieur Laisnel toujours impétueux et qui ne veut souffrir le moindre obstacle à ses volontés, s'écria que tout cela était inutile, que tout le monde nommait d'unanime voix le sieur Bernard. — Quelques citoyens s'élevèrent contre une élection si irrégulière et voulurent faire leurs protestations : le sieur Laisnel ne souffrit point qu'on les écoutât. Il sortit avec le sieur Duportail son beau-père. Ils furent chercher le sieur Bernard qui vint accepter à l'instant. — Ceux qui protestaient, n'ayant trouvé que des refus auprès des gens publics, vinrent enfin au sieur Baucheron subdélégué qui fit acte de ces protestations, lesquelles ont été ensuite adressées au Ministre et trouvées bien fondées puisque l'élection du sieur Bernard a été déclarée nulle. — En réalité elle avait été faite par le sieur Laisnel tout seul.

Puis, comme nous l'avons dit, parut l'arrêt de 1769 transformant complètement la composition du Corps de Ville. — Il y eut un certain retard dans l'application de cet arrêt. — Un jour, au sortir de la messe, le sieur Pataud du Portail rencontra le sieur Baucheron Duplaix, *commissaire* chargé de cette affaire, et lui demanda pourquoi on ne tenait pas d'assemblée en exécution dudit arrêt. « J'ai de bonnes raisons pour cela », répondit le subdélégué sans s'expliquer davantage. — Le sieur Laisnel les ayant rejoint, on parla de la nouvelle administration municipale ; et M. Baucheron finit par dire : « J'ai écrit au Ministre pour avoir des éclaircissemens, je les attends ; il n'y aura pas d'assemblée avant l'arrivée de cette réponse. » — Alors, furieux de ce contretemps, et flairant quelque projet ambitieux, Pataud et Laisnel crièrent qu'on les avait trompés ; et les mécontents députèrent deux d'entre eux au Ministre, Comte de Saint-Florentin.

*
* *

Des historiens racontent qu'on invoquait les brigues, les soi-disant assemblées tumultueuses pour supprimer les libertés municipales, restreindre de plus en plus le système électif et imposer aux villes des officiers municipaux nommés par le Roy. — A l'Hôtel-de-Ville de La Châtre, ces brigues, ces assemblées tumultueuses étaient bien réelles. Voici un certain nombre de petits faits qui, ajoutés aux précédents, donneront une idée suffisante des luttes de coteries, au milieu du XVIII' siècle. — Citons d'abord un extrait de la « requête des habitans qui, en 1756, demandèrent la continuation de l'échevin Péron, contre l'entreprise du sieur Pajot et autres » (1) :

« Depuis très longtemps les assemblées de la ville sont extrêmement turbulentes et si remplies de factions que les affaires ne s'y décident que suivant la fantaisie de certains esprits brouillons. Une conduite aussi irrégulière en a insensiblement éloigné les plus sages et ceux qui craignent les animosités des chefs de cabale. On avait cru pouvoir remédier à cet inconvénient si préjudiciable au bien public en nommant un certain nombre de *Conseillers* auxquels *la commune* avait accordé voix délibérative et exclusive pour décider des affaires de la ville..... Mais ce projet n'était point du gout de certains esprits qui n'y trouvaient pas leur compte. — Pour se rendre maître des délibérations, ils introduisirent dans les assemblées des gens qui ne doivent pas avoir de voix ; le trouble a recommencé et les assemblées sont devenues aussi tumultueuses qu'elles l'étaient ci-devant. Tout s'y passe sans ordre ; les plus hardis et les plus entreprenans y décident des affaires sans l'avis des plus sages et des plus modérés....»

Et après cette requête, en voici une autre présentée en 1760 par ceux du parti adverse, ennemis jurés de Péron et son neveu Baucheron-Duplaix :

« ..... les habitans ne sont que trop éclairés maintenant sur la valeur du sieur Baucheron qui réunit à sa place de Subdélégué la charge de Procureur du Roy à la prevosté, et sur ses projets de domination contre leurs libertés. Non content de voir tous ses concitoyens plier sous l'autorité qu'il s'arroge par ses deux places, il a voulu encore, en composant le Conseil de la ville de ses parens et de ses amis les plus chers ou de personnes peu instruites,

---

(1) Presque toutes les citations de ce chapitre sont tirées des papiers de famille de M. Gaudeffroy. — Les autres proviennent des registres des délibérations municipales.

s'assurer qu'il ne manquait rien à sa puissance et qu'il pouvait tout..... — La destitution du sieur Bernard est l'époque malheureuse qui a allumé le flambeau de la discorde et de la division dans la ville. — Il est bien certain que c'est à des motifs d'ambition et d'intérêt que les habitans doivent attribuer la cause des troubles qui les agitent.

« Le sieur Péron de la Forest, lorsqu'il fut élu second échevin (en 1752) forma le projet de dominer en chef ; l'âge avancé du sieur Selleron de Lœuf (premier échevin) et son inaction aux affaires de la ville facilitèrent son dessein. Son ambition fut satisfaite...... Si le nombre des suffrages des gens sensés l'emporte parfois sur celui des gens inepts (à l'hôtel-de-ville), le sieur Péron proteste contre la délibération, la porte devant l'Intendant, Commissaire départy de la Généralité de Bourges, qui la renvoie au sieur Baucheron son Subdélégué pour avoir son avis, lequel avis a déjà été concerté entre l'oncle et le neveu.

« Cela ne suffit pas, Péron eut recours à l'impétuosité de son caractère ; par les emportemens les plus indécens, les inventions les plus grossières, il parvint à éloigner des assemblées tous les notables habitans et bourgeois éclairés et zélés pour le bien public ; il eut enfin l'art de les réduire au petit nombre de ses partisans.....»

On voit que tous sont d'accord sur un point, à savoir : que l'Hôtel-de-Ville était déserté par les gens tranquilles. Si Péron était vif, ses ennemis l'étaient au moins autant que lui. Dans une discussion au sujet du mode de perception du *Don Gratuit*, un des délibérans mit le poing sous le nez de cet échevin en lui disant : « Bougre ! le droit sera mis à l'inventaire malgré toi ! » A laquelle insulte Péron, pour toute réponse, se retira. — Une autre fois, c'était à l'assemblée du 10 août 59, Péron se plaignant de la fraude que faisaient plusieurs habitans, quelques-uns prétendirent que c'était la faute des commis, qu'il fallait en nommer d'autres, et comme le sieur Pataud du Portail était de ce nombre : « Monsieur, lui dit le premier échevin, vous êtes un de ceux qui devriez le moins vous plaindre des commis. — Je suis donc un fraudeur, répondit le sieur Pataud. — Je ne dis pas cela, fit le sieur Delaforest, mais vous devriez ne pas vous plaindre. » A quoy le sieur du Portail répondit hautement et d'un ton de colère : « Vous savez cela comme l'âne à Dubout ; vous parlez en étourdi. » — En entendant ces paroles si peu mesurées et proférées en présence de nombreux habitans dans l'Hôtel-de-Ville, lieu de la juridiction des échevins, dans le temps où ils étaient en fonction, le sieur Péron demanda acte à son collègue et aux habitants qui étaient restés, de l'insulte que lui avait faite le sieur du Portail, et porta plainte devant le Parlement.

On ne peut s'empêcher, en lisant les diverses pièces de cette interminable querelle, de prendre parti pour Péron et Baucheron, dont les adversaires se montrent souvent en flagrant délit de mauvaise foi. — Ces deux hommes, qui tinrent une si grande place n notre ville, avaient sans doute, comme chacun, des défauts ; mais ils furent soumis à de rudes épreuves, sans compter les injures, « les chansons infâmes » et autres taquineries. — A l'assemblée du 7 mai 1758, on reprocha à Péron de Laforest « de ne pas remplir ses fonctions d'échevin, n'assistant point aux processions publiques qui se font pendant l'Octave et aux feux de joie ordonnés par Sa Majesté. » On lui reproche « d'employer les deniers d'octroi à des chemins inutiles »; il s'agit du chemin qui conduit de la ville à la promenade de l'Abbaye, et comme Péron répond justement, il n'y a que des gens de mauvaise humeur qui peuvent dire que ce chemin est « un chemin de plaisir. » — On trouve encore dans les plaintes des ennemis de cet échevin de basses calomnies comme cette ridicule accusation (d'ailleurs entièrement fausse) d'avoir fait paver sa cour avec les pierres des murs de ville qu'il avait fait démolir.(Voir page 34)

Ces procédés sont de tous les temps. Et, nous le répétons, car ces considérations sont indispensables au bon entendement de l'histoire : les formes sociales changent bien plus que le fond individuel des hommes. Au temps qui nous occupe, la liberté de la presse n'était pas décrétée, mais on n'a jamais pu empêcher la circulation de la chanson, des petits écrits, aussi anonymes que la plupart des articles de journaux, et qui ont même, ainsi que tout ce qui se cache et se faufile, un ragout que n'a pas la presse banale et libre. Beaucoup, et en particulier ceux qui ne savaient pas lire, les apprenaient par cœur, et les retenaient de longues années, pour le malheur de ceux qu'on chantait. — La discorde n'avait point alors l'aliment quotidien de ce que nous appelons la politique ; elle était causée et entretenue par les questions locales et particulières, les procès, les haines personnelles, les intérêts de famille et de coterie ; et les femmes qu'on aperçoit rarement dans ces affaires y devaient bien certainement tenir un rôle important.

Ces luttes ne provenaient point de la diversité des opinions générales. — Cependant on commence à trouver dans toutes ces

protestations le langage de Jean-Jacques Rousseau ; on était prêt à
« se sacrifier pour la patrie — pour l'amour du bien public » qui
étaient alors choses nouvelles ; et déjà parfois le fameux mot de
« citoyen » remplace celui de bourgeois ou d'habitant.

De plus, on remarque parmi les mécontents, les familliers de la
noblesse, les gendarmes de la maison du roy, comme Sabardin et
Laisnel, le colonel de la milice Bourdeau Desmarets. A nos yeux
d'aujourd'hui, Péron avait certainement le beau rôle en résistant
aux *privilégiés* et à ce parti militaire, si l'on peut appeler ainsi les
officiers de carton de la milice bourgeoise et ces gendarmes de la
garde du roy qui ne quittaient pas La Châtre.

> « J'ai eu plus d'une fois occasion de vérifier ce que
> dit Turgot, que les bourgeois des villes trouvaient le
> moyen de régler les octrois de manière à ce qu'il ne
> pesâssent pas sur eux ». (de Tocqueville)

C'est contre ces bourgeois, comme le Pataud du Portail, comme
M. le prevost Bernard qui vendait son vin en détail et ne voulait pas
payer les impôts ou octrois, que Péron avait à lutter ; et c'est
pourquoi on le regardait comme « *le père du peuple* ».

Pour représenter aussi justement que possible l'état de notre
ville pendant ces cinq années que dura la lutte aigue, ouverte,
laquelle, on peut le croire, laissa dans l'esprit des habitants bien
du trouble et de l'animosité : je citerai tout au long la lettre de
M. Delagoutte Duvivier, qui fut maire malgré lui. — A la vérité il
était ami particulier du Subdélégué Baucheron-Duplaix, mais les
mécontents ne trouvent à lui reprocher que d'être « jeune, étranger
et d'être pourvu d'une charge de Receveur de Tailles incompatible
avec celle de Maire. — En effet, M. Delagoutte Duvivier était né à
Paris et avait trente-six ans ; mais « son père et ses auteurs sont
nés à Cluis, tout le bien de la famille y est, son oncle et lui
possèdent à La Châtre les deux charges de Receveurs des Tailles
depuis longtemps. » — Nous ne trouvons là que des garanties
d'impartialité ; du reste sa lettre est assez intéressante pour être
reproduite en entier. La voici :

Lettre de M. Delagoutte Duvivier à M. Baucheron-Dupleix

(1760)

« Je reçois avec un profond respect les ordres du Conseil
(le conseil du Roy) : je m'y soumettrais avec peu de répugnance

s'il n'était question que d'une place de prud'homme (de conseiller municipal) qui serait bien plus proportionnée à ma capacité. — Je vois avec douleur le mauvais état des affaires de la ville, surtout à l'égard du *Don Gratuit* (impôt de la Guerre de Sept ans) auquel beaucoup d'habitans se sont soustraits parce qu'il n'y a ni authorité ni corps de ville, et je suis au désespoir de ce que ma résistance (à accepter la place qu'on lui offre) va prolonger le désordre et la joye de ceux qui ont intérêt à l'entretenir pour raisons qui ne sont ignorées de personne.

La place (de Maire) dont le Conseil (du Roy) veut m'honorer ne me laisse que deux partis : l'un de sacrifier les intérêts de la ville et mon honneur à ma tranquilité, en me rendant l'instrument et le jouet des caprices et injustices d'une douzaine de principaux Bourgeois ; l'autre de me rendre le plastron de la communauté (de la commune) et de braver la haine de ses habitans jaloux de domination, ennemis de toute authorité légitime, furieux contre tout ce qui ose leur résister, jamais embarassés sur les moyens de se venger, toujours unis pour le trouble et désunis quand ils sont maîtres.

Fondé sur ces motifs, je prie M. le Commissaire (M. Baucheron subdélégué) de vouloir bien recevoir mes représentations et permettre que je lui rappelle quelques faits propres à luy faire connaître à quel point mes craintes sont fondées.

Je suis instruit de la conduite de certains habitans dans la dernière assemblée, et de l'extravagance avec laquelle ils ont manqué à M. le Commissaire.

Je sais que ces mêmes habitans, au nombre d'environ douze, sortant furieux de l'assemblée après lecture de l'Ordonnance (qui réorganisait le corps municipal) rencontrèrent *M. Peron de la Forest* ancien échevin, homme respectable, et regardé icy comme *le père du peuple*, et quelques-uns d'entre eux l'ont menacé avec les gestes et les injures les plus grossières ; que ces injures n'ont pas cessé depuis plusieurs années, qu'il s'est vu près d'être frappé dans plusieurs assemblées où il présidait. — Qu'enfin ce premier échevin, dont peut-être je pourrais imiter la droiture et le désintéressement, mais jamais le zèle et la capacité, ayant été obligé d'abandonner le timon, ses ennemis devenus maîtres n'ayant pu trouver aucune prise sur son administration et ayant été obligés d'approuver et signer ses comptes, n'ont cessé depuis de l'avilir par des ridicules et des chansons des plus satiriques.

Je sais que le Receveur des octrois et du Don Gratuit (Dorguin des Bergeries), — homme de la gestion duquel je me rends garant comme de celle du sieur Péron, quoique sans aucune liaison particulière avec eux — ayant été obligé de poursuivre un habitant d'une espèce commune (Sabatier) le plus séditieux et en contravention déclarée, et de faire prononcer un jugement par les Officiers de l'Election : cet habitant (Sabatier) après avoir annoncé sa vengeance, l'a surpris (Dorguin) sans armes et au retour d'une foire, lui a fait plusieurs blessures, lui a cassé un sabre sur la tête, et que cette action, approuvée par différents juges des différents sièges, a reçu de quelques habitans des applaudissemens propres à la faire renouveller.

Je sais que le juge royal (le prévost Bernard — président du tribunal) à la juridiction duquel ma charge (de Receveur des Tailles — receveur particulier) me soustrait, et auquel je dois prêter serment (comme Maire) d'après l'Arrêt du 6 septembre dernier, homme qui par son état doit l'exemple, n'a point voulu depuis qu'il a été nommé échevin payer au Bureau du Don Gratuit sa consommation de vin et le droit de celuy qu'il a vendu en détail quoiqu'ils luy aient été demandés ; et que le jour d'hier les commis du Don Gratuit luy ont fait un procès-verbal de refus d'ouverture de sa cave où ils devaient constater le vin qu'il a recueilli cette présente année et celuy qui luy reste de la précédente récolte, pour régler les droits qu'il peut devoir sur la vente en détail dont ils n'ont point la connoissance, parce qu'ils n'ont pas cru nécessaire de l'exercer à cause de sa qualité d'échevin : refus dont il a donné pour motif que l'un des commis n'avait été reçu que par l'échevin conservé et non par une assemblée, quoiqu'il n'ignore pas que la nomination des commis (de la ville) est donnée aux échevins.

J'apprends que les mêmes habitans publient hautement qu'ils ont rassemblé une somme considérable, qu'ils sacrifieront tout pour faire casser la décision du Conseil (du Roy) comme obtenu par surprise sur de faux exposés et de fausses délibérations de la Communauté, forgées par le sieur Delaforest pour, avec ses créatures, continuer à disposer des deniers du Don Gratuit, et qu'ils feront agir à la Cour les personnes les plus puissantes pour perdre M. le Commissaire (Baucheron) ; accusations trop graves pour ne pas mériter le châtiment des uns ou des autres.

Tous ces faits m'annoncent ce que je dois espérer de la conduite la plus irréprochable ; peut-être honnête homme à présent dans le moment de l'acceptation, je cesserois de l'être et serois en butte à tous les traits.

Je prie M. le Commissaire de faire valoir ces raisons pour que je sois déchargé d'une Commission si épineuse, ou que je sois simplement nommé prud'homme ; ou, si le Conseil (du Roy) exige de moy une obéissance entière, pour qu'alliant dans les affaires toute la modération possible avec la fermeté nécessaire aux affaires de l'avis du Corps de ville, je sois mis à l'abri d'injures qui, toujours renouvellées et toujours impunies, me pénétreroient jusqu'au vif, et peut-être occasionneroient la perte de ma fortune, mon honeur et ma vie. »

Signé : Delagoutteduviviers.

Et en effet les mécontents se cotisèrent pour députer à Paris MM. Sabardin et Desmarets qui y avaient de puissantes influences. Une enquête fut ordonnée et fort bien conduite : l'Intendant convoqua tous les habitants de La Châtre qui voudraient venir à examiner les réponses écrites des sieurs Baucheron et Péron aux accusations de leurs adversaires et à y répondre eux-mêmes. Les sieurs Pajot, Duportail, Guinat, Périgois, Villain, Bernard et Sylvain Desfousses enfourchèrent leurs montures et furent à Bourges rejoindre les deux députés Sabardin et Desmarets. — La cause entendue : pleine et entière raison fut donnée à Péron et Baucheron ; une grande affiche blanche (dont j'ai entre les mains un exemplaire) fut placardée aux murs de La Châtre, laquelle, au nom du Roy, interdisait l'entrée de de l'Hôtel-de-Ville aux sieurs Bourdeau des Marets, Sabardin, Laisnel Sabatier, Pajot et Villain des Roullets, les principaux auteurs de la requête qui est, dit l'arrêt, « un amas de calomnies et dont tout le contenu est l'ouvrage de la cabale, de l'envie et de l'animosité. — Fait Sa Majesté défense aux sieurs Bourdeau Desmarets et autres prétendus notables d'assister à l'avenir aux assemblées de la ville et de s'immiscer directement ou indirectement dans les affaires de la communauté ; à eux enjoint d'être plus circonspects sous les plus grandes peines..... et sera le présent arrêt imprimé, lu, publié et affiché partout où besoin sera. — Car tel est est notre plaisir. »

Signé : Louis (Louis XV).

M. Delagoutte-Duvivier fut maire pendant quatre ans, au bout desquels il fut remplacé par M. Baucheron de Boisvignault (1764) — Péron de la Forest fut continué dans ses fonctions de *Procureur Syndic* faisant fonction de procureur du roy à l'Hôtel-de-Ville. Il n'avait pas voix délibérative, mais n'en était pas moins le grand chef de la commune, remplissant l'office de ministère public, posant toutes les questions et proposant les résolutions généralement adoptées.

Cela dura cinq ans, jusqu'aux édits de 1765 qui introduisirent une administration municipale uniforme dans toute la France. — Maire et Procureur Syndic furent supprimés, et remplacés par le Procureur du Roy de la prévosté, et le Prévost auquel la présidence du corps de ville fut attribuée. — M. le procureur du roy Baucheron, peu satisfait de cette institution nouvelle, s'abstint généralement d'assister aux délibérations municipales ; il me paraît même qu'il n'y venait que pour chercher noise au premier Echevin (faisant fonction de Maire). — Et de son côté, M. le Prévost Bernard était retenu chez lui par une maladie d'yeux.

L'Hôtel-de-Ville était donc, en fait, gouverné par les deux Echevins, des *Notables* et *Conseillers* souvent renouvelés par élection. — Le *Général des habitants* n'étaient plus convoqués que très rarement, pour *recollement de la colonne*, c'est-à-dire l'établissement de la liste des *collecteurs*, et pour le *ban de vendanges*.

En 1768, la *chambre de ville* était en si mauvais état que, pendant six mois que durèrent les réparations, les séances se tinrent en la maison du sieur Desfousses receveur des octrois. Les convocations étaient faites fort irrégulièrement ; des discussions assez vives s'élevèrent à propos de la nomination d'un *collecteur porte-bourse*. « On n'avait fait aucune convocation par billets, et M. Porcher de Villechère premier échevin avait défendu verbalement aux valets de ville sonner la cloche ainsi qu'il est accoutumé pour toutes les assemblées. » — La délibération de la prétendue assemblée du 27 juillet où le procureur du roy a empiété sur les droits de représentation que possède seul le receveur-syndic peut-être « soupçonné estre l'ouvrage d'un esprit de parti, et ce qui le confirme c'est que le sieur Aumeur (second échevin) y est venu présider en robe de chambre, pantouffles et bonnet de nuit ». — On pourrait dire plutôt que les affaires se traitaient en famille et peu régulièrement. — L'ordre n'était pas dans les habitudes de l'ancien régime ; on trouve toujours qu'on a bien le temps de régler une affaire et de rendre des comptes.

En 1771 parurent de nouveaux Edits rétablissant les *offices municipaux, Maire perpétuel*, etc. — Personne ne se présentant à l'achat de ces charges, la municipalité resta dans l'état où elle était ; on ne fit plus de nomination, et, depuis 1772, Porcher de Villechère s'intitule « seul échevin ». — En 73, les sieurs Lecamus et Pallienne furent nommés d'office, par le Roy, premier et second échevin et gouvernèrent quelques années la ville.

Enfin, en 77, Pierre Villain Desroullets présente auxdits échevins « la commission à luy octroyée pour remplir et faire les fonctions et office de *Maire, Conseiller du Roy en l'Hôtel-de-Ville de La Châtre* ». Il fut remplacé en 84 par M. Desfougères de Villandry, qui resta Maire jusqu'aux premières années de la Révolution. — Cette charge et office de Maire perpétuel de La Châtre s'achetait 1500 livres ; et le titulaire touchait, à titre de gages, l'intérêt de cette finance, au denier vingt, soit 75 livres par an. Il jouissait de plus de certaines exemptions et privilèges.

On trouvera dans la suite d'amples détails sur l'administration de ces diverses municipalités.

XXV

MILICE BOURGEOISE

Armes de la Ville — Pompiers — Lieutenant du Roi

Maréchaussée — Milice provinciale et Tirage au sort

La *milice bourgeoise* (espèce de garde nationale) se composait de tous les hommes en état de porter les armes, sauf les privilégiés exempts.

Le 25 avril 1751, les Echevins réunissent à l'Hôtel-de-Ville les officiers de la milice bourgeoise, afin de prendre les mesures convenables pour recevoir Son Eminence Mgr le Cardinal de la Rochefoucault, archevêque de Bourges, qui doit arriver prochainement en notre ville. — On décide, comme toujours en pareil cas, que tous les habitans en état de porter les armes se tiendront prêts tel jour, chacun au-devant de la maison de son capitaine. — Je crois bien que la Milice bourgeoise, au siècle dernier, ne servait absolument qu'à ces parades.

Elle se composait de trois compagnies correspondant à trois quartiers, les capitaines rappelant les quarteniers du temps jadis. — La première compagnie s'appelait *Compagnie Colonel* ou simplement *la Colonel* ; elle était alors commandée par le colonel Bourdeau des Marets, avec Jacques de Courcelles, Jean Dorguin des Bergeries et Philippe Porcher des Guimards, *lieutenant, sous-lieutenant* et *porte-enseigne* de la Colonel. — Les deux *Echevins*, Pataud des Coutures et Hyacinthe Selleron, qui commandaient les deux autres compagnies, avaient été remplacés en 52 par les *capitaines* Cuinat de Villeboy et J.-B. Pallienne. Les autres officiers etaient, pour la 2ᵉ : Dorguin de la Grange, *lieutenant* et Pierre Letellier d'Angibault, *enseigne* ; et pour la 3ᵉ : François Lebrun sieur des Bordes et Jacques Dorguin des Forges, *lieutenant* et *enseigne*.

En 1750, Germain Carion *sergent* de la milice bourgeoise étant mort, Louis Adenis est nommé à sa place dans la compagnie colonel ; il a servi plusieurs années dans les troupes de Sa Majesté et a promis s'acquitter de ladite charge en sa loyauté et conscience. — Il jouira des gages, privilèges, exemptions et émoluemens accordés auxdits *sergents de la milice de la ville*. C'est la formule générale : plus de mots que d'argent, quelques exemptions d'impôts, du logement des gens de guerre entre autres, pour rémunérer *le service de police* que faisaient ces *sergents de ville* ou de milice, conjointement avec les *valets de ville*.

Ce Louis Adenis étant mort en 54 et Etienne Auffy, sergent de la colonel étant sourd et incapable de servir : Hubert Froison passe sergent de la colonel ; Pouzoux et Girault sont nommés sergents dans les *compagnies de St-Jacques* et *de St-Germain*. — A la fin de l'année 1755, les Echevins convoquent les officiers de Milice à l'effet de nommer un *sergent de ville* dans la compagnie du quartier de la rue de la Barre dont le sieur de Courcelle est capitaine. Ils révoquent un sergent pour son mauvais service et autres causes, et nomment à sa place François Le Roy « pour faire le service de *sergent de ville et de Milice* ». — La nomination des *sergents* appartenait aux officiers de Milice conjointement avec les Echevins.

On voit d'après cela que les trois compagnies correspondaient aux quartiers des trois grandes Portes de ville : St-Germain, St-Jacques et Notre-Dame.

Un édit de 1694, toujours dans un but fiscal, avait créé des *Colonels de Milice* et établi en même temps la *vénalité* des charges d'officiers. — La ville de La Châtre avait racheté (volontairement ou forcément ?) le droit de nomination, sauf à revendre au plus offrant ou au plus agréable, des titres d'officiers qui devenaient ainsi propriété héréditaire. — Voici un extrait du registre des Délibérations municipales qui montre que M. Riglet, écuyer, avait acheté la charge de colonel à sa formation, l'avait revendue plus tard, et diverses autres choses :

A MM. les Echevins de cette ville de la Chastre

« Supplie humblement François Bourdeau sieur Desmarets cy-devant *capitaine commandant la Milice Bourgeoise* de cette ville, héritier de deffunte demoiselle Anne Peschant (de la Pouzerie) sa petite nièce, fille et héritière de deffunte Michelle-Madelenne Bourdeau sa mère, laquelle était fille de Jean Bourdeau sieur de Fontenay lorsqu'il vivait colonel de ladite Milice Bourgeoise. (Voir le Tableau Généalogique ci-contre).

« Disant que, en sa qualité d'héritier de ladite demoiselle Peschant, luy appartenait ledit office de Colonel dont estait pourveu ledit sieur Bourdeau Defontenay, pour avoir remboursé au feu sieur Riglet de Lalimage, le prix dudit office, quiceluy sieur Riglet de la Limage avait payé pour luy en acquis et descharge de cette ville.... .

« Par l'arrest du Conseil d'Etat du 16 novembre 1694 et par la quittance de la finance des offices de : un *Colonel*, un *Major*, deux *Capitaines* et trois *Lieutenants,* que les habitans de cette ville ont payée au Trésorier des revenus casuels de Sa Majesté le 3 juin 1699, sauf et excepté, la somme de 300 livres payée par ledit sieur Riglet pour ledit office de colonel. Il y est dit expressement que le droit de nommer auxdits offices, même le droit d'hérédité appartiendra au corps et communauté de cette ville. »

Le 24 février 1752 « veu la requeste à nous présentée, etc. — Ouy M. Fr. Péron de la Forest, faisant en cette partie fonction de procureur du roy..... nous (échevins) avons reçu, admis et installé, recevons, mettons et installons ledit sieur Bourdeau Desmarets en la possession dudit office de Colonel de la Milice bourgeoise pour en jouir ensemble (avec) les droits, prééminences, privilèges et exemptions y attribués ; et à la charge par luy d'obtenir de Sa Majesté des provisions ou commissions dans six mois..... »

Voici d'autre part comment, à la même date, le sieur Pataud des Oranges devient *Major* de ladite Milice ; grade dont les fonctions répondaient à peu près à celles de nos Lieutenants-Colonels d'aujourd'hui et du Commandant de place chargé de la police militaire.

« Philippe Pataud sieur des Oranges, ayant reçu les provisions de l'office de Major (c'est-à-dire les Lettres de *provisions* par lesquelles il est *pourvu* de l'office de Major) — ledit sieur Pataud assisté de son procureur Maître Pierre Villain, fait assigner pardevant les échevins, par exploit de Rousseau huissier, M° Jean Moreau prestre chanoine de l'église collégiale de Saint Germain..... et M° Guillaume Geórges Périgois conseiller du roy Eslu en l'Election..... qui ont donné certificat de bonne vie, mœurs et *religion catholique*..... — Ledit sieur Pataud fut alors admis à prêter serment..... et mis en possession de l'office de Major pour en jouir ensemble (avec) les honneurs, autorité, prérogatives, privilèges, pouvoirs, fonctions,

Cl. Bourdeau de Fontenay
bourgeois

— J. Bourdeau de Fontenay
bourgeois
Colonel de la Milice B.
époux de Cath. Mallard

— Jean-Claude Bourdeau
de Fontenay
Prieur du Chapitre
de 1739 à 59
Auteur d'une Histoire de
Vaudouan

— Fr. Bourdeau Desmarets
Colonel de la Milice B.
époux en 1716 de
Jeanne Pasquet,
fille de Françoise Pataud

— Anne Bourdeau
épouse en 1700 de

— Michelle-Magdelaine
Bourdeau de Fontenay
épouse en 1740 de
Jean Peschant
seigneur de la Pouzerie
avocat en Parlement
fils de J. Peschant
conseiller du roy
au Présidial de Guéret

Anne Peschant

Jean Pataud des Chauvins
cousin-germain de
Pataud du Portail
sieur de la Couture
docteur en médecine
époux de
1. Marie Bourdeau
2. en 1690 de Jeanne Mayet

Ger. Pataud de la Couture
Echevin

— Blaise Pataud de Lolière
docteur en médecine
époux en 1696 de
Michelle-Magd. Le Tellier

Guil. Pataud du Montet
époux en 1731 de
Marg. Sabardin

exemptions, droits, fruits, proffits, revenus et emoluemens y
·attribuez...... et reconnu devant les Officiers de la Milice et les
habitans sujets à leurs commandemens, assemblés avec leurs armes,
drapeaux et tambours audevant de l'hotel de ville. »

Ainsi, pour être officier de Milice bourgeoise, il fallait payer une
finance, acheter la charge ou en hériter ; se faire recevoir par les
échevins, obtenir des lettres de provision du roy, enfin être muni
d'un certificat de bonne vie, mœurs et religion catholique, et être
reconnu devant la troupe.

L'office de Colonel se trouvant en la possession d'une demoiselle,
cela nous semble bien étonnant ; nous avons peine à considérer la
propriété d'un grade militaire comme une proprieté quelconque se
transmettant par héritage. — Tant que vécût la petite Anne
Peschant il n'y eut pas de *Colonel*, la Milice avait pour premier
chef le *Capitaine commandant* Bourdeau Desmarets ; lorsque cette
fillette mourut, à l'âge d'environ dix ans, la Milice eut un Colonel
dans son grand'oncle et héritier. — Ces choses-là sont de celles
qui nous étonnent le plus.

*
* *

La grande querelle municipale eut son contre-coup dans la Milice
bourgeoise. Le capitaine Cuinat de Villebois donne sa démission en
1753. — En 1760, le colonel Desmarets ne se rend pas à la
convocation faite par les Maire et Echevins pour prendre décision
relativement à la réception à faire à Mgr l'Archevêque, et pour
nommer aux emplois vacants ; le Major Pataud des Oranges le
remplace.

Sont nommés : Lebrun capitaine commandant la 3ᵉ compagnie,
Porcher de Villechère lieutenant de la colonel, Letellier d'Angibault
lieutenant de la 2ᵉ compagnie de Courcelle, Jacques Cuinat lieutenant
de la 3ᵉ, Baucheron des Ormeaux, Gource de Rivarennes et Charles
Dorguin enseignes. — Un emploi d'*Aide-Major* avait été créé en
1766 pour seconder ou remplacer le Major ; est nommé à ce grade
Germain Desfousses gensd'arme chevau-léger d'Orléans.

En 1763, démission du capitaine Lebrun et du lieutenant Letellier.
Porcher de Villechère nommé capitaine de la 3ᵉ démissionne en 77,
en même temps que Selleron des Forges ; leur âge ne leur
permettant plus de remplir leurs fonctions. — Blaize Thabaut
Deville et Gource de Rivarennes passent capitaines ; Laisné de

Maremberg, Lamy et Lecamus lieutenants ; Charles Péron, Selleron de la Motte, Baucheron du May sont nommés porte-enseignes.

Puis, à partir de cette époque (1777) on n'entend plus parler de la Milice. Cependant elle existait toujours, car nous trouvons en 89 M. le Maire Defougères Devillandry colonel avec le sieur Gource de Rivarennes pour premier capitaine commandant. — Elle renaîtra bientôt et se transformera en *Garde Nationale*.

Il est à remarquer que, au cours du siècle dernier, les grades de la Milice bourgeoise n'étaient point dédaignés comme ils l'étaient, dit-on, en certaines villes ; la plupart sont occupés par de très gros bourgeois ; et même le premier colonel, M. Riglet, était gentilhomme.

Je n'ai aucun renseignement particulier sur le costume et l'armement de la Milice de La Châtre. Il est probable que chacun s'équipait et s'habillait comme il pouvait ; et s'il y avait quelque uniformité cela tenait surtout, sans doute, à ce que l'habillement militaire ordinaire différait peu de l'habillement civil : habit à revers (longue redingote à poches) par dessus la veste (gilet à manches), culottes et petit chapeau à trois cornes ; et de plus, beaucoup de gens portaient l'épée. — Peut-être avait-on quelque cocarde de ruban ou de papier aux couleurs de la ville.

Il ne faut pas oublier que *l'uniforme* ne devint d'un usage général dans l'armée que sous les ordres de Louvois ; encore était-il difficile d'empêcher les gentilshommes officiers de s'habiller à leur fantaisie. Quant à l'habillement des anciennes Milices bourgeoises, c'était parfois un véritable travestissement de carnaval.—Louis XIII entrant à Marseille « prit grand plaisir de voir que les soldats de la Milice étaient bien rangés, que leurs armes étaient belles et riches ; mais ce qui lui donna le plus de satisfaction fut de voir qu'il y en avait d'habillés en sauvages, en amériquains, en indiens, en turcs et en mores ». (Histoire de Marseille. Cité dans La Ville de Alb. Babeau).

Sous Louis XV, la plupart des Milices bourgeoises des grandes villes et autres adoptèrent un uniforme composé de l'habit bleu à revers rouges ou blancs, ou inversement de l'habit rouge à revers bleus, ou encore blanc à revers rouges, avec veste et culotte blanches ou chamois.

Chaque compagnie avait son drapeau ou enseigne, le plus souvent aux couleurs de la ville, sauf le drapeau de la colonel qui était en général blanc fleurdelysé. — *La couleur de la ville de La Châtre* était le *synople*, c'est-à-dire le vert.

Les officiers de notre Milice font remarquer, en 1757, que les *drapeaux* des trois compagnies appartiennent aux *Enseignes* (porte-drapeaux) qui, lorsqu'ils montent à la lieutenance, veulent comme de droit, les vendre à leurs successeurs ; et il arrive qu'on ne trouve personne qui veuille faire cette dépense. — Ils prient les Echevins de se pourvoir devant Mgr l'intendant pour obtenir la permission d'acheter lesdits drapeaux sur les deniers d'octroi et de les réunir au corps de la Milice. — Je trouve en 1761 l'autorisation donnée à la ville par l'Intendant d'acheter *trois drapeaux*, lesquels seront déposés chez le Maire.

« *Les trois tambours* de l'hôtel-de-ville de La Châtre sont vêtus d'habits, vestes et culottes *à la livrée de la ville*, avec chacun un chapeau bordé d'un galon d'argent conformément à la livrée des autres valets de ville ». — Les trois tambours sont, en 1784, Chalumeau ancien soldat, Aucante menuisier et Dyonnet tonnellier.

En 1780, le Maire s'exprime ainsi qu'il suit : « A la dernière réjouissance pour la prise de La Grenade, nous avons eu beaucoup de peine à trouver, soit par emprunt, soit à loyer, deux tambours pour les compagnies de Milice bourgeoise ; ce qui nous a déterminé à prier M. l'abbé de Ligny de nous en faire faire trois à Bourges. — Ces tambours sont faits ; mais il convient de les faire peindre avec des fleurs de Lys éparses, et les armes de la ville ». Prix des tambours achetés à Bourges et rendus conduits 47 livres 4 sols.

Les *Armes de la Ville* de cette époque sont décrites dans la délibération du 25 janvier 1789 : les officiers municipaux ayant décidé de faire graver un nouveau *sceau aux armes de la ville* qui portent de sinople (vert) à trois tentes d'argent surmontées chacune d'une fleur de lys d'or comme une marque que la ville est royale ; et pour support deux hommes armés.

Il n'y avait à La Châtre ni *pompes* ni *pompiers*. — A l'assemblée générale des habitants du 30 août 1785, M. le Maire Desfougères de Villandry, à l'occasion *d'incendies* récents, a prononcé un de ces discours à long préambule comme il les aime : « Le devoir le plus essentiel des officiers municipaux, a-t-il dit et exposé, est de donner leurs soins à la sûreté, au bon ordre et à la décoration de la ville dont l'administration leur est confiée. Mais pour remplir cet objet dans toute son étendue, il ne suffit pas toujours de maintenir un ordre primitif, il est souvent nécessaire de former des établissements nouveaux pour procurer au public le plus grand avantage ou prévenir des inconvénients dont les circonstances font craindre le danger.— Instruit des *incendies* qui sont arrivés dans cette province pendant l'année et des maux importants qui en sont résultés, témoin d'un pareil malheur arrivé sous nos yeux depuis peu de jours dans le voisinage des Murs de cette ville (c'est-à-dire dans les faubourgs), et allarmé des dangers qui, dans le même mois, ont menacé trois fois la ville elle-même par des feux actifs, nous avons conçu le projet d'établir des *pompes* dont le secours et l'utilité reconnue puissent préserver les *citoyens* d'un malheur aussi susceptible de leur attention ». — Les économies faites par les officiers municipaux les mettent en état d'acheter deux *pompes à incendie* et d'envoyer un *élève pompier* à Paris auprès de M. le Directeur des Pompes où il se formera à la manœuvre...... et pourra ensuite lui-même former des coopérateurs...... Les frais se borneraient au voyage et à trois mois de nourriture à Paris, pendant lesquels il serait vêtu et logé par le Roi suivant l'offre qui en a été faite par M. Morat qui dirige ce service. — L'indemnité et salaire de ce *pompier citoyen* se borneraient au logement que la ville pourrait lui fournir et aux exemptions d'impôts qu'elle pourrait lui procurer. — Le nommé François Dyonnet tonnelier et l'un des tambours de ville, qui est jeune, laborieux et intelligent, se présente pour ce service et est accepté. — Mais je n'ai vu aucune trace de l'achat de ces pompes, et je crois pouvoir affirmer qu'aucune suite ne fût donnée à ce projet.

Comment agissait-on dans les incéndies ? On faisait comme on pouvait, comme on fait encore dans les campagnes. — Certaines villes, avant d'avoir des pompes, avaient de grandes seringues qui n'étaient sans doute point fort efficaces. — La Milice bourgeoise était chargée, au moins, du service d'ordre, souvent aussi de surveiller le ramonage des cheminées. — Dans ces conditions on comprend combien les incendies étaient désastreux ; il arrivait trop souvent que tout un quartier était consumé par les flammes.

Les pompiers de Paris datent de 1720. — En 1767, la ville de Châteauroux estime qu'une pompe, coutant 600 livres, est au-dessus de ses moyens. Elle eut pourtant des pompes un peu avant la Révolution et des pompiers de Milice bourgeoise, vêtus d'une biaude de toile à paremens avec un chapeau bordé d'argent. (L'abbé

Damourette, dans Hist. de Châteauroux de Fauconneau-Dufresne).—
C'est au temps de Louis XVI qu'apparût en plusieurs villes le
casque grec, qui est resté la coiffure classique des pompiers. —
C'est aussi de cette époque que datent les premières *assurances*
mutuelles contre l'incendie.

Au milieu du siècle dernier, les échevins de La Châtre sont
presque toujours désignés « *échevins et gouverneurs de la ville* ».
— Ce nom de *gouverneur* est même plus ancien que celui d'*échevin*,
car on le trouve dans l'acte de 1540, cité page 50.

Dans la lettre ci-dessus rapportée qu'écrit, au sujet de ses
provisions de Major, le sieur Pataud des Oranges, il dit en propres
termes : « C'est à vous Messieurs les *échevins et gouverneurs*
qu'elles sont adressées en l'absence de Monsieur le Gouverneur du
Berry et de Monsieur son Lieutenant. » — Les échevins étaient donc
à la fois commandants militaires au nom du Roi et magistrats
municipaux.

L'édit de 1694 avait créé des *gouverneurs* dans toutes les villes
closes qui n'en avaient pas, en même temps que les offices de la
Milice bourgeoise, et toujours dans le même but, fiscal. Puis, les
villes avaient été autorisées ou forcées de racheter ces charges de
gouverneur, érigées comme celles de la Milice bourgeoise en offices
héréditaires. — Est-ce ainsi que les échevins de La Châtre avaient
pris le titre de gouverneurs ; je ne le crois pas. *Gouverneur* devait
être synonyme d'*échevin*, et l'expression « *échevins et gouverneurs* »
une des redondances habituelles du vieux style. — Cependant ils
étaient bien les chefs militaires de la ville close, de ces fortifications
que les bourgeois de la ville aidés des corvées ordonnées dans les
campagnes environnantes, avaient élevées. Mais comme. à cette
heure, les fortifications ne servaient plus que de murs d'octroi, que
les portes ne se fermaient plus, et qu'ils n'avaient pas besoin d'en
garder les *clefs*, leurs fonctions militaires consistaient en la
nomination et réception du serment des officiers de la Milice. —
Avant la création des offices de colonel et de major, ou pendant
leur vacance (en 1750), les compagnies de Milice étaient commandées
par les échevins en personne.

En 1767, le sieur Laisné de Cosnet fut pourveu, moyennant finance, de l'office de « Lieutenant du Roy de la ville de La Châtre » créé en 1733, (qu'il ne faut pas confondre avec les deux Lieutenants du Roy de Haut et de Bas Berry antérieurement créés); sinécure s'il en fut jamais, car ce soi-disant commandant ne commandait rien du tout, les maire et échevins continuant à nommer les officiers de Milice et à recevoir leur serment. — La quittance de finance, payée aux revenus casuels du Roy, et les Lettres de provision sont inscrites aux délibérations municipales du 24 mars 1767. Germain Laisné Ecuyer, seigneur de Cosnet, Gendarme de la Garde du Roy, moyennant six mille livres versées, touchera 480 livres de gages en appointemens, plus 120 francs pour logement et ustensile, soit en tout 10 0/0 de la somme versée, payés chaque annnée par les trésoriers de l'ordinaire des Guerres. C'était un bon placement, qui donnait droit en outre à divers privilèges et exemptions ; mais il n'était pas très sûr. — Le *Lieutenant du Roy de La Châtre*, « dont l'office n'avait point encore été pourvu », d'après le texte des Lettres de provision, donnait à son titulaire « le pouvoir, en l'absence du Gouverneur de ladite ville, de commander aux habitans en tout ce qui sera jugé nécessaire pour le bien du service du Roy, sureté et conservation de ladite ville en l'obéissance royale, faire vivre les dits habitans en bonne union et concorde les uns avec les autres, commander aux gens de guerre qui sont ou seront cy-après établis en garnison en ladite ville, les contenir en bon ordre et palier suivant les réglemens et ordonnances militaires, le tout lors et ainsy qu'il lui plaira (à lui Lieutenant du Roy) de l'ordonner.....»

Ce sont des mots, rien que des mots, et les droits du sieur Laisnel de Cosnet relatifs aux habitants, s'il s'était avisé de les exercer, auraient servi plutôt à créer la désunion qu'à rétablir la concorde.

Il y avait en notre ville un certain nombre de « Gardes du Gouverneur (de Berry) au département de cette ville ». Gabriel Nicolas Sylvain de Montaignac... seigneur de Chénérailles et des Terres, Chastellenies et Seigneuries de Cluis-Dessus et Cluis-Dessous, Chevalier de Saint-Louis, Lieutenant général pour le Roi de la province de Haut et de Bas-Berry, nomme Gilbert Dubois, natif de Cluis, pour être l'un de ses gardes en la province de Berry, pour par lui exécuter tous les ordres donnés pour le service du Roi, etc. Donné en la ville de Cluis, l'an 1784. Signé : *Montaignac.*

Par Monseigneur, signé : *Godin.*

Ce sont les « Gardes de la compagnie du Gouverneur ou du

Lieutenant général de Berry, » des « Gardes au Gouvernement de la province de Berry à la résidence de la Chastre. » Ainsi, en 1758, Barthélemy Duplomb, habitant de La Châtre, est nommé en remplacement de Bardoux décédé..... « pour faire les *fonctions de Garde du Gouverneur* et exécuter ce qui lui sera ordonné pour le service de Sa Majesté et celui dudit seigneur Gouverneur. »

Quelles étaient ces fonctions ? Je n'ai jamais pu le savoir. — Ces *Gardes* étaient généralement des artisans. Ainsi, en 74, des Commissions de Gardes sont accordées aux nommés Sylvain Robert marchand épicier, Chappu tailleur d'habits, Daudet maître cordonnier, Auclert maître guestrier de La Châtre. — Son Altesse Sérénissime Mgr de Bourbon Conty Gouverneur de la province de Berry, les a nommés « pour servir dans la compagnie des Gardes de son Gouvernement de Berry » ; et il mande aux Maire et Echevins de La Châtre qu'ils aient à les reconnaître et faire reconnaître en ladite qualité et les faire jouir des privilèges, prérogatives, etc...... Sur quoy « le corps municipal ne s'oppose pas que lesdits sieurs Robert et autres ne jouissent des privilèges qui peuvent être attachés à ladite commission ». Les officiers municipaux n'ont pas l'air d'en savoir plus que nous sur les fonctions et privilèges desdits *Gardes du Gouverneur*.

J'aperçois encore à La Châtre quelques *Invalides* :

En 1778, Charles Moreau en qualité de *bas-officier* avec 72 livres de pension, et Jean Soulas en qualité de soldat avec 54 livres. — Ils étaient détachés de la *Compagnie des Invalides* de Bourges, compagnie elle-même détachée de l'Hôtel des Invalides de Paris.

Joseph Lamy, 44 ans, a servi pendant 21 ans dans la Maréchaussée en qualité de *bas-brigadier* ; il est admis aux Invalides en qualité de bas-officier et à jouir chez lui de sa pension, compagnie de Bourges, élection de La Châtre. Chaque année il allait toucher sa pension de 90 livres revêtu de son *uniforme*, lequel lui était renouvelé tous les quatre ans. — En 1775, J.-B. Pethoureau officier de la maison royale des Invalides demeurait à La Châtre.

La *Maréchaussée* (que nous appelons aujourd'hui Gendarmerie) avait été organisée sous la Régence. La brigade de La Châtre se composait de *1 Brigadier et 4 Cavaliers de Maréchaussée*, lesquels furent réunis dans l'ancienne auberge Saint-Louis en 1770 (voir page 61). — Dans ce temps où la police était infiniment plus mal faite qu'aujourd'hui, les services de la Maréchaussée étaient tout particulièrement appréciés, comme on le voit dans les Cahiers de 89 qui en réclament le renforcement.

Signalons : Pierre Pethoureau *sous-brigadier* de la Maréchaussée établi en cette ville en 1743 — André Blanchard de Sagrolle, *cavalier de Maréchaussée* en 1750, époux de Françoise Renoux. — En 1713, François Barjon *archer de la Maréchaussée* générale de Berry. — J'aperçois en 1699, au mariage de François Cuinat marchand : Abraham Guerineau *archer de la Maréchaussée*. Inutile de dire que si le nom d'*archer* avait été conservé jusque là, il y avait longtemps que les arcs et flèches étaient hors d'usage.

Le nom qu'on retrouve le plus souvent est celui de Pierre Auguet ou Augay. *Cavalier de Maréchaussée* en 1764, puis *commandant de Maréchaussée* en cette ville ; il servit 38 ans dans la Maréchaussée dont 8 comme brigadier ; natif de Cluis, il eut une pension de 100 livres à l'âge de 65 ans. C'était un personnage que « Maître Pierre Augay » ; il avait épousé Catherine Baucheron, et marié sa fille, en 78, à Rigodin de Tellienne, fils de Rigodin de Chanvillan bourgeois d'Aigurande. — A la même époque, Louis Baucheron, bourgeois de La Châtre, marie sa fille Catherine avec Rossignol *Cavalier de Maréchaussée* au département de La Châtre. — Ce Baucheron était père de Baucheron de Beauregard, beau-frère de Pierre Augay et allié aux Gource de Villars et de Rivarennes. — Et ledit brigadier Augay se trouve ainsi uni de parenté aux Pouradier, Thabaud, Baucheron, Cuinat, Selleron et Dupuy. — On voit que nos bourgeois ne dédaignaient point, au siècle dernier, l'alliance avec la Maréchaussée.

Je signale encore pour mémoire, parmi les troupes résidant en notre ville, la *brigade des Gabelles*, et la *Garnison* de cavalerie dont nous avons eu déjà occasion de parler.

Je trouve en 1710 « Noble Henri Cormasson sieur de la Chaulne, *Capitaine des Gardes* de cette ville de La Châtre » ; il ne s'agit pas de *Gardes du Gouverneur*, mais, je crois, des troupes des Gabelles et fermiers généraux ; il est désigné ailleurs « capitaine de la brigade ambulante établie à La Châtre, y demeurant ».

L'armée active se recrutait par engagements dits volontaires, la réserve de l'armée active, qui s'appelait *Milice provinciale*, se recrutait par *tirage au sort*. — Les *milices provinciales* avaient été définitivement organisées sous la Régence comme réserve, à la place de l'ancien ban et arrière ban féodal. — Renvoyées dans leurs foyers après la paix d'Utrech, elles avaient été réorganisées vers 1720 et réparties par *Généralités* en autant de *bataillons de Milice* qu'il y avait de régiments d'infanterie réguliers. — Le tirage s'effectuait sous la surveillance du *Subdélégué* de l'Intendant. — De notre temps, tous les valides sont pris ou la plupart ; sous l'ancien régime, le département de La Châtre ne fournissait en moyenne que trois ou quatre *soldats de milice*, désignés par le sort, parmi les non privilègiés. — Aussi c'était un grand désespoir que de tirer le mauvais sort. — « Claude Babillon, garçon cordonnier et *soldat de milice pour cette ville de La Châtre* (1743) estant sur le point de partir pour obéir aux ordres du Roy, sachant qu'il n'y a rien plus certain que la mort et de plus incertain que l'heure d'icelle » fait son testament, et demande qu'on fasse dire pour le repos de son âme trente messes par les R.-P. Capucins.

La même année, 1743, Philippe Langlois de Mers est « *soldat de Milice au bataillon de Châteauroux*, compagnie de Monsieur de Montsabré, en garnison à la Rochelle. »

On cherche à égayer les malheureux tombés au sort : en 1768 « la ville paye six livres pour *rubans fournis aux quatre miliciens* de cette ville, du dernier tirage au sort ». Six livres c'est une grosse somme ; elle représente les honoraires d'un avocat, et le prix de la course d'un messager spécial allant de Bourges à La Châtre.

Le service de la Milice était au plus de sept ans, réduits le plus souvent, en temps de paix, à des appels et revues.

On trouve aux registres des délibérations municipales, de nombreuses pièces concernant les *Miliciens*, par exemple :

Congé absolu de Milice. 1763. L'Intendant de la Généralité de Bourges certifie que J.-B. Auboyer, *Grenadier de la Compagnie des Grenadiers royaux*, bataillon de Châteauroux, levé pour la ville de la Chastre, subdélégation de la Chastre, après avoir accompli sept années de service dans ledit bataillon, a été congédié en conséquence des ordres du Roy, et qu'il doit jouir des privilèges que Sa Majesté accorde aux *Miliciens* après leur service.

Troupes provinciales. Généralité de Bourges. Congé accordé à Jean Bonin, 25 ans, taille 5 pieds 1 pouce, cheveux bruns, sourcils

de même couleur, yeux bleus, nez bien tiré et relevé du bout,
bouche plate, barbe brune, *marqué de la petite vérole* (ils l'étaient
presque tous, on ne vaccinait pas encore) a fait son service de
1777 à 83.

1784 — *Certificat de service*, que le nommé Aucante natif de la
paroisse de la Châtre, lors âgé de 19 ans, taille de 5 pieds 1 pouce
6 lignes, cheveux et sourcils bruns, front élevé, nez moyen et
relevé du bout..... d'assez belles couleurs et bien ingambe, tombé
au sort en l'année 1778 pour la paroisse de N.-D. de Pouligny,
élection et subdélégation de la Châtre, a rempli le temps de son
service dans les troupes provinciales, et....... — Délivré par
Baucheron subdélégué au département de la Châtre.

Les privilèges accordés aux *Miliciens* tombés au sort et ayant
fait leur service sont spécifiés dans le certificat donné en 82 à
Sylvain Charbonnier natif de La Châtre. Ayant rempli le te.nps
de son service de 1776 à 82, il lui est permis de se retirer où bon
lui semble. Et « conformément à l'ordonnance de 1774, il jouira de
l'exemption de taille personnelle pendant l'année 1783 (qui suit sa
libération), s'il se marie dans le cours de ladite année, il jouira de
ladite exemption pendant deux ans de plus. Laquelle exemption au
surplus, ne pourra être étendue aux biens qu'il pourrait prendre de
ferme, d'une exploitation qui excéderait celle d'un manœuvre
ordinaire. »

Tous les *Miliciens* reviennent du service avec *leur nom de
guerre*, le nom qu'ils portaient à l'armée :

En 1772 : Sylvain Soudy dit *Lafleur* soldat provincial de la levée
de 1766 — Jean Thiais dit *La Liberté*, milicien de la même levée
de la paroisse de Vic-Exemplet — Jean *Bouquet dit Bouquet* du
Lys-St-Georges — Jean Giraut dit *Laberthenoue*, de St-Julien de
Thevé — Laurent Meillan dit *Lafleur*, de Briantes — auxquels a
été délivré congés absolus, se présentent à l'Echevin faisant fonction
de Maire de La Châtre, afin de jouir des exemptions et privilèges à
eux accordés par l'ordonnance de 1765.

En 1773, reviennent des Miliciens qui n'ont fait que quelques mois
de service : Moreau dit *Laramé*, soldat provincial de la levée de 73
pour la paroisse de St-Martin-de-Thevé — Jean Chagnon dit
Sans-Quartier de St-Prié en Marche — François Daugeron dit
Jolibois, de Mers — Jacques Dubout dit *Saint-Eloi*, de St-Germain
de La Châtre.

En 1774 : Pierre Ageorges dit *Beau-Séjour*, de la levée de 68, paroisse de Crozon — Cláude Lamamie dit *Beau-Soleil*, de Montipouret — Sylvain Petitpez dit *Sans-Chagrin*, de Chassignolles. — Et en 75, Claude Dodinat dit *Jolibois* de la levée de 69, de la paroisse de Vicq-sur-Aubois.

XXVI

FÊTES PUBLIQUES

C'est surtout dans les cérémonies publiques, réjouissances, processions, *Te Deum*, réceptions de grands personnages...... que se montrait la Milice Bourgeoise. En 1752, par exemple, des réjouissances publiques étant ordonnées à l'occasion de la convalescence de Mgr le Dauphin : « le rassemblement de chaque compagnie à la porte de son capitaine est commandé, à peine de 6 livres d'amende contre les habitans délinquans comme désobéïssance. »

Ces jours-là, les Valets de Ville, en habit et veste *à la livrée de la ville*, culotte écarlate et chapeau tricorne à bordure d'argent, devenaient canonniers et tiraient *les 14 pièces de ville.* — 1785. Poudre à canon employée à l'occasion du *Te Deum* chanté pour la naissance de Mgr le duc de Normandie.

Les *Echevins* et autres officiers municipaux, revêtaient leur grande robe de cérémonie ouverte et flottante pardessus *la simarre.* — Cette espèce de soutane courte avait une couleur différente de celle de la robe, c'est pourquoi le costume est dit *mi-partie.* — Dans la vente qui eut lieu en 1792, nous trouvons les couleurs de ces robes.

L'une de *satin vert* (*sinople :* couleur de la ville) avec simarre et doublure de *taffetas couleur de feu* pour le Maire. — Deux autres de *taffetas vert* avec doublure et simarre comme la précédente ; sans doute pour les Echevins.— Et deux autres encore probablement pour le Procureur Syndic et le Receveur, en *taffetas gorge de pigeon* avec les simarres de *taffetas abricot.* — Lesdites cinq robes furent adjugées pour 157 livres à la demoiselle Beaufumé marchande.

La ville était chargée de l'entretien du *Dais* servant aux

processions publiques de la Fête-Dieu. — En 1779, ce *dais* tombe en lambeaux et les deux *robes* qui restent aux Maire et Echevins pour assister aux cérémonies publiques et dans les cas où il est usage d'en porter, sont hors d'état de servir. Le corps de ville autorise l'achat d'un *dais* d'étoffe propre et de durée avec les décorations convenables, et de *trois robes* de bonne étoffe et de *couleur analogue au fond des armoiries de cette ville.* — Et l'année suivante on paye au sieur De Lavault marchand de drap et soye la somme de 1049 livres 8 sols à luy dus pour marchandises par luy vendues et livrées à la ville ; somme véritablement énorme. En 1780, on paye à un tailleur 33 livres de façon et fournitures pour trois robes de Maire et Echevins.

Nous avons déjà raconté (page 125) comment les Echevins montèrent à *cheval* avec les officiers de la Milice bourgeoise pour proclamer à tous les carrefours la paix tant désirée qui mit fin à la Guerre de Sept Ans. — En quelle tenue étaient-ils ? — D'après ce qui se passait à Paris et en diverses grandes villes, je crois qu'ils étaient à cheval en costume de juges, avec la robe et la simarre. — Je lis en effet dans le *Paris* de M. Albert Babeau, que, à l'occasion des grandes cérémonies, le Prevost des marchands et les quatre Echevins de Paris portaient « de larges robes trainantes de velours mi-parties rouge et tanné sur une soutane de satin rouge, garnie de boutons, de cordons et d'une ceinture d'or. Les vingt-quatre conseillers qui venaient à leur suite étaient en manteau à longue manches de satin, les seize quarteniers en manches de velours ciselé, le procureur du roi (de l'hôtel-de-ville) en robe de velours rouge, le trésorier en velours tanné. — Tels ils se montraient en public dans les grandes circonstances, soit à *cheval*, soit à pied ou en carosse..... »

Dans d'autres villes, comme à Auxerre par exemple, en certaines occasions « la pompe municipale se déployait dans toute sa splendeur et l'on pouvait voir les magistrats défiler dans les rues soit à pied, soit à *cheval*, précédés de leurs massiers, de leurs hérauts d'armes, accompagnés de tambours, de fifres et de violons, et suivis des bataillons de la Milice. » (A. Babeau. La Ville).

D'éclairage public, il n'y en avait absolument pas à La Châtre. En revanche, aux fêtes publiques *l'illumination* était générale, c'était l'ordre :

Le 30 septembre 1752, par ordre de Mgr l'Intendant de Bourges, des *feux de joie et réjouissances* sont ordonnés pour la convalescence de Mgr le Dauphin. Les gouverneurs échevins de La Châtre ordonnent à tous les habitants en général, de quelque qualité ou condition qu'ils puissent être, de tenir des lumières sur leurs fenêtres qui sont sur les rues et places publiques depuis le jour clos jusqu'à l'heure de minuit, soit de chandelles ou autre lumières, à peine pour les contrevenants de 3 livres d'amende. »

En 1754, réjouissances publiques et feux de joye pour la naissance de Mgr le duc de Berry. Tous les habitans en état de porter les armes seront tenus de se trouver dimanche prochain, etc.... à peine de 6 livres d'amende ; et de tenir des lumières, etc.... aussi à peine de 6 livres d'amende. — De même l'année précédente, réjouissances, feux de joie, illuminations, réunion de la Milice à l'occasion de la naissance de Mgr le duc d'Aquitaine. — Idem en 1757 pour la naissance de M. le comte d'Artois qui devait être Duc apanagiste de Berry et plus tard Charles X.

En 1755, les Echevins convoquent les officiers de la Milice bourgeoise à l'effet de délibérer sur les mesures à prendre pour assister au *Te Deum* chanté pour la naissance de M. le comte de Provence et sur l'organisation de feu de joye. Tous les habitants seront tenus, sous peine de 3 livres d'amende, d'illuminer leur maison depuis 7 heures du soir jusqu'à celle de minuit.

En 1766, un service solennel doit se faire au Chapitre (c'est-à-dire dans le Chœur de l'Eglise) par MM. les Vénérables Prieur et Chanoines pour le repos de l'âme de Mgr le Dauphin, auquel les Echevins et Officiers de Milice sont invités. — Trente hommes sont commandés dans les trois compagnies pour, sous les ordres des officiers, marcher et faire ce qui conviendra. — Le 25 août 1781 réjouissances et *Te Deum* en actions de grâce de la naissance de Mgr le Dauphin. C'est cette naissance, pour le dire en passant, qui mit à la mode la fameuse couleur *caca dauphin*.

Quelquefois, par ordre supérieur, la ville ajoutait aux réjouissances banales des actes de charité. Ainsi, en 1752, 200 livres sont accordées par le Corps de ville pour le *mariage de deux filles* : mariages, faits par ordre de M. Dodart, Intendant de Berry, « en réjouissance de la naissance de Mgr le duc de Bourgogne, de François Auroy vigneron et Marie Aubard fille de défunt Laurent Aubard journalier, et de Jean Géni tixeran avec la fille d'un vigneron. »

Les *réceptions des grands personnages* étaient aussi l'occasion de fêtes publiques. — Les seules réceptions de grands personnages, à ma connaissance, sont celles de l'Archevêque et de l'Intendant ; s'il y en avait eu d'autres depuis 1750, elles auraient certainement laissé trace dans les registres de la municipalité.

En 1770 (en pleine disette) le receveur des octrois paye à Moussa aubergiste 60 livres pour le « *vin d'honneur* présenté de la part de la ville à Mgr l'Intendant à son arrivée en notre ville pour y faire son département. » — En 64, les officiers de Milice sont convoqués en vue de la réception de Mgr l'Archevêque, etc..... En 66, préparatifs d'usage pour l'arrivée de Mgr l'Intendant. Les Officiers de Milice requerrent d'être autorisés par le Corps municipal à commander tous les habitans non exempts et en état de porter les armes.

Dans le *Livre de Raison* du sieur Dupuy de la Vilatte (oncle de Sylvain Pouradier-Duteil) je vois que le mardy 21 septembre 1734 « Mgr de la Rochefoucault patriarche, archevêque de Bourges, est venu en cette ville de la Chastre faire sa visitte et a officié et dit la messe au chœur du Chapitre et donné ensuite le sacrement de *confirmation*. — Marcelle Dupuy s'est fait confirmer ce même jour elle s'est nommée Françoise. Elle avait cinq ans et huit mois quand elle a été confirmée. Marie-Anne Dupuy le Dimanche 26 dudit mois (à l'âge de 4 ans) par mondit Sgr Archevesque de Bourges, qui fut reçu en cette ville avecques tous les honneurs que l'on pourrait rendre à un roy. »

Les *victoires* remportées par les troupes de Sa Majesté étaient fêtées dans toutes les villes du royaume : en 1756 *Te Deum*, feu de joye, etc., en marque de réjouissances de la conquête de l'île Minorque. — C'était le début de la Guerre de Sept Ans.

L'année suivante fête en réjouissances de la victoire remportée par l'armée du roy, le 26 juillet 1757, contre les *Annoveriens* (Hanovriens). Il s'agit de la bataille d'Hastembeck gagnée par le Maréchal d'Estrées, si malheureusement compensée par la défaite de Condé-Clermont sur le Rhin.

On trouve aux Archives de l'Indre, une lettre circulaire imprimée, adressée par le Roi à l'Archevêque de Bourges pour le prier de faire chanter le *Te Deum* dans toutes les églises, pour remercier Dieu d'une victoire remportée par les troupes françaises dans la Hesse le 30 août 1762 sur Ferdinand prince héréditaire de Brunswick. — C'est du combat de Johannisberg dans le duché de Nassau qu'il est question, où les troupes françaises étaient commandées par le comte d'Estrées, le prince de Soubise et le prince de Condé (Inventaire Sommaire).

58 livres 19 sols 6 deniers : tel est le prix du feu de joye et accessoires du *Te Deum* chanté le 24 août 1779 à l'occasion de la *prise de la Grenade*.

Cette fête éveille bien d'autres souvenirs que toutes les réjouissances à l'occasion des pseudo-victoires de la Guerre de Sept Ans. — La Déclaration de l'Indépendance des Etats-Unis était proclamée depuis trois ans (1776) ; Voltaire et Rousseau venaient de mourir (1778). — La France était toute à la philosophie politique du fameux Congrès des colonies anglo-américaines qui déclarait « ses droits fondés sur les lois immuables de la Nature ». L'opinion avait tout de suite été pour les Américains contre les Anglais ; et le gouvernement, bien conseillé par Turgot, avait accordé des secours indirects à la nouvelle République et à ses deux grands hommes Washington et Franklin. — Lafayette, à vingt ans, était parti avec des volontaires pour cette nouvelle croisade de la Liberté ; et, en 78, le Roi de France reconnaissait implicitement, par un traité de commerce, l'Indépendance des Etats-Unis. Ce fut la rupture complète avec l'Angleterre.

L'année suivante, nos marins commandés par l'amiral d'Estaing s'emparèrent, aux Antilles, des îles anglaises de *La Grenade et de Saint-Vincent*. C'est cette victoire qui fut célébrée à La Châtre le 24 août 1779. — Enfin, en 1782, toujours d'après les ordres du roi transmis par l'Intendant, les Maire et Echevins de notre ville assistent encore à un *Te Deum* chanté par MM. du Chapitre en actions de grâce de l'avantage remporté sur les Anglais par les troupes de Sa Majesté. — Cette fête et une autre, célébrée trois mois avant, à l'occasion de la naissance du Dauphin, ont couté : 88 livres 14 sols 6 deniers, pour poudre à tirer, cocardes, fagots, raccomodage de couleuvrines et de tambours, et rétributions ordinaires en pareil cas aux valets, sergents, tambours et canonniers de cette ville.

*
* *

Les *fêtes religieuses* étaient, avant la Révolution, bien plus nombreuses qu'aujourd'hui ; on en trouvera la liste dans le *Calendrier de l'Eglise Collégiale et Séculière de Saint-Germain de La Châtre*, dressé par Jean Claude Bourdeau de Fontenay, chanoine, en 1726, « où sont notés (en latin) les fondations, stations, saluts, etc...... du consentement des Vénérables Antoine Deligny prieur, André Baucheron, François Selleron, Louis Raffinat, Germain et Charles Laisnel, François Carcat et Jacques Dorguin chanoines ». — On y remarque, entre autres, le 14 mars, une procession à la Chapelle St-Lazare située sur le chemin de Crevant — la procession des Rogations avec trois messes : le premier jour chez les Carmes, le deuxième chez les Capucins et le troisième chez les Religieuses de la Visitation. — En avril : Procession solennelle le jour de la Résurrection, fondée en 1720 par le prieur Deligny...... — Le 3 mai, après vêpres, procession à la Croix de la place. — Le lendemain de la Saint-Jean procession à la Chapelle de St-Jean — le 2 juillet, jour de la Visitation, procession à l'église des Religieuses — le 7 septembre à l'église des Carmes, le 14 du même mois à la Croix de la Place — le 30 juillet à la Chapelle St-Abdon, etc.

Il y avait des fêtes, assemblées ou confréries, comme aujourd'hui sans doute, dans les villages de nos environs. J'ai rencontré la mention de l'assemblée de Saint-Rémi du Magny et de l'assemblée de Briantes. — Les plus belles furent en tous temps celles de Vaudouan. — Nous trouvons à ce sujet de nombreux renseignements dans les Histoires, en particulier celle de l'abbé Caillaud. — Les deux principales fêtes de la *Confrérie* avaient lieu le lundi de la Pentecôte, et la seconde, comme aujourd'hui, le deuxième dimanche après la Nativité de la Sainte-Vierge. « Il ne s'y commet aucun abus, ni rien de contraire à la piété et à la dévotion qui doit régner dans ces sortes d'associations ». — M. de Fontenay est encore plus explicite, non seulement il dit que tout se passe bien dans la cérémonie religieuse mais qu'il n'y a aucun divertissement profane le jour des deux fêtes principales. — Tout s'y passe, dit-il, avec beaucoup de modestie, de piété et de religion. Ces confréries ne sont pas comme dans bien des endroits des *fêtes baladoires* : les danses, les jeux, les débauches en sont bannis. — Il n'en fut pas toujours ainsi, car nous lisons dans le procès-verbal de visite de Mgr la Rochefoucault en 1734 : « Notre promoteur nous a remontré que le grand concours de peuple qui se rencontre différents jours de fête à la Chapelle de Vaudouan occasionne des jeux, des danses, des cabarets, où l'on se livre à la débauche et à des ivrogneries qui souvent causent des querelles, des disputes, des batteries, même des homicides, ainsi qu'il est arrivé l'année dernière et cette présente, requérant qu'il nous plaise y pourvoir par les voies que nous croirons les plus convenables. Sur quoi faisant droit, nous ordonnons que les réglements faits par Son Emminence Mgr le Cardinal de Gesvres, lors de sa visitte du 7 mai 1706, et celui fait par le sieur Jacquemet, vicaire général et official, le 14 mars 1705, seront exécutés suivant leur forme et teneur ; au surplus avons défendu au sieur chapelain de célébrer en ladite chapelle et souffrir qu'il y soit célébré la nuit et le jour de Noël : lui enjoignons de tenir la main à ce que, dans la suite, il n'y ait aucune danse ni jeu aux environs de ladite Chapelle, à ce que les cabaretiers ne donnent point à boire et à manger les jours d'apport et concours, passé deux heures après midi, sous peine d'interdit de ladite Chapelle ; ce qui sera exécuté, en cas d'appel, nonobstant opposition ou appellation quelconque, attendu qu'il s'agit de police ecclésiastique.» — Il ne sera peut-être pas hors de propos de rappeler que l'auberge de Vaudouan appartenait au Chapitre de La Châtre, ainsi que la pelouse et le bois.

Un demi-siècle plus tard, en 1782, Mgr Phelypeaux, successeur de Mgr de la Rochefoucault, défendit aux processions de sortir de l'enceinte de leurs paroisses, tant s'étaient généralisés les désordres signalés naguère à son illustre prédécesseur. « *Cette mesure générale*, dit M. l'abbé Caillaud, était sans doute sage et utile ; mais, pour Vaudouan en particulier, elle était nuisible. *Les trente paroisses* des environs qui y venaient tous les ans, bannières déployées, dûrent respecter la défense de l'autorité : la plupart continuèrent d'y venir en pélerinage ; mais il n'y avait plus cette solennité, cet éclat extérieur qui plaît et qui entraîne ; bientôt le zèle se refroidit, et ces pélerinages furent moins nombreux. »

Les deux documents suivants, extraits des Délibérations municipales, donneront une bonne idée de la solennité de ces processions et de la part qu'y prenait la municipalité :

En 1754 : le receveur des octrois paye aux Echevins 30 livres pour la dépense qu'ils ont faite pour la procession générale de Vaudouan et le cierge donné en présent à la Chapelle de Vaudouan, de la pesanteur de 4 livres, suivant le vœu des habitans de la ville confirmé par Son Emminence Mgr le Cardinal de la Rochefoucault.

1766 : à payer à Charles Moussa traiteur, 66 livres à prendre sur les deniers d'octroi, avec le bon plaisir de Mgr l'Intendant, pour le déjeuner du 24 juillet à la Chapelle de Vaudouan, distante de cette ville d'une lieue, où se sont rendus processionnellement Messieurs du Chapitre et autres ecclésiastiques de cette ville, les R.-P. Carmes et Capucins, les officiers de la Prevosté, les Maire, Echevins et officiers subalternes de l'hôtel-de-ville et des autres corps, en procession générale, accompagnant l'image de la Vierge jusqu'à la Chapelle et qui doit être conduite et amenée en cette ville par le chapelain de Vaudouan et placée dans le chœur de l'église collégiale, et ce, à la fin des prières faites pendant 9 jours par MM. du Chapitre à la sollicitation et demande des habitans en général de cette ville et paroisse de Saint-Germain, afin d'obtenir de Dieu un temps favorable pour pouvoir recueillir les biens de la terre qui sont endommagés par les pluies continuelles et qui sont en grand danger.

XXVII

JACQUES CARION

Rapports des Echevins avec le Juge

PRÉSÉANCES

Jacques Carion était l'homme le plus connu de la ville ; à la fois tambour et crieur public, canonnier, sonneur, valet de ville, messager, il était l'homme de confiance, l'homme indispensable de l'hôtel-de-ville, son premier serviteur.—Il demeurait, je crois, dans la rue Tourtelat, laquelle tend du puits du Pavé aux gros murs de ville, proche la vigne du Château. — C'était d'ailleurs un lettré, et j'ai devant les yeux un certificat que telle vente a été publiée régulièrement aux endroits ordinaires, signé très lisiblement : *Carion*.

Le nom de Jacques Carion est à la première page du premier registre des délibérations, qui date de 1750, et jusqu'en 86, on ne peut tourner quatre pages sans retrouver le nom dudit Carion, souvent deux et trois fois sur la même page parmi des ordres de payement comme les suivants :

Le Receveur des Octrois payera à Jacques Carion 33 livres 12 sols tant pour la poudre qu'il a consommée, le jour de la Fête Dieu et Octave, pour faire tirer *les pièces de ville* (il y en avait 14), que pour avoir fait raccommoder le grand dais qui sert auxdites fêtes.

...... à Jacques Carion tambour ordinaire de cette ville 31 livres tant pour la poudre que pour les sergents de ville qui font marcher par ordre les Confréries qui assistent à la procession......

...... à Jacques Carion et autres sonneurs 20 livres (chaque année) pour *sonner les cloches* de cette paroisse *aux temps des orages, tonnères et tempêtes.*

...... à Jacques Carion et autres serviteurs et valets de ville, porteurs de billets, 36 livres d'appointement, et 40 livres par an pour leurs vêtemens et livrées......

Le nom de Jacques Carion se trouve encore dans les actes comme celui-ci : Adjudication de réparations à faire au Collège indiquée à jour et heure dits, à plusieurs reprises, par Jacques Carion tambour ordinaire de cette ville, tant audedans qu'en dehors d'icelle. Ledit tambour, au jourdit, étably à la porte de l'hôtel-de-ville, tant pour annoncer qu'il allait être procédé à l'adjudication que pour proclamer les mises au rabais à fur et à mesure qu'elles sont faites. L'adjudicataire payera 24 sols audit Carion. — Une autre fois il touche 36 sols.

Le nom de Jacques Carion est intimement lié aux plus grands faits de l'histoire. Par exemple : en 1774, le roi Louis XV meurt, la France se sent comme nettoyée d'une ignoble plaie, soulagée d'une immense honte ; elle avait toutes les espérances : elle savait que le nouveau roi, Louis XVI, ne ressemblait pas à son grand-père, et cela lui suffisait. De ce grand événement il ne reste aux Archives de La Châtre que cette note :

« M' Germain Desfousses receveur des deniers d'octroi de cette ville, vous payerez à Jacques Carion vallet de ville, la somme de quarante livres pour dépenses faites pour le feu de joye en l'honneur du sacre du roy. » — Signé : Lecamus et Pierre Pallienne échevins.

Mais, tout a une fin, et comme dit le poète, les rois eux-mêmes n'en sont point defendus par la garde qui veille à leur palais. — Nous trouvons à la date du 31 mai 1786 l'inscription suivante :

« Un mandement sera tiré sur les épargnes destinées à l'entretien de l'habillement des vallets de ville, pour acheter trois culottes de drap rouge et faire *retourner l'habit et la veste de défunt Carion* l'un d'eux. »

L'homme dont le nom avait tenu tant de place aux registres de l'hôtel-de-ville, l'homme qui avait assisté impassible à tant de luttes, de cabales et de changements, et qui était resté debout au milieu des orages municipaux, Jacques Carion n'était plus. Il était mort aux premiers jours d'avril.

Mais, pour retourner la veste de Carion, il fallait l'avoir, et ce ne fut pas chose facile : la veuve dudit Jacques Carion, malgré les représentations qui lui ont été faites, a refusé de rendre l'habit complet à la livrée de la ville et le chapeau (à trois cornes) bordé d'argent dont se servait son mari pour ses fonctions de valet de ville. — Le Bureau de l'hôtel-de-ville décide qu'elle sera assignée à la requeste des officiers municipaux pour être condamnée à restituer l'habit, veste et chapeau dudit Carion.

En 1780, M. le Maire, Villain des Roullets, décide que les 45 livres qui étaient allouées pour les vêtements des valets de ville ne seront plus payées en argent ; lesdits valets de ville ayant accoutumé d'employer cette somme à tout autre usage qu'à leurs vêtements. A partir de cette époque on trouve des mandements de cette forme :

En 1780 : payez à la dame veuve Rousseau, marchande de drap et soye, 150 livres 6 sols 9 deniers restant dus de l'habillement des Valets de ville.

En 1786 : sur les fonds en épargne pour l'entretien de la livrée des Valets de ville, 15 livres à la veuve Molliet marchande,pour une culotte de drap écarlate et doublure fournis au nommé Alichon dit Vinon l'un des Valets de ville ; et 7 livres 10 sols au sieur Lumet maître tailleur tant pour façon de ladite culotte que pour avoir retourné un habit provenant de deffunt Carion et servant audit Alichon dit Vinon.

En 1788 : 35 livres 7 sols à la dame veuve Molliet marchande pour une aune et demie de drap écarlate, doublure et fournitures nécessaires pour la veste et culotte de livrée fournies à Antoine Aurousseau dit Caton l'un des Valets de ville, et 3 livres 6 sols au sieur Pépin maître tailleur pour façon et menues fournitures de ladite veste et culotte ; lequel Caton avait été nommé en 1761, à la place de son père J. Aurousseau, en qualité de valet de ville et sonneur aux temps des orages, serviteur et messager de la ville.

*
* *

Jacques Carion, exclusivement chargé de faire toutes les proclamations publiques, civiles, militaires et de police, dans l'étendue de cette ville et banlieue, était mort. — La nomination de son successeur ainsi que celle des autres Valets, Sergents et Tambours de ville appartenant au sieur Desfougères en sa qualité de Maire (suivant la disposition textuelle de l'Edit de Décembre 1706, enregistré au Parlement le 31 janvier suivant,dont l'exécution a été spécialement ordonnée par l'Edit de Novembre 1771, enregistré au Parlement le 15 janvier suivant) : François Dyonnet tonnelier est nommé au lieu et place de Carion à la charge par luy de publier exactement les ordonnances de police suivant les ordres qui lui seront donnés par M. le Prevost, *Lieutenant de police.*

De plus, le nommé Aucante, l'un des tambours de l'hôtel-de-ville, ayant manqué au maire et au corps municipal par la malhonnêteté de ses réponses, etc....., sa place demeure conférée au nommé Jean André dit Simon, sergent de ville ; la place de sergent de ville dudit Simon au nommé Jean Gény tisserand en toile, et la place de valet de ville vacante par la mort dudit Jacques Carion confiée à François Alichon dit Vinon cordonnier de la rue de l'Abbaye, sur le bon témoignage qui a été rendu de leurs mœurs, capacité et probité.

La nomination de Dyonnet ayant été homologuée, l'arrêt du Parlement relatif à ce privilège est notifié au greffe de la Police (de la Prevosté), et signifié au nommé Aucante avec deffense de faire les fonctions de tambour public pour affaires civiles, militaires et politiques.—Et cette formalité ne se remplissait pas gratuitement ; car je trouve, parmi les comptes, 69 livres 6 sols 6 deniers payés à un procureur du Parlement pour l'obtention et l'expédition de l'arrest du Parlement du 10 mai 1786 qui confirme la nomination faite à l'hôtel-de-ville du tambour public en remplacement de Jacques Carion.

Mais M. le Prevost de la prevosté royale de La Châtre (le président du tribunal) avait, de son côté, nommé Aucante à la place de tambour. — Il y avait là question de personne et question de principe. L'hôtel-de-ville tenait pour Dyonnet, la Prevosté pour Aucante. A qui appartenait la nomination ? — Un conflit était sur le point d'éclater entre les deux principales Compagnies de la ville de La Châtre.

MM. les Juges, qui sont *Officiers de police*, prétendent qu'en faisant notifier à leur greffe la nomination et confirmation de Dyonnet, on attaquait leurs droits et prérogatives, que cela tendait à les priver de la faculté de choisir un homme qui fut uniquement à leur nomination, etc., etc.

Sur quoy MM. les Officiers municipaux ont répliqué qu'en agissant ainsi ils avaient cru faire une offre honneste, agréable et même utile.

Finalement, les Officiers de la Prevosté royale et le Corps municipal se sont assemblés dans la salle ordinaire du Palais, le 20 juin 1786, pour délibérer ensemble sur les moyens de prévenir la contestation prête à s'élever entre eux sur le choix et la manière de nommer un *crieur public*, chargé de faire, au son du tambour toutes les proclamations.......... et pour entretenir l'union et l'harmonie qui a toujours régné entre les deux compagnies, il a été arrêté un réglement en huit articles, savoir :

Art. 1". Les nominations de Aucante par le Prevost et de Dyonnet par l'hôtel-de-ville sont annulées. — Art. 2. Le crieur public sera choisi à l'avenir conjointement par les officiciers de Police (de la prevosté) et par les officiers municipaux en nombre égal ; et en cas de partage égal de voix, il n'y aura ·point de prépondérance, on tirera au sort. La convocation sera faite par le *Lieutenant de police* (le Prevost). — Art. 3. Les deux compagnies désirant se donner des marques respectives de leur estime et considération, et entretenir entre elles une union inaltérable...... il a été convenu que si l'un des deux corps ou quelques-uns des officiers avaient à se plaindre du *crieur public* pour manque de respect, de désobéissance, etc..... il serait destitué..... à moins que l'officier plaignant ne voulût, pour une faute légère se contenter d'une satisfaction suivie d'une amende envers les pauvres et de 24 heures de prison. — Art. 4. Le nommé Aucante fera des excuses aux officiers municipaux et subira 24 heures de prison par forme de correction en vertu de l'ordonnance de l'officier de police. — Art. 5. Pour diverses considérations, Aucante est nommé *crieur public*, exclusif, (successeur de Jacques Carrion) il conservera le titre de quatrième tambour de l'hôtel-de-ville et en cette qualité sera compris au nombre des serviteurs attachés au service des officiers municipaux, sans prétendre à d'autres gages que les droit casuels qui pourront légitimement résulter des proclamations publiques et à condition qu'il publiera gratuitement les ordonnances de police. — Art. 6. François Dyonnet demeure associé et adjoint audit Aucante avec le droit de lui succéder immédiatement en cas de mort ou de destitution, ce qui lui est accordé par ces Présentes en considération de ses qualités personnelles..........

*
* *

Les relations n'étaient pas toujours aussi courtoises ; j'en ai la preuve dans une question de préséance, ainsi rapportée aux délibérations municipales :

M. le *prévost* Bernard ayant fait par huissier une signification au sieur Dorguin de la Grange *échevin*, ledit Dorguin déclare au conseil des Prudhommes (des conseillers· municipaux) qui veulent prendre fait et cause pour lui « qu'il n'avait point voulu arrêter la marche du sieur Bernard ni lui contester *la préséance aux processions* ; que s'il s'est élevé quelque dispute à la procession du 7 août dernier (1763), ce n'est point de son fait, qu'elle n'a été formée qu'entre le sieur Bernard et le sieur Laisnel de Maremberg échevin décédé depuis, sur ce que ledit sieur Laisnel étant sorti de sa place et se trouvant à la suite de la procession à la principale porte d'entrée du chœur et prêt à en sortir : ledit sieur Bernard l'aurait tiré avec violence par sa robe et lui aurait dit : Laissez-moi passer. A quoy ledit sieur Laisnel surpris d'une pareille attaque aurait répondu en le saisissant également par sa robe : Si vous déchirez ma robe, je déchirerai la vôtre (on voit bien d'après cela que les officiers municipaux étaient en robe comme les juges). Et il ajouta : Monsieur, voulez-vous la droite, voulez-vous la gauche, voulez-vous le centre, prenez lequel vous voudrez......

M. le prevost avait porté plainte à Mgr le procureur général du Parlement, lequel en avait écrit aux Maire et Echevins. Ceux-ci répondirent positivement qu'ils n'avaient jamais entendu disputer au sieur Bernard la préséance aux processions...... Mais le sieur Bernard veut poursuivre quand même.

Cette question de la droite et de la gauche a donné lieu à bien des querelles. Le réglement décidait, par exemple, que les juges de la prevosté auraient la droite et les Echevins la gauche. C'était très bien pour entrer à l'église, mais à la sortie du chœur, dans cette contre marche, le juge se trouvait à gauche et le Maire à droite. Une ordonnance du Conseil du roi, autorisait le Maire qui marchait de front avec le Prévot (le président du tribunal) à passer devant les juges pour reprendre sa place à gauche ; « c'est ce qui s'appelait *le pas croisé*, source de conflits où parfois l'on en vient aux mains. Les juges ne veulent pas se laisser croiser ; les échevins ne veulent pas céder leur droit ; des paroles on passe aux actes et l'on repousse la force par la force. » (A. Babeau). C'est justement ce qui faillit arriver à La Châtre.

Les autres juridictions marchaient, dans les cortèges, derrière les juges de la prevosté.

Quant aux rapports de l'hôtel-de-ville avec l'Election, ils étaient fréquents : mais c'étaient surtout des rapports de taxes fiscales, de domiciles, qui seraient ici déplacés. On en trouvera plus d'un exemple dans la deuxième partie de cet ouvrage.

XXVIII

RELATIONS DE LA VILLE AVEC LA CURE
ET LE CHAPITRE

Monitoire — Fabrique — Affaire du pilier St-Nicolas.
Les Bancs de l'Eglise

Nous avons déjà vu (p. 38) que la *Nef*, qui était proprement l'Eglise *paroissiale*, et le Clocher étaient, pour les 2/3 des réparations et de l'entretien, à la charge des habitants. L'autre tiers était à la charge du Chapitre. Les habitants logeaient aussi le *Curé* ou desservant de la paroisse ; la *Cure*, située dans les rouettes de l'église, est encore à la Ville. — La municipalité payait encore, en partie ou en totalité, l'entretien du mobilier, des frais de processions et autres. Le *Daix* qui sert à la Fête-Dieu est conservé à l'Hôtel-de-Ville ; à chaque fois que les échevins sortent de charge, ils passent à ceux qui y entrent divers objets au nombre desquels est toujours le Daix et ses ornements : 4 aigrettes avec houppes, 4 cordons, 4 tours en velours garnis de frange et le fond en satin bleu.

En 1779, la ville a dépensé plus de mille livres tant pour le Daix que pour les robes des échevins ; en 1780, le receveur des octrois paye encore 15 livres à Baujoneau menuisier qui a fait l'impériale, les 4 bâtons et les tringles du daix ; 17 livres 11 sols à Chabenat serrurier qui l'a ferré, et 31 livres 19 sols 3 deniers à Mlle Thierry couturière pour la façon du daix et des drapeaux (les drapeaux de la Milice) et fournitures faites par elle. — En 1782 : 17 livres 1 sol 6 deniers pour deux coupons de frange cramoisi fine que le sieur Delavau marchand a fait venir de Lyon pour perfectionner *le Daix du Saint-Sacrement.*

En 1754, Jean Pisserat, *sonneur de clochettes aux processions*, étant mort, un vigneron est nommé, pour le remplacer, par le corps de ville. A la demande du curé et de MM. du Chapitre on lui donne 5 sols par *procession de confrérie* de la ville, aucune rétribution pour les *processions générales* ; et, si la procession se fait hors la ville le fabricien en recettes de cette paroisse (le trésorier de la fabrique) lui payera 15 sols ou 5 sols et nourri.

Je trouve en 1766 : 9 livres pour les deux cierges que portent les Echevins aux processions générales qui se font en cette ville. — En 68, la ville fait refaire *un banc* neuf dans la Nef à l'usage des *officiers municipaux*, et en 74, les deux cierges du St-Sacrement. — Presque tous les ans elle porte en dépense 100 livres allouées au *prédicateur de Carême :* en 1752 et 56, ce sont des R.-P. Religieux Jacobins de Bourges qui viennent à La Châtre, en 53 c'est un Récollet, en 56 un Augustin de la communauté de St-Benoît-du-Sault. En 69 c'est un Carme conventuel de Bourges qui a prêché la mission de station de caresme ; une autre année c'est le R.-P. Jean-François Sainthoran Capucin de Bourges ; ou bien c'est le Père Agathe Auger prieur des Carmes ou le Père Sigismond capucin, l'un et l'autre des couvents de La Châtre mais qui n'en touchent pas moins les cent livres.

En 77 et 78 il n'y a pas eu de prédicateur payé ; et en 1785 nous trouvons la note suivante : le Prieur des Carmes de cette ville a prêché toutes les fêtes et dimanches de Caresme, le nombre de dix sermons dans l'église paroissiale, dont 1/3 doit être payé par le Chapitre et 2/3 par l'Hôtel-de-Ville conformément au réglement des charges du 27 février 1780. — Puis, il n'est plus question de cette dépense.

On a vu que la ville payait le déjeuner des processions extraordinaires de Vaudouan ; ces processions étant faites dans le but d'obtenir un temps favorable aux biens de la terre, par conséquent dans un intérêt commun — Aux processions ordinaires, les sergents et valets de ville étaient chargés de maintenir en ordre les diverses *Confréries* qui y assistaient.

Il est souvent question dans les délibérations municipales de la *Confrérie du Saint-Sacrement :* en 1753 Simon Baucheron bourgeois est nommé par le général (la généralité) des habitants assemblés à l'hôtel-de-ville, *Maître de la Confrérie du Saint-Sacrement* à la place de Porcher des Guinards qui l'était depuis longtemps. Et ledit Baucheron est remplacé, après trois ans d'exercice, par Selleron de Laleuf, auquel succède Pataud Dumas en 61. — Les sieurs Le Camus et Néraud de Vâvres, *Maîtres de la Confrérie du St-Sacrement*, sont autorisés, en 1767, à passer bail à ferme ou contrat d'arrentement d'un champ, situé près de la *Chapelle St-Lazare* appartenant à ladite Confrérie.

Les Maire et Echevins avaient certaines attributions qui nous semblent aujourd'hui devoir appartenir exclusivement au Curé. C'est ainsi par exemple que le 14 février 1766, vu la disette des denrées occasionnées par les fortes gelées, les *Echevins*, à la requête des habitants et en leur nom, adressent à Mgr l'Archevêque une demande *de permission de manger de la viande* tel jour qu'il lui plaira fixer pendant le caresme. — Il n'y avait à La Châtre qu'un seul boucher autorisé à vendre viande pendant le Caresme ; et ne le pouvait-il que sur la présentation par l'acheteur d'un billet du curé ou du médecin contresigné du Maire ou d'un Echevin (au moins les choses se passaient ainsi en diverses villes).—Un boucher ou un hotelier convaincu d'avoir servi de la viande en temps prohibé était mis à l'amende (A. Babeau).

Nous parlerons plus loin des *sonneurs* ; la note suivante tirée de la délibération de 21 may 1765 suffira, pour l'instant, à faire entrevoir les disputes auxquelles ils donnaient lieu : « Les sonneurs, hier soir, ont sonné trois volées de la grosse cloche, dit le procureur syndic, et ce matin trois autres sans aucune permission, ce qui est contraire à la *Transaction du 27 mars 1724* entre la Ville et le Chapitre. Ces sonneurs seront poursuivis juridiquement...» — Tout corps, tout individu, était jaloux de ses droits et n'hésitait jamais à les faire valoir *en justice réglée*. On aimait les disputes, les procès ; plaider était une manière de s'occuper, de passer le temps.

*
* *

De son côté, le Curé avait des fonctions aujourd'hui laïques, non seulement dans les campagnes où il n'y avait pas de municipalités, mais dans les paroisses urbaines. Le mariage civil n'existait pas ; il y avait, non pas des actes de *naissance* et de *mort*, mais des actes de *baptême* et *d'enterrement*, inscrits sur les registres de la paroisse. Tout naturellement, les juifs, les protestants, ne faisant point profession de foi catholique, et les excommuniés n'y figuraient pas.— Leur mort et leur naissance n'étaient enregistrées nulle part.

Ces registres du Curé étaient tenus en double expédition, dont l'une était déposée chaque année au greffe du Bailliage. (Ils sont aujourd'hui, les uns aux Archives Municipales, les autres au Greffe du Tribunal de La Châtre). Le cahier de papier timbré de chaque année est à côté et paraphé par un juge du bailliage de Châteauroux ou d'Issoudun selon le ressort de la paroisse. — Les registres de La Châtre jusqu'en 1740 sont cotés et paraphés par le président du bailliage d'Issoudun, entre autres par « Cl.-M. Dorsanne, Chevalier seigneur de Tisay et autres lieux, conseiller du roy, président Lieutenant général civil et criminel au siège royal et ressort d'Issoudun ». A partir de 1741 par le Lieutenant général au bailliage de Châteauroux.

On trouve assez souvent à la fin de chaque année les sommes statistiques, en 1773, par exemple : *Baptêmes* : Garçons 72 — Filles 70 — Batards 18, en tout 160. — *Mariages* : 40. — On y trouve aussi des procurations, des pièces justificatives, des déclarations de grossesses, dont quelques-unes sont intéressantes. — Le curé de Sainte-Sévère avait l'habitude d'écrire à la fin de chaque cahier, en 1779 par exemple, la formule suivante : « Nous Curé certifions avoir publié aux prônes de nos messes paroissiales l'Edit du Roy Henri 2 portant peine de mort contre les femmes et les filles enceintes qui cèlent leur grossesse. »

Signé : Tollaire Des gouttes curé de Ste Sévère.

On sait du reste qu'en ce temps-là la paternité était légalement recherchée, et par tous les moyens.

L'usage était, en ce temps-là, de publier au prône de la messe paroissiale les édits royaux, ordonnances de police, ventes et adjudications, annonces judiciaires, avis, nouvelles, telles que naissances, maladies, morts ou convalescences des princes, victoires, traités de paix, et informations diverses qui rendaient la messe particulièrement intéressante. Tout le monde alors allait à la messe le Dimanche ; et il n'y avait pas de journaux.

Les plus anciens journaux sont la *Gazette de France* de Renaudot, le *Journal de Paris* qui date de 1777 et les Annonces, Affiches et Avis Divers connues sous le nom de *Petites Affiches* qui paraissaient deux fois la semaine et qui servirent plus tard de modèle aux Petites Affiches de La Châtre, qui furent fondées par Arnault Despruneaux en 1819. — L'abonnement au journal de Paris, quotidien, était de 30 livres par an à Paris, et 32 à 33 livres en province. — Ces journaux étaient à peu près inconnus à La Châtre.

Voici quelques exemples des publications qui se faisaient à la messe : — à l'occasion de la vente d'une maison située en la *rue de Tourtoulat* (nous disons aujourd'hui *Tourtellat*), en 1680, les intéressés « ont convenu de faire publier par le sieur Curé de cette ville à son prône de grand-messe que qui voudraient achepter ladite maison ont à comparaître pardevant le bailli de La Châtre. .... Et, comme depuis ladite proclamation, il ne s'est présenté aucun achepteur...... *Affiches* seront mises par le Greffier du bailliage (du tribunal) tant contre la porte de l'église à jour de dimanche, issue de la grand'messe, que contre la porte de l'*auditoire* de cette ville, pour y demeurer pendant quinzaine, contenant que qui voudraient achepter ladite maison, etc. »

Quoique le Curé, en règle générale, ne fut plus forcé à ces publications depuis que les *affiches* étaient couramment employées et particulièrement depuis l'Edit de 1693, l'usage s'en était conservé dans presque toutes les paroisses. — En 1784 encore, on publie au prône des messes de notre église les ordonnances de police relatives à la voirie, aux adjudications.— En 1766, avant de procéder à l'établissement de la *colonne des Collecteurs de tailles*, les Echevins déclarent que les habitans ont été prevenus par le tambour à la manière accoutumée et par « avertissement préalablement fait pendant trois dimanches consécutifs à l'issue de la messe paroissiale, ainsi qu'il résulte d'un certificat signé : Charbonnier curé. » — Le sieur Sabardin, Gendarme de la garde du roy, pour jouir de l'exemption de la taille, doit chaque année rapporter l'extrait envoyé à la Cour des Aydes, le faire publier au prône des messes paroissiales et le faire signifier aux habitans quinze jours avant son partement pour le service de son quartier (1762).

Il y a encore aujourd'hui, dans un coin de l'église St-Germain de La Châtre, un crochet où l'on pend les clefs, chapelets, parapluies et autres objets perdus ; c'est bien certainement un très ancien usage.

*
* *

Dans la nuit du dimanche à lundy dernier, lit-on dans le procès verbal des délibérations du 12 juillet 1763, le pilier en pierres de taille qui était dans la nef de l'église, à côté de *l'autel paroissial* (aujourd'hui autel de la Vierge), derrière la niche où est déposé l'image et portrait de St-Nicolas, a été abattu exprès par des personnes mal intentionnées. — Comme le procureur-syndic (le procureur de l'hôtel-de-ville) n'a pu découvrir les personnes qui ont abattu ce pilier et celles qui en ont donné l'ordre, il a présenté à M. le Prevost de La Châtre une requête pour obtenir, au nom des habitans, permission de *se pourvoir en cour d'église* aux fins d'y obtenir *Monitoire* et le faire publier pour avoir révélation et découvrir les auteurs du démollissement..... sur quoi le Corps de Ville ayant décidé que le pilier sera reconstruit, est aussi d'avis d'obtenir *monitoire.*

Monitoire, Cour d'église : il semble que nous voilà revenus au moyen âge !

Le *Monitoire* était une lettre de *l'officialité* (tribunal ecclésiastique de l'évêché) adressée à un prêtre dans le but d'obliger, sous les peines ecclésiastiques, tous ceux qui auraient quelque connaissance d'un crime ou de quelque autre fait recherché, à en révéler ce qu'ils savent à la justice. Le *Monitoire* était lancé ou fulminé, *à la réquisition du juge laïque,* seigneurial ou royal ou, tel est le cas particulier qui nous occupe, sur la demande de la communauté des habitants avec la permission du juge. — Ces *lettres monitoires* étaient lues par le curé à son prône paroissial, du haut de la chaire, engageant le coupable à se déclarer dans la huitaine et aux personnes qui connaîtraient quelque particularité touchant le fait à les révéler, sous peine d'excommunication. Si cet avertissement ou *première monitoire* ne suffisait pas, l'*Official* lançait souvent l'ordre de prononcer l'*aggrave* et le *réaggrave.* — « De l'autorité de Monseigneur, fulminait le prêtre, nous denonçons les coupables excommuniés, aggravés et réaggravés, forclus (exclus) et frustrés des oraisons, communions et sacrements et bienfaits de l'Eglise, par la cérémonie du son de cette clochette et de l'extinction de cette chandelle ». Et, ce disant, le curé sonnait trois fois et laissait tomber à terre la chandelle qu'il éteignait avec le pied (A. Babeau).

L'officialité était devenue, par les Monitoires, l'auxiliaire de la justice royale; d'ailleurs, la compétence des juridictions ecclésiastiques en matières laïques, telles que serment, adultère, testament. ... était réduite à presque rien. Ce n'était plus, au siècle dernier, qu'une ombre de l'ancienne puissance séculière de l'église.

L'église, le clocher, fut à l'origine le point de ralliement d un groupe d'habitants, le centre de la paroisse. L'édification, la propriété, l'entretien de l'édifice où se célébrait le culte, furent généralement la raison première d'un *intérêt commun,* le premier but d'une action commune, d'une cotisation volontaire. — Depuis des siècles il s'était formé spontanément, et un peu partout de la même manière, sous le nom de *fabrique* ou de trésor, une administration temporelle de l'église. Au XVIII° siècle, il y avait ordinairement deux *fabriciens* ou *procureurs fabriciens* nommés dans ce but par les habitants.

A la requête du *fabricien en exercice,* le général des habitans et les conseillers ont été convoqués, au mois d'avril 1755, à l'effet de s'assembler .*au banc d'œuvre* de l'église paroissiale pour délibérer sur les affaires de la *fabrique* d'icelle. Furent présents : Messire François Tournyol prestre curé de cette ville, Maître Jean Bernard avocat en parlement, Prevost de la prevosté royale, *procureur fabricien* ancien de cette paroisse, et Maître Claude Baudon Procureur du roy en la même prevosté..... — A la requête de Messire Tournyol, curé, le Corps de Ville s'est réuni au *banc de l'œuvre* et a nommé *procureur-fabricien* pour deux ans à partir de la St-Michel le sieur Joseph Delavau marchand de drap et soye, au lieu de sieur Louis Rousseau marchand décédé (1761).

Le 25 juillet 1762, M· Pirot *Prieur* faisant les fonctions curiales en qualité d'archiprêtre, fait remettre au procureur-syndic, par le sieur Baucheron procureur du roy, le procès-verbal de la visite de Mgr l'Archevêque, par lequel il est ordonné *que le pavé de la nef* sera refait à neuf et que les *bancs* seront aussi refaits. Le corps de ville décide qu'il se transportera, lundy 2 août, dans l'église, où seront appelés les procureurs fabriciens et les propriétaires de bancs.

Mais l'intérêt n'était pas à cette question particulière; il était ailleurs. Le *Chapitre*, à la nomination duquel est la cure de La Châtre, avait nommé son propre Prieur, Pirot, à la place du curé Tournyol récemment décédé. — On pouvait craindre que la *paroisse,* qui avait déjà deux chanoines pour vicaires, ne fut complètement absorbée par le *Chapitre.*

Les *Curés* étaient généralement populaires ; on le vit bien aux élections de 89. — Les *Chapitres* et *Communautés religieuses,* dont la fonction était de chanter les louanges du créateur, étaient considérées, encore au XVII° siècle, comme étant de la plus haute utilité ; les bonnes naïvetés de Devillebanois, dans son Histoire de Vaudouan, en sont la preuve. Mais au milieu du siècle dernier, c'était une autre affaire ; pour beaucoup de gens, à commencer par les Curés, ce n'étaient que des réunions de propres à rien.

Le Chapitre de St-Germain servait au curé la *portion congrue* : mais, d'ailleurs, ce prêtre desservant était complètement indépendant du collège des Chanoines. — Le *Prieur* nommé à la *Cure*, on n'avait jamais vu ça, au moins depuis longtemps. L'Hôtel-de-Ville s'en émût. Il est à craindre, dit le procureur-syndic, Peron de La Forest, que cette nomination du chef du chapitre à la Cure, ne tende à la réunion de la paroisse audit Chapitre. — Et le Corps de ville fait signifier à MM. du Chapitre par le procureur syndic qu'il y a un corps d'officiers municipaux et de prud'hommes chargés des affaires de la ville, qu'ils aient à ne point procéder avec d'autres qu'avec eux dans aucune affaire où le général des habitants est intéressé et particulièrement dans le cas où ils voudraient entreprendre de réunir la Cure au Chapitre ou à l'un d'eux.

Un mois après, le 25 août 62, le procureur-syndic déclare qu'il a appris par le bruit public que le sieur Pirot prieur de l'Eglise collégiale, les sieurs Moreau et Parnajon chanoines et vicaires de la paroisse et les procureurs-fabriciens, assistés d'un notaire, avaient tenté de faire, au banc de l'œuvre de cette paroisse, la nomination d'un procureur-fabricien à la place du sieur Laurent dont les fonctions expirent à la Saint-Michel ; que, n'ayant pu y parvenir, ils auraient indiqué une nouvelle assemblée pour le 29. — En quoy lesdits prieur, chanoines et fabriciens vont contre l'arrêt du 6 septembre 1760 et contre les droits du corps municipal, qui doit nommer à toutes les charges publiques de cette ville, au nombre desquelles est *la Fabrique.*

C'était le temps de la grande querelle municipale et des cabales contre Peron de la Forest. — Les relations entre l'hôtel-de-ville et le chapitre devenu maître de la paroisse, se tendaient de plus en plus ; l'affaire du *pilier St-Nicolas* consomma la rupture, et fut l'origine de cinq ans de procès. — Nous avons dit de quoi il était question et de combien petite importance. — Le corps de ville avait décidé de faire reconstruire le pilier abattu. Et sur ce, le sieur Joseph Guillon de Lavault, fait signifier au Corps de ville opposition à la reconstruction dudit pilier, qu'il qualifie de « piédestal servant autrefois à soutenir la représentation de St-Nicolas », sous prétexte qu'en sa qualité de *fabricien* il est seul chargé de la décoration de l'église. — Le Maire, M. Delagoute Duviviers, ayant rencontré, en se rendant à l'hôtel-de-ville, ledit sieur Lavault, le pria de venir avec luy, qu'il pourrait ainsi déduire les causes et moyens de son opposition devant le conseil de ville. Mais ledit sieur Lavault repliqua qu'il les déduirait *en justice réglée*, qu'il n'irait sûrement pas à l'hôtel-de-ville, qu'il n'irait pas, et qu'il n'irait pas.....

Le sieur Dorguin de Condé, échevin, s'étant rendu dans la nef pour y faire l'enquête sur cette affaire et savoir si le pilier est tombé par vétusté ou s'il a été abattu de force, et sur les inconvénients de cette ruine : ayant trouvé dans l'église François Roquet et Germain Tourton dit Laviolette tailleurs de pierres qui travaillaient au pavé de l'église sous les ordres du fabricien Lavault, interrogea ces ouvriers. Comme ils étaient à examiner le pilier « un chanoine du Chapitre s'est approché dudit Roquet, est resté près de lui pendant son examen, lui a frappé du pied contre le sien, l'a coudoyé et pressé de sa main derrière les reins, le tout différentes fois et lui a dit tout bas à l'oreille : Dites que vous n'êtes pas en justice. — Nous étant aperçu de tous ces gestes et paroles, ajoute l'échevin Dorguin, cela nous a fait présumer que ledit chanoine n'était présent que pour intimider les ouvriers et les suborner pour les empêcher de faire une déclaration sincère. Ce qui nous a obligé d'en faire reproche audit sieur chanoine, et de lui demander quel intérêt il avait d'être présent à notre opération. Nous ayant dit qu'il n'avait aucune réponse à nous faire ; ledit Roquet a dit au sieur chanoine que s'il fallait qu'il dise la vérité en justice, il vallait autant qu'il l'a dise présentement. Sur quoy ledit chanoine s'est retiré. — Ensuite, iceulx Roquet et Tourton ayant examiné les ruines dudit pilier » ont montré qu'il avait été abattu avec une pince de fer, que la pierre du haut dans laquelle étaient enclavées deux barres de fer, enclavées d'autre part dans la boisure du dessous de la niche de St-Nicolas pour le soutien d'icelle, a été brisée à coups de marteau. — Ils ont déclaré que ledit pilier est nécessaire non seulement au soutien de la niche mais encore pour le soutien du derrière du maître-autel qui n'a point de fondation.

Le procureur-syndic se plaint d'autre part de ce que le *pavé de la nef* qui, par le procès-verbal de Mgr l'Archevêque, est confié au Corps municipal, a été ordonné par le procureur-fabricien sans consulter le corps de ville ; d'où une dépense beaucoup plus forte qu'elle n'aurait été par adjudication.

De plus le sieur Pirot desservant et le procureur-fabricien ont fait des dégradations à l'embase et au cordon d'un pilier qui est au milieu de l'église et a l'appui duquel sont *les bancs des chantres de la ville*, dans le but de reculer ce banc..... — Sur laquelle question l'archevêque a donné raison au Corps municipal.

Cette affaire du pilier St-Nicolas dura indéfiniment. On en trouve par ci par là quelques traces du genre de celles-ci : signification faite en 1764 au Corps de ville, l'une par MM. du Chapitre, l'autre par le sieur Pirot, curé, d'avoir à comparaître au bailliage royal de Châteauroux. — En 66, le prieur Pyrot, *cy-devant desservant de la Cure*, et les Chanoines, font signification à l'hôtel-de-ville, d'une sentence du bailliage de Châteauroux contre les cy-devant Maire, Echevins et Corps municipal qui les condamne à remettre aux sieurs du Chapitre le procès-verbal de visite de 1762 de Mgr l'Archevêque, et 115 livres 2 sols 11 deniers de dépens—Commandement fait par huissier au général des habitants de payer lesdits dépens. — Sur quoy le nouveau corps municipal, (toujours prêt, selon les habitudes d'alors, à rejeter toutes les fautes sur les prédécesseurs) se demande si ce sont les habitants ou les cy-devant officiers municipaux qui doivent payer les dépens. — En 67, le *Receveur Syndic* reçoit deux exploits d'huissier portant saisie arrêt, avec assignation devant MM. du bailliage de Châteauroux, le premier à la requête des Prieur, Chanoines et du sieur De Lavault ancien procureur fabricien ; l'autre à la requête d'Etienne Basset chanoine et *Syndic du Chapitre*. — Un mois après, l'Intendant ordonne que le sieur Charles Dorguin, ancien receveur des octrois, payera 123 livres 12 sols 5 deniers pour dépens adjugés par le bailliage de Châteauroux, et 105 livres 19 sols 7 deniers aux sieurs Pirot et Delavau.

Au reste, voici une longue lettre que j'ai toutes raisons de croire écrite par Peron de La Forest, procureur syndic, à l'Archevêque de Bourges ; elle mérite d'être citée toute entière :

« J'ay veu la réponse dont il a plu à votre grandeur de m'honorer. Le peu de satisfaction que vous donnent nos guerres intestines augmente encore le chagrin continuel que j'en ressens, mais à qui les imputer ? je vous supplie de me permettre de défendre un peu le corps municipal qui se flatte de s'être déjà par un 1er mémoire suffisament lavé devant Mgr l'intendant.

Les hauteurs, entreprises, et procédés de *MM. les Chanoines* si différents des exemples de bonté que vous leurs avez donnés pendant votre visite, sont presque insoutenables. cependant les officiers municipaux renfermés dans l'execution de vos ordonnances et lacs (las) de troubles croyent n'avoir résisté que lorsqu'ils y ont été contraints par la deffense des droits *de la ville, de la cure, de la fabrique et des bancs* ; Et ils attribuent la discorde à ce que M. *pirot* (aux bonnes qualités duquel ils rendent toute justice), *plus prieur que curé,* a jugé à propos de se livrer à quelques chanoines et dela à quelques habitans ennemis déclarés et condamnés du corps municipal pour lequel ils luy ont inspiré un éloignement continuel.

M. *tourniol* curé de la Châtre étant decedé, *MM. du Chapitre* jugèrent à propos de *réunir la cure au chapitre.* les habitans qui se souvenoient d'anciens procès dirent presqu'unanimement que la ville avait des conventions à faire avec le chapitre dans ces circonstances : les chanoines répondirent qu'ils n'avaient besoin du consentement de personne, mais, qu'en le suposant, ils trouveroient des signatures sans s'adresser au corps municipal qu'ils ne reconnaissoient point. Les officiers municipaux, vu l'importance de la chose; la *motion* mise en delibération, crurent devoir s'opposer, cela forma de l'aigreur, qui n'avait cependant d'autre cause que le mepris pour le corps municipal.

Depuis il fut question de nommer un *fabricien.* M. *pirot* ne voulut point nommer avec le corps municipal, celui-cy se crut lezé, s'opposa ; plaintes à Bourges et enfin les officiers municipaux se décident a venir en corps chez M. *le prieur,* dechirèrent leur opposition et luy declarèrent qu'ils ne se mèleroient en aucune façon de la nomination, mais qu'il se preparoit tous les desagremens qu'avait essuyés son predecesseur, qui n'avoient cessés qu'après la création du corps municipal, que le sieur Tourniol avoit soin de faire inviter quand il avoit besoin de fabriciens. Effectivement M. pirot n'a pu parvenir a une nomination regulière de *fabricien,* mais il aime mieux s'en passer et se plaindre, que d'envoyer dire au greffe de la ville qu'il invite le corps municipal à une *assemblée au banc de l'œuvre.* Il a voulu exclure le corps municipal, il a réussi, il se plaint. A qui doit-il donc s'en prendre ? Il aura un fabricien quand il le voudra, qu'il surmonte son aversion, il ne trouvera que de l'estime pour sa personne.

Dans le même temps il fut question du *pavé de l'église,* il etait décidé que les deniers de la fabrique employés, la ville fourniroit le surplus. M. Pirot se transporta chez le sieur Maire auquel il demanda une imposition sur les habitans. Celuy-cy luy répondit qu'il ne pensoit pas que Mgr l'Intendant accorda l'imposition d'une somme indéterminée, et pour répondre à la politesse du sieur prieur, il assembla les officiers municipaux. Tous se rendirent chez le sieur prieur, et on luy fit connoître qu'avant de demander une imposition, il falloit établir par un devis et un compte sommaire de fabrique, la somme qui resteroit a imposer, et on se sépara en bonne intelligence. — Quelle a été la surprise des officiers municipaux quand ils ont vu peu de tems après M. Pirot réuni avec un fabricien, irrité de la nomination faite par le corps municipal à la requisition du precedent curé, entreprendre seuls les réparations, mépriser l'adjudication d'usage dans les ouvrages publics et particulièrement ordonnée, découvrir une incapacité ridicule, payer cher des vignerons, des journaliers qui n'avoient jamais été ny tailleurs de pierre, ny paveurs, ny macons, se laisser tromper, en convenir souvent, enfin disposer de tous les deniers, endetter et écraser la fabrique, en soutenant qu'ils étoient maîtres de tout et n'avoient de compte à rendre a personne.

Et pourquoy tant d'irrégularités ! Aversion pour le corps municipal.

Ensuite il a été question des *bancs*. Le corps municipal expressement chagé de vos ordres en cette partie a assemblé plusieurs fois les habitans, les sieurs prieur, curé et fabriciens invités. Il s'agissoit d'établir *l'uniformité des bancs*, de conserver les places des habitans, d'en ménager à ceux qui les perdoient le long des chapelles sans faire tort à personne, de les reduire à une grandeur convenable afin d'en augmenter le nombre en faveur des habitans et de la fabrique. C'est dans cet esprit que l'ouvrage a été fait. Lorsque par l'étrecissement de quelques bancs, on se trouvoit gagner la place d'un rang sans déranger celui qui suivoit, on donnoit ce rang de bancs formant sept places a deux habitans qui se trouvoient les avoir perdus. Il ne faut excepter qu'un banc de trois places donné a M. Baucheron procureur du Roy et Subdélégué qui n'en avoit pas auparavant.

Le plan dressé vous a été présenté, Monseigneur. Les sieurs curé et chanoines n'ont point jugé a propos de communiquer leurs objections, effet d'aversions, ils vous les ont adressés directement. Ils ont insisté sur deux choses, l'une que l'allée du milieu de la Nef pour laquelle ils se contentoient de six pieds fut également large partout, l'autre que les bancs.......
La première de leurs demandes pleine de justice n'a point fait de

difficultés ; la deuxième, tout à fait étrangère au chapitre et préjudiciable à la fabrique a été réfutée et la largeur des bancs reglée a trois pieds deux pouces, un seul excepté auquel on devoit donner quelques pouces de plus sans cependant blesser l'uniformité. Tout paraissoit arrangé lorsque les prieur et chanoines authorisés par l'apuy de la cure et du fabricien, se sont élevés contre le plan, ont prétendu être souverains dans la nef, et en droit de casser des piliers, d'en demolir d'autres, de déplacer leur banc, de faire perdre quatre bancs conservés. L'un d'eux le sieur Parnajon chanoine et syndic a soutenu en presence de M. de Morogue (archidiacre) en pleine église que le plan ne leurs avoit pas été communiqué et il l'a affirmé jusqu'au moment ou le corps municipal qu'il nommait *la clique* a offert de raporter la réponse du chapitre. C'était en vain que le sieur Moreau son confrère luy disoit qu'il ne s'en souvenoit apparamment pas... — Le corps municipal s'est opposé a une demolition d'ou dépendoit les bancs. Alors ils se sont déchainés, ont disputé son pouvoir, ont prétendu que nous n'avions pas été enchargés d'une opération qui appartenoit aux curé et fabriciens, suivant le rituel qu'ils ont fait lire de leurs côtés ; ont soutenu qu'en qualité de *chanoines* et *seigneurs décimateurs* ils pouvoient s'arranger dans la Nef comme ils le jugeoient a propos ; ils ont fait demolir de nuit le pilier qui leur déplait tant. Le lendemain procès-verbal, reconstruction et beaucoup de trouble. — M. le prieur a encore trouvé un meilleur expédient pour l'augmenter et faire tomber le plan ; aussitôt que la Nef a été en état de recevoir les bancs, il a fait *publier au prône* que tous les habitans qui prétendoient des bancs eussent a s'adresser a luy. Aussitôt le corps municipal surpris de ce deffaut de respect pour vos ordonnances, a fait *publier* (par le tambour de ville) que, sans avoir égard à la publication du prieur, les habitans eussent a s'adresser aux sieurs maire et échevins porteurs du plan et chargés de son exécution.

Et en effet les maire et échevins persuadez que l'execution de vos ordres ne devoit point être arrêtée par les obstacles qu'y mettoient plusieurs chanoines et habitans sous le nom du sieur prieur, ont procédé à l'emplacement des Bancs ; ils se flattoient que la justice du plan ne laisseroit a aucun habitans un juste sujet de se plaindre. Mais lorsqu'il a été question de placer le 7° banc dans le terrein gagné par les etrecissemens au-dessus de celuy de *M. de Villaine* qui restoit a sa même place : M. de Villaine a fait apporter son banc dans toute son ancienne largeur de 3 pieds dix pouces, et l'a fait placer non a sa dernière place, mais dans le terrain gagné par l'étrecissement et destiné au n° 7. *Les échevins qui n'ont pas voulu faire tête à un homme pour lequel ils connoissent votre considération, se sont retirés après quelques representations* sur la largeur et la position de ce banc, *reçües avec un mepris qui leur a été sensible.* M. *Baucheron* a été obligé de passer au n° 8 derrière M. *de Villaine.* Il a aussitôt reçu une assignation de la part du sieur Selleron chanoine et de sa mère qui pretendent devoir suivre immédiatement M. de Villaine. *Les adversaires du corps municipal auxquels s'est joint M. de Villaine,*excitent l'abbé Selleron et les autres mécontens a plaider. Le corps municipal est resté sans authorité, chaque habitant a fait faire son banc plus large ou plus étroit, et l'a placé le mieux qu'il a pu soit en vertu du plan soit en lui resistant. — Et les maire et échevins demeurent spectateurs de ce desordre que leur respect pour vos volontés et *consideration pour M. de Villaine qui ne leur en scait par meilleur gré,* les empêche d'arrêter dans sa source.

Ce détail pourra Monseigneur, vous faire connoître que les officiers municipaux n'ont eu d'autre objet que l'exécution de vos ordres et l'avantage de la fabrique et des habitans. Il est étonnant que les sieurs curé et fabricien, renonçant à leur devoir ayant constamment travaillé contre la fabrique en sollicitant la perte de beaucoup de bancs et leur largeur inutile et protégé les entreprises du chapitre sur la Nef. Comment expliquer la conduite du Chapitre ? qui dans sa réponse au plan a demandé qu'il fut mis des bancs *devant celuy du corps de ville* et en suivant, pour former l'uniformité d'une allée de six pieds dont il se contentoit, et que tous les bancs eussent une largeur inutile.Et qui a present refuse de laisser placer les deux bancs cy devant appuyés au sien d'où il résulteroit que la tête de l'allée ayant plus de six pieds de large cesseroit d'être uniforme. Et qui voudroit a present aneantir les bancs, afin d'avoir un grand terrein pour faire les stations.

Il sembleroit que tous n'ayant en vue que de chicaner et avilir le *corps municipal,* pendant que celuy-cy se dirige constamment au bien public et de plus a la paix. C'est pour la paix qu'il a donné au *chapitre* environ un pied de terrein en plaçant le 1ᵉʳ banc, qu'il a offert a M. *de Villaine* un banc plus large, qu'il le luy a laissé placer dans telle place et largeur qu'il a jugé a propos, qu'il a abandonné la *nomination du fabricien* au prieur qui peut la faire

avec qui il luy plaisse, et enfin qu'il avoit laissé au fabricien
l'importante direction du pavé n'ayant pu prevoir entierement tous
les prejudices que devoient occasionner à *la fabrique* son incapacité,
et le déffaut de formalités ordonnées.

Votre Grandeur peut à present connoître d'ou viennent les troubles
dont elle se plaint. » (1)

Peron de la Foret dit incidemment, dans cette lettre, que d'après
le nouveau plan de l'église, *le banc du Subdélégué*, Baucheron
Dupleix, se trouve *devant celui de M. Villaines* ; il n'a pas l'air
d'y attacher grande importance. C'est pourtant ce petit fait, bien
certainement, qui fût la cause de l'introduction de ce gentilhomme
dans le débat. — On pourrait même croire que ce n'est pas sans
intention qu'une des meilleures places avait été réservée au neveu
du sieur de Laforest. — A la vérité le Marquis de Villaines recevait
beaucoup des ennemis de Péron, mais il ne se mêlait pas
personnellement aux affaires de la ville ; et d'un autre côté, en ce
temps où il était de bon ton de philosopher, il se moquait bien du
Chapitre. Mais, avoir devant lui le Subdélégué Baucheron, le
représentant de l'Intendant, qui, d'une manière générale, était la
bête noire de la noblesse, c'était trop fort. Le père de la Marquise
avait bien été subdélégué, lui aussi, mais on l'avait oublié, et puis,
au temps de M. Tixier du Cluzeau, les choses se passaient autrement,
M. de Riglet était colonel de la Milice bourgeoise et Pataud du
Portail, qu'aujourd'hui Péron appelle « l'ennemi du bien public »,
était à la fois bailli et maire perpétuel de La Châtre. — Tandis qu'à
présent, en 1763, l'hôtel-de-ville, de par le Roy, est interdit au
colonel Desmarets, aux Sabardin et autres Gendarmes de la maison
du roy. — Avoir devant soi, à la messe, le véritable auteur de cette
ordonnance qui fut affichée sur les murs de la ville.... pourquoi pas
Peron lui-même, Peron le père du peuple et l'ennemi des privilégiés !

Remarquez en passant que si les officiers municipaux n'ont osé
tenir tête à un homme comme M. de Villaines, ce n'est pas qu'ils
soient effrayés de son titre de Marquis ; non, ils n'osent résister à
l'homme pour lequel Sa Grandeur Mgr l'Archevêque de Bourges a
de la considération, à l'homme qui a du crédit, qui a le bras long.

---

(1). Papiers de famille de M. Gaudeffroy.

XXIV

(Suite du Chapitre précédent)

RELATIONS ENTRE LE CHAPITRE, LA PAROISSE ET LA FABRIQUE

LE CURÉ, LES CHANOINES ET LES CARMES

Nous avons déjà parlé de la division de l'église en deux parties bien distinctes : la *Nef* siège de la *paroisse* desservie par le Curé, et le *Chœur* siège de la *Collégiale* (voyez page 37). — L'entretien du chœur était tout entier à la charge du Chapitre, tandis que la *Nef* et le *Clocher* étaient pour les deux tiers à la charge de la ville. Les *cloches* et les *sonneurs*, nous en avons déjà dit un mot, étaient une occasion fréquente de disputes entre les co-possesseurs ; en voici la preuve : le 25 novembre 1786, le sieur Alexandre Philippe Porcher Delissaunay *syndic du Chapitre* expose que l'hôtel-de-ville a acquis par une transaction du 27 mars 1724 confirmée par sentence d'Issoudun du 10 avril 1732 le droit de nommer un des deux *sonneurs et sacristains* de l'église collégiale et paroissiale de St-Germain (lesquels plus anciennement le Chapitre nommait seul) à la charge par celui qu'ils auraient nommé de s'accorder avec l'autre qui continuerait d'être nommé par le Chapitre, pour sonner les offices, tant de la *paroisse* que du *Chapitre*. — Ayant ouï dire que le corps municipal s'était demis de ce droit en faveur du sieur *Curé vicaire perpétuel de la paroisse* et du sieur *procureur-fabricien*, le Syndic du Chapitre a prié de vive voix et même fait sommer juridiquement le sieur Charbonnier vicaire perpétuel et le sieur Dorguin Desforges procureur-fabricien, de laisser faire sa semaine à François *Tortat* menuisier nommé *sonneur* par le Chapitre..... et de lui remettre pendant cette semaine les clefs de l'église et du clocher..... Le chanoine syndic dit qu'il n'a reçu aucune réponse dudit procureur et que le sieur Curé lui a dit que cela ne le regardait pas.

Ce défaut d'intelligence entre le *sieur Curé, la Fabrique et le Chapitre*, dit l'abbé Delissaunay, occasionne un *désordre et un scandale presque continuels*, car MM.du Chapitre n'ayant plus que le droit de nommer un seul sonneur, il en résulte que l'office du Chapitre qui est en même temps office de la paroisse, le plus souvent n'est pas sonné. Le *sonneur du Chapitre* ne peut plus entrer dans l'église, même pendant sa semaine, le *sonneur de la paroisse* lui ouvre la porte seulement quand il est là......

Le syndic du Chapitre prie le corps municipal de remédier à ces abus, sinon il sera dans la dure nécessité de se pourvoir pour y remédier par toutes les voies de droit.

Sur quoy, ouï le Procureur du roi de l'hôtel-de-ville qui, après communication de la transaction du 27 mars 1724 et de l'arrêt en règlement pour *l'administration de la Fabrique* de l'église paroissiale à la réquisition de M. le Procureur général du 11 juin 1785..... les officiers municipaux ont remarqué qu'en effet ils ont été chargés de la nomination d'un sonneur.... mais qu'alors ils étaient par un ancien usage en possession de l'administration de la fabrique et de la nomination des personnes employées à son service..... qu'ils nommaient cy-devant des sonneurs qu'ils payaient *pour sonner au temps des orages*, mais les arrêts du Parlement (1784) ont fait défense de sonner les cloches pendant l'orage à cause des inconvénients qui en résultent.....

L'arrêt de 1785 a déterminé la formation d'un *Bureau de fabrique* qui doit la régir et gouverner de manière que les officiers municipaux n'y ont plus aucune part particulière ; c'est pourquoi ils ont cessé de nommer les sonneurs de la paroisse et de les commander si ce n'est pour le service propre de l'hôtel-de-ville : assemblées, solennités, réjouissances publiques et autres. — La nomination des sonneurs, bedeaux et serviteurs divers de la paroisse appartient à la fabrique qui doit les payer.—C'est pourquoi les officiers municipaux n'entendent prendre aucune part aux contestations qui pourraient s'élever entre le Chapitre et la Fabrique, et renvoient MM. les Chanoines au *Bureau d'administration de ladite Fabrique*. (1)

*
* *

Les rapports entre le clergé séculier et les moines de La Châtre n'étaient pas fort courtois. — L'aventure qui suit se passait en 1750 et je la rapporte telle que je la trouve en un acte de Maître Villain notaire ; j'abrège seulement le texte :

La veuve Cantin, bourgeoise de La Châtre et mère de Madame veuve de Culon de Clerfont, venait de mourir, ayant manifesté l'intention d'être inhumée dans la Chapelle des R.-P. Carmes. — En exécution de ces dernières volontés, M. Tournyol curé de la paroisse et autres prêtres assistants conduisirent processionnellement, à la manière accoutumée, le corps de la deffunte à l'église paroissiale ; et, après y avoir chanté l'office ordinaire, accompagna processionnellement le corps « jusque dans la *cour* au devant d'un *parloir* que les P. Carmes ont depuis peu d'années fait construire au fond de ladite cour et adherente à *la principale porte* de leur chapelle » (aujourd'hui la grande porte du Théâtre. Ce qui prouve bien que la principale porte de l'église ou chapelle des Carmes était sur le côté et non dans un pignon (voir pages 53 et 55). — Le plan qui est aux Archives porte la date de *1750* ; c'est peut-être à l'occasion de cette querelle qu'il a été dressé, puisqu'il se trouve parmi les pièces du Chapitre Saint-Germain).

Le curé et son clergé allaient entrer dans la Nef pour y conduire le corps, comme ils avaient l'habitude de le faire, lorsque survint le Père Valentin, Carme de ce Couvent, revêtu de son étole, chappe et rituel, à la porte dudit parloir. Son premier mouvement fut d'arrêter et repousser le porteur de la croix de la paroisse et des assistants du curé en leur disant : Vous n'irez pas plus loin. — A ces mots le curé s'avança jusqu'à la porte du parloir, et somma

---

(1) Il existe aux archives de la Cure un réglement des sonneurs, du chœur et de la paroisse, daté de 1743. On en trouvera un extrait dans la *Description de l'Eglise de La Châtre* de M. Navarre. — Dans la discussion ci-dessus rapportée, il n'est fait aucune mention de ce réglement.

le P. Valentin de le laisser entrer avec le corps et ses assistants jusque dans la Nef ainsi qu'il avait coutume de le faire. — C'est inutile, dit le P. Carme qui se tenait toujours à la porte, ceci est la Nef et vous n'irez pas plus loin ; *deux étoles ne se croisent point.* A quoi le curé répondit, ceci n'est pas la Nef et je prétends entrer jusque dans icelle Nef ; sinon je prends acte de votre refus, je remporterai le corps de la deffunte demoiselle Cantin et l'inhumerai dans mon église. — Vous voudriez le remporter, répondit le P. Valentin, si vous le faites, je vous remurai bien.

Voyant ce refus opiniâtre « et voulant éviter le scandale qui serait survenu par la pétulance dudit Père Carme », le Curé retourna processionnellement à l'église paroissiale où fut inhumé le corps de la mère de Madame de Culon.

Tous ces faits certifiés par les témoins suivants : Est. Boutet, Est. Basset, Pierre Huguenot chanoines semi-prebendés, Jacques Preau et Pierre Ageorges clercs tonsurés, Est. Laurent bourgeois et Martin Bauniat marchand, tous demeurant à La Châtre.

Les Carmes, quand ils allaient à la paroisse n'étaient même pas invités à s'asseoir. En effet, le 29 juillet 1753, les *Révérends Pères Carmes* demandent au corps de ville qu'il leur soit donné un banc dans la Nef de l'église paroissiale lorsqu'ils seront appelés pour assister aux processions qui se font parfois aux temps des grandes sécheresses, ou des pluies extraordinaires. Et les habitants sont d'avis que *le banc des chantres de la paroisse* étant libre, les R.-P. Carmes peuvent s'y placer quand ils assistent auxdites processions (acte de l'hôtel-de-ville, délivré Père Benoist, Prieur des Carmes).

Le clergé séculier n'amait pas les moines, cela se comprend du reste, les donations qui allaient aux uns n'allaient pas aux autres. Les habitans, eux, tiennent beaucoup à les avoir et garder ; c'est du moins ce qui résulte de la délibération suivante de 1767 :

« Les échevins sont autorisés par le corps de ville, pour parvenir à conserver la Communauté des R.-P. Carmes, malgré l'arrêt du Conseil d'état du roy du 3 avril 1767, à employer tous les moyens auprès des Commissaires nommés par le Roy pour l'exécution de l'arrêt de son conseil du 23 mai 1766. Lesdits Religieux Carmes étant très utiles et nécessaires aux habitans de cette ville et des paroisses voisines. » — On sait que les Carmes sont restés jusqu'à la Révolution, ainsi que les Visitandines. — Les Capucins, dont nous parlerons dans la troisième partie de cet ouvrage, quittèrent La

Châtre quelques années avant, en 1784.

———

Liste des *Prieurs du Chapitre* St-Germain de La Châtre, au XVIII· siècle, d'après les Archives de l'Indre (E. Hubert) :
Jacques Laurent — 1690
Raphael Laurent — 1709
Antoine Deligny — 1712
Jean-Claude Bourdeau — 1739
Pirot — 1759
Parnajon — 17..

Liste des *Curés de la paroisse St-Germain* de La Châtre, au XVIII· siècle :
Simonnet, avant 1700 (archiprêtre et curé)
Deligny (prieur et desservant) de 1716 à 1718
Agobert, de 1718 à 21
Deligny (prieur et desservant) en 1721
Perussaut, de 1721 à 35
Tournyol, de 1735 à 62
Pirot (prieur et curé) de 1762 à 66
Charbonnier, de 1765 à 85.
Chicot, de 1787 à 93, et plus tard de 1801 à 1803.

XXX

LES PAROISSES DE CAMPAGNE

Communautés d'habitants

Les municipalités étaient essentiellement urbaines — un *corps de ville;* — les campagnes n'avaient pas de municipalités, mais dans toute l'Europe, les paroisses se formèrent spontanément en *communautés d'habitans* d'abord pour l'entretien *de l'église et du cimetière*, ensuite pour les questions concernant *leurs biens communs*.

Le pouvoir royal trouva toute faite l'organisation des *Communautés rurales* et les utilisa pour l'accomplissement des services publics qu'il exigeait des campagnes : collection de tailles, de gabelles, milice, etc.

Voici comment les choses se passaient :

En 1765, à la réquisition de Germain Seiller *fabricien et syndic de la paroisse de St-Martin de Pouligny*, de J. Berger, Cl. Dorguin, etc... *propriétaires et habitans* de ladite paroisse, Berchon notaire royal à La Châtre se transporte au bourg et paroisse de St-Martin de Pouligny, où étant au devant de la porte et principale entrée de l'église paroissiale dudit lieu, issue de la messe paroissiale..... les habitans étant sortis et sortant en grand nombre, ledit notaire s'est adressé à Louis Thomas, Berger, etc., propriétaires, laboureurs, meuniers, journaliers demeurant en ladite paroisse : lesquels tant pour eux que pour *le général des habitans*, il a sommé de s'assembler, délibérer et donner leur avis sur la nécessité de passer acte et marché du *carlage et blanchissage de l'église* de la paroisse, ordonné être fait suivant le procès-verbal de Monsieur Demorogue archidiacre.... Lesquels Germain Seiller et habitans ci-dessus nommés, faisant pour le général des habitans, sont convenus et ont fait prix et marché, moyennant 110 livres, avec Léonard Derieux entrepreneur maçon demeurant en la ville de La Châtre paroisse de Saint-Germain, en présence de Mᵉ Jean Devillebanois Bourgeois demeurant à Bejon paroisse de St-Martin de Pouligny etc....

Ainsi donc, lorsque besoin était, le *syndic de la paroisse*, accompagné de quelques habitants, allait trouver un notaire, lequel venait le dimanche suivant à la sortie de la messe, inviter les habitants à prendre une décision. Bien entendu on ne votait pas au scrutin, les adhésions étaient données verbalement et d'ensemble.

Qu'est-ce qui mettait le syndic en mouvement : le Curé, un certain nombre d'habitants, d'autrefois c'était un ordre du subdélégué.

Qu'était-ce que ce *syndic*, et comment était-il nommé ? — Je ne le sais pas au juste. — Bien problablement il était choisi par les habitants comme étaient nommés les *collecteurs* d'impôts, comme est nommé, en 1775, Pierre Malassenct que l'assemblée des habitans de la paroisse de Lourouer déclare seul capable de remplir les fonctions de *procureur-fabricien* (autrement dit Marguillier). N'ayant qu'à se louer de la manière dont il s'est comporté dans ladite place ils le renomment et il accepte et signe l'acte d'assemblée dressé par le notaire — le syndic Michel Pearron et les autres habitans ont déclaré ne savoir signer. — La même année, 1775, au requisitoire des habitants de la paroisse de Tranzault Baucheron notaire se rend le dimanche, au-devant de la principale entrée de l'église paroissiale de Tranzault, etc. — Là, Sylvain Mauduit *syndic*, Blanchet marchand, Bernard sacristain, etc...... qui, pour se conformer au réglement, veulent procéder au *tableau ou colonne* pour la nomination des *collecteurs* des Tailles, Gabelles et autres impositions. Le notaire en présence des habitants dresse le tableau suivant pour une quinzaine d'années :

Colonne des exempts	Colon. des porte-bourses	Colonne des assistants
Monsieur le Curé 7 mendiants	année 1776 *Tailles* Jacques Ravaud *Gabelles* François Capelan année 1777	André Batard

Ce système de collecte était détestable. Vauban parle « des animosités et des haines invétérées qui se perpétuaient dans les familles de paysans à cause des impositions dont ils se surchargeaient chacun à leur tour ». — Le paysan n'a qu'un habit en lambeaux « persuadé qu'un bon habit serait un prétexte infaillible pour le surcharger l'année suivante ». — Ce qui règle l'imposition dans ce système, « c'est l'envie, la faveur, l'animosité. » — Que si quelqu'un se tire d'affaires, il faut qu'il cache si bien le peu d'aisance où il se trouve que ses voisins n'en puissent avoir la moindre connaissance. Il faut même qu'il pousse la précaution jusqu'à se priver du nécessaire. — Car un malheureux taillable est obligé de préférer la pauvreté à une aisance, qui, après lui avoir couté bien des peines, ne servirait qu'à lui faire sentir plus vivement le chagrin de la perdre suivant le caprice ou la jalousie de son voisin. »

Le système fiscal est certainement ce qu'il y avait de plus odieux sous l'ancien régime, d'autant que presque tout le poids des impôts retombait sur les malheureux paysans. — Malgré tout cependant, ils travaillaient et à force d'économie, quelques-uns de.enaient propriétaires d'un morceau de terre.

Les Archives des Notaires sont remplies d'actes ou « procès verbaux *d'assemblées* » analogues à celui que j'ai cité. Par exemple :

« Aujourd'huy dimanche, vingtième jour de juillet 1710, moy Baucheron notaire royal sur la réquisition 1° de M° Pierre Colin prêtre *curé recteur* de la paroisse de Briantes exécuteur testamentaire de feu Sylvain de Beyde notaire et procureur, 2° de Saturnin Brunet *collecteur des tailles* de ladite paroisse et faisant fonction de *syndic* à déffaut de Jean Rotinat *syndic* — me suis transporté au bourg de Briantes au-devant la porte et principale entrée de l'église, le peuple en sortant, issue de Messe. — Là, le curé et le syndic ont convoqué les habitants de la paroisse au son de la cloche et à la manière accoutumée, parmi lesquels assemblés *en fait de commun* se trouvaient (entre autres le sacristain, un marchand, deux meuniers, quatre laboureurs, un tixerant, un journalier, un sabotier….) représentant *le général des habitants*….. et leur ont proposé d'arrenter les biens légués à l'église et aux pauvres de la paroisse. Et tous d'unanime voix ont donné plein pouvoir aux curé et syndic. …

Acte fait et passé au-devant de la porte de l'église de Briantes, à midy, en présence de messire Gaspard Demay chevalier *seigneur* de Salles, de la ville de Rys, Briantes et autres lieux, demeurant en la ville de Rys province de Bourbonnais, étant de présent en son château de Briantes, et d'autres témoins. »

Dans cet acte d'assemblée on voit tous les représentants divers de la paroisse : le Seigneur, le Curé et le Syndic ; mais le Seigneur n'est qu'un témoin, le curé un exécuteur testamentaire ; le syndic, lui, a été chercher le notaire et appelle les habitants devant la porte de l'église ; mais ce sont les habitants eux-mêmes, *le général des habitants*, agissant *en fait de commun*, qui acceptent les propositions. — Deux ans avant la Révolution on essaya d'une espèce de municipalité de village ou le seigneur et le curé avaient leur place. Nous en reparlerons.

Autre exemple : « Aujourd'hui dimanche troisième jour d'octobre 1773, au bourg de Saint-Julien de Thevé, Louis Baucheron notaire royal et apostolique en Berri, au ressort d'Issoudun et de Châteauroux, résidant à La Châtre, s'est transporté, requis par Michel Pailtaut laboureur demeurant aux Baudoins, *syndic* de la paroisse...... Etant au-devant de la principale porte d'entrée de l'église paroissiale, issue de la messe dite et célébrée, ledit *syndic* a convoqué *l'assemblée de tous les habitants* tant par le son de la cloche qu'à haute et intelligible voix en la manière accoutumée ; à laquelle assemblée se sont trouvés Lafarcinade sacristain...... (et une douzaine de laboureurs) auxquels ledit *syndic* a dit que *par l'ordre de Mgr l'Intendant de Bourges*, a été nommé par M. Baucheron *subdélégué au département de La Châtre*, Jean Chatelain maître charpentier et entrepreneur de batimens pour faire le devis estimatif de grosses réparations au presbytère à la charge des habitans......

L'assemblée à la pluralité des voix donne plein pouvoir au Syndic.

Fait en présence du Syndic, de Moreau fermier de la seigneurie de Breuillebaut, de Vincent Pichon laboureur à la Pouzerie *paroisse de Saint-Martin de Thevé*, lesquels ont déclaré ne savoir signer. »

Le dimanche 29 août 1773, environ les 9 heures du matin au bourg de Montgivray, le *Syndic* Jean Blanchet laboureur au village de Preugnarnault, s'adresse à l'assemblée des habitans composée de J.-B. Baucheron sieur Duplaix Procureur du roy à la prevosté, faisant pour son métayer de Vauvat, Dorguin de la Grange Président aux Traites foraines, faisant pour son métayer de la Petite-Grange, Laurent bourgeois de La Châtre faisant pour son métayer de

Chavi, Rochat fermier de la seigneurie de Montgivray, Blanchet, Aussourd, Soulas, etc., et leur dit qu'il est chargé de fournir à *M. de Saint-André sous-ingénieur de Sa Majesté à la résidence de La Châtre*, l'état de la quantité de *bœufs* que chaque laboureur tient ordinairement..... Il les requiert de faire présentement la déclaration des bœufs qu'ils ont chacun en leur particulier. »

Signé : Blanchet Cindic.

La plupart des laboureurs de cette paroisse de Montgivray ont 4 ou 6 bœufs. — Cet état était évidemment relatif aux *corvées* pour la construction de la route de Châteauroux à La Châtre. Il est à remarquer qu'il n'est aucunement question de *chevaux*. (Voyez pages 24-25).

Dans le type d'administration de village dans l'Ile de France qu'a donné Tocqueville, « le *Syndic* de la paroisse présente l'ordonnance de l'Intendant qui permet l'assemblée ». — Il n'est pas en général question de l'Intendant dans les nombreux actes d'assemblées que j'ai lu chez les notaires de La Châtre. — Tocqueville ajoute que « cette assemblée de paroisse n'est qu'une enquête. .... qu'elle n'aboutit jamais à un vote, et par conséquent à la volonté de la paroisse..... — Beaucoup d'autres pièces apprennent en effet que l'assemblée de paroisse était faite pour éclairer la décision de l'Intendant, non pour y faire obstacle, lors même qu'il ne s'agissait que de l'intérêt de la paroisse. — Sans doute les décisions de ces assemblées n'étaient exécutées, comme celles du corps de ville de La Châtre, que « sous le bon plaisir de Mgr l'Intendant » c'est-à-dire avec l'approbation de la tutelle administrative ; mais cette approbation était sans doute une simple formalité, car il n'en est pas fait mention dans beaucoup d'actes notariés.

Voici un procès-verbal dans lequel, au contraire, la réserve de l'autorisation de l'Intendant est formellement spécifiée :

En 1777, un dimanche à 8 heures du matin, Louis Baucheron notaire royal et apostolique se transporte au-devant de la grande porte et principale entrée de l'église de Briantes. où Jean Rotinat *syndic* et Vincent Duplaix *procureur-fabricien* de la paroisse ont remontré aux habitans comparans aux personnes (7 laboureurs et 11 journaliers) faisant et représentant la plus grande et saine partie de ladite paroisse, qu'il est nécessaire de faire refondre la seconde cloche de la paroisse de Briantes, appelée *cloche de Saint-Agnan* — « et au même instant sont comparus hault et puissant seigneur Messire Nicolas Pardoux Marquis de Villaines chevalier *seigneur de Briantes* et autres lieux, sieur Philippe René Porcher de Villechère Bourgeois, M˙ Philippe Lecamus sieur de Vallidé, Conseiller du Roy en l'Election, damoiselle Marguerite Porcher de Villechère Bourgeoise, tous principaux *propriétaires externes* demeurant séparément en la ville et paroisse de St-Germain de La Châtre, lesquels sont entrés en délibération avec les sus nommés et sont convenus avec eux de ce qui suit, d'une part ».

Et d'autre part est aussi comparu J.-B. Baudouin *maître fondeur de cloches* à Champigneulle en Lorraine et de présent en Berry. — Lesquelles parties ont fait le présent marché. Ledit Baudouin s'oblige à fondre ladite cloche, à la rendre bien fondue suivant les règles de l'art, et sonnante, etc. — Il sera fourni par les habitants pour la fonte une cloche appartenant à une *ancienne chapelle actuellement en ruine dédiée à St-Hubert*, (aujourd'hui *la Croix de St-Hubert* se trouve près d'Etrangle-Chèvre (paroisse de Briantes) à l'embranchement des chemins allant de Briantes à Etrangle-Chèvre et de Champflorentin à Briantes), et quelques restants de métal qui sont dans les coffres de la fabrique, etc., etc... ..

Convenu comme clause expresse que *la chemise et robbe* qui pourront être fournies par les *Parain et Maraine* pour la bénédiction de la cloche appartiendront à l'église de Briantes.

Les susdits habitans, syndic, procureur-fabricien et principaux propriétaires sus-nommés, s'obligent à payer audit Baudouin deux cordes de bois et quatre-vingt-dix livres, *après que Monseigneur l'Intendant en aura ordonné l'imposition, que le rolle sera fait et le recouvrement.* Convenu en outre que le présent acte n'aura son effet que *sous le bon plaisir de Mgr l'Intendant.* Les habitans susdits et sieurs *propriétaires externes autorisent* par ces présentes *le Sindic à présenter requête à cet effet à Mondit Sgr l'Intendant* ainsi que pour l'imposition des autres frais qu'occasionnera la fonte de ladite cloche, etc.

Le Syndic et le procureur-fabricien ont déclaré ne savoir signer.

Cet acte est intéressant à divers points de vue. Il montre qu'on ne pouvait faire une imposition sur les habitants de la paroisse, sans l'autorisation du représentant du pouvoir central ; en cela l'ancien régime ne diffère pas du régime actuel ; et il faut être amoureux des libertés locales jusqu'à la passion et l'aveuglement pour se plaindre de cette sage tutelle administrative.

On remarquera que le *seigneur de la paroisse* « hault et puissant Marquis de Villaines », paraît en cette affaire, tout ainsi qu'un bourgeois, en qualité de *propriétaire externe* (ce qui veut dire, je pense, propriétaire non domicilié dans la paroisse), et que ces gros bourgeois et marquis « entrent en délibération » avec une vingtaine de laboureurs et journaliers représentant la communauté des habitants. — Cela se passe en l'année 1777. — Ces petits détails sont assez caractéristiques st contribuent à mettre les choses au point, comme on dit en style photographique.

Le *Syndic*, non seulement ne sait pas écrire, mais ne sait pas signer ; c'est le cas général. En effet, nous avons raconté déjà au Chapitre VII, (page 62) comment les syndics des paroisses de Vicq-Exemplet, de Saint-Julien et de Saint-Martin de Thevé, de Nerez et autres, convoqués par le Subdélégué pour donner leur opinion sur le rétablissement des foires en 1751, à l'exception d'un seul, ont déclaré ne savoir signer.

Les chefs-lieux de canton avaient-ils seulement des *Syndics*, formaient-ils seulement une simple *communauté d'habitants*, ou bien étaient-ils une *ville* avec une municipalité ? (Voir les communes de M. Clément).

J'apprends, par la biographie du bailli Rochoux de la Bouïge, (par J.-T. Massereau 1894) que Neuvy-St-Sépulcre avait *des échevins* en 1766. Depuis quand ? Probablement depuis les édits de 1764-65.

Pendant les dernières années de l'ancien régime, Maître de la Bouïge était *bailli des justices seigneuriales* de Neuvy, La Motte-Feuilly, Lys-Saint-Georges, *Fromenteau*, *Fougerolles* et autres encore ; et il fut autorisé par le Roy Louis XVI à exercer lesdites justices, tant au civil qu'au criminel, en *l'auditoire* de Neuvy et en son *hôtel* (sa maison) pour ce qui est des actes d'hôtel, au lieu de se transporter comme il était auparavant d'usage, au siège de chacune des dites justices. — Le *bailli*, ou premier juge d'appel, n'était pas astreint (non plus que les autres officiers, à la résidence). — Plusieurs baillis, lieutenant de bailli et procureurs fiscaux des justices des environs étaient des procureurs (avoués) de La Châtre. (Voyez page 201). — On trouvera dans l'Histoire de Sainte-Sévère de Chenon, (tome I. pages 222 et suivantes) des détails fort intéressants sur les justices de la baronnie de Sainte-Sévère.

Les communautés d'habitants étaient essentiellement sous la protection royale ; les habitants de nos campagnes, plaidant *en fait de commun*, avaient affaire immédiatement aux juges royaux d'Issoudun ou de Châteauroux. — Les habitants assemblés par devant notaire, donnaient procuration au *Syndic* ou à tout autre personne par eux choisie. Exemple :

Les habitants du bourg et paroisse de St-Denis-de-Joué, réunis en grand nombre, ont constitué pour leur procureur général et spécial Messire Louis Broüet prêtre, prieur et curé de ladite paroisse, présent et acceptant — auquel lesdits constituants donnent plein pouvoir....'et qui se transportera en la ville d'Issoudun, y choisira un procureur (un avoué).... pour faire assigner devant Monsieur le Lieutenant Général de ladite ville les nommés Jean et Pierre Pradeau tuilliers de la tuillerie de Villemort....afin que défense leur soit faite de mener paccager leurs bestiaux dans la brande de Saint-Denis-de-Joué appartenant et dépendant dudit bourg et paroisse comme *commune* (communal) dudit lieu, et qui est proche ledit bourg, jouxtant les chemins allant du bourg de Joué à La Châtre et à Crevant, et le chemin d'Aigurande à La Châtre..... et combler à leurs frais quelques fossés qu'ils ont faits. (1742 Chabenat notaire royal).

Communautés taisibles

Les contrats de mariage de laboureurs se ressemblent, et l'on y trouve presque toujours la clause suivante : « ..... a été convenu par ces présentes et accords qu'aussitôt la célébration du mariage *les futurs feront leur demeure en la maison et compagnie* des père et mère du futur, où ils seront nourris, logés et entretenus ensemble (avec) les enfants qui naîtront dudit futur mariage *en travaillant pour le profit et utilité* desdits père et mère du mieux qu'il leur sera possible etc.... » — Le père mort, les frères, sœurs et autres, restaient *associés* pour l'exploitation d'un même domaine, et ainsi étaient constituées ces *communautés taisibles* que le rapporteur de *l'Assemblée provinciale* de Berry, en 1783, rangeait parmi les usages locaux les plus pernicieux à l'agriculture. « Dans ces petites républiques, disait-il, chacun a la prétention de profiter de tous les bénéfices de l'association en rejetant le plus possible sur les autres sa part des charges communes ; *chacun fait le moins de travail qu'il peut.* Il en résulte qu'avec beaucoup de bras il se fait très peu d'ouvrage ; il faut qu'un domaine chargé de nourrir tant de monde donne des récoltes valant cinq mille livres pour que le propriétaire ait un produit de cinq cents livres et quelquefois moins. L'anarchie règne naturellement dans une ferme où chacun est maître au même titre que le chef. — Cet usage entretient celui des *mariages prématurés*, ce qui est une des principales causes de la faiblesse et de la paresse des femmes, et contribue beaucoup à la dégradation de l'espèce humaine en Berri. »

Notre historien du Berry, Raynal, sur le même sujet, s'exprime en ces termes :

« La misère des campagnes était surtout déplorable. — Epars sur un vaste territoire, les paysans vivaient dans la misère, l'ignorance et le découragement. — Les productions spontanées de la terre, la *vaine pâture* formaient leurs principales ressources : les petits propriétaires abandonnaient la culture pour se livrer aux métiers qui permettaient la fainéantise et une sorte de vagabondage ; les valets grossiers et paresseux, faisaient la loi aux maîtres ; les bras manquaient partout ; les frais de moissons étaient énormes ; les *disettes* se multipliaient ; les *communautés de cultivateurs*, partout répandues (dans le Centre de la France), au lieu de produire les bienfaits qui naissent ordinairement de l'association des capitaux et du travail, étaient une cause permanente de détresse : gouvernées d'ordinaire par le frère aîné et la femme du frère cadet, on y voyait trop souvent la bourse commune vide, pendant que la bourse du maître et de la maîtresse se grossissait aux dépens des *associés*. Le maître seul faisait les affaires, courait les foires, achetait et revendait ; tous les autres vivaient stupides et incapables de tout : à la longue des *mariages prématurés* et presque toujours *concentrés dans la famille*, affaiblissaient et abâtardissaient l'espèce, — On signalait aussi, comme un fléau, les baux d'une durée trop restreinte. »

Je trouve, dans une requête de Baucheron procureur (1762), les mots suivants qui prouvent que cette communauté était en usage aux environs de La Châtre : Il s'agit d'un nommé *Rivière*, fermier du domaine de la Vauverte paroisse de Latz « Rivière, *chef de la communauté* ». — « Rivière, sa famille, ses associés ».

XXXI

LA PARTICULE

Noms et Qualités

Parlant des députés aux Assemblées Provinciales du règne de Louis XVI, M. Léonce de Lavergne s'exprime ainsi : « On remarquera que les noms de presque tous les membres du Tiers-Etat portaient ce qu'on paraît convenu d'appeller *la particule nobiliaire*. C'est qu'en effet le DE n'était nullement le signe de la noblesse. Les bourgeois riches et vivant noblement, comme on disait alors, c'est-à-dire n'exerçant aucun métier, avaient adopté cette petite distinction qui ne conférait aucun privilège et qui correspondait à peu près au titre d'*esquire* en Angleterre. — Cet usage, dont Molière se moque dans l'Ecole des Femmes, s'était surtout répandu dans le XVIIIᵉ siècle à mesure que la propriété du sol passait dans les mains du tiers-état. — Il y avait en outre dans les assemblées provinciales un assez grand nombre de nouveaux annoblis et même d'anciens nobles qui avaient consenti à faire partie du tiers-état ; mais il est impossible de les reconnaître au seul aspect des noms. »

On me permettra de citer comme type, à ce sujet, l'exemple même de M. de Lavergne que je connais tout particulièrement. (Sa mère, Mlle Duguet, était la sœur de mon grand'père). — Son aïeul, propriétaire dans l'arrondissement de Confolens, exerçait la profession d'avocat et s'appellait Guilhaud du Cluzeau. Il eut sept enfants mâles dont chacun, suivant l'usage du temps, fut désigné par un nom de terre : le père du député de la Creuse(à l'assemblée de 1871) s'appelait Guilhaud de Lavergne ; un autre des fils nommé Guilhaud de Létange, fut élu en 1791 à l'Assemblée Législative par l'arrondissement de Montmorillon et proscrit au 10 août.

Certaines personnes de notre pays de La Châtre, conservent le nom de terre que portaient leurs ancêtres avant la Révolution ; les uns ont repris le *de* qu'ils avaient supprimé durant la Révolution et l'Empire ; d'autres, comme le Docteur Verneuil, Planet, Bellair, (Gource de Verneuil, Rigodin de Planet, Thabaud de Bellair) ont définitivement abandonné la particule. — Chez d'autres, enfin, le *de* s'est intimement lié au nom très court de la terre, et c'est ainsi, par exemple, que Pouradier du Teil est devenu Duteil, Baucheron du Pleix est devenu Dupleix.

Mais M. de Lavergne a tort de dire que les bourgeois vivant noblement étaient seuls à prendre le nom de leur terre, et la particule : il me suffira de citer Maître Cressant Pataud apothicaire sieur du Colombier, et son confrère Maître Prevost qu'on appelait M. de Boismoret. Nous avons déjà rencontré Chicot des Pillorgets marchand, et mon quatrisaïeul Jean Blanchard sieur du Chêne, maître perruquier, dont les descendants auraient bien pu finir par s'appeler Messieurs du Chêne ou Duchêne. — Les *de Saincthorent*, dont le nom sonne si aristocratiquement, n'ont jamais été que des roturiers. — En ce temps-là, on n'attachait pas une si grande importance qu'aujourd'hui à la mise en évidence de *ce petit de* bien séparé et placé en avant de la majuscule du nom ainsi qu'un poteau à indiquer à qui l'on a affaire.

L'emploi des lettres *Majuscules* n'était point réglé autrefois comme aujourd'hui, on les plaçait surtout au commencement des mots ou des lignes, comme nous avons encore accoutumé dans l'écriture des vers. (Habitude qui semblera bien ridicule si jamais on vient à la perdre). — Le Marquis de Villaines et l'abbé Porcher de Lissonay signaient *Devillaines* et *Delissonnay*. — La noblesse ou la qualité ne résidait pas dans la grosseur d'une lettre avec la séparation des mots. On n'avait pas encore, du reste, la sotte habitude de juger les gens à l'orthographe. — Delavau s'est écrit suivant les scribes ou les époques : *delavau, de Lavau, de la Vau* et *Delavau.* Mes arrière grand'père, petits-fils du sieur de Villebanois, auteur de l'Histoire de Vaudouan, ont écrit leur nom *de villebanois, de Villebanois*, mais surtout *Deuillebanois* ; et comme ce nom avait un air d'ancien régime, et d'ailleurs discordait avec leur position de fortune, ils se sont appelés *Villebanois* tout court depuis la Révolution. — Beaucoup de nobles, avant comme après la Révolution, signent sans particule.

J'ai entendu dire plusieurs fois qu'on donnait aux divers enfants des noms de terre pour les distinguer des uns des autres. Ça n'est point là la vraie raison. — Il ne faut voir dans cet usage que l'habitude de prendre le nom de la terre qu'on possédait et d'indiquer qu'on en était *propriétaire*. C'était un *titre de propriété*; et lorsque ce titre avait été porté longtemps, par plusieurs générations, les descendants le gardaient même quand ils ne possédaient plus la terre nommée. — De deux frères : l'un s'appelle Périgois de Condé parce qu'il reçoit en héritage de son père le domaine de Condé ; l'autre s'appelle Périgois tout court, non parce qu'il est l'aîné ou le cadet, mais parce qu'il n'a pas de terre, ayant hérité de l'office de son père, et, de sa mère, de la maison sise en la rue Saint-Jacques.

*
* *

A la distinction terrienne s'ajoutait souvent le blason ; la plupart des gros bourgeois de La Châtre avaient leurs *armoiries*. M. Baucheron de Boisvignault en a reproduit un certain nombre à la fin de ses *Recherches*, et voici ce qu'il dit à ce sujet :

« Louis XIV ne trouvant plus sur qui ou sur quoi frapper de nouveaux impôts, s'imagina de tirer une lettre de change sur la vanité de ses sujets. Il nomma en 1696 une commission qui dût se mettre en rapport avec la Cour des Aydes et Chambres d'Election du royaume à l'effet d'instituer un *Armorial général de France*. — Pour la somme de vingt livres chacun fut libre d'y faire inscrire son nom et peindre ses armoiries ou celles qu'il avait reçues de ses pères ; ou bien, s'il n'en avait pas, celles qu'il lui plaisait de se donner...... Fait à la hâte et dans un but purement fiscal, cet *Armorial* qui contient plus de cinquante mille noms fourmille d'erreurs innombrables......

...... Chacun s'y est ingénié à se trouver des armes parlantes, en torturant son nom pour arriver à le traduire en peinture par un jeu de mots ou un rébus ».

C'est ainsi que les armoiries de Racine représentaient un *Rat* et un *Cygne*.— Pour Dupin, c'était un *Pin*, pour Porcher de Villechère un *Porc*, et pour les Pataud du Portail : des pigeons *Patus*.

On s'est moqué de tout temps des prétentions nobiliaires de la bourgeoisie. Voici, à ce sujet, le célèbre passage de Molière dont parle M. de Lavergne :

CHRYSALDE

Je me réjouis fort, seigneur Arnolphe......

ARNOLPHE

Bon !

Me voulez-vous toujours appeler de ce nom

CHRYSALDE

Ah ! malgré que j'en aie, il me vient à la bouche
Et jamais je ne songe à monsieur de La Souche.
Qui diable vous a fait aussi vous aviser
A quarante-deux ans de vous débaptiser,
Et d'un vieux tronc pourri de votre maitairie
Vous faire dans le monde un nom de seigneurie ?

ARNOLPHE

Outre que la maison par ce nom se connoît, (1)
La Souche plus qu'Arnolphe à mes oreilles plaît.

CHRYSALDE

Quel abus de quitter le vrai nom de ses pères
Pour en vouloir prendre un bâti sur des chimères !
De la plupart des gens c'est la démangeaison ;
Et, sans vous embrasser, dans la comparaison,
Je sais un paysan qu'on appeloit Gros-Pierre,
Qui, n'ayant pour tout bien qu'un seul quartier de terre,
Y fit tout alentour faire un fossé bourbeux,
Et de monsieur de l'Isle en prit le nom pompeux.

ARNOLPHE

Vous pourriez vous passer d'exemple de la sorte.
Mais enfin de La Souche est le nom que je porte :
J'y vois de la raison, j'y trouve des appas ;
Et m'appeler de l'autre est ne m'obliger pas.

---

(1) Remarquez que *connoît* rime avec *plaît*, preuve qu'on prononçait *connaît* tout en écrivant *connoît*.

Et vous savez que le Mulet de La Fontaine avait la manie de parler toujours de ses ancêtres :

> Il ne parlait incessament
> Que de sa mère la jument.

Pendant tout le temps de la Révolution et de l'Empire, chacun mit son *de* dans sa poche ; puis, la tempête passée, beaucoup reprirent la particule.

Tout homme capable de laisser un instant de côté le préjugé révolutionnaire comprendra ce désir de porter le nom que portèrent *longtemps* les ancêtres. — Que quelques-uns attachent à la manière d'écrire un nom une vanité puérile, c'est bien possible ; n'empêche que le nom des ancêtres soit un souvenir respectable. — Au reste, il y a là une question non-seulement de mots, mais de principes, où viennent se heurter les opinions conservatrice et radicale. — La raison d'être pour les uns est dans le fait d'avoir été. — Pour les autres, le *temps* ne compte pas, il n'y a de vrai et de bien que le nouveau, tout le passé est mauvais ; et partant de ce principe ils déduisent, sans tenir compte de la durée, de la prescription, de la longueur du temps qui fait plus que force et que rage, comme dit le Fabuliste, plus que Lois et Décrets, qui imprime profondément en nos cervelles les habitudes, et façonne notre esprit à certaines manières et points de vue. — Ils disent, ceux-là, qu'on avait « la manie de prendre le nom de sa terre » ; pourquoi pas dire aussi que depuis cent ans nous avons la manie de porter des pantalons. — Parlant de M. de Fontenay, par exemple, ils disent tous qu'il s'appelle Bourdeau et non de Fontenay ; et quelques-uns montrent des papiers, des imprimés du commencement du siècle, avec la signature Bourdeau-Fontenet. — Ils ne leur en faut pas plus long pour affirmer. Cependant s'ils étaient remontés plus haut, ils auraient vu souvent sur des actes authentiques le nom de Bourdeau de Fontenay ; ils auraient vu aussi que tout le monde disait Monsieur de Fontenay, comme on disait Monsieur de Lissaunay. — Il ne suffit pas de *raisonner*, il faut *observer les faits*. — Au reste, on en prétend bien d'autres. Combien de fois ai-je entendu dire : le Marquis de Villaines ne s'appelle pas de Villaines, il s'appelle Pardoux. — On en est certain, on a vu *un* acte de notaire avec ces mots : Nicolas Pardoux de Villaines..... Et je vous en montrerai un, moi, où vous verrez écrit : Pardoux Lafarcinade, maréchal au bourg de Thevé, en 1760. Direz-vous qu'il ne s'appelle pas Lafarcinade, mais Pardoux. Et je vous ferai voir encore sur un autre « **Nicolas Pardoux Louis de Villaines** », avec le Pardoux entre Louis et Nicolas, et qui vous montrera jusqu'à l'évidence que Pardoux n'est qu'un nom de baptême, celui de Saint-Pardoux (1).

C'est le temps qui fait la coutume, cette légalité supérieure. — Qui osera dire que Richelieu, Voltaire, Montesquieu, Molière, ne s'appellent pas Molière, Montesquieu, Voltaire, Richelieu, mais s'appellent Duplessis, Arouet, Secondat, Poquelin.....— Notre Histoire du Berry est signée Louis Raynal ; aujourd'hui certaines personnes affectent d'écrire « M. de Raynal » ; ce qui me paraît aussi ridicule que de dire M. de Voltaire. — Que la famille s'appelle de Raynal, rien de mieux ; mais l'historien se nomme Raynal, et ils se trompent ceux qui croient ajouter quelque chose à la valeur de cet écrivain en mettant un petit *de* devant son nom.

Mais enfin, dira-t-on, il y a un vrai nom. Oui, aujourd'hui il y a le nom inscrit à l'état civil, en admettant toutefois que l'employé a bien écrit. Mais quand il n'y avait pas d'état civil, au siècle dernier, et en remontant plus haut encore, le nom était livré à la fantaisie du scribe ou contrôlé par ceux qui ne savaient pas lire. Il en est des noms propres comme des noms communs, et bien pis : il n'y a pas de vraie orthographe, il n'y a que des manières convenues depuis un temps plus ou moins long.

Aujourd'hui, le vrai nom c'est le nom patronymique, le *nom du père*, ce qui est une convention, car on pourrait tout aussi bien porter le nom de la mère. — Mais il n'en a pas toujours été ainsi : la *propriété* primait la *famille*, comme la *propriété réelle* gagnait de plus en plus sur la *noblesse personnelle*. — Le nom de famille n'était pas aussi sacré aux esprits d'autrefois qu'aux nôtres d'à présent Tous les propriétaires portaient le nom de leur terre. D'autres portaient le nom de la terre qu'avaient porté longtemps ses ancêtres. — Les personnes qui entrent en religion changent de nom. — Le *Valet* qui entre en condition reçoit de son maître un nouveau

---

(1) Le *nom de baptême* avait autrefois une signification, car on avait le culte particulier « de son saint patron ». Aujourd'hui ce n'est plus *qu'un petit nom* qui ne rappelle, en général, ni les parents, ni les ancêtres, ni aucun modèle à suivre. Et trop souvent la frivolité maternelle, assujétie aux modes passagères, inflige à l'enfant un nom qui lui pésera plus tard de tout le ridicule des parents.

nom en endossant sa livrée. — Les soldats dès leur arrivée au régiment quittaient leur nom de famille pour le *nom de guerre*; et c'était dès lors, à l'armée, leur vrai nom, le seul inscrit généralement sur les rôles et contrôles de la compagnie : Sylvain Soudy de la levée de 1766 ne s'appellera plus que *Lafleur*, et Moreau deviendra *Laramé*; d'autres s'appeleront *Jolibois*, *St-Eloi*, *La berthenoux*, *Sans-quartier*, *Beau-soleil*, *Sans-chagrin* ou *Francœur* comme le maréchal des logis Lepoult du régiment de Royal-Navarre. que je rencontre en 89 logé chez Gerbier où pend pour enseigne l'image de Saint-Germain.

Il y avait du reste un très grand nombre de personnes qui n'étaient connues du public, comme encore aujourd'hui, que par leurs surnoms : tels, en 1750, Chauvet dit Ambroix, Laruelle dit Buron en 1735, Ageorges dit Ringuet.

*
* *

Madame Sand, dans un article nécrologique, dit que : « Gabriel Planet, son intime ami (père de notre actuel sous-préfet) était né gentilhomme ».

C'est une erreur. Seigneurie et noblesse sont deux choses très différentes — Quiconque était propriétaire d'un *fief*, d'une *terre noble*, était et pouvait se qualifier *seigneur* de cette terre, comme le propriétaire d'une *terre roturière* se qualifiait *sieur* de ladite terre. Mais on pouvait être seigneur sans être noble, et inversement être noble sans être seigneur. Nous avons vu plusieurs Aucapitaine, mais gentilshommes et nullement seigneurs, n'ayant en propriété aucune terre noble. — Rigodin seigneur de Planet, Fauvre seigneur d'Acre, de Courcelles seigneur de la Roche, Laisnel seigneur de Cosnet, ne sont que des bourgeois, tout comme Sylvain Chicot marchand seigneur du Mont et des Pillorgets en 1777, tout comme Aubin Simon seigneur de la Pouzerie et de la Vauzelle (l'aïeul de M. Simon qui fut si longtemps professeur au Collège de La Châtre), tout comme l'épouse de l'apothicaire Bernard, Anne Pouradier *Dame de la Cour*, c'est-à-dire propriétaire du fief ou domaine de la Cour.—La propriété d'un fief ou terre noble entraînait la jouissance des *droits seigneuriaux*. Ainsi par exemple Aubin Simon, fermier de la *seigneurie de Veniers* (paroisse e Montipouret) en 1765, seigneur de la Pouzerie et de la Vauzelle touche, en 1787, les droits de lods et ventes sur certains héritages. En 77 Marie

Rousseau, veuve de Sylvain Chicot, touche « une rente de deux chappons et 2 sols 6 deniers dus à *la seigneurie du Mont et du Pillorget* ». Tout cela n'est qu'affaire d'argent.

On *s'annoblissait* en achetant certains offices. Tel Germain Laisné de Cosnet paye en 1706 une certaine finance et est ainsi pourveu de l'office de *Lieutenant du Roy* de La Châtre, absolue sinécure d'ailleurs, grâce à laquelle il jouira de certains privilèges et exemptions. Et ce sera désormais *Messire* Germain Laisné *Ecuyer* seigneur de Cosnet. — C'était une *noblesse personnelle*. — Il y en avait bien d'autres en notre ville, dans le même cas, plusieurs entre autres faisaient partie de la *Maison du Roy*.

La *Maison du Roy* comprenait : les Cent-Suisses, les Gardes de la Porte, les Gardes du dedans du Louvre, les Gardes du Corps et les Gardes du dehors du Louvre, savoir : les Gendarmes de la Garde, les Chevau-Légers, les Mousquetaires et la Gendarmerie.

Nous trouvons à La Châtre : en 1717, Messire Gilles Baucheron Ecuyer sieur du Plaix *officier de la Maison du Roy*, en 74, *Messire* Pierre Louis Sabardin sieur de Villette *Ecuyer*, Gendarme de la Garde ordinaire du Roy, époux de Marie Lecamus — *Messire* A.-J. Perault seigneur de Montgivray *Ecuyer* aussi Gendarme de la Garde ordinaire du Roy, et en 87 *Chevalier de St-Louis* et Enseigne des Gardes de la porte ordinaire du Roy, et à la même époque, et avec le même emploi Laisnel de la Salle.

Le sieur Bardon seigneur d'Ars receveur des Gabelles au Grenier à Sel de La Châtre, s'étant payé un titre de *Secrétaire du Roy*, devint *Messire* Jean-Jérôme Bardon *Ecuyer*, etc.

Nous trouvons encore parmi la *noblesse personnelle*, non héréditaire :

En 1758, *Messire* Audoux *Chevalier de Saint-Louis*, marie son fils, Audoux de Villejovet, bourgeois de cette ville, avec demoiselle Renée de Courcelles — *Messire* J.-B. Peyrot de Monneroux *Ecuyer Président Trésorier de France* au Bureau des Finances de Riom en Auvergne, demeurant à La Châtre en 1759, époux de Catherine Luisnel de Marembert — *Messire* Jean Peschant de la Pouzerie Conseiller du Roy au *Présidial de Guéret* — en 72, *Messire* Thabaud de Bellaire *Ecuyer Président Trésorier de France* au Bureau des finances de Bourges.

« La royauté, dit Raynal, avait prodigué les annoblissements jusqu'aux plus ridicules excès ; il est évident qu'on voulait avilir la noblesse et diminuer son importance ; mais on avait en outre un motif de fiscalité. Depuis François Ier on multipliait les créations d'offices..... et pour attirer les acheteurs par la vanité on attachait la noblesse à la plupart de ces offices. » — Et cette noblesse entrainait l'exemption de taille et quelques autres privilèges, souvent contestés du reste. — Ainsi, en 1788, un sieur Lelarge signifie au Greffe de l'Hôtel-de-Ville de La Châtre qu'il est noble à la suite de ses ancêtres en vertu d'un titre d'annoblissement de 1664, raison pourquoi il soutient qu'il ne doit pas être imposé à la Taille. Sur quoi le corps municipal observe que la noblesse qui dérive de l'échevinat (*noblesse de cloche*, voir page 241) depuis 1664 a été sujette à différentes confirmations et prie le sieur Lelarge de lui communiquer ses titres. — Les titres nobiliaires de l'illustre Sabardin furent plus d'une fois discutés à l'Hôtel-de-Ville ; en 1754 par exemple le Corps de ville de La Châtre délibère que le sieur Sabardin « n'étant pas noble de naissance ne doit prendre les qualités de *Messire* et d'*Ecuyer*. Et quant à celle de *Gendarme du Roy*, elle doit être justifiée » avant que ledit Sabardin soit classé parmi les privilégiés exempts de tailles.

Les Maires perpétuels, Receveurs des finances de La Châtre et autres, essayèrent à certaines époques de se donner du *Messire* et de l'*Ecuyer* à l'exemple de ceux d'Issoudun et de Bourges. Mais en général ils sont obligés de se contenter du titre de *Conseiller du Roy*, titre banal au plus haut degré et qui s'applique indistinctement à tous les fonctionnaires. — Nous les rencontrons assez souvent, à certaines époques, avec le titre de *noble homme* qui n'était nullement d'ailleurs, au siècle dernier, un titre de noblesse. En 1696 *Noble homme* Pierre Thabault de Charsay conseiller du Roy et son Procureur en l'Election, appartient à la classe bourgeoise, au tiers état ; il n'est pas gentilhomme. J'en trouve la preuve en plus d'un titre où dans la même phrase certaines personnes sont désignées *Messire* et d'autres *Noble homme*, ce qui montre bien que ces qualifications n'étaient pas équivalentes. Et voici d'ailleurs une phrase très explicite que je relève dans un acte de notaire de 1692 « fut présent *noble* Claude Bourdeau sieur de Fontenay *Bourgeois* de cette ville de la Chastre ».

On trouve dans les actes et les registres de l'Eglise bien d'autres qualifications : Les chanoines, les curés et en général les ecclésiastiques d'un certain rang appartenant au premier ordre de l'Etat sont toujours qualifiés *Messire* ou *honorable et discrète personne—noble et scientifique personne—Messieurs les Vénérables* Prieur et Chanoines.

« Les *humbles et dévotes* Religieuses du Monastère de la Visitation ». — Messire Charles Germain Dorguin, chanoine, fondateur du prieuré de Saint-Abdon, se donnait, je ne sais trop pourquoi, le titre de *Commandeur de Sainte-Sévère.*

La plupart des nobles sont traités de : *haut et puissant seigneur...* ou *haute et puissante dame, Madame...*

Le titre de *Dame*, synonyme de seigneur, avait fini par se donner bien souvent aux riches bourgeoises ; mais on disait plus souvent *demoiselle* d'une roturière mariée ou veuve. — *Demoiselle* Françoise Néraud épouse de Gilbert Pataud des Oranges, *demoiselle* Marie Anthoinette de Courcelles épouse du *sieur* Dupuy de la Vilatte.

Le nom d'un artisan ou d'un laboureur n'est précédé d'aucun qualificatif, c'est Untel ou le nommé Untel ; tous les autres ont une distinction nominale : *honorable* Jean Charles Dorguin des Bergeries *bourgeois* et *dame* ou *demoiselle* Jeanne Pasquet son épouse. — *Prudent homme* François Lecamus *bourgeois.* — *Prudent homme* Sylvain Despruneaux marchand, *Prudent homme* François Chabenat *maître* apothicaire, *Prudent homme* Sylvain Coqu hoste de l'auberge des Trois-Rois, *Prudent homme* Jean Blanchard du Chêne *maître* barbier et perruquier et *honneste* Madelaine Girault son epouse.

Maître était le titre le plus répandu : *Maître* Jean Delavau ci-devant procureur, de présent Greffier de la Subdélégation, *Maître* Chabenat notaire royal, *Maître* Barthélemy Aumeur Docteur en Médecine, *Maître* Jean Bernard Prevost de la prevosté royale, *Maître* Jean Porcher de la Forest Président au Grenier à Sel... — *Honneste* Jeanne Galeran *maîtresse* lingère.

Tous ces titres et qualités sont *écrits*, dans les actes des notaires, de l'église et autres. — Mais communément comment parlait-on ! — Dans les lettres, dans certaines délibérations, dans quelques remarques en style négligé, on retrouve quelques traces de la manière de parler. — Je rencontre par exemple « *Monsieur de Fromenteau* » pour désigner le Marquis de Buchepot, dans les délibérations municipales. — A un mariage qui eut lieu en 1752 à l'église de Montlevic, assistait « *Monsieur Dorsanne*, seigneur de Montlevic ». — A propos d'un procès entre l'Hôtel-Dieu de La Châtre et les héritiers du curé Tournyol, qui avait laissé aux pauvres une somme de deux mille livres, lequel procès était pendant au

Parlement de Paris en 1770 : « Le bureau de l'hôtel-dieu arrête que pour le bien avantage des pauvres dudit hôtel-dieu, il sera écrit de la part dudit bureau par le sieur Périgois échevin à *Monsieur de Villaines* actuellement à Paris, prevenus de sa complaisance et de ses bonnes intentions, lequel sera prié et autorisé à faire dans la présente circonstance toutes les démarches que sa prudence peut luy sucgérer pour procurer aux pauvres la délivrance du legs dont est question. En conséquence instruire *Monseigneur* le procureur général du parlement de paris etc...... enfin faire par ledit *sieur de Villaines* tout ce qu'il jugera à propos, le bureau approuvant tout ce qu'il sera fait par luy..... »

Donc, dans la conversation commune on disait *Monsieur de Villaines, Monsieur de Fromenteau* et non Monsieur le Marquis. — On disait de même *l'Abbé* ou Monsieur l'Abbé Selleron (chanoine) et non Messire Selleron.

Voici enfin quelques notes écrites de la main du curé en marge du registre de sépultures de 1710 à 1715, et qui montrent bien comment on parlait :

« Enterrement de *Monsieur* Néraud (Nicolas Néraud bourgeois) — Enterrement *du bonhomme* Brochat 80 ans — Enterrement de *la bonne femme* Despruneaux (Françoise Barret, 72 ans, épouse de feu Fr. Despruneaux) — Enterrement *du petit* Bigrat, id. *du petit* Noël — Enterrement d'un enfant de *Monsieur* Noël Lapotycaire — Enterrement de *Madame* Robert, id. de *Monsieur* Pallienne — *la bonne-femme* Jamet veuve en son vivant *du bonhomme* Luneau charpentier — *Madame* Dauphin femme de M' Chabenat de la Teste-Noire — Enterré *un enfant du grand Luneau*, id. un enfant de *chez le Malet*, id. *la petite Tolère, la petite Mesmin* — Enterrement de *la servante de M. de Chantôme* (Thabaut de Chantôme, id. *de la* Maigret — Enterrement *du fils de M. de la Coste huissier royal* — Enterrement de *Mademoiselle* Lamy femme de *M.* Baucheron substitut — Enterrement *d'un enfant de chez Chalumeau* le jeune — *du fils* de Georget — Enterrement de *Monsieur de Cheny* (Selleron de Cheny), d'un enfant de M. de la Couture (Pataud de la Couture), un enfant de *chez Monsieur de Lolière* (Pataud de Lolière) — *Enterré dans le chœur Monsieur des Ajoncs* (Blanchard des Ajoncs, chanoine, vicaire) — Enterrement de *Mademoiselle Darchis* (Marie Moreau femme de prudent homme Phil. Darchis) — *du bonhomme* Fauchère proche chez Alindré — de *Monsieur* de Vieilleville (Porcher de Vieilleville), *du petit* Périgois,

du petit Charasson demeurant *chez le président* Deligny (président
de l'Election ?)

Solange est presque toujours écrit *Soulange*, et Marguerite
Moutard signe : *Marguerit Moutarde.*

Les bourgeois, il y a deux cents ans, parlaient comme parlent
aujourd'hui les gens de campagne.

Cl.-Ch. DUGUET.

Table des Matières

Pages

DÉDICACE 5

PRÉFACE.. 7

Première Partie — Physionomie Générale

chapitres

I⁰ʳ — LA VILLE ET LES FAUBOURGS, 15
      La Boue

II — VOIES ET MOYENS DE COMMU-
      NICATION — *La Poste*.. 23

III — LES PORTES ET LES GROS MURS
      DE VILLE 29

IV — L'EGLISE ET LA PRISON 36

V — LA PLACE 41

VI — QUARTIER DE L'HOTEL-DE-VILLE. 48

VII — QUARTIER ᴅᴜ CIMETIÈRE. *Les Foires* 56

VIII — QUARTIER DES CAPUCINS.........
      Les Casernes, La Garnison 65

IX — L'ABBAYE 74

X — LA RIVIÈRE........................ 79

XI — LES VIGNES, DIME ET BAN DE
      VENDANGE........ 84

XII — RUES ET MAISONS 88

XIII — L'INTÉRIEUR DES HABITATIONS. 94
      A la Teste-Noire, chez Jacques Grangé. 99

XIV — DÉCORATION ET MOBILIER.......
      Eclairage 105
      Mobilier de l'hôtel de Villaines....... 114

XV — DEUX BOUTIQUES — *Le Tabac*..... 118
      Jean Chicot, marchand (1759) 121

XVI MARCHANDS ET ARTISANS ....
      Apprentissage 125

XVII — GÉNÉALOGIE ET PARENTÉ 141
XVIII — MÉDECINS — APOTHICAIRES — BARBIERS — CHIRURGIENS ET PERRUQUIERS — ACCOUCHEUSES ET VÉTÉRINAIRES 152
XVIX — LES ENFANTS — L'INSTRUCTION PUBLIQUE ET L'ÉDUCATION..... 164
XX — JURIDICTIONS — *Les Hommes de Loi et les Employés* 184
XXI — LES BOURGEOIS — LE COLLECTEUR PORTE-BOURSE 205
XXII — MESSIEURS DU CHAPITRE 219
Le Prieuré — Poème héroï-comique.. 224
XXIII — LA NOBLESSE ET LES CHATEAUX 234
XXIV — LES ÉCHEVINS ET LE CORPS DE VILLE 257
XXV — MILICE BOURGEOISE — *Armes de la Ville, Pompiers, Lieutenant du Roi, Maréchaussée, Milice provinciale et Tirage au sort*................... 270
XXVI — FÊTES PUBLIQUES............... 285
XXVII — JACQUES CARION — *Rapports des Echevins avec le Juge — Préséances* 293
XXVIII — RELATIONS DE LA VILLE AVEC LA CURE ET LE CHAPITRE — *Monitoire, Fabrique, Affaire du pilier St-Nicolas, Les Bancs de l'Eglise*... 299
XXIX — RELATIONS ENTRE LE CHAPITRE, LA PAROISSE ET LA FABRIQUE. *Le Curé, les Chanoines et les Carmes.* 314
XXX — PAROISSES DE CAMPAGNE — *Communautés d'habitants*..... 319
XXXI — LA PARTICULE — *Noms et qualités*.. 328